一掛け二掛け三掛けて　仕掛けて殺して日が暮れて
橋の欄干腰下ろし　遥か向こうを眺むれば
この世はつらいことばかり　片手に線香　花を持ち
おっさん　おっさん　どこ行くの
わたしは必殺仕事人　中村主水と申します
「それで今日は、どこのどいつを殺ってくれとおっしゃるんで？」

『必殺仕事人』オープニングナレーション　作・早坂暁

必殺シリーズ始末

最後の大仕事

高鳥都

立東舎

はじめに

高鳥都

2022年9月の『必殺シリーズ秘史　50年目の告白録』、2023年4月の『必殺シリーズ異聞　27人の回想録』に続き、2024年1月に第3弾を刊行することとなった。ひとえに予想を上回る反響のおかげである。京都映画（現・松竹撮影所）のスタッフに固執して取材を行った『秘史』、脚本家から現像所の担当者まで枠を外へと広げた『異聞』、そして本書『必殺シリーズ始末　最後の大仕事』は〝仕事〟の二文字がタイトルにあるように、『必殺仕事人』をメインに据えたインタビュー集となった。

まず必殺シリーズとはなにか。朝日放送（現・朝日放送テレビ）と松竹の共同制作によるテレビ番組であり、1972年9月に第1弾『必殺仕掛人』がスタート。池波正太郎の小説をもとに〝金をもらって恨みをはらす〟裏稼業をパワフルに描いた異色の時代劇は、続く『必殺仕置人』から原作なしのオリジナル展開を歩む。藤田まこと演じる中村主水、江戸の治安を預かる町奉行所の同心でありながら上役・同輩からはバカにされ、家では妻と姑にイビられる――「昼行灯」の「ムコ殿」というサラリーマン的キャラクターが人気を博し、やがて『必殺』の代名詞となっていく。

その後の変遷は、巻末の作品リスト一覧をご参照いただきたいが、あの手この手の挑戦を繰り返しながらシリーズを続けてきたアウトロー時代劇は、実際のところ1976年あたりから視聴率は苦戦していた。そしてオカルトブームに乗った第14弾『翔べ！必殺うらごろし』の平均視聴率は、関東11・5％・関西12・2％と低迷。1979年

5月、〝原点回帰〟をモットーに中村主水七度目の登場となる『必殺仕事人』が始まり、これで打ち切りかと思われたが新キャストの人気もあって2年半、全84話というシリーズ最大の延長を記録する。『新必殺仕事人』を経た『必殺仕事人Ⅲ』では歴代最高視聴率の37・1％を弾き出し、特番、舞台、映画と空前の必殺ブームが巻き起こる。

「時代劇は『必殺』です！」とみずから宣言する存在となり、シンプルにフォーマット化された意図的なマンネリと世相のパロディが全面に。これまで描かれてきたアンチテーゼやハードな世界は、80年代という時代に合わせて口当たりよく変化し、見せ場の〝殺し〟は華麗なるショーとして光と影の映像美も円熟の域に達していく。ここまで続いて間口が広がれば、当然のごとく賛否両論も活発に。攻めるだけでなく、守る部分も増えてきた——。

さて、今回もまた四部構成となっている。ロール1では三田村邦彦、中条きよし、鮎川いずみ、京本政樹、村上弘明の各氏という仕事人シリーズを代表する俳優陣が集結。従来の2冊と異なり、俳優から始まるという（本来オーソドックスなはずの）パターン外しを意図してみた。ロール2は脚本家と監督、ロール3は各パートのスタッフを中心に、なんでもござれの組み合わせ。そしてロール4では『異聞』のトップバッターである櫻井洋三プロデューサーにトメを務めていただいた。各章の合間には京都映画の関係者による座談会をふたたび開催、ざっくばらんなトークが展開されている。人それぞれ評価は異なり、読み比べると矛盾や食い違いもある。そのあたりも読みどころだ。40年以上前の出来事ゆえ醸造された思い出は味も変わるし、当然こうやって活字で残ることへの意識もあるだろう。それぞれ長時間の取材を受けてくださった必殺関係者の証言をたっぷり浴びていただきたい。

登場人物は40名とシリーズ最大となり、ページ数も480と大幅にアップ。合わせて三部作を名乗るには、いささか不格好な『始末』と相なりました。さらに『大仕事』とは厚かましい書名だが、校了ギリギリまで勝負を賭けた著書であることは間違いない。それでは、参ります——。

CONTENTS

R-1

R-2

吉田剛インタビュー　取材・文：春日太一

R-3

R-4

京都映画座談会

COLUMN

IMAGE

表記について

『新必殺仕事人』などの〝新〟がつく作品に関して、ナカグロありの『新・必殺仕事人』と表記される例も多いが、本編タイトルにナカグロが存在しないことと朝日放送テレビの公式指定に従って『新必殺仕事人』とする。

「カメラ」「キャメラ」、「カメラマン」「キャメラマン」に関してはインタビュイーの発言を優先して表記の統一は行わない。

慣例により朝日放送は「制作部」、京都映画は「製作部」とする。

R-1

飾り職人の秀、三味線屋の勇次、何でも屋の加代、
組紐屋の竜、花屋あるいは鍛冶屋の政——必殺シリーズ人気絶頂期の
仕事人を演じた５人の男女が勢ぞろい。ロール１、いざ出陣！

俳優　三田村邦彦
俳優　中条きよし
俳優　鮎川いずみ
俳優　京本政樹
俳優　村上弘明

俳優

三田村邦彦

『必殺』という作品よりも、
京都映画のスタッフや
藤田さんと長い間お仕事ができたことが
大きいですね

飾り職人の秀として『必殺仕事人』に出演した三田村邦彦は、血気盛んで情にもろい若者というキャラクターで人気を博し、全84話というロングランとその後の仕事人ブームを牽引する。中村主水を演じた藤田まことの薫陶を受け、『必殺』を代表する存在となった三田村が、あらためて秀のこと現場のことを語り尽くす！

ただ歩くシーンでもリズム感が必要

三田村　もうすぐ45年経つんですよね、最初に秀を演じてから。当時25歳だったぼくが70歳ですから。藤田まことさんとちょうど20違ってたんですよ。藤田さんは昭和8年生まれで、ご存命なら90歳。まず『必殺』で思い出すのは、夜中に撮影してたらだんだん空が明るくなって、ついに撮れなくなってしまう。とくに『必殺』はナイトシーンがメインですから、夜を徹してやっていた思い出ですね。殺しのシーンは1日で終わればいいほう。ぼくが1日、藤田さんで1日、伊吹吾郎さんで1日という。それで「夜が明けたなぁ、あかんなぁ」という感じで次の日に突入する。

——たしかに必殺シリーズといえば闇夜の光と影ですね。

三田村　藤田さんが舞台をおやりになっていると、お芝居が終わって名古屋から夜に入る。で、撮影所のオープン（セット）に10キロの大型ライトを当てて昼間にしてしまうんですよ。狭い範囲ならそれができる。10キロのライトがぼくの後ろにあって、髪の毛がジリジリ焦げたということもありました（笑）。

あとはもう屋根から地面に飛び降りたりするのも吹き替えのスタントなし。降りて顔を上げたところで目だけにピカッとライトが当たる……そんなの、視力0・03だから勘でしかないんですよ。何回やってもそこに降りること自体が難しい。もう勘で……着地に成功しても、フッと顔を上げると「探ったらあかん。シャッとやらなあかん」。シャッとやったら「ああっ、出すぎてる。もうちょっと手前や」と、その繰り返しでしたね。それは石原（興）さん、全部カメラマンの石原さんからの指示です。

——普通の演技とは違う難しさがある？

三田村　そういうシーンになると、もう俳優の芝居ではなく技術なんですよ。カメラのフレームに合わせて、そのポジションに入るという技術が第一に要求される。とくに望遠（レンズ）だと、ちょっとの位置でもズレてしまう。とにかく〝リズム感〟ですね。石原さんからはリズム感を強調されて、物陰からシュッと出るとか、1・2・3で止まるキレを要求されました。ただ歩くシーンでもリズム感が必要ということで、自分で手本をやってくれて、それがかっこいい。飛び降りるのは、ずっと鳶のアルバイトをしてましたし、子供のころから高いところが好きだったので平気でしたね。オープンで4メートルくらいのところから飛んだりして。

――木津川の流れ橋から地面に飛び降りて、そのままカメラのほうまで走ってくるロングショットもありました。

三田村　あそこも高いんですよ。一度ね、流れ橋で首を吊った人がいたんです。ロケに行って、さすがに縁起が悪いからやめようかって帰ってきたことがありました。ほかにも流れ橋が本当に流れたことがあって、しばらく使えない。最近も台風でよく流されてますよね。

「あの……伊吹さんと三田村さんがデキてるって本当ですか？」

――当時は劇団青俳の所属でしたが、『必殺仕事人』（79～81年）で飾り職人の秀を演じて、たちまち人気を得ます。

三田村　『限りなく透明に近いブルー』（79年）という映画に出て、TBSの連ドラを1クールやってたんですが、その最中は週5日拘束なので、残りの2日間で鳶やってました。京都に行くようになってバイトできなくなったんですが、劇団からぜんぜんお金をもらえてなかったので「どうやって生活したらいいですか」ということで、週に3万円……えーっと、源泉引かれて2万7000円（笑）。毎週仮払いでもらって交通費と宿泊費も込み、当時の新幹線が普通車で9000円くらいで、そうすると2万7000円から9000円引いて1万8000円じゃないですか。それで宿泊と、ごはんも食べなきゃいけないし、安いところを教えてもらって、東映の寮が素泊まりで1400円。そういう簡易宿泊施設があって、松竹の仕事なのに東映の寮に泊まってました。

――松竹の櫻井洋三プロデューサーも「三田村は金がなかった」と、まずその思い出を語っていました。

三田村　そうなんですよ。京都映画の撮影所にエクラン社ってあるじゃないですか。そこの俳優さんの結婚式があって「三田村さん、ちょっと包んでくんないかな」って言われて、いや包んじゃうと俺、東京戻れないしなぁ……と思いながら、5000円を包んだんですよ。そしたらオープンの隅っこに連れていかれて「てめえ、この野郎。バカにしてんのか！」って。

――怒られた！

三田村「5000円ってふざけてんのか！」って、いやいや、ぼくにしてみたらもう精一杯の金額だから「いや、金ないんですよ」「なにを言うとんや、どアホ！」。それで渡辺さんのデスクに行って。

――製作主任の渡辺寿男さんですね。

三田村　そう。で、「ナベさん、電話貸してください」って、デスクの下にしゃがんで劇団にお金を送ってもらうよう頼んだあと、ナベさんが事情を聞いてきたんで、これこれこうと話したら「そんなアホなことあるかいな」と、渡辺さんが櫻井さんに報告したんですよ。それで櫻井さんが「いや、うちはちゃんと払ってるで～、ホテル代も旅費も込みで。そら、あかんな」ということで、しゃあない交通費と宿泊代は別で払うからと「かんのんホテル」という脚本家や監督の定宿に泊まることになったんです。

そうしたら藤田さんも「そら大変やな。メシぐらいわしが食わしたるわ」と、そこから「みーちゃん行こうか、みーちゃん行こうか」って、ごはんをご馳走してくれて、当時ぼくの体の半分は藤田さんのギャラで作られてましたね。ほんとに恩人です。もう祇園なんか歩いてると「まこっちゃん」「まこっちゃん」ですから。その筋の人たちもたくさんいて「まこっちゃん、がんばってや！」「おおきに～！」という、すてきな方でしたね。

――藤田まことさんは俳優同士よりスタッフとの付き合いが多かったそうですが、三田村さんは別だったそうですね。

三田村　はい、ぼく以外の俳優さんは少ないと思います。それでごはんを食べたり飲んだりして、藤田さんからありとあらゆる話をお聞きしました。最初に京都映画に来たのが『必殺仕置人』（73年）ですよね。そのとき、三隅研次さんからボロカスに「あかんな、あかんな」と何度やってもあかんしか言われなくて、しまいにはセットから出て「明日までそこでやってなはれ」。それと最初はスタッフがぜんぜん近寄ってくれなかった。やっぱり『てなもんや三度笠』で売れて、もう落ち目なのに天狗になってたところがあって、デカいアメ車に乗ってたのを国産車に変えたら、スタッフのみんなが「おとうさん、おとうさん」と寄ってきてくれるようになったと仰っていましたね。

ぼくもそうだったんです。最初はもう「にーちゃん、にーちゃん」で、そんな芝居あかんわと言われていたのが、あるときからコロッと変わった。照明の林（利夫）さんだったか中島（利男）さんだったか、「あんた出身どこやねん？」って聞かれて「新潟です」「新潟？　なんや田舎もんか」って、そこから変わりましたね。東京人のいけ好かない若者だと思われていたのが、いやいや田舎もんですよ、カントリーボーイですよって。あとは録音の中路（豊隆）さんが送り迎えをしてくれて、ホテルと中路さんの家が近かったんで「タクシー代も大変やろうから」って迎えにきてくれたり、お弁当を作ってくれたり……京都映画はお弁当が全部自前なんですよ。

――あっ、その失敗談はいろんな方が経験してますね。

三田村　いちばん最初が高雄の山でロケだったんですが、それで「メシにします～」となって、みんな手弁当でぼくだけ知らなかった。そのとき伊吹さんが一緒だったんですけど、三段重ねの豪華なお弁当を持ってきてて「みーちゃん、よかったら食べるか～」って言うから「こんなすごい弁当、誰が作ったんですか？」と聞いたら、「カマ、カマ、俺のカマの友達が作ってくれたんだと（笑）。「えー、オカマさんが作ったんですか、この弁当！」って、すっごいきれいに作ってあって、たぶんジョークなんですけどね、伊吹さんの。

もうね、あの人はそういうジョークがだ～い好きな人で、スキンシップもね、よくしてくるんですよ。本当にアニキ的な感覚で、とっても人に好かれるタイプです。あるとき、ロケバスにぼくとゲストの女優さんがいて、その女優さんが深刻な顔で「聞いてもいいですか？」と言ってきて、「えっ、なんでしょうか？」「いや、怒るかもらいいです」……そう言われると気になるじゃないですか。それで、いや絶っ対に怒らないからと何度も繰り返したあと「あの……伊吹さんと三田村さんがデキてるって本当ですか？」って（笑）。だから冗談のつもりで「うん、本当ですよ」って答えたら、もうびっくりしちゃって東京までその噂が広まって、おもしろかったですねぇ。

地毛にしたら、やたらと水の中のシーンが多くなった

――過去のインタビューでも語っていましたが、当初はお金と引き換えに人を殺す役に抵抗があったそうですね。

三田村　劇団が決めてきた仕事で、京都映画に行ってまずプロデューサーの櫻井さんに会ったんですが、そのとき初めて『必殺』だと知ったんです。当時は貧乏だからテレビもなくて、『仕掛人梅安』ってあったよなぁ、あれまだやってたのかぐらいの認識……それから打ち合わせが終わってから当時のマネージャーに「お金もらって人を殺す役なんて、ぼくできませんから」と言ったんです。でも、もう決めたからと言われて、とりあえず26本だったんですね。じゃあ2クールだけ我慢してやろうかという感じでした。

――最初は現場にも慣れなかった？

三田村　いやもう最初の1クールはひどかったですね。別に意地悪されてるわけじゃないけど、とにかく仕事以外の話はしない……ぼく自身その役がイヤだし、『仕事人』というドラマ自体も好きじゃなかったですから。と

にかく1本ずつ消化して26本で終わらせる。それが13本を過ぎたあたりで、もう1クール延びるような話をスタッフがしてたんですよ。で、すぐ櫻井さんのところに行って「ちょっと聞いたんですが、あと13本延びるって本当ですか?」「あぁ、そやねん」「いや、26回でやめます。ダメです」「なんでや!」という話になった。

そのあと石原さんから初めて喫茶店に誘われて「こんな役は役者としてやるべきじゃないし、もうできないです」と話したら、石原さんが「朝日放送から『仕事人』の視聴率が悪かったら、もうシリーズ打ち切りという話を最初にされた。わしらはレギュラーこれしかあらへん。京都映画という撮影所を守るためになんとかしなきゃいけない。で、殺しのメンバーを聞いたら藤田さん、伊吹さん、あんた。未知数はあんただけや。あんたのことは好きでも嫌いでもないけど、スタッフ全員が自分たちの生活を賭けたんだ」と。途中でやめてもらっては困る、ここでやめたら中途半端な役者になると説得されました。

——好きでも嫌いでもない、でも三田村さんに賭けた。

三田村　そういうところは、すごく正直な方ですから。藤田さんからも「みーちゃん、なんでやめるねん」という話をされて、「わしもいい加減な気持ちで中村主水をやってるわけじゃない。お金もらって人を殺すというのは、いつの時代でもとんでもない。しかし、のうのうと生き延びてる悪人がいるなら、そいつを懲らしめないと、また別の人が死んでいく。娯楽時代劇だけれども、わしは正義の味方でやってるつもりはない。明日ドブ板の下で死んでるかもしれない。そういう気持ちでやってるんだ」と説得されて、そこまで本気なのかと思いましたね。そこから石原さんたちも、とにかく話をしてくれるようになって。芝居の引き出しがいっぱいになるよう教えたるから、もうちょっとやってみないかという話が最後にあって、「絶対損はさせない」という言い方をされました。で、もう1クールやったら、さらに長くなっていって。

——全84話という長丁場になりました。血気盛んな若者の役どころですが、秀を演じるにあたって意識したことは?

三田村　秀という役は、ぼくが作りあげたんじゃなくて石原さん以下スタッフのおかげですね。最初はもう言われるがまま、ただやってた感じ。もともとのコンセプトが、藤田さんが中間管理職の課長、伊吹さんが係長、ぼくが新入社員……で、新入りが課長に突っかかって、係長が止めに入る。だから藤田さんは「とにかくどんどん自分に対して仕掛けてこい。決して仲良し小好しじゃないんだ」と、背中を見せたらいつ自分が刺されるかわからない、そういう緊張感を持った三人組なんだって言ってましたね。

――秀のヘアスタイルが地毛になった理由は？

三田村　そこも櫻井さんが「好きにしていい」と。とにかく英語さえしゃべらなければなんでもOKということで、かつら被るのが面倒くさかったんですね。それで地毛にしたら、やたらと水の中のシーンが多くなった。寒い日でも池に入って……ガンガン（石油缶を使った暖房器具）に火を焚いてて、当たると温かいんですが、次に水入るとめちゃくちゃ冷たくなるんですよ。もう大変でした。

――第1話「主水の浮気は成功するか？」の殺しのシーンも大覚寺の堀割であり、まさに水から始まっていました。

三田村　忘れもしない3月30日ですよ。夕方から12時くらいまでやって、大覚寺のロケが終わって着替えようと思ったら「続きを撮影所でやるから」。えっ、まだあるの……バスタオルだけ巻いて、もうガッチガチに寒いんですが、オープンセットに行ったら、イントレが組んであって滝を作ってる。そこを流れる水の間から出てくる……あのアップだけ別撮りしたんです。

1年くらい過ぎたあと、照明の中島さんがポツリと「最初な、この番組はレギュラーが来たら試すねん。根性あるかどうか。あんたようがんばったわぁ」と言ってくれましたね。それで林さんが「そやねん。石坂浩二はな、初日に広沢池のこっちから潜ってあっちまで泳いだんや」って嘘のシーンをしゃべって「あいつも根性あったわ〜」って、あんな距離を泳げるわけないのに（笑）。

――第1話と第2話はシリーズ最多登板の松野宏軌監督が担当しています。

三田村　あのパイロット版は、かなり時間をかけて撮りましたね。あの、こう言っちゃ失礼ですけど、もうほとんど石原さんがカット割りもふくめて進めていく。もちろん松野さんもカット割りをするんですけど、アップが多いんです。アップが多くて、カットが細かい。「石っさん、頼むわ。どうしてもここだけアップ撮って。頼む！」「しゃあないなぁ、もう」という感じで、粘ってアップを撮る。

石原さんは顔を撮りたくない人で、松野さんは撮りたい人。両極端なんですよ。ほかの監督は意外と石原さんに従っちゃうんですが、松野さんは「頼むわ、石っさん、頼むわ」って、がんばってましたね。だから松野さんの回は見やすいんですよ。テレビ的にアップが多いし、視聴率もいい。で、工藤栄一さんはロングの長回し。スタッフはもう断然工藤さんが好きなんですけどね。ファンの方々でも、松野さんの評価が低いパターンが多いでしょう。たしかに甘いし、優しくなってしまう。でも数字は取ってました。

――工藤栄一監督はいかがでしたか？

三田村　なんでも率先して、ほうきを持って掃除するとか水を撒くとか自分でやる人で、工藤さんはダントツの人気でしたね。トップに立つ人は自分に自信を持って「全責任は俺が取る」とはっきり言わないと物事は進まないんだなということを身近で見て教わりました。下駄履いて、タオル巻いて、だいたい白シャツに、生成りのパンツをはいてるんですけど、全部ブランドなんですよ。ヨレヨレだけど、よーく見るとおしゃれなんです。で、石原さんがぼくに「これからいろんな人と仕事すると思うけど、まず着ているものを見ろ。工藤さんはヨレヨレに見えるけど、全部ブランドもので2日同じものを着たことがない。一流の人はああいうもんだよ」って。工藤さんは勉強になりましたね。

――ほかの監督の思い出はありますか？

三田村　原田雄一さんも多いですね。ぼくは2時間ドラマでもご一緒してますが、もう本当に石原さん主導でした。徳さん（田中徳三）は完璧に計算ができている職人で、もうカット割りからなにから。だから意外と石原さんも従っていたような記憶がありますね。工藤さん、田中さん、あとは松尾昭典さんのときも言わなかった気がします。言うのは貞永方久さん、松野さん、井上さんかな。

――井上梅次監督ですね。

三田村　井上さんは「よーい、スタート……カッ！」「よーい、カッ！」って、カットが短いんですよ。石原さんが「どこ使うねん。使うとこあらへん」って（笑）。山田五十鈴さんでも全部もう石原さんに聞くし、信頼を寄せてました。殺しのシーンも大まかな動きは殺陣師さんがつけますが、ほとんど石原さんの指示でしたね。

あるとき、石原さんに「自分で監督したらどうですか？」って言ったことがあるんです。ところが「いやいや、それはあかんねん」と仰ってましたね。アングルの中の動きだとか、このカットは必要ないとか、このカットを撮るんだったら手だけでいいとか、そういう細かな発想はできるけど、全体を通してのストーリーが作れない。起承転結を組み立てるのは監督の仕事で、そこが自分にはできない。そんな理由でした。けっきょく後年は監督されてますけど。

三宅一生のデザインと中世の騎士を組み合わせた衣裳

――秀の殺し道具ですが、初期のノミからかんざしに変わりました。

三田村　最初のほうで、秀が作ったかんざしを挿した女性を殺す話（第18話「武器なしであの花魁を殺れるのか？」）がありましたよね。それから石原さんがノミじゃなくてかんざしにしようと決めたんだと思います。かんざしを回すのも石原さんのアイデア。竹の細い棒を渡されて「バトンみたいにくるくる回す練習しといてな」って言われて、新幹線の行き来で練習して（笑）。

相手の額を刺すときがありますよね。カメラがこっち側で相手の顔が映らない場合、十円玉を両面テープで相手の額に貼って、そこに刺すんです。でも、ぼくは視力が悪くて十円玉も見えないですから、ぼく以上に相手が怖かったと思いますね。あれ本身なんですよ。引きのときは竹の割り箸で作ったやつですが、寄りは基本的に本物のかんざし。ぼくが砥石で研いで、本当に先っぽがとんがってるやつです。いやぁ、怖かったですね。

——なにか事故が起きたことはないんですか?

三田村　ありますよ。自分の頭を刺したこともあります。かんざしが長くなったことがあって、たぶん一寸ぐらい長くなった。革のバンドを頭に巻いていて、そこに挿したかんざしを抜いて、回して、相手を刺すんですが、長くなったぶん距離感が狂って……フレームもけっこう厳しいところがあるんですよ。外れないよう狭い画角に合わせて回すので、それで自分の頭をかすめて、ピュッと切れちゃった。ブスッとやってるときに温かいものがタラ〜っと流れてきて、石原さんの「アホな仕事人やな〜。自分の頭刺してどないすんの」って冷たい言葉が聞こえてきたという（笑）。

——先日、京都取材で秀のかんざしを数パターン見せてもらったのですが、たしかに意外と重いし危険だなと思いました。秀の殺しの衣裳も現代的な黒いデザインに変更されています。

三田村　ぼくが粗いイラストを描いて、衣裳さんに作ってもらいました。変えようって話になって、だったら自分でデザインしてもいいですかって。あれは立て襟とボタンで、そのころ三宅一生さんの服のデザインが流行ってたんですよね。それと中世の騎士の、たるみのある袖口を組み合わせました。当時は忙しくて、テレビで『必殺』を見る余裕はなかったんですが、ラッシュは見てましたね。だいたい夕方に前々日と前日のフィルムが東洋

かんざしを殺し道具に使う若き仕事人、飾り職人の秀

現像所（現・IMAGICA）から上がってくるんで、なるべくスタッフのみなさんと一緒に試写室で。べったり京都に入り浸りだったから。

——秀の人気上昇を実感したことはありますか？

三田村　京都映画って昔は見学者もフリーで入れてたんですよ。その人数がどんどん増えていって、オープンの撮影に支障をきたすようになりました。とくに土日になると人数が増えて、スタッフが白のTシャツだとか台本の余ったやつなんかを持ってきて「みーちゃん、サインや。サインして！」、それを見学の子たちに売ってるという（笑）。

——『仕事人』の中盤から三田村さんの挿入歌「いま走れ！いま生きる！」が加わり、秀のイメージビデオのような演出が入るようになりました。

三田村　いやいや、あれはもう……劇団の先輩から、みんなすぐ売れちゃうと歌を歌ったりするから、もう絶対やめとけって言われてたんですよ。櫻井さんたちとカラオケ屋さんに行ったとき「みーちゃん、なんか歌うてな」って言われて、それで歌ったら「挿入歌でもやったらどうや」と言い出して、いやいやダメです、絶対ダメですと言ってたんですが、なんかもう流れでやることになりましたね。ぜんぜん前向きじゃなかったです。

京都映画はスタッフ全員が演出家みたいなもの

——『仕事人』の第29話「新技腰骨はずし」から劇団青俳の先輩にあたる木村功さんが元締の六蔵としてセミレギュラーとなります。

三田村　暗い話になるんですけど……当時、劇団が潰れる寸前でして。劇団青俳の社長は社長として別にいて、木村さんは養成所の所長だったんです。で、青俳は劇団と映画放送部があってそっちは下條アトムさん、石橋蓮司さん、緑魔子さんと錚々たるメンバーが在籍していました。木村さんが「劇団員になると収入の半分を納めるようになる。映画放送部は3割でいいから、君は映画放送部にしてあげるよ」ということで、そっちの所属になったんです。

それから木村さんが京都に来ることになって、ぼくのマネージャーが女性の専務だったんですが、その人が「三田村くん、木村がなにか言ってくるかもしれないけれど、黙って話を聞いて、なにも答えないでね」と。それで木村さんから食事に誘われたんです。祇園のすっぽん屋さんで「お前ちゃんとギャラもらえてるか」という話になって、いえ、毎週2万7000円を仮払いでもらうだけで、映画やTBSの連続ドラマのギャラもまだですと答えたら、社長や専務の使い込みなどのヤバい実情を教えてもらって、もう倒産だか破産させるしかない、迷惑かけるけどすまないなと……お会計になって木村さんが財布を開けたら、1万円札が1枚しか入ってない。年末また来るからツケにしてと話してて「うわー、ほんとにヤバいんだなぁ」と思ってたらすぐ倒産。そんな状況で木村さんとやってましたね。

――1979年の12月に劇団青俳は倒産し、創立メンバーの木村さんたちが経営者に対して裁判を起こしました。

三田村　藤田さんのマネージャーがウン千万持ち逃げしたとか、伊吹さんや白木万理さんが所属してたプロダクションも松竹側が支払ったギャラと俳優さんの聞いてたギャラがぜんぜん違うというので、かなりのトラブルになったり、ぼくはぼくで劇団が潰れる……藤田さんが「仕事人、やられっぱなしやな」と言ってましたね。笑ってる場合じゃないですけど、お人好しの集まりで、みんな殺る側なのに、やられちゃってた（笑）。

――スタッフで印象に残っている方はいますか？

三田村　照明部で中島さんの下に中山利夫さんという人がいたんですよ。若くして亡くなられたんですけど、彼がテストのときに秀の動きをやってくれる。屋根なんかも走って、「みーちゃん、わしのほうが上手いやろ」って（笑）。おもしろい人でした。ただ走るだけではなくて、動きや間の芝居……そういうところまでアドバイスしてくれましたね。京都映画はスタッフ全員が芝居をつけますから、みんな演出家みたいなものなんです。

——京都映画の伝統ですが、指示系統が多くて戸惑うことは？

三田村　いや〜、的を射てるんですよ。カメラマンが都築（雅人）さんだったら、もう中山さんが率先して動きの芝居をつけ始めたり。だから監督でもカチンとくる人はもう合わないと思いますね。カット割りまで介入するなという監督も当然いますし。5〜6年経ってかな。深作（欣二）さんの映画がありましたよね。

——『必殺4　恨みはらします』（87年）ですね。

三田村　あのとき千葉真一さんと藤田さんが大覚寺の池の中洲で対峙するシーンがあったんですけど、千葉さんがけっこうセリフを粘るんですよね。「おぬしはぁ、なんとかでぇ」ってこんな感じで、藤田さんは主水なんで「いや、それがなんとかで」と、さらっと。

——まったく演技のテイストが違う。

三田村　「大丈夫かな、このシーン」と思って見てたんですけど、監督がトコトコトコトコって藤田さんとこに行った。ぼくは現場でも飲み屋でも藤田さんの言葉をとにかく聞くようにしてたから、すっと近寄っていくと、深作さんが藤田さんに「もうちょっと歌ってくれませんか、セリフを」と注文を出した。「えーっ、藤田さんにそれ言うんだ！」と思ったんですが、深作さんってセリフを〝歌う〟のが好きな監督なんですね。

——歌うというのは、ねっとりしたセリフ回しですか？

三田村　そうです。しかし藤田さんが深作さんに「いやぁ、わしはもう中村主水を長年これでやらせてもらってるから、そんなふうには変えられませんな」と断った。そこは監督が引き下がりましたね。

「どうしても降りるんだったら、うちは二度と君を使わない」

――俳優として藤田まことさんに学んだことはありますか？

三田村　いっぱいありますね。それこそ芝居でも「みーちゃん、わしゃな、なんでも受けたるさかい、直球でもカーブでもサインなしでどんどん投げてくれ。あんたピッチャーで、わしキャッチャーや」と。テストを何回かやるじゃないですか。その都度、藤田さんの受け方が違うんですよ。たとえば「おっさん、大人しくしてねえといい死に方しねえぞ」と強めに言うと、笑ってかわす。「ははっ。ま、若いもんにな、そんなこと言われちゃあな」とか、逆に「若いのが粋がってんじゃねえぞ」とドスのきいた返しできたり、おもしろかったですね。藤田さんはよく台本を変えるんですが、あるとき主水の家のシーンで「せんとりつと主水の芝居、お好きに」みたいなト書きがあった（笑）。

――「立ち回りよろしく」的な。

三田村　もう藤田さんが怒って怒って、かんのんホテルに脚本家も泊まってるので、プロデューサーに「悪いけど、すぐ呼んでくんないか」って。櫻井さんが「いや～、脚本家が書いても藤田さんが変えまんがな。せやから仕方ない」みたいなことを言ったんです。ところが「それを書いて金もらってるんだから、白紙にするのは失礼だろう。そもそも変えられないようなホンを書くのが作家の仕事だ」と。それで撮影が止まってしまい、タクシーで脚本家が駆けつけた。

――その脚本家はどなたですか？

三田村　えっ。えーっとね、史郎さんです。石森史郎さん。早書きが自慢の方で、藤田さんもその話を聞いてて「こんなんやったらなんぼでも書けるわ」って（笑）。

——尾中洋一さんのシナリオによる『仕事人』の第13話「矢で狙う標的は仕事人か?」でも現場改訂がありました。敵側の少女の殺し屋を秀が始末する展開が、藤田さんの抗議によって逃がすというシチュエーションに。

三田村　あれは、ぼくが言ったんですよ。「さすがに子供は殺せないでしょう。それはもうあり得ないですよね」という話をして、監督はものすごく困った顔をして……松野さんは殺すつもりでいたんです。それを聞いた藤田さんも加勢してくれたんで、しぶしぶ松野さんが折れたという。ぼくもホッとしましたし、さすがにこの展開はいかんだろうと思いましたから。その後の、ぼくが降りたあたりのシリーズでも現代の時事ネタを取り入れてる話が多くて……。

——エリマキトカゲやUFOらしきものが登場してました。

三田村　もう現場のスタッフが「あー、『必殺』も終わりやで、こんなことやってたら」と言い始めてて、決していい方向性じゃなかったんですよ。「こらあかん。おちゃらけた話ばっかりでドラマがないわ」と、もう全体の空気がそっちのほうに向かってました。『必殺まっしぐら!』(86年)も『スーパーマリオ』だから、まぁスタッフみんな「あかん、こんなもん絶対受けへんで」という話だったんですけど、山内(久司)さんが押し通した。

——先ほど〝降りた〟という言葉が出ましたが、『必殺仕事人Ⅳ』(83~84年)でいったん秀は姿を消します。

三田村　自分から降板したんです。いちばんの理由は言えませんが、いろいろプロデューサーと話して、それでもわかってくれなくて「どうしても降りるんだったら、うちは二度と君を使わない」とまで言われました。当時は島田智子事務所の所属だったんですが、島田さんも呼ばれて「三田村くんだけじゃなくて、島田事務所の俳優さんも全員使わない」と言われて……なんの関係もない人たちを巻き込みたくないから、ぼくは事務所を辞める決意をしたんですが、そのあと島田さんが「朝日放送だけがテレビ局じゃないから大丈夫」と言ってくださって、すごい人だなぁと思いました。そういう経緯があって当然もうプロデューサーはぼくを使わない。それなのに工藤さんの映画でオファーがあったんです。

――『必殺！Ⅲ　裏か表か』（86年）ですね。

三田村　でも、自分としては「いやいや、二度と使わないと言われたわけだし、そりゃ無理ですよ」。ぼく、覆す人って大嫌いなんですよ。約束したことはとにかく守るのを原則で生きてる人間なんで、大っ嫌い。そしたら島田さんが「あそこまで言ったのに、出てくれとプロデューサーが頭を下げてるんだから、そこは社会人として受け入れるべきじゃない？」と、もっと大人がいた。だから島田さんがそう言ってくださらなかったら、もう『必殺』はやってなかったと思います。

藤田さんが怒ったのを初めて見ましたね

――『新必殺仕事人』（81～82年）からは中条きよしさん演じる三味線屋の勇次が加わり、秀と勇次のコンビによる仕事人ブームがさらに高まります。

三田村　中条さんの思い出は……いま参議院議員ですもんね。あんまり言えないな（笑）。あの方はやっぱり歌手なので、歌手って自分がステージに立ったらどこに行っても主役じゃないですか。そういう意識をすごくはっきり持ってる方でしたね。だから藤田さんとの対比で「俺が、俺が」という感じで主張して、あそこまで人気が出たと思うんですよ。

『新必殺仕事人』のときは、伊吹さんが映画のロケで海外に3ヶ月行っちゃったんです。それで中条さんが特番（『特別編必殺仕事人　恐怖の大仕事』）にゲストに出られたころ「伊吹さんの代わりは誰がいいか」という話になって、じつは中条さんを推薦したのは藤田さんなんです。

——そうだったんですね。

三田村　朝日放送として山内さんも最初は反対されてたんですけど、それを藤田さんが「俺が全責任を取るから、入れてくれ」と仰った。本当は伊吹さんが3ヶ月したら戻ってくる予定だったんですが、まぁいろんな大人の事情で中条さんがそのままになった。中条さんのような押しの強さは、芸能生活をしている人間にとって必要なんでしょうね。

——『新仕事人』の第55話「主水仕事仕舞いする」、最終回で秀は死ぬ予定でしたが、ファンの方たちからの嘆願書によって撤回されたというエピソードがあります。

三田村　そのときだったのか、ちょっと忘れましたけど、京都映画のプロデューサーの部屋でダンボールいっぱいに入った嘆願書を見せられて、櫻井さんから「これでもやめんのか」と言われた記憶はありますね。

——「主水仕事仕舞いする」は水野純一郎監督のデビュー作です。

三田村　水野さんは助監督時代が長かったんですが、あの……遅刻魔の人がいたんですね。そのことで大変な苦労をさせられていた気がします。スケジュール調整は、だいたいチーフ助監督がやるんで、ぼくも何本か作品を掛け持ちするようになって、余計なかなか合わなくなってきて、そこに遅刻する人がいるとさらにズレちゃいますよね。ぼくもひどいときは、東京で撮影終わって、そのまま事務所が運転する車で京都に入って、また東京に戻ったり。新幹線より飛行機で伊丹に入ったほうが30分ぐらい早いんで、その30分がほしいからと飛行機からタクシーで撮影所に入ることもけっこうありました。スケジュール調整は本当に大変だったと思います。

——82年から翌年にかけて三田村さんは『太陽にほえろ!』にもレギュラー出演、ジプシー刑事を演じていました。

三田村　ほかにも2時間ドラマをやったり、多いときは台本を12冊ぐらい抱えてましたから。『太陽』は2本持ちで、『必殺』もスケジュールがないときはA班B班を同時にやって、スタッフだけ入れ替わる。そんな状況で遅刻されると「あー、もう絶対合わないな、この人とは」って。

——『必殺仕事人III』（82〜83年）からは受験生の西順之助役として、ひかる一平さんがレギュラー入りします。

三田村　一平は当時18くらいだったと思うんですが、ジャニーズ（事務所）のマネージャーと一緒にタクシーで朝入ってくるんです。タクシーの中でも寝て、忙しくて疲れてたんでしょうね……あるときセットで寝てたことがあった。半がつらを付けたまま爆睡してて、助監督が呼ぶんですけど返事もない。それで起きたら髪がグシャグシャで、かつらを直しながらマネージャーに「台本見せてもらっていいすか」と、そこでセリフを覚えはじめた。もう藤田さんが怒ったのを初めて見ましたね、そのとき。

——なんと！

三田村　絶対に声を荒げない人が「一平！」って怒鳴って……で、その日ぼくは一平と晩ごはんを食べて、まぁお説教じゃないですけど「お前さぁ」という話で、いつもマネージャーと一緒に撮影所に入って、いま自分が京都のどこにいるかもわかんないだろう、新幹線の切符も買ったことないだろう、「ちゃんと自分で来れるようにしないと、ろくなもんにならないよ」と話して、試しに事務所に相談してみなと言ったら「無理ですよ……」って言ってたんですが、次の週から1人で来るようになった。

——いい話に着地して安心しました。

三田村　それで「な、楽しいだろ。1人のほうが」ということで、ぼくもちょっとお金に余裕ができたんで、ごはん食べにいったり、一緒にボウリングやったりして、けっこう懐いてきて、それからジャニーズを辞めたあともけっこうやり取りしてて、いまだに付き合いがあるんですけどね。

——その後また復活しますが、79年から84年までの5年間ずっと秀を演じてきました。飾り職人の秀という存在が仕事人シリーズを継続させ、空前のブームを巻き起こした大きな要因のひとつです。

三田村　やめた大きな理由とは別にもうひとつ、劇団の先輩にあたる蜷川幸雄さんから「お前、舞台やんないとダメんなっちゃうぞ」って言われてたんです。ぼくはもともとシェイクスピアがやりたくて劇団に入った人間ですから、それなのに本舞台を1回もやれてない。『必殺』やってると絶対できないんですよ。それで蜷川さんとも相談して浅丘ルリ子さんと『恐怖時代』という舞台をやりました。新しくコミカルな役をやったりもしましたが、藤田さんの「10年単位で仕事を考える」という視野の大きさをあらためて感じましたね。

　石原さんに言われたとおり、もし半年でやめてたら中途半端な役者になっていただろうと思います。いろんなことを教わって、たしかに大きな引き出しになりました。『必殺』という作品よりも、京都映画のスタッフや藤田さんと一緒に長い間お仕事ができたことが大きいですね。藤田さんはけっこう朝の4時5時まで飲む方で、ぼくは次の日のセリフが追っつかないときがあったんですが、同じ早い時間に藤田さんも入って、すごいしゃべってて、この人いつセリフを覚えてんだろうと。やっぱり尊敬すべき俳優さんでした。

三田村邦彦

［みたむら・くにひこ］

1953年新潟県生まれ。高校卒業後、劇団青俳養成所を経て劇団青俳に所属。79年に映画『限りなく透明に近いブルー』でデビューし、同年の『必殺仕事人』で演じた飾り職人の秀が人気を博す。その後も『新必殺仕事人』から映画『必殺！ 主水死す』まで多くのシリーズに出演。『太陽にほえろ！』ではジプシー刑事を演じ、90年代以降は『将軍家光忍び旅』『殿様風来坊隠れ旅』『京都祇園入り婿刑事事件簿』などのシリーズで主演を務める。舞台出演も多く、2009年からはテレビ大阪の『おとな旅あるき旅』に出演中。

俳優

中条きよし

殺しのときは、基本的に〝目〟ですね
右下から左上にスッと流そうと
決めていました

クールで粋、そして華麗なる殺し技とともに人気を博した三味線屋勇次。中条きよしは三たびのゲスト出演を経て『新必殺仕事人』でレギュラー入りを果たすや、たちまち人気を博して、仕事人ブームの新たな立役者となる。歌手、俳優、そして2023年現在は参議院議員を務める中条が、一世一代の当たり役を振り返る！

今日が芸能人として最後のインタビューです

中条　もうね、ラジオやテレビがいろいろ言ってくるんだけど、全部断ってるんですよ。芸能活動は一切なし、2022年の12月28日のディナーショーで終わりました。だから、今日が芸能人として最後のインタビューです。『必殺』だからこそお引き受けしようと思いました。それと偶然ですが、つい最近ぼくがレギュラーで出る前のスペシャルを見たんですよ。フランキー堺さんに殺されるやつが、ここ（参議院）の宿舎の引き出し開けたら入ってた。

――『特別編必殺仕事人　恐怖の大仕事』（81年）ですね。

中条　そうそう。フランキーさんに吊るされるところは覚えてたけど、あとは完全に忘れてるからおもしろかったですよ。あの撮影が終わって、1ヶ月かそこらじゃないかな……年末に山内久司さんとフランキーさんが訪ねてきたのは。ぼくは毎年12月にディナーショーをやるんです。キタの新地のクラブだったと思いますが、ショーが終わって席に行ったら山内さんが「フランキーさんが中条さんを推してましてね」と、今度の『仕事人』の新シリーズにレギュラーでどうかというお話をいただきました。

フランキーさんとのお付き合いもなかったし、本当に降って湧いたような話でしたね。現場でも石っさん（石原興）と中やん（中島利男）、カメラと照明のコンビから「きよしさん、レギュラーでおいでな」と、そんな話はされてたんです。「俺らも推しとくから、ちょっと事務所からも推しいな」と言われて、いちおうマネージャーには話したけど、まぁ相手あってのことでしょう。まさかフランキーさんがね。それから正式オファーがきて、今度は山田五十鈴さんと親子役だと聞いてびっくりしました。（藤田）まことさんやみーちゃん（三田村邦彦）は、もうそのまんまレギュラー……で、その前に何回か1時間ものにゲストで出てたんですよ。

――『必殺商売人』（78年）と『必殺仕事人』（79〜81年）にそれぞれ出演。『恐怖の大仕事』と合わせて3回も悪役として仕置されています。

中条　3回も？　医者の役が『仕事人』かな。監督が原田雄一さんだったのは覚えてますね。最初の『商売人』はぜんぜん覚えてないなぁ。でも、ぼくは基本的に関西弁で、撮影所もみんな関西弁だから、そういう意味では楽っちゃ楽でしたね。

――そして『新必殺仕事人』（81〜82年）から三味線屋の勇次を演じます。

中条　撮影に入ったとき石っさんから「きよしさん、あれやで。とりあえず最初の5本やで」と言われて、なんのこっちゃわからへんのやけど（笑）、要するに「5本くらいのうちに自分のキャラクターを出してやらんと、もうないと思うよ」という話をされました。それもなんのこっちゃ……正直なところキャラもなにも、始まるまで三味線の糸で殺すことすら知らなかった。撮影直前にやっと決まって、〝三の糸〟という細い糸を使いました。まぁ、どっちにしてもワンクールだろうと。もともと吾郎ちゃんがね、戻ってくる予定だったんですよ。

――伊吹吾郎さんは『仕事人』で畷左門を演じていました。

中条　あとから本人に聞いたんです。吾郎ちゃんが別の仕事でスケジュールが合わなくて「中条きよしは〝つなぎ〟で、半年後にすぐ戻すから」って言われてたのに戻れなくなったって、笑って話してくれました。それから『水戸黄門』の角さんをやったでしょう。あっちのほうが長くていいよね（笑）。

要するに数字がよかったんですよ。びっくりしたのはプロデューサーじゃないの。それまでの『必殺』とレギュラーはほとんど変わらないのに、視聴率が倍以上になった。たしか初回が32%。「きよしさん、すごいで。30超えたで」って言われたとき、あぁほんまにって。だから基本的にはプロデューサーたちがやめさせられなくなったということですよ。

――そして空前の仕事人ブームが到来します。

中条　「人生には3回チャンスがある」とよく言われますが、ぼくにとって『新必殺仕事人』は2回目ですよ。1回目が「うそ」の大ヒット、もともと時代劇が好きで役者志望だったのに、たまたま歌手になるきっかけがあって6年くらい売れなかったのが、読売テレビの『全日本歌謡選手権』をきっかけに売れてしまった。2回目が『必殺』で、もう70も過ぎて3回目のチャンスなんてないと思ってたら政治の道で参議院議員になった。これも偶然が大きいんですが、だからそういう意味では、しあわせを絵に描いたようなものですね。

華やかさがないと、やっぱり役者はダメだと思う

――勇次のキャラクターは回を重ねるごと華麗に進化していきます。

中条　普段の三味線屋の勇次と殺しのときの勇次は、おのずと変わってないとおかしいし、変えたほうがいいだろうと思いました。まず思ったのは、かつらを見たらよくわかるんだけど、まことさんはちょっと貧乏くさい感じで、みーちゃんは地毛。勇次は粋な二枚目ということで、普段から髪型もきれいにしなきゃいけない。かつら屋さんと相談していくうちに「殺しのとき、ちょっとメイクも変えようや」と、紫色のシャドウを入れたりね。

――髷からハラリと垂れる〝色ジケ〟も効果的です。

中条　あのシケも櫻井（洋三）さんに提案したら、あんまり前向きじゃなかったけど「とりあえず、やってみて。ダメならやめたらええがな」と。でも、それがウケたんです。羽二重のかつらもこだわりました。南座の舞台のときは〝野口のお師匠さん〟と呼ばれる長谷川一夫さんを担当されていた方にお願いして……テレビは八木かつらだけど、映画のときも八木にちょっと泣いてもらって野口さんに頼んだ記憶があります。やっぱり違いますよ。

パッと振ると、毛が動く……あんまり油を使わないんです。普通は鬢づけ油でガチガチに固めますが、そうすると髪の柔らかみがなくなる。色気がなくなるんです。

——衣裳もどんどん華やかになっていきました。

中条　紫の紗みたいな素材で透ける羽織にしようと提案したり、そのうち衣裳さんが背中に〝南無阿弥陀仏〟って付けてきたりね。それに合わせて相手を吊り殺したあと、クルッと背中を向ける見得を加えました。小道具のゴミちゃん（中込秀志）に「なんかないか?」と相談して、手袋も工夫しましたね。

——口で三味線の糸を引っぱる仕草も定着します。

中条　糸をくわえるようなったのは、たまたま屋形船の回（『新必殺仕事人』第14話「主水悪い夢を見る」）から。不安定な屋根の上にいるから「これは手で引っぱれないぞ、もう口か鼻しかないで」という話になって（笑）、じゃあ口かと、それが始まり。やっぱりカメラと照明の思い出に尽きますね。「きよしさん、ここまで来て、この位置で止まってくれるか」って、格子の隙間から片目だけ撮るとかね、それは石原と中島のセンスですから。

監督は黙って「はい、はい」って従うだけ。松野（宏軌）先生なんて奥さんが店をやってて、普段はレジに座ってる人だからね。徳さん（田中徳三）もいい監督でしたよ。なんにも文句を言わない。先生と徳さんは、そういう意味でも『必殺』のレギュラーだから、監督というより出演者みたいなものだから。いちばん監督っぽい人はやっぱり工藤（栄一）さん、その次が貞永（方久）さん。あとは〝友達〟という雰囲気でしたね。よっぽど間違ったことをしない限りは「きよしさん、こうしてくれる」という指示もなかった気がします。

——なるほど。

中条　いちばんびっくりしたのはね、撮影がそんなに長引くと思ってなくて、7時に食事の約束をしてたんです。そしたら現場が、えらい時間かかってる。石っさんに「悪いけどさ、今日7時ごろに約束してもうたんやけど」

三味線の糸を自在に操る勇次の登場により、必殺シリーズはますます人気を高めてゆく

「いや、きよしさん、さすがに無理やで」とか言ってたのに、それが7時前に終わった。これが『必殺』のいいところですよ（笑）。もう次のカメラポジションや照明を自分たちで決めておいて、「中やん、悪いな。照明はあそことあそこに置いといて、終わったらすぐ行くし」って、どんどんやっていく。

――先読みしながら現場が進むんですね。

中条　それは東映にもない技術ですよ。京都映画という狭い撮影所でね、あのコンビは天才だと思う。動いてる映像をポンッと静止画にしたとき、全部が絵になるでしょう。新しい『必殺』で石っさんが監督やってるけど、やっぱり違う。われわれがやってたころのカメラや照明とは、どこかが違う。

――『必殺仕事人Ⅲ』第21話「赤ん坊を拾ったのは三味線屋おりく」は歴代最高視聴率の37・1%を記録、秀と勇次による殺しのコンビネーションも洗練されています。

中条　個々の手柄ではなく全体のバランスですよね。主水と秀と勇次と……それまでのシリーズは、どこか華が足りなかった。そこに山田五十鈴と中条きよしという、まったく新しいパターンの男と女が入って、その華やかさが結果を出した。暗い殺し屋のシリーズから一転して、殺しのシーンでも明るく、華麗になっていった。

――まさに〝華〟というのは、勇次を象徴する言葉ですね。当時の中条さんも「華のある役者になりたい」というコメントを残しています。

中条　華やかさがないと、やっぱり役者はダメだと思う。ぼくが長谷川一夫さんという役者が大好きなのも、そこなんですよ。実際に会ったら背もそんなに大きくない……だけど演じると華がある。勇次の殺しでも椿の花を使った回があったでしょう。あれがいちばん好きですね。

――『仕事人Ⅲ』の第30話「スギの花粉症に苦しんだのは主水」ですね。

中条　椿がパーンと散って、なんで糸の真ん中に刺さるんだよって（笑）。そういうのいっぱいあるじゃない。

平地から投げてるのに、そのまま吊り上げるなんて「これは魔球か?」って。映画だったかスペシャルだったか、お面の隙間から糸を2本投げて、どんどん途方もなく上がっていくやつもありました。やっぱり華とケレン味、それから石原と中島の才能ですよ。

――巨大お面の吊し上げは映画『必殺! THE HISSATSU』(84年)、椿の回は家喜俊彦監督でした。

中条　ちっちゃい監督だったね。近所のおじさんみたいな雰囲気で「一緒にメシ行く?」「は〜い」というような感覚かな。やっぱり友達ですよ。

3年半くらい勇次をやって、やっぱり疲れが出てきた

――勇次を演じるうえで意識したことはありますか?

中条　殺しのときは、基本的に〝目〟ですね。昔から長谷川一夫さんでも杉良太郎さんでも、それぞれキメの視線があるんですよ。ぼくの場合は右下から左上にスッと流そうと決めていましたから、『必殺』は基本的に全部それです。顔を動かすとつまらないから、目だけで。糸で吊り上げたあと、カメラがズームして顔や目に寄ってくるのもわかるし、そういう連携ですね。

――たしかに勇次の目は印象的です。

中条　ただ、やりすぎないこと。京本(政樹)くんなんか「お前、お化粧しすぎやろ」と思うし、新橋の公演に出たときも「おい、それじゃシケじゃなくて乱れ髪だよ」って言ったことがある。寝巻き着てるのに「それじゃ起き上がっちゃうだろう」とかね(笑)。大川橋蔵さんに心酔してるから「橋蔵さんならば、もうちょっと地味なもんでパッと出てくるぜ。そんな七色の寝巻きじゃあかんで。目ぇ覚めてまうがな」って笑い話をしたことが

あるんだけど、そういう意味で勇次なんて引き画になると面倒くさいから、「石っさん、いいかい？　わかんないだろう？」「うん、大丈夫や〜」って、引きの撮影はノーメイクのこともあった（笑）。それくらい照明が上手かったんですよ。

——山田五十鈴さん演じるおりくと勇次は、血のつながっていない親子の間柄です。山田さんの思い出はありますか？

中条　山田のおっかあはね……山田さんはぼくのことを「勇さん、勇さん」って呼んでくれて、ぼくは「おっかあ、おっかあ」だったんだけど、京都の家に招待してくれたり、お世話になりました。後年はちょっと目が悪くなって、バチで殺すシーンもちょっと危なかったけど、それは仕方ないですよ。昔からの大女優ですから、朝、冬場のロケでガンガン（石油缶を使った暖房器具）に当たるじゃない。そのときも「あぁ寒い、寒い」って、そばで当たるんじゃなくて、ちょっと離れたところから。まぁ鮎川いずみはそのまま当たってたけど（笑）。山田さんはそういう意味でも落ち着きがありましたね。「やっぱり大女優だなぁ」と思う瞬間が何度もありました。

——藤田まことさんはいかがでしたか？

中条　まことさんはね、いちばん最初に会ったときぼくのことを「若旦那、若旦那」って呼んでたの。出始めは「若旦那」で、最終的に「きよしさん」になりました。『必殺』の共演者とは、そんなに一緒にメシを食った記憶がないんだよね。お互いに殺し屋の役だし、ある程度そういう距離感がいいのかな。だから白木万理さんに「万理ねえ、メシ行く？」って聞いたら「行きましょう！」。それで「せっかくなら菅井（きん）さんも誘おうか」って言ったら「わたしね、けっこうな年数やってるんだけど、おかあさんと一緒にごはん食べたことないのよ」って、あれはちょっとびっくりしました。それで3人で行ってテキーラの話で盛り上がったりしたんですが、なんで藤田さんが誘わなかったのかなって思うくらい、そういう現場でしたね。

——なるほど。

中条　鮎川ちゃんもないんだよ。彼女は撮影が終わると早く戻って、その当時のスポンサー的な銀行の偉い人とか、櫻井さんのお付き合いの人との会食が多かったんで、女優としてだけではなく精力的だったね。みーちゃんや（ひかる）一平とは一緒に飲みにいって、お茶屋さんに招待したりもしました。そういう遊びをしたことがないから、せっかくなんで教えてあげて。

――では、ちょっと話の方向を変えまして……。

中条　え、変えるの？　俺は基本的に遊びの話ばっかりだよ（笑）。

――朝日放送の山内久司さん、松竹の櫻井洋三さん、両プロデューサーのコンビネーションはいかがでしたか？

中条　櫻井さんは〝商売人〟かなぁ。営業や経営、そういう手腕に長けてました。それで山内さんは企画を立てるプロデューサー。櫻井さんが京都映画の重役を退任したあと電話があって、沖縄でショーをやったこともあります。櫻井さんが沖縄の興行会社と組んで、ちょっといろいろありましたけど、それが最後ですね。やっぱり『必殺』が長く続いたのは山内さんと櫻井さんの力だろうし、プロデューサーと商売人のコンビが上手くいったんじゃないかな。

――『必殺仕切人』（84年）がいったん最後の出演作になります。京マチ子さんとの新たな組み合わせでした。

中条　3年半くらい勇次をやって、やっぱり疲れが出てきた。ちょっとダレてきたな、自分の壁になってるなというのがあったので、山内さんと食事をした際に「申し訳ないのですが、今回でちょっと降ろしてもらっていいですか」と言いました。もう寝耳に水で驚かれましたが、しばらくして「正直『仕事人』以外のシリーズは視聴率が取れてない。きよしさん、悪いんだけど『仕舞人』を終わらせて京マチ子さんで『仕切人』というのをやるんだけど、トメをお願いできないか」と山内さんから相談されたんです。じゃあワンクールだけということで始めたら、これも1本目が30％を超えて、ワンクールじゃなくて18本に延びちゃった。それは自分にとっての自慢、最後の最後に出させてもらった『必殺』で数字が取れたというのは誇るべきことですね。ただ、もぅ『水戸黄門』の印籠みたいなパターンになってきちゃって……。

――当時のシリーズは意図的にストーリーの定型化が図られて、エリマキトカゲやピラミッドなど当時の流行りものを織り込んだ展開も特色です。

中条「バカ野郎!」と思ったけどね(笑)。いやいや、なんでも視聴率を取れると思ったら大きな間違いだろう、エリマキトカゲはねえだろうと。映画に潜水艦まで出てきて、あれは笑いましたけど。まず『Ⅲ』のとき、一平を入れたのがそうだったから。もっと若い人が見るようにジャニーズを入れてきた。でも、それは一平が悪いわけじゃないし、バランスも崩れなかった。ただウケ狙いの脚本が多くなって、ちょっと違うなと思うようになって……パターンも同じだし、「もぅいいかな」って。でも『必殺』をやったおかげで、新歌舞伎座で座長公演ができたのはいい思い出ですね。歌手と役者、両方の強みが出せましたから。

やっぱり〝石中コンビ〟の撮影所だったんじゃないのかな

――『仕切人』から12年後、劇場版の『必殺! 主水死す』(96年)で勇次が復活します。

中条『主水死す』は、もともと出ないはずだったの。「降ろしてもらえませんか」と山内さんに言ったとき、自分にとっての『必殺』はもう終わっていた。『仕事人』から離れて『仕切人』をやったことで、まことさんに対する申し訳なさもあったし……そうしたら石っさんが楽屋に来た。ぼくの舞台公演にやってきて「きよしさん、映画に出てくんないかなぁ」。現場で、まことさんの顔を見てないんですよ。それでも『主水死す』という作品が縁というか、ある種の雪解けになったんじゃないかと思います。

――それはどういう意味でしょうか？

中条　最後が勇次のアップで、そこから主水の十手で終わる……あのラストですね。撮ってるときは、会わないし、からむシーンもないし、「いやいや弱ったなぁ。まことさんと話をする機会もないわ」と思っていたんですが、完成した映画を見て「あぁ、ありがたい。こうしてくれたんだ」という感謝の気持ちがありました。主水が死んだ最後の作品を、ぼくのアップで終わらせてくれた。『主水死す』に出てなかったら、そのあと勇次の映画もなかったと思います。それから京都映画では、たくさんVシネもやりましたしね。

――中条さんと松竹京都映画（当時）が再タッグを組んだ作品として、オリジナルビデオシネマの大ヒット作「新第三の極道」シリーズ（96〜00年）があります。これはミュージアムからリリースされた、いわゆるヤクザVシネですね。

中条　いちばん最初の『第三の極道』（95年）、これは三池崇史が監督なんだ。いまや日本映画界の大物ですが、当時は名前も知らなかった。『新宿アウトロー』（94年）を一緒にやって「おもしろい監督だな」と思って、またお願いしたんです。三池のお母さんがぼくのファンでね、大阪で『第三の極道』を撮ってるとき、お母さんが現場に来たんだから（笑）。

――そして「新第三の極道」シリーズからは松竹京都映画が制作プロダクションになってスタッフが一変していますが、その理由は？

中条　簡単な話ですよ。京都映画に仕事がなかったから。プロデューサーの水野（純一郎）が東京までやってきて「うちでやらせてもらえませんか」と頼まれたんです。それで「石っさんがカメラやってくれるなら、俺が話をつけるよ」となって、まぁ製作のミュージアムも大阪だし……あのミュージアムの立ち上げもぼくですよ。ビデオの会社を作りたいとグランプリの北側（雅司）さんに相談されて「東映と喧嘩する覚悟があるなら応援する。すぐに手を引かれると困るし、資金面は大丈夫かい」という話をした。彼には学習教材のノウハウがあったからビデオも全国シェアで思いっきりやりますということで、それが最初のきっかけ。北側さんとはゴルフ仲間なんです。

――たちまちミュージアムは東映ビデオやケイエスエスを制して、Vシネの覇者となりました。中条さん演じる正木礼二郎を主人公に裏盃の軍団が暗躍する「新第三の極道」シリーズは〝極道版必殺〟の趣きもあります。

中条　やっぱり怖い顔して殺すというのは、つまんないよね。『必殺』もそうですが、優しい顔の人間がスッと殺すのがいちばん怖い。それから男が憧れる男を意識して、衣裳もほとんど自前です。そのうち京都映画で『首領への道』（98～05年）が始まりましたが、ほかのシリーズで忙しいから断って当時うちの事務所にいた清水健太郎がやったんです。最初はぼくがエグゼクティブプロデューサーで、あいつも勢いに乗って、そのまま独立したんだけど、また……ね。当時の京都映画には、ずいぶん貢献したと思いますよ。時代劇も減って、Vシネがなかったらダメになってたんじゃないかな。

――「新第三の極道」シリーズは、津島勝監督が多くを手がけています。

中条　津島ちゃんは助監督のときからよく知ってた。普通の監督ですよ。とりあえず京都映画というところは石原興で、もう彼が全部回してるみたいなもんだから、監督は楽だったと思うな。だから中やんが亡くなるまで、やっぱり〝石中コンビ〟の撮影所だったんじゃないのかな。

三味線屋勇次は、あのきれいなままの姿でいさせたい

――そして1999年には松竹京都映画、ミュージアム、グランプリの3社共同による映画『必殺！ 三味線屋・勇次』が劇場公開されます。

中条　主水は死んじゃったし、テレビで『必殺』もやらないだろうから、やるなら映画……三味線屋の勇次で映画ができないかという話になったんです。

――それは櫻井洋三プロデューサーからですか？

中条　いえ、櫻井さんとはそんな話は一切しない。北側さんがスポンサーだし、こっちで決めました。それから野上（龍雄）さんが脚本を書いてくれることになって、監督も石っさん。さらに櫻井さんを通じて「まことさんが〝出る〟いうてんねんけど」……「いやいや、ほんまかいな」という話ですよ。「出てくれたらうれしいけど、主水さん死んでますよ」「いや、ぜんぜん違う役で」、それでまことさんが出てくれた。配給も松竹が乗るという話になった。

――勇次が初めて主役となった作品ということで、思い入れはありますか？

中条　ものすごくきれいな作品になったと思います。ぼくは宝塚を見たことないから、そのとき初めて天海祐希さんを知ったんだけど、すごくよかった。それから個人的なお付き合いが始まって、うちの女房とも会ったりしてね。ぼくは「和尚、和尚」って呼んでるの。「天海」だから「天海和尚」ね（笑）。屋台のシーンや死ぬときのシーンなんか、彼女が出た作品でいちばん美しいんじゃないかと思います。和尚がこれから先なにを撮ろうと『三味線屋・勇次』の天海祐希がいちばんきれいだろうと、そう本人にも伝えました。

それから阿部寛くんですね。「すみません。ぼく、かつらが似合わないんですよ」と相談されて、でも「大丈夫だから。任しとき」と。ぼくは山崎（かつら）で阿部くんは八木（かつら）だったと思うけど、八木の光彦と相談して、いいかたちに仕上げました。石っさんにお願いしたのは、引きで阿部くんが立ってる画はやめてほしい……なるべくアップにしてほしい。走ってくるところなんかはいいけど、普通のシーンで全身の立ち姿が映ると、大きすぎて不自然だから。

――『三味線屋・勇次』が最後の作品となりました。

中条　もちろん続編の話もありましたが、そこは松竹の問題だからね。正直なところ続けたかったけど、やっぱり三味線屋勇次は、あのきれいなままの姿でいさせたい。老いて元締になるようなタイプではない。あくまでも仕事人なので、あれが最後でよかったんじゃないですか。映画で一枚看板が張れて、まことさんまで出てくれて、いい引き際でした。いちばんきれいなときに、いちばんいいものを撮ってもらいました。そのあとも土曜ワイド（劇場）で現代版の勇次みたいなのを何本かやりましたけどね（笑）。

――ありがとうございました。選挙の際にも「三味線屋きよし」という勇次を思わせるキャラを起用していましたね。

中条　勇次という男は、中条きよしそのものなんですよ。だからやりやすかったし、人気も出たんじゃないかと思います。もう芸能界には未練も後悔もない。正真正銘これが最後のインタビューです。その言葉に〝うそ〟はありません。ぼくはプライドだけで生きてきた人間ですから。

中条きよし

［なかじょう・きよし］

1946年岐阜県生まれ。68年に歌手デビューし、74年に「うそ」が150万枚を超える大ヒットを記録、その後は「うすなさけ」「理由」などを発表する。俳優としての活動もスタートし、81年には『新必殺仕事人』で三味線屋の勇次を演じて『必殺仕事人Ⅲ』『必殺仕事人Ⅳ』『必殺仕切人』に出演。その後の主演作に『白昼の処刑』『闇金の帝王　銀と金』『第三の極道』『必殺！三味線屋・勇次』などがある。舞台の座長公演や情報番組のコメンテーターとしても活躍し、2022年には参議院議員として初当選を果たした。

俳優

鮎川いずみ

ト書きの「歩く」や「走る」で
加代らしさを出すよう意識しました

何でも屋の加代として仕事人シリーズを牽引した鮎川いずみは、松竹の専属女優としてデビューし、やがて『必殺商売人』『翔べ！必殺うらごろし』にレギュラー出演。加代という役どころを得て、飽くなきバイタリティを発揮した。芸能界を離れて30余年の鮎川が懐かしの撮影所で語り明かす、わが必殺人生！

撮影：霜越春樹

悩んじゃうタイプで、それはもう生まれもったものですから

鮎川　『必殺シリーズ秘史』と『必殺シリーズ異聞』を楽しく読ませていただきまして、わたしの存じ上げなかった「タイミング」という現像所のスタッフの方にまでお話を聞いていて、びっくりしたんです。ですが取材のオファーをいただいたとき、もう女優も引退した立場ですし「わたしなんかが今さら出ても」と物怖じしてしまったんですね。だから一度お断りしたのが申し訳なくて……。

――こうして松竹撮影所での取材が実現できてうれしいです。わざわざ京都までお越しいただき、ありがとうございます。

鮎川　最初は躊躇しましたが、当時のスタッフのみなさんともひさしぶりにお会いできてよかったです。『必殺』の話をしていると、もうみんなキラキラ目が輝いて……悪い話でもキラキラしてましたから（笑）。大昔の恋人、いや同志かな。今回こうやって取材のお話をいただけてありがたかったです。

――まず必殺シリーズで思い出すことはありますか？

鮎川　やはり殺しの美しさですね。一瞬で仕留めるところに魅力を感じました。美しくて鋭い様式美、アジトでお金を配るところから世界観が変わります。殺しの前の緊張が最高潮に達するアジトでの場面。あのシーンになると自分の内側で、平尾（昌晃）先生の殺しの出陣の曲がかかるんです。

中島（利男）さんや林（利夫）さんによるライティング、月明かりが差し込むアジトの、ピーンと張った空気感が伝わるコントラストの強い照明と俳優たちの間合い。主水、勇次、秀……そして殺しはしないけれど、気持ちはみんなと一緒の加代。殺しの分け前を淡々と配る加代の顔を、カメラアングルと照明で美しく描いてくださいました。現場では中島さんに「おねえちゃん、なんも考えずに任しとき」って言われてましたが（笑）。

――いろいろ悩んでしまうタイプだったのでしょうか？

鮎川　〝下手の横好き〟と言いますか。わりとね、好きなんですよ。好きだからこそ考えるし、苦しいながらも楽しいという。わたしは不器用なので、藤田（まこと）さんとのかけ合いでも、アドリブで渡されたものを返すのが最初は難しかった。受け取って「どうしよう？」と……変化球なのか、直球がいいのか、悩んじゃうタイプで、それはもう生まれもったものですから。

――藤田まことさんの思い出は？

鮎川　「あんた、下手だねえ」と言われました。1回だけじゃないですからね（笑）。それは本心でしょうし、もちろん言われて当たり前なんですが、その「下手だねえ」の言葉に温かみが感じられる。で、藤田さんもそれでわたしが泣いたりすることもないだろうと、安心して仰っているんです。おはぎを食べながらのシーンがあるんですが、加代という役は上品に少しずつ食べるんじゃなくて、ガボッと噛みつく。そうすると流暢にしゃべるのが難しくて、何度もＮＧが出たりして、もうお腹いっぱいで入らない。またね、小道具のゴミさん（中込秀志）が大きいおはぎを作ってくれるから（笑）。

――たしかに加代は食べるシーンが多いですね。

鮎川　忍耐強く待ってくれて、何度もアドリブを出し続けてくださった藤田さんには感謝しています。何でも屋の加代の役づくりも大半は藤田さんとのやり取りから、あの個性が生まれたんです。藤田さんとのセリフの応酬では急に声を荒げたり、ひそひそ話になったり録音部さんには迷惑をかけました。どんなときでも「しゃあない」とセリフを録ってくださった広瀬（浩一）さんや中路（豊隆）さんに感謝ですね。

当時は『三枝の愛ラブ！爆笑クリニック』のアシスタントをやっていて、バラエティ番組のアドリブに応えれるよう勉強させていただいたのも『必殺』に生かされたと思いますね。リズムとして、関西の方のほうが早いんですよ。照明の林さんでもパパパパッとしゃべるでしょ。どこで息継ぎしてるかわかんないくらい。それをよく聞いて噛みくだいてるうちに、会話のタイミングがズレる（笑）。で、「なにやってんねん」と、そういうことが冗談交じりで言えた現場だったんです。やっぱりお互いの信頼関係ですよ。だから中島さんの「任しとき」という言葉が出てくるんじゃないかなとは思います。

『必殺』の中村主水という役は、まさに山内さんそのもの

――さかのぼりまして、女優を始めたころの話をうかがいます。1967年に松竹の映画『また逢う日まで　恋人の泉』でデビュー、題名の「泉」から「鮎川いづみ」として脚光を浴びます。

鮎川　16歳のころスカウトされたんですが、発声練習をしている先生のところに三田明さんのプロダクションの社長が来ていて、それがきっかけです。とくに歌手になりたいという夢があったわけではなくて、乗馬やスケートと同じ習い事。それからバレエをやってたんですが、受験で全部いったん止めたんです。その代わりに発声練習を始めて、松竹と契約することになりました。芸名をつけてくださったのも松竹のプロデューサーです。初めて大船に行ったときは、「えー、こんな森みたいに静かなところが撮影所なの」という感じでしたね。

――当時の出演作で思い出深いものはありますか？

鮎川　緒形拳さんが主役の『開化探偵帳』（68～69年）というNHKの金曜ドラマですね。テレビがまだ白黒の時代で、東京浅草が舞台。わたしの役は質屋の娘のお金ちゃんで、内田朝雄さん扮するおとっつぁんと屯所の探索方を応援している役でした。緒形さんがさっそうと演技をしていらっしゃったのをよく覚えています。

――朝日放送の『お荷物小荷物』（70～71年）にもレギュラー出演しています。

鮎川　『てなもんや三度笠』（62～68年）であんみつ姫を演じて、その次が『お荷物小荷物』でした。ご存じ『必殺』

の山内久司さんがプロデューサーで脚本は佐々木守さん、進行しているドラマに見入っていると急に画面が俯瞰になって、スタジオ全体のセットやスタッフが映し出されて現実に引き戻されるという斬新なドラマでしたね。

わたしの役は教会で礼拝している尼僧です。林隆三さん扮する三男・礼のことが好きで、毎回「好きです。好きです。好きです。レ〜！」と叫び、なぜか串に刺したソーセージをくわえたあと、はっと我に返りイエス様にお許しを請うエロティックな役で……ですから『必殺』でまた尼僧の役をいただいたときは、なにをやらされるかと毎回ドキドキしました（笑）。

——朝日放送の山内久司プロデューサーは、どのような方でしたか？

鮎川　衝撃的でした。とにかく発想が斬新なプロデューサーで、でもしゃべってるときは普通のおじさんなんです。大阪弁のソフトなおじさんで意見を押し付けるようなことは絶対しない。だけど「ダメなら降りてもらうよ」と、さらっと言ってのける鋭さがあるんです。普段はニコニコしてますから、すごくアンバランスでユニークな方で……そう、『必殺』の中村主水という役は、まさに山内さんそのものだと思います。一見するとただのおじさんが、じつは凄腕という。

——1973年には『必殺仕置人』第10話「ぬの地ぬす人ぬれば色」で必殺シリーズ初のゲスト出演。当時の京都映画の思い出は？

鮎川　カメラマンの石原（興）さんを先頭に照明の中島さん、録音の広瀬さん率いる撮影隊が大きな声を出して軍団のように動いていました。流れるような映像、コントラストの強い照明など、それまでにない世界を生み出しましたよね。若いころの石原さん、中島さん、広瀬さんは3人とも細くて美男子。キビキビした動きで、セットに入ると役者さんや監督さんよりも目立つその姿に憧れを感じたものです。でもね、ちょっぴり怖かったかな。

——そこから悲劇の町娘のようなゲスト役を何度も演じています。

鮎川　でも、ブランクがあるでしょう。いったん女優やめてたんですよ、結婚して。20代のいちばん大事な時期です。もうね、なんでも「パーン！」っていきなりやめちゃうの（笑）。

――そのあたりの話も、うかがって大丈夫ですか？

鮎川　いいですよ。隠すようなことではないから。19歳のころ、カメラマンの人を好きになって、20歳で結婚……なんというのかしら、ディスコに連れてってもらったりして、わたしは一人っ子だからずっと親が厳しくて、そのとき新しい世界が広がってしまった。反対を押し切って無理矢理。プロデューサーの方々にも反対されたんですが「もうやめ！」と結婚、それで5年間かな。けっきょく家庭の事情で離婚することになり、好きなまま別れたんだから、それからはもうがんばって仕事をしていこうと決意して、松竹に戻ったんです。

ひさしぶりの映画が吉幾三さんの『俺は田舎のプレスリー』（78年）。あれでオートバイに乗ったんです。わたしは自転車も乗れない人なのに（笑）。青森のロケ地で、りんご園の中をバーッと走って、木にぶつかって骨を折っちゃって……それでも映画の封切りに間に合わせなきゃいけないということで、あの当時アントニオ猪木さんが倍賞美津子さんの旦那さんだったでしょう。猪木さんの怪我をしょっちゅう治している先生がいたんですよ。その先生に膝をドーッとやってもらって、それで復帰して撮影。もうアクシデントばっかり起こしてて。

――『必殺！　ブラウン館の怪物たち』（85年）でも自転車に乗って、最後は土手から落ちていましたね。

鮎川　あれは最悪、もう太い足を出しながら（笑）。『プレスリー』に出たあたりで、松竹の重役の梅津（寛益）さんが「山内プロデューサーに話をしておいたから」と、わたしの扱いが映画部からテレビ部の山内（静夫）さんになって、それから『必殺』にレギュラーで入りました。松竹の専属で、たしかB契約だったと思います。AとBがあったんですよ。

「粋なおねえさん」から「生活感あふれるおばさん」に

——『必殺商売人』（78年）では秀英尼、『翔べ！必殺うらごろし』（78〜79年）ではおねむを演じています。

鮎川　火野（正平）さんとのシーンが多かったんですが、あの自由さがお芝居にも出てて、人として解き放たれた感じがうらやましかったですね。みんなでスナックに飲みにいったとき、火野さんがギターの弾き語りをしてくれました。その姿がかっこよくて「あぁ、みんなこれに憧れるんだなぁ」と（笑）。おねむという役はセリフが少ないので、逆に難しかったですね。わたしの場合、セリフがあるとセリフに頼っちゃうので。第1話は松竹の森﨑東さんが監督で、緊張しました。でも、それ以上にワクワクしてエネルギーを使った気がします。

——1979年の『必殺仕事人』第29話「新技腰骨はずし」からは、加代として三度目のレギュラー出演。当初は質屋の上総屋を拠点にするクールな密偵の役で、三島ゆり子さん演じるおしまとコンビを組んでいました。

鮎川　三島さんがとても艶やかで、すてきでしたね。あの方は天才的なところがありまして、加代とのやり取りでも、ふわっとボールを受け取って返してくださる感じが楽しかった。三島さんの色っぽさが画面を華やかにしましたし、わたしはクールなほうが対照的でいいかなと、そう思ってましたね。

——『仕事人』の放映途中で「鮎川いづみ」から「鮎川いずみ」へと改名します。姓名判断の結果とのことですが、なぜ芸名を変えたのでしょうか？

鮎川　29歳あたりって、恋愛とか運勢を見てもらいたい時期じゃないですか。友達に誘われて、そういう先生のところに行ったら「本名に助けられてますよ」と言われたんです。いまの芸名の画数は1個の鉢に2本の木が植えられているようなもの、どちらかが枯れちゃうからよくない……それで「漢字ですばらしい芸名がある。こっちに変えれば大スターですよ」と言われたんですが、わたしもビビり屋だから「そこそこでいいです」と。そんなやり取りから1画だけ足して「つ」を「す」にして、鮎川いずみになったんです。とりあえず厄除けして、魔の手から逃れるということで（笑）。

――そして『新必殺仕事人』（81～82年）からは、何でも屋の加代としてブレイク。それまでと同一のキャラクターとは思えない、パワフルな変化を遂げていきます。

鮎川　「粋なおねえさん」から「生活感あふれるおばさん」になったので、藤田さんのアドリブを受けやすくなりました。もちろんお金をもらわなければ1ミリも動かないというキャラはプロデューサーの了解を得ています。わたしの女優人生で、いちばんの思い切りでした。それこそ太い足を出して、自転車に乗ったりして。

――何でも屋の加代の原点は？

鮎川　あるとき藤田さんとのお芝居で、何気なくアドリブを返したときに、指がこのかたち（¥マーク）をしたんですよ。それは自然に出たんですが、そのとき「あ、そうだ。お金大好き人間にしたらどうだろう」、そこで松竹の櫻井（洋三）さんに相談すると「山内プロデューサーに聞きなさい」ということで、大阪の朝日放送まで行って山内さんにおうかがいしたら「ええよ。ダメだったらやめてもらうから」。その覚悟で演じました。

――加代を演じるうえで意識したことはありますか？

鮎川　台本に「加代、小走りに駆けてくる」というト書きがあるときは必ず〝赤の蹴出し〟をひらひら見せながら大股で走りました。何でも屋の旗を持って歩くシーンでは、道の真ん中ではなく軒下を小銭が落ちてないか探しながら歩いたり……ト書きの「歩く」や「走る」で加代らしさを出すよう意識しました。いつも走ってた感じがしますね。加代から鮎川いずみに戻っても走ってたような気がする（笑）。

――たしかに走りっぱなしな印象があります。

鮎川　加代は字もろくに書けないおばさんなので、旗や障子戸に「何でも屋」と書く場合、下手でなくてはおかしいと言って、自分で書かせてもらったこともあります。とくにお財布にはこだわって、小道具のゴミさんにお手数をかけました。小粋な加代さんの時代は河原町でおしゃれなものを買いましたが、何でも屋になってからはゴミさんお手製のお財布が常に活躍しました。それからあるとき、助監督の水野ちゃん（水野純一郎）が加代のいない長屋のシーンを撮影すると言ったので、赤の蹴出しを竹竿に干しておいてもらいたくて、出番もないのにオープンセットに見にいったら、ちゃんと干してあった。あれはすごくうれしかったですね。水野ちゃんは本当に優秀な助監督さんでお世話になったし、亡くなられたと聞いてショックでした。

――とくに思い出深い作品はありますか？

鮎川　やっぱり『ブラウン館』ですね。あれは「しょうざん」という京都の着物屋さんが持っている大きな建物で連日撮影をしました。夜中の2時3時が当たり前だったんですけど、あのスタジアムみたいな建物を中島さんがライティングするわけですよ。もう外国の映画みたいで、すごかった。『必殺』というのはライトをピンポイントで当てる世界ですが、『ブラウン館』はたくさんのライトを使って……でも、ただ明るくベタじゃないんです。ふっと建物が浮き上がって、蠢くワルの集団がさもいそうな、渦巻く魂がライティングによって表現されている。そんな感じで傍観者になってたんですけど（笑）、いつもとは違う、映画ならではのスケールを感じました。

――被害者の恨みを受け止める加代の役どころも大きかったです。

鮎川　もうひとつ印象に残っているのは、1作目の映画（『必殺！　THE HISSATSU』）の片岡仁左衛門さん。当時は孝夫さんですが、あの扇の殺しは優雅でしたね。スッと殺しをするところ。紙吹雪がパッと舞い散って、スッとした美男子が、顔色ひとつ変えずにピッと殺しちゃう……恐ろしい色気を感じました。もう画面から飛び出てくるような迫力で。あと思い出すのはね、香港ロケが恥ずかしかった（笑）。

――『年忘れ必殺スペシャル　仕事人アヘン戦争へ行く』（83年）ですね。

鮎川いずみ演じる加代は、シリーズを重ねるごとに存在感を増していった

鮎川　加代の格好をして、香港の街を歩きなさいってね。ケーブルカーに乗って、ビクトリアピークにも行きました。もうどれだけ恥ずかしかったか。本番に入ったら忘れちゃうけど、その前なんて……。撮影所で気球に乗ったのもよく覚えていますね。

とにかく櫻井さんと山内さんはコンビだから

――三田村邦彦さん、中条きよしさん、ひかる一平さん、仕事人シリーズの共演者の思い出はありますか？

鮎川　中条さんは男の色気ですね。なによりシケがよくお似合いでした。三田村さんも水から飛び出して殺しをするシーンがかっこよかった。一平ちゃんが最初に撮影所に来たときは、女の子からギャーギャーものすごい人気で、びっくりしましたね。南座の『必殺まつり』に出たときは、背中とお腹がくっつくぐらいの細さに一平ちゃんの人気を目の当たりにしました。現場でも一平ちゃんは一平ちゃんでよかったですよ、初々しくて。

――『必殺仕事人Ｖ』（85年）からは京本政樹さん、村上弘明さんが活躍します。

鮎川　京本さんは中性的で哀しげな魅力がありましたね。やはりシケがとてもお似合いです。がんばり屋さんで、足を折ったときもギプスをはめながらアクションの撮影をしていらっしゃいました。村上さんは顔も身体も日本人離れした俳優さんで、花を口にくわえる仕草が嫌みなくお似合いでした。

――鮎川さんによる『必殺仕事人Ⅲ』（82〜83年）の主題歌「冬の花」も大ヒットを記録しました。それまで女優として活動してきましたが、歌手デビューのきっかけは？

鮎川　わかりません。ただ言われたのは「順番」って（笑）……レギュラーが順番に歌っていくからということでした。それは櫻井さんから言われて、山内さんも一緒だったかもしれません。とにかく櫻井さんと山内さんはコンビだから、お互い了承してのことだったと思います。レコーディングのとき、アガってカチカチになっていたら平尾先生が「女優なんだから、ささやけばいいんだよ」とアドバイスしてくださったのが、いまだに耳に残っています。「冬の花」は日本有線大賞のメダルなど、いろんな賞をいただけてうれしかったですね。

「女は海」は京本さんの作詞・作曲、両国国技館で歌番組があったんです。お相撲さんとデュエットしたあと、ひとりで「女は海」を歌うことになってたんですが、スポットライトを浴びた瞬間、歌詞が飛んでしまって……真っ白になって、どうしても出てこない。とにかく思いついた言葉を曲に合わせて歌ったんですが、デタラメになってしまいました。悪いことにその番組を京本さんが見ていらっしゃった。本当に申し訳なかったですね。

――当時はテレビ、映画、舞台と空前の仕事人ブームでしたが、その実感はありましたか？

鮎川　なかったですね。目の前の台本をどう画にしたらいいかということに毎日追われていたので、金曜の夜に『必殺』を見ることもなかったし。わたしの場合は見ても……まぁ反省が多いので（笑）、ああしなきゃよかったとか、そんな見方ばっかりになっちゃう。

――とくに印象に残っている監督は？

鮎川　松野宏軌先生です。撮影前に、これから撮るシーンでの加代の立ち居振る舞いをご相談したくて先生を探すのですが、先生はわたしから逃げてばかりでした。で、いつの日からか、現場に入る前のお手洗いの前で待つことに（笑）。そうやって現場が始まるまでに役づくりの了解を得ることが多々ありました。役者の立場になって考えてくださる監督です。助監督から一本立ちされた（都築）一興さんも細部まで考えてくれる監督で、安心して頼れました。役者の仕事は緊張してコチコチになってしまうと、演技に差し障りますから、そういう安心感は大切です。一興さんの弟の雅人さんはカメラマンで、『必殺』のあと東映でもよくお仕事しましたが、この方もホッとできる雰囲気をお持ちでした。

――朝日放送の仲川利久プロデューサーの思い出はありますか？

鮎川　あまりお話はしなかったんですけど、演技を非常に見てらっしゃる、厳しい方という印象ですね。だから「お話しないほうがいいかな」……したら怒られそうなタイプで、山内さんとは別のタイプのプロデューサーでしたね。辰野（悦央）さんは、お顔からして非常にお話をしやすい。ふっくらしてらして、そこから発散される柔らかいフォルムといいますか。あまり内容的なお話をした記憶はないんですけれど、気さくな方でした。

――松竹の櫻井洋三プロデューサーは、どのような方でしたか。

鮎川　作品を請け負って、現場で起こることのすべてが櫻井さんにかかっていたんじゃないでしょうか。いろんなトラブルもあったでしょうけど、それを平気の平左に見せている感じ。すべてを仕切って、ドーンと構えている安心感がありました。プロデューサー補の武田（功）さんは優しい性格でしたから、櫻井さんの部下として現場を収めるのは大変だったんじゃないかと思います。

あとはやっぱりナベさん（渡辺寿男）や鈴木のまぁちゃん（鈴木政喜）、京都映画の製作部のみなさんがいてこそ現場が回ってましたね。石原さんはスタッフを率いる軍団の長だけど、ナベさんは彼らの行動をすべて把握して、調整する。まったく顔に出さず、飄々と。京都人の体質なのか、周りに苦労を見せなくて、石原さんもどちらかというと謙遜型ですよね。まぁちゃんはまぁちゃんで、また独特でした。普通は入れないようなお寺さんにもロケで行けるというのは、まぁちゃんの力と思います。ほんと映画に出てきそうな個性の方で、ロケ先でトラブルがあっても揉み手で謝りながら、こっちに（撮れ、撮れ）とジェスチャーするような（笑）。

――トラブルといえば、『仕事人V』の第8話「加代、モグラ男夫婦にあてつけられる」では加代がギプスをはめて登場します。これは鮎川さんが交通事故にあってしまい、急きょシナリオが変更されたそうですが。

鮎川　『三枝の愛ラブ！爆笑クリニック』の収録が終わって、関西テレビからタクシーで京都映画に向かっているとき、角を曲がってきたタクシーと衝突してムチ打ちになったんです。首を伸ばせない状態なので、通常のかつらはもちろんかぶれません。立っているだけでもつらくて、本番前はソファで横になって、段取りは水野ちゃんが全部やってくれたと思います。ギプスに包帯を巻いて、そこにマジックで〝口だけの仕事引き受けます〟と文字を書いて……絶対休ませない撮影所に「おぉ、怖っ！」と思いました（笑）。

加代がいなくなるというのは、やっぱり寂しいし、つらいものでした

鮎川　加代をずっと演じさせていただいて、最後のほうは松竹のカレンダーのいちばん最後にトメで載せてもらえるようになりました。それはわたしにとってすごくうれしかったです。松坂慶子さんがトップで、名だたる松竹の女優が載るカレンダーでしたから、キャリアアップですよね。『必殺』という作品に出会えてよかったです。

――『必殺仕事人V　激闘編』（85～86年）を最後に何でも屋の加代はいったん姿を消しますが、その後の単発スペシャルで復活し、およそ10年にわたり加代を演じることになりました。

鮎川　レギュラーが終わって、ようやく解放されたとは思わなかったです。加代がいなくなるというのは、やっぱり寂しいし、つらいものでしたよ。会社がそういう決断をしたのであれば、それは仕方ないと受け取るしかないです。それから復活もしましたが、レギュラーとは違いますからね。やはり、どこか女優という仕事に向いてないんじゃないかなと思うこともありました。

――1992年に女優を引退し、実業家の道を歩みます。

鮎川　また事故にあい、骨折した足を枕で上げてベッドで寝ていたんです。伊豆の山は空気が澄んでいて、空も抜けるような青さ……毎日窓から空を見上げて今までの自分を思い返しながら、仕事に戻ることを考えていまし

た。ある日とても夕焼けが美しく、力がみなぎって目の前が明るく開けたように感じて、なぜか違う人生を生きてみようという気持ちになったんです。

急に勇気がわいて、新しい未来ばかり感じるようになりました。母に聞いてみたら、「そろそろ結婚もしたほうがいいし、その気になったのだから次に進んでみたら」と……それからは毎日、次にすることを思い浮かべながら、怪我が治るのを待ちました。復帰を待ってくださっていた『江戸を斬る』の逸見(稔)プロデューサーには先にお電話で考えを伝えて、そのままフェードアウトすることで引退を了承していただきました。

——女優という仕事への未練はありませんでしたか?

鮎川　あるとき、未来のほうに心が移動したんですね。なにかすごく大事なことが起きて心変わりしたわけではなく、ドラマと違って大きなきっかけなどはありません。自分のなかで「ふわっ」という感じ。そうじゃないと踏み出せないですよね。もちろん踏み出してから「あ、大変だ」ってなるんですが、その手前で考えちゃうと動けない。でも……踏み出してよかったと、いまも思っています。

鮎川いずみ［あゆかわ・いずみ］

1951年東京都生まれ。16歳のときスカウトを受け、映画『また逢う日まで　恋人の泉』でデビュー。松竹の専属女優として数多くの映画やドラマに出演し、『必殺商売人』『翔べ！必殺うらごろし』のレギュラーを経て、79年の『必殺仕事人』から90年の『必殺スペシャル・秋　仕事人vsオール江戸警察』まで加代として出演。92年に女優を引退したのちは実業家として活動し、化粧品ブランド「rich-lamella」を立ち上げる。岩手県の産業復興支援に尽力し、希望郷いわて文化大使を務めている。

俳優

京本政樹

本当に細心の注意でワンカットごとの〝インパクト芸術〟を目指しました

新たなる殺し屋参上！『必殺仕事人Ｖ』から組紐屋の竜を演じた京本政樹は、クールで耽美的な魅力とともに第二次仕事人ブームを決定づけた。組紐を自在に操る殺しに華やかな髪型や衣裳……京本自身のこだわりと時代劇への想いが独創的なキャラクターを生み出した。大川橋蔵から始まる、一気呵成の〝竜〟誕生秘話！

「史上最年少の仕事人をやらせてほしい！」

京本　ぼくと『必殺』との出会いというところからお話をさせていただきますと、姉が沖雅也さんの市松のファンで『必殺仕置屋稼業』（75〜76年）を熱心に見ていた姿を覚えている程度で、ぼく自身が幼少時からテレビにかじりついて見ていたわけではなかったんです。

その後、俳優デビューをして1981年から大川橋蔵先生の『銭形平次』に出させていただいたのですが、あるとき先生から「京ちゃん『必殺』見てるかい？」と聞かれたときも、もちろん知ってはいましたがぜんぜん見てはいなかったんです。当時のぼくは20代前半でデビューはしたものの、もうひとつの夢であるシンガーソングライターを懸命に目指していたということもあって、まだ時代劇に本当の意味で目覚めてなかったんだと思います。

――てっきり、かじりついて見ていたのかと思っていました。

京本　じつは違うんですよ（微笑）。橋蔵先生には大変お世話になり、本当にいろいろなことを教えていただいたのですが、先生のすばらしいところは娯楽時代劇の王道をずっとやってこられた方なのに、当時の新しい流行にすごく敏感で非常に柔軟な発想を持ってらっしゃったところなんです。それで当然『必殺』もチェックされていたんですよね。そこからヒントを得て『銭形平次』に平次軍団というものが登場し、まさに仕事人のように、ぼくが扮する魚屋の善太が敵のアジトに潜り込んで成敗する回ができたりして……まさにスタッフ・キャストがそれまでにない『銭形』を模索していた時期だったと思います。

――大川橋蔵さんの推薦で見た『必殺』はいかがでしたか？

京本　三田村邦彦さんや中条きよしさんが「パラパ〜♪」と登場して1人ずつ華麗に殺めていくのが印象的でしたね。なにより衝撃的だったのが、やはり照明です。東映は夜でも明るくベタライトでやるような娯楽時代劇の王道のイメージでしたが、『必殺』はその逆で真っ暗なイメージ。暗闇のなかに一条の照明がピーンと当たるのが、かっこよかったですね。
それでぼくもチャンスがあればぜひ『必殺』に出たいと思って、当時こちらも大変お世話になっていた遠藤太津朗さんに相談したんです。遠藤さんは『銭形』でご一緒させていただいてたのはもちろんですが、京都映画のほうでも『京都殺人案内』に出てらっしゃって、藤田まことさんと交流があったんです。そこで自分なりの『必殺』のイメージを絵に描いて「これを藤田さんに渡してださい!」と遠藤さんにお願いしたんです。

――みずから新しい仕事人のキャラクターを提案した。

京本　はい。前髪があって、マフラーをして、胸元に生首の刺青を入れていて……ぼくは『雪華葬刺し』(82年)という作品で映画デビューさせていただいたんですが、そこで演じたキャラクターがアイデアの元になっています。胸元が開くと刺青が入っているけど、普段はマフラーで隠してる。殺し技のアイデアまでは考えてませんでしたが、とにかくそんなイメージ絵を描いて「ぜひぼくに史上最年少の仕事人をやらせてほしい!」と、お渡ししたんです。そうしたら「まことさんも櫻井(洋三)プロデューサーもすごくいい反応だったよ!」と遠藤さんから聞かされて。本当はどうだったかはわかりませんが、もうぼくとしては勝手に期待を膨らませていたわけですよ。共演者の方にも「京本くん、次なにやるの?」って聞かれたら、なんの根拠もなく「『必殺』です!」って答えたり(笑)。いま思えば本当に若気の至りというか、よく言えば有言実行、言霊のようなものを信じていたんですね。
ところが、しばらくして「新メンバーの仕事人にひかる一平!」というニュースが流れてきまして。一平くんはぼくより年下で「え、ちょっと待って! 史上最年少どこいっちゃったの?」と、あっさり夢が絶たれてしまった(笑)。というわけで『必殺』のことはいったん置いておいて、ぼくはそのあと角川映画の『里見八犬伝』

（83年）に出演することになります。深作欣二監督のもとで犬塚信乃という美剣士の役が当たったことで、朝日放送の山内久司プロデューサーからお声がかかったんですよ。でもそれは『必殺』ではなくて、現代劇のオファーだったんですよ。

――『京都㊙指令　ザ新選組』（84年）ですね。

京本　映画が当たって、主役級の役のオファーで主題歌までやらせてくれるというお話で大変うれしかったんですが、ぼくは「いつか『必殺』に入りたいです」ということもはっきりお伝えしました。山内さんからは「いま『仕事人』は秀と勇次のコンビで大ブームを起こしてるから、少し待ってほしい。ただ必ず『必殺』は用意するから」と約束をしてくださったんです。それでとにかく『ザ新選組』をがんばりまして、古谷一行さんと一緒にカンフーアクションをやったり。おかげで視聴率も上がってきて、主題歌も売れて……というころに「京マチ子と京本政樹の〝京京コンビ〟で『必殺』をやる」みたいな記事が新聞に出たんです。

『ザ新選組』は『必殺』と同じ京都映画で撮っていたんですが、製作ルームの目の前がちょうどオープンセットなんです。煌々と照明が焚かれて、三田村さん演じる秀が発煙筒を背中に背負ってブワーッと夜の道を走ってくるのが見えた。その撮影を窓から見ながら櫻井プロデューサーに聞いてみたんですよ。「新聞記事を見ましたが、ぼくはどんな役ですか？」「あぁ、あんな感じ」と。それを信じて、ぼくの中ではすっかり京マチ子さんとの共演で秀の跡を継ぐつもりになっていたんです。同じ長髪だし、かんざしを回す動きなんかも自主的に練習したりして。三田村さんからも「がんばってね！」と優しく声をかけていただいたりしてました。

――「あぁ、あんな感じ」という言葉を信じて、自分なりの準備をしていた。

京本　そして『ザ新選組』がいよいよ最終回を迎えた前後、84年の6月くらいだったと思います。マネージャーと一緒に松竹の新宿の映画館でパート1の映画（『必殺！　THE HISSATSU』）の舞台挨拶を見させていただいたあと、会場裏の頭取室のようなところへ通されたんです。そしたら櫻井さんや山内さんがいらっしゃって、そこで櫻井さんが「京本くん、あんたなぁ、まことさんの『仕事人』入ってもらうから」って。「え、京マチ子さんじゃないんですか?」「いや、秀と勇次の代わりをやってもらうから」「マジですか?」「あんた、藤田はんとやりたがってたやないか」ということになったわけです。

「ただな、あんたが当初やる予定やった京マチ子さんの『仕切人』が入るから、その間は別のことをやっといて」と言うわけです。さらに「ひとつ条件があるんや。まず8月に舞台をやってもらう。南座の『必殺まつり』でお披露目をする。そしてテレビに出るのは、次の年の1月からや」と。もう南座は2ヶ月後、どんな役かというのは「まぁ、それは考えとくわ」と(笑)。ちょうどシンガーソングライターとしても精力的に活動をしていた時期だったので、コンサートツアーのスケジュールをずらしたり、セカンドアルバムを前倒しして出そうとか、事務所も対応にてんやわんやでしたが、ようやく8月に舞台での『必殺』デビューとなるわけです。

――いやぁ、長い道のりでした。

みっちゃんとの試行錯誤の結果、竜が出来上がった

京本　そして南座の台本が送られてきたとき、そこに「組紐屋の竜」と書いてあるのを見つけたんです。ぼくは「リュウ」じゃなくて「タツ」だと思ってましたけど(笑)。

――もともと「タツ」という役名ではなく、京本さんの勘違い?

京本　はい、ぼくが読み間違えただけです(笑)。で、「組紐屋の竜」の横に「花屋の政吉」って書いてあるんですね。京本政樹の「政」だから、ぼくはてっきり花屋の政吉役じゃないかと思ってたんですが、櫻井さんが「若

いほうが中条さんの代わりや」と。三田村さんと中条さんだと中条さんのほうが年上で、村上さんとぼくだとぼくのほうが年下なんです。だから若いぼくのほうが、中条さんみたいな役をやるんだ、と。

——組み合わせを逆にしたわけですね。

京本　それで「あんた、『八犬伝』でかつら似合うとるしなぁ」ということで、ぼくはかつら姿になり、村上さんが地頭というわけです。これでぼくが当初イメージしていた「前髪があって……」というプランは全部消えてしまった。「あれ、俺は今までなにを努力してきたんだ」って（笑）。櫻井さんは、ぼくの役は中条さんの勇次とイコールだから中剃りのシケをイメージしていたと思うんですが、ここで冒頭でお伝えした姉が見ていた市松のイメージが自分のなかに出てきたんですよ。「昔、沖雅也さんがやられていた雰囲気、あれはどうでしょう?」と言ったら、櫻井さんが「え、どれやったかな?」と。それで『必殺15年のあゆみ』という本を持ってきて、市松を見てもらって「おぉ、ええなぁ!」ということになったんです。

そこから、かつら合わせをすることになったんですが、みっちゃん（八木光彦／床山）とは面識があったからスムーズでした。じつは『ザ新選組』のオープニングにも時代劇姿で出てきますが、あれは『八犬伝』のかつらを被ってるんですよ。わざわざ犬塚信乃のかつらを借りて……東映の鳥居（清一）さんという方に、みっちゃんが連絡を取って借りてきてもらったんです。ここから、あらためてみっちゃんと竜のかつらのデザインを考えていくことになるわけです。

『八犬伝』を参考にイラストを描いて、前髪があって、シケのところがこうなって……まだスマホもない時代ですから、東京と京都でファックスと電話で打ち合わせて作っていきました。舞台の連鎖劇には映写が出てくるんですが、これがぼくの仕事人としての初登場となります。このときは、まだ完全に仕上がってなくて、そこからみっちゃんがぼくの描いた絵を見ながら悪戦苦闘し、完成させてくれました。ぼくも「ここにちょっと茶髪を入れたいんだけど」と提案したんですが、当時は金色のかつらの毛というのがない。だから2人で京都映画の近くの美容院に行って「ここの色を抜いてくれ」とお願いしたりね（笑）。本当に時間がない状況で大変でしたが、あらためて振り返ってみると楽しい思い出です。こうした苦労を乗り越えて、みっちゃんは今でもぼくの番頭として一緒に現場に行く大親友となりました。

――そして組紐屋の竜のヘアスタイルが完成。京本政樹と八木光彦の名前を組み合わせて〝政光結い〟と呼ばれています。

京本　そうなんですよね（微笑）。みっちゃんと同い年というのも大きかったですね。そうしてやっとの思いで舞台が終わったやいなや、ぼくの必殺の挿入歌が決まるわけです。「闇の道」「哀しみ色の…」という2曲を作詞・作曲して提供しました。ぼくからすると「闇の道」がずばり『仕事人』のテーマというイメージだったんですが、狙いとは裏腹に、結果としては「哀しみ色の…」がA面。挿入歌として本編にも使われました。

ジャケットの撮影は石原興さんと中島利男さん、あの必殺シリーズのカメラマンとライトマンの名コンビにお願いしました。みっちゃんとの試行錯誤の結果、すでに竜は出来上がっている。完成したばかりの竜のかつらをつけて、劇中とは違う紫の着物を着て製作ルームに行ったら、ちょうど石原さんと中島さんが雑談してたんですよ。そこでぼくを見て「おおっ！　沖くんかと思った！」って、本当に2人ともびっくりしてらっしゃった記憶がありますね。

おそらくですが、そのあたりのエピソードが……つまり当時の取材で「京本政樹は熱心な必殺ファンで研究をしていた」という話にすり替わったと思うんです。都市伝説的にそうなってしまった。実際の話をしますと、先ほどの橋蔵先生の「京ちゃん、『必殺』見てるかい？」から始まり、回りに回ってここにつながるんです。では市松の『仕置屋稼業』をいつ見たかといえば、じつは骨折して入院したときなんですよ。製作主任の高坂（光幸）さんにたいへんお世話になりました。

——いやぁ、あらためて長い道のりでした。かくしてジャケット撮影が始まります。

京本　まず石原さんが「京ちゃん、とりあえずオープンの通りを歩いてみようか」と。ぼくはもう中条さんの逆しか考えてませんから、いきなり走り出した。勇次も竜もクールなキャラですが、中条さんが〝静〟で歩くとしたら、ぼくは〝動〟で走る……よりアクティブなイメージです。で、走ったら止められて「いやいや、歩こう」って（笑）。

あんな衣裳で出てくる仕事人は後にも先にもいない

——1985年にスペシャル版の『必殺仕事人意外伝　主水、第七騎兵隊と闘う』を経て『必殺仕事人V』がスタート。京本さんの竜と村上弘明さん演じる政のコンビが人気を博します。

京本　『仕事人V』の撮影が始まったころは、まだ完全に「組紐屋の竜」というキャラクターが確立していなかったんです。『八犬伝』は無口な剣士でしたが、今度の竜は町人です。いざ江戸の町に入ってみると、自分が若かったこともあると思うんですが、やっぱり声のトーンが高い気がして……どこか違和感を感じるんですよ。三田村さんみたいな役で「八丁堀！」って言ってるほうが、まだハマった気がします。その葛藤があって、ニヒルな感じにできないと思ったんですね。ですから石原さんや監督に「とにかく竜は無口にしたいです」と伝えました。政にセリフをあげちゃったりして、もうほとんどしゃべらない。眉間にしわを寄せることもない。能面のごとく、人形のごとく、なにを考えてるかわからない状態を作ろうというキャラクターが『V』の竜なんです。

ただし無口なキャラクターではありましたが、大川橋蔵先生のところで育てていただきましたから往年の時代劇特有の〝いなせ〟な感じというか、流し目だったり、ちょっとしたシーンでも懐にポンと手を入れて歩くような、そういう所作で表現することはできたんじゃないかなと思います。当時まだ24歳でしたが、先生から教えていただいたことを自分なりに解釈してやってみたんです。村上さんが「組紐屋の竜のすごいところは、あのニヒルな役を、時代劇の様式で、俺より若い京本くんがやってたところだよね。とても当時の俺にはできなかったと思う」とよく言ってくれますが、それは本当に橋蔵先生のおかげですね。

――無骨な政と耽美な竜は対照的でした。

京本　政は秀の後継ということなんですが、秀はブレスレットをしてますよね。それに対抗して、政は最初のころペンダントをしてるんです。あれは石原さんのアイデアでした。月かなにかのペンダントで、ぼくはそういうディテールにこだわるタイプだからすごく覚えてるんですが、ある日撮影現場で政がペンダントをしてないから「コウメイさん、ペンダントどうした?」と聞いたら「あぁ、そういえばあったっけ。忘れちゃったなぁ」、そんなやりとりもありました(笑)。

――竜の殺しの衣裳は、赤と黒の派手なデザインから始まります。

京本　はい。秋口から撮影が始まり、いよいよ本番の衣裳ということで、ぼくとしては中条さんが殺しのとき着ていた羽織は避けたいなと。そうすると「着流しでいこう!」ということになり、プロデューサーもぼくに一任してくれました。そこで色も勇次との対比で白や黒は避けて、若さもあってなんと赤を選んでしまうわけですよ(笑)。〝金魚衣裳〟と呼ばれているようですが、そこに金の帯で、金の襟をあしらった特注品です。あんな衣裳で出てくる仕事人は後にも先にもいないでしょうね(笑)。手袋も自分で東急ハンズに行って、革の長いのを買ってきてボンドで貼って、垂れてる紐をぐるぐる巻くという。要するに普通の手袋にはしたくないということだったんです。

念のためブルーのキラキラの衣裳も用意して、2パターン作っておきました。それでね、いよいよ撮影が始ま

さまざまな試行錯誤を経て、組紐屋の竜が完成された

るわけです。2〜3話くらい撮って製作ルームにいた櫻井さんに「どうですか?」って聞いたら「おぉ、評判えぇよ。若いコンビで新しい風が吹いたって言われてる、あんたの衣裳以外はな」って(笑)。「あんた、暗闇の仕事人なのに、あんなきらびやかなキンキンの衣裳って……もう衣裳部に言っといたから、黒に替えてきて」って言われてしまいまして。それで衣裳部に行って、今度は黒のサテンの着物を選ぶんです。こないだ金の帯だったから今度は銀の帯で、銀の襟を出して。八掛……裏地ですけど、これは朱色にして、スッと赤が見えるようにして。そうしたら衣裳の岡本房雄さんなんかも「ええね、ええね!」って、みんなで盛り上がりまして。そこで「あ、金の鈴つけるか」「いいね、鈴つけちゃおう」「じゃあプリントしちゃおうよ」みたいな感じで、真っ黒ではなくワンポイントの鈴が加わり、あの黒の衣装が完成したんです。

――第8話「加代、モグラ男夫婦にあてつけられる」から黒の衣裳になりました。

京本　ちょっと日本人形みたいな感じですよね。照明が当たるとパーッて……黒といっても沈んでなくて、サテン地で少しだけ光ってくれる。そうしたら櫻井さんが「あんた、派手にするなって言ったのに……まぁ、しゃあないけど」って(笑)。でも、その言葉とは裏腹に竜の人気は上昇していくのが実感できたんですよ。ところがそのタイミングで、ぼくは骨折事故に巻き込まれることになります。

――映画『必殺! ブラウン館の怪物たち』(85年)の撮影中ですね。高所から落ちて、大怪我を負ってしまいます。

京本　そこから考え方が変わってくるんですよ。入院中に時間があったので、過去の『必殺』に触れたり、いろいろなことを考える時期になりました。自分にとっての組紐屋の竜のあり方も変化していきました。

「京本っちゃん、あんた左側のほうがええなぁ」

——勇次とは逆を意識したそうですが、たしかに殺しのシーンでも勇次は三味線の糸で下から悪人を吊り上げ、竜は組紐で上から吊り上げます。

京本　あれは、いちばん最初の連鎖劇の映像が、リアルさという点でちょっと納得がいかないところがあったんです。遠藤太津朗さんが悪役で、なにかと遠藤さんとはご縁があったんですが、その悪役と竜が同じ地面で対峙するわけです。組紐の鈴をシャーッと投げて、首に引っかけて殺すんですが「これ、おかしくない？」って、ずっと思ってました。相手がこっちに寄ってきたら、首が絞まらないじゃんって（笑）。

それからいよいよスペシャル版の撮影に入ったんですが、今度は遠藤さんを屋根の上から吊り上げることになります。竜みたいな優男が巨漢をドーンと吊って、しかも瓦をバーンとぶち壊す……これがかっこいいなと思いました。ですが『V』の1話目（「主水、脅迫される」）の殺しは、木のところに組紐を引っかけてビューって走って引っぱるというシーンでした。これがちょっとぼくとしてはいただけないなぁと。そこで自分で提案することにしたんです。スペシャル版のように、必ず竜は相手より高いところにいる設定にして、上から獲物を狙うようにしてほしいと。

——たしかに第2話「主水、混浴する」から吊り上げになります。

京本　勇次は下から上、竜は上から下の人間を吊り上げる。これを定番にしたいと。ぼくが個人的にいちばん好きな殺しは、橋の欄干から相手を狙って、川にパーンと落としてダイナミックに吊り上げるシーンです。これは嵐山にある中ノ島橋で撮りました。

——第9話「主水、キン肉オトコに会う」ですね。

京本　テコの原理の応用で橋の欄干からパーッと飛び降りて、勇次は座ったままだけど、竜は立ったまま吊り上げる。あのころは黒い衣裳でやってましたね。自分のアイデアから生まれたシーンだったから大好きなんです。

——2人同時吊り上げという大技の第17話「加代、子守唄を歌う」も迫力がありました。前半にも同じような殺しがありますが、こちらのほうがアクションやカット割りの完成度が高いと思います。

京本　口でくわえるやつですね。2人目は足を経由して吊り上げて、足でポンっと。あれはもう現場でアイデアを出しながら生まれたもので、殺陣師の楠本栄一さんからも「アイデアがあったらどんどん言ってね」と言っていただいてました。でも、よくわからなかったのもあって、着ぐるみを屋根から落として……。

——ブーンと壁にぶち当てて殺す。第13話「主水、ヒヒ退治する」ですね。

京本　あれはどうかなぁと思いました（笑）。あと、紐を向こうに引っかけて、ぼくがサーカスみたいにピューっと移動する回（第11話「主水、送別会費を全額盗まれる」）……あそこまでいくとちょっと考えすぎで、これはないよなって（笑）。でもスタッフのみなさんといろいろアイデアのぶつけ合いが毎回あって、とても楽しかったですよ。

——殺しのシーンで、ときどき生足をチラッと見せる動きがあります。

京本　もちろん、あれはわざとです（笑）。舞台でもファンの方々の反響をいただいていたので。「組紐屋の竜忍者と闘う」（第12話）とかもそうですが、パッと裾を開いて見せたりして。とくにおしろいを塗ったりはしてないんですけど、もともと色白なので照明が当たるとそう見えるんですね。

顔も真っ白に見えるのでよく厚化粧かと思われてますが、実際のドーランはそんなに真っ白じゃないんです。これは照明さんの技術なんですよ。セットで山田五十鈴先生の後ろに竜が立つとさらに真っ白になりました。それはもう強烈な、中島さんの照明です。普通のテレビ映画では考えられない映像でした。

——たしかに殺しのシーンのライティングも勇次は顔半分を影に落とすイメージで、竜の場合はフラットな明かりで顔全体を浮き立たせることが多いですね。

京本　さっきのみっちゃんの話ですが、かつらの前髪を下ろして、シケが出てる……あれは鬢付け油で固めてるんです。だからシケがきれいに見える。そうやってセットして現場で「はい、本番！」ってなると、中島さんがぼくのところに近づいて「ちょっとな〜」ってシケを外すんです。で、向こうに戻ると、ぼくが元に戻す（笑）。要するに中島さんいわくシケが影になって〝傷に見える〟みたいなんです。頬に傷があるように見えたらいけないから、逃がそうとする。ところがいつの間にやら定着してきて、照明の当て方もそういう影が出ない方向になっていきました。

——こちら側から見ると、前髪もシケも右に流れています。京本さんご自身からすると左ですが、顔の角度もその方向からのアングルが多い気がします。

京本　それまで、あんまり右も左も気にしてなかったんですが、じつは『ザ新選組』のときのカメラマンの藤原三郎さんが、女性を美しく撮ることで有名だった方なんです。その藤原さんが『ザ新選組』の最終回のラストカットで「もう1回撮り直そう」と言ってやり直した。「京本っちゃん、あんた左側のほうがええなぁ」って、わざわざ照明を変えて逆側から撮り直してくれたんですね。それがすごく印象に残ってたんです。

『V』の撮影が始まったころは、まだ若造でそこまで生意気も言えないので決められたアングルに従っていたんですが、回数を経るごとに自分的にもだんだん左を意識して「この角度のほうがいい」と確信できまして、スタッフのみなさんと相談しながら左側のカットが多くなっていきました。

——殺しのシーンも洗練されていきます。初期は組紐がゆるゆるの回もありましたが、ピーンと張られていって。

京本　政や秀とは大きく違うのは、アクションがないところなんですよね。だから本当に細心の注意でワンカット、ワンカットごとの〝インパクト芸術〟を目指しました。だって「パラパ〜♪」って音楽が流れたら、1人ずつのショーが始まるわけですから。

――やはり殺しのシーンはショーという認識でしたか？

京本　秀や勇次で完成された『必殺』の様式美を橋蔵先生に言われて見てましたからね。順番に出てきて、光と影のショーになる。ぼくは舞台の一発目から「この音楽を使ってほしい」とリクエストをしたり、あの鈴が飛んでいくピュ～という効果音なども音響の技師さんとああでもないこうでもないと一緒に考えて仕上げたりしていたんです。そういうことまで首を突っ込んでいたことで、やがて挿入歌を手がけ、次に主題歌を作り、劇伴もやってみるかという話になるわけです。

でもね、屋根の上が多くて孤独でしたよ。助監督さんと2人、ポツンと寒い思いをして（笑）。そういうアクションが少ない不満も出てきて、あの組紐を鈴から錐に変えたんです。こういった感じで、いま思い返しても本当に若造が生意気だったとは思いますが、当時の自分なりによい作品を作ろうとスタッフのみなさんとともにアイデアを出し合って、まさに体当たりで作りあげた総合芸術ともいえる作品になったと自負しています。

――いやぁ、あっという間の取材でした。組紐屋の竜のキャラクター秘話が充実すぎて、とても『必殺仕事人V　激闘編』（85～86年）や劇場版まで到達できませんでしたが、またお話をうかがえる機会があればと思います。

京本　まだまだ語りたいことがたくさんありますね。なぜ竜が映画で死ぬことになったのか？　あれは本当に死んだのか？　40年近くを経た今だからこそ話せる話、書き残してほしい話がいっぱいありますから（微笑）。

京本政樹［きょうもと・まさき］

1959年大阪府生まれ。79年にNHKドラマ『男たちの旅路』第4部「車輪の一歩」でデビュー。『銭形平次』や『里見八犬伝』などで注目を集めたのち、『必殺仕事人V』で組紐屋の竜を演じ、『必殺仕事人V　激闘編』などに出演。その後は『大江戸捜査網』『高校教師』『家なき子』『修羅之介斬魔剣　妖魔伝説』『新・部長刑事　アーバンポリス24』などに出演。『新吾十番勝負』をはじめ舞台の主演作も多く、歌手・音楽家としても活動。監督作に『髑髏戦士　ザ・スカルソルジャー　復讐の美学』などがある。

俳優

村上弘明

やっぱり『必殺』といえば ぼくにとっては工藤栄一監督との出会いですね

身長185センチの強靭な体躯とアクションの切れ味を武器に新メンバーとなった村上弘明。『必殺仕事人V』では花屋の政、『必殺仕事人V　激闘編』以降は鍛冶屋として職と得物を替えながら必殺シリーズの立役者となり、硬派な魅力を放った。やがて本格的な時代劇俳優の道を歩む村上が経験した、京都の洗礼とは⁉

「村上くんを見たら〝花〟のイメージがした」

村上　いちばん最初に思い出すのは、ＡＢＣ（朝日放送）の近くにあるホテルの喫茶店ですね。松竹の櫻井（洋三）さんと先に話しているところに山内久司さんが入ってきて「どうもどうも」と、そのとき決まってたのは次のシリーズの仕事人をやってほしいということだけでした。その山内さんが「いまね、村上くんを見たら〝花〟のイメージがした」ということで、もう「花屋でいこう」と即決。花を武器にした仕事人がその場で決まったのが非常に印象的でしたね。えっ、こんなにパパッと、いきなり決めちゃうんだという。フッと浮かんでスッと決めちゃう、そのスピード感には驚きました。

――いまや時代劇俳優のイメージが強い村上さんですが、もともと時代劇にはネガティブなイメージがあったそうですね。

村上　そうですね。『必殺』自体見たことがなかったんです。ぼくは岩手の漁師町の生まれで、田舎といえば演歌と時代劇……それで都会に出たい、田舎から出ていきたいという脱出願望があったもので。俳優になってからも時代劇はイヤでした。とくにちょんまげ、中剃りのかつら……あれは絶対被りたくないなと。『仮面ライダー』（79〜80年）でデビューして、その後に『御宿かわせみ』（80〜81年）でかつらを被ることになりましたけど、あれが非常に恥ずかしくてね（笑）。

――かつらが似合わないということですか？　それとも物理的な制約ですか。

村上　あの不自然さですね。なんで髪を剃らなきゃいけないんだ、どう考えてもおかしいという違和感を感じました。ぼく自身、時代劇に親しみがなかったし、中剃りに対して受け入れがたいものがあったんです。

――まず『必殺仕事人Ⅳ』第14話「主水節分の豆を食べる」（84年）に仕事人の小平次役でゲスト出演しますが、地毛を生かした髪型でした。

村上　櫻井さんから「もうレギュラーは決まってるんやけど、いっぺんどんな感じかスタッフにも見せたい」ということで、テストを兼ねて出たんです。地毛でという話だったので、そう思って京都映画に行ったら、結髪さんが中剃りの町人髷《まげ》を出してきた（笑）。「えっ！　これ被るの？　話が違う」って思って、まさかレギュラーもこれで……だけどスタッフの人たちがみんな集まってて、新人のぼくが「イヤだ」とも言えないじゃないですか。もう観念して羽二重をつけようかというそのときに櫻井さんがやって来て「いや、それじゃないから。半がつらでやるから」と。いやぁ、危機一髪でした。ホッとしました（笑）。一時はどうなることかと思いましたが。

――櫻井洋三プロデューサーは、どのような方でしたか？

村上　もともと『必殺』のレギュラーに推してくれたのも櫻井さんだったそうです。ぼくが『タンジー』という舞台を池袋のサンシャイン劇場でやってて、あれも松竹だったんです。「あんた見にいったんやで、わざわざ」って言ってましたから、たぶん推測するにそういうことじゃないでしょうか。オーディションで選ばれたプロレスラーの役だったんですが、初めて芝居のおもしろさを感じたのも『タンジー』で、それが『必殺』やいろんな仕事につながっていきました。

櫻井さんにはかわいがってもらいましたね。「あんた、これで終わり？」「はい」「じゃあ行くか」「いいですね」って感じで、よくお茶屋さんに連れてってもらいました（笑）。ぼく自身も気兼ねしないで、もう言いたいこと言ってましたね。そんなときに「あんた、こういうところは直したほうがええで」と、アドバイスしてくれるんです。当時は一人称で〝俺〟を使ってたんですが、「人前でも、スタッフと話すときでも〝俺〟はやめたほうがええ。あんまり心証よくないから」って。あとは「あんたな、聞こえへんときに〝えっ〟と耳に手を当てて聞き返すやろ。あれもよくない」とかね。田舎者がそのまま京都に来たようなものだから、そういった部分を直してくれました。

『仮面ライダー』のノウハウが役に立ちました

――『仕事人Ⅳ』のゲスト出演の話に戻りますと、初めての京都映画の現場はいかがでしたか?

村上　「京都は怖い」という噂が独り歩きしていて、それまで東京で舞台や若者向けのドラマをやっていたものですから、ぼくも京都というと封建的なイメージがありました。で、宿泊場所も場末感のあるようなところだったし（笑）。

ところが現場に入ってみると、楽しかったですね。撮影の進め方は東京とそう変わりませんし、アクションものなので『仮面ライダー』のノウハウが役に立ちました。だから意外と勝手知ったる部分に入っていけて、最初が三田村（邦彦）さんとの決闘シーンで走ったりして「あ、これ『ライダー』でやったのと同じだ。それを時代劇に応用すればいいのか」という感じでしたね。もともと山内さんからも「時代劇言葉を使う必要もない。現代人がタイムスリップして江戸時代にやってきたと思えばいいから」と言われてましたから。

――1985年にスペシャル版の『必殺仕事人意外伝　主水第七騎兵隊と闘う』を経て『必殺仕事人Ⅴ』がスタート。政と京本政樹さん演じる竜のコンビが人気を博します。

村上　その前に南座で『必殺まつり』の舞台があったんですね。ぼくと京本くんが新しく入って〝顔見せ〟として比べられるじゃないですか。最初「キャー!」というのは彼のほうが多いんですよ。でも日数を重ねるに連れてぼくへの歓声が増えて、だんだん楽日が近くなると、ぼくのほうが多いくらいになった（笑）。京本くんの最初の印象は、メイクに驚きました。結髪の部屋に入ったら、京本くんがスッと立ち上がって「村上さん、京本です。どうも、よろしくお願いします」「あ、どうも、よろしく」って、その姿がもうすごいんですよ。こんなふうに化粧しなきゃいけないのか……とは思わなかったけど（笑）。

——思わなかったんですね。

村上　まぁ、ぼくもふくめてそれぞれ個性を尊重するということで、自由にやらせてもらっていたのでしょうかねえ。『V』のときは前任者の三田村さんと比べられていたと思うんですよ……まぁ徐々に慣れていけばいいや、というくらいの感覚でやってました。京本くんとはね、最初はそんなに仲がよいというわけじゃなかったんですよ。ツルんで一緒に食事にいくような間柄ではなかった。彼が降板することになって、そのあとですかね、仲間意識が生まれたのは。花屋のころは、いい意味でしのぎを削ってましたから。

むしろよく話をしたのはスタッフの人たちかな。ロケバスでも「これから撮るシーン、どういう心持ちなのかな、政は」って投げかけられたり、行く道すがらスタッフの人といろんな話をするわけですよ。東京だとあまりないことで、非常に熱心な人たちだなぁと思いました。

——村上さん自身は、どういう心持ちで政を演じていましたか？

村上　まず「お金をもらって人を殺していいのか」という抵抗もありましたよ。当時20代の半ばですか、自分のなかで政という役に対する戒めというか、殺しのシーンだけではなく、日常から精神をどう持っていくかというのは若いなりに考えていたと思います。その状況で仕事人としての生きざまやお金をもらって人を殺す覚悟……そういった思考を鍛える部分に関しては、現場だけでなくロケバスの中でスタッフと話すことで、役への考え方がまとまっていったような気がします。

——撮影現場の思い出といえば？

村上　やっぱり石原（興）さんですね。殺しの撮影はだいたい夜で、１人だけのシーンなんですね。日が暮れると同時に準備が始まって、テッペン（12時）越えるくらいまでやるわけですよ。たとえば壁際から姿を現すとき、「あぁ、出すぎや」とか「これなぁ、左足から前に出てみぃ」とか、まずは登場のカットを石原さんがカメラをの

花屋の政は『必殺仕事人Ｖ　激闘編』で鍛冶屋に転身、殺し道具も花の枝から手槍に変更された

ぞきながら指示してくれる。「タララ〜ン♪」って音楽が鳴って、いちばん最初に政が出てくるところが大事なんだと。どうやったら効果的に映るかを具体的に教わりました。

映像って自分がイメージした動きや表情が、そのまま映るわけじゃないんですね。いざ映像を見てみると、自分が意識したのとは違ったふうに映ったりするわけです。監督やカメラマンによく言われたのは「常に映りを気にしてなあかんで」みたいなこと。これも結髪さんやメイクさんから「鏡を見てチェックせなあかんで」と言われて、いちおう手鏡を持つようになったんですけど、まぁ始まったら自分の格好や姿は見えないですからね（笑）。

――たしかに。その状況でなにを重視しましたか？

村上　自分なりに意識したのは、〝思い〟と〝動き〟ですね。とくにアクションでは無駄を省いて、どうやったらすばやく美しく見えるかということ。スピードとダイナミズムです。ぼくは185と大柄なんで、動きにおいてはスピード感を出す……それには緩急をつける。最初の構えや回し蹴りをしたあとの立ち姿、いわゆる〝残身〟です。残身をどう持っていくか。本番も一発で決めないとダメですね。一発目で昇華できるよう、そこは自分で集中力を高めたつもりです。

政は屋敷内での殺しも多い。セットも狭いんですよ。たとえば庭からスッと出て、木々の間をすり抜けていく。その狭いところで、どう動けばいちばんいいか、さらにスピード感を出せるか……自分の足で何度も確認して、動きが決まったら自主練習。もう本番は思い切ってスーッと行って、躊躇なく蹴るなり刺すなりを一発で決める。だから本番までの自分のなかの準備が大切でした。

――撮影中に怪我したことなどは？

村上　けっこうありましたね。やっぱりナイターなんで、暗くて見えないところがある。よくぶつけたのはね、照明部さんのライトの脚（笑）。相手を刺したあとに、サッと去る……その去り際にライトの脚に足をぶつけて、剥離骨折やったこともありましたから。

――うわっ！

村上　昼間でも怪我しました。『V』の最初のほうで、野際陽子さんが政の育ての親という回があったんですが（第5話「主水、奉行所の人員整理にあわてる」）、走ってるときって足元を見るわけにいかないんですよ。で、ちょっとくぼんだところがあって、そこに足を引っかけて、もんどりうって……膝の肉がちょっと剥がれ落ちたことがありました。そうすると、もう歩けないんですよ。だからその後しばらくは動きのないシーンが多かったと思います（笑）。櫻井さんに「あんたなぁ、気をつけなあかんで」ってよく言われてました。

――『仕事人V』の監督で印象に残っている方はいますか？

村上　『必殺』は松野（宏軌）さんが多いですよね。わりとオーソドックスな監督で、アイデアを出して主導するのは石原さんですが、それを後押しするのは松野さんだったと思います。で、「ええよ、ええよ」が口ぐせなんですね。石原さんの提案に対して「ええよ、ええよ」で、「あの人、本当に監督と言えるのかなぁ」と口にする人もいましたけど、ある意味で器の大きい人だったと思います。これは別の作品ですけど、あるシーンが上手くいったとき「ええなぁ、よかったなぁ」と、松野さんがとてもよろこんでくれて。そこは自身の演出を変えられたところなんですけど（笑）、それでも「村上くん、よかったでぇ」と、いま考えると徳のある監督でした。あとは監督よりもカメラマンかな。藤原三郎さんがやっぱり石原さんに対抗して、負けじといいものを撮ろうとする。そういった意味ではカメラマンが引っぱって、作りあげた作品という気がしましたね。

村上弘明、藤田まことに怒られる

——藤田まことさんの思い出はありますか？

村上　えーっとですね、最初のころ櫻井さんから「あんたのこと藤田さんも気に入ってるで」と聞かされて、事務所を通して舞台の話もいただいてたんですよ。ところがやってるうちにそうじゃなくなったみたいで、やっぱりあまりにも田舎者の風情があったんですかね（笑）。「あの男、ちゃんと礼儀を教わってきたのか」と、そういう思いに駆られたんだと思います。京本くんなんかそのへんしっかりしてるし、三田村さんも〝藤田先生〟という感じでいい距離を保っている。ぼくはそういうの、苦手なんです。

必要ないし、なんというか故郷がそういう風土だったんでしょうね。ぼくが生まれ育ったところは岩手の陸前高田の漁師町で、うちのおふくろに言わせると荒くれ者の集まりだと（笑）。だから「男はぺらぺらおべんちゃら言うもんじゃない」という風土があって、なかなか切り替えられない。東京は地域性が豊かなので、とくに礼儀について言われることもなかったんですが、どうもそれは京都では通用しない。

——ある種の保守的な風土があった。

村上　まぁ功罪の両面でしょうかね。その社会的なしきたりを、ぼくはできてなかったということでしょう……いまだにできてないですけど（笑）。いやいや、本当に。だからつくづく思いますよ。やっぱり人間って生まれ育った環境がベースにあるんだなって。

——現場に遅刻して、藤田さんに怒られたことがあるそうですが。

村上　あれはね、『ブラウン館』を同時にやってたときなんですよ。本編とテレビシリーズを行ったり来たりして……いや、それってけっこう理不尽な話なんですが（笑）。

——『仕事人V』と映画『必殺！　ブラウン館の怪物たち』（85年）の撮影が同時並行で行われていた。

村上　その日は映画のほうで藤田さんと同じシーンだったんです。藤田さんが先に終わって「じゃあ、村上くん、あとで！」ということで、その後、ぼくのシーンを何テイクか撮って撮影所に戻ったんです。で、楽屋で衣裳替えをして、セットに入ったらいきなり……藤田さんが「なんや！　何時やと思ってるんや。遅刻やで！」って。あれ、さっきまで一緒で「じゃあ、あとで！」って言ってたのに。「山田先生がいらしてるのに、なんや！　先生に謝らんかい！」ということで謝りにいって。当の山田先生はかぶりを振りながら「わたしもいま来たばかりだから、いいの、いいの」と。その次に京本くんが「おはようございま～す！」って入ってくるんですよ。それを見た藤田さんは「はぁ～」って呆れた顔をしてるけどなにも言わない。

「なんでだよ」と思っていたら、その夜に藤田さんからお誘いを受けお寿司をごちそうになりました。「今日は悪かったな。山田先生がいる手前、ああ言わんとあかんのや」と。「番組を背負う主役というのは大変だな」と思ったりしたものでした。それで終わったんですけど……あとね、『激闘編』の打ち上げ。これもぼくが遅れていったんです。

——まだ続きが！

村上　これも理由がありまして、先輩の俳優さんから打ち上げ会場に一緒に行こうと言われてたんですよ。だからホテルの前で待ってたんですが、待てど暮らせど来ない。で、ようやく「村上ちゃん、ごめん」「いや～、これマズいですよ。とにかく行きましょう」と、会場に着いたら席にいた藤田さんから「村上くん、ちょっと」。「あのな、みんな集まってるやろ。なぁ、あんたが遅れてきたらあかんのや」って言うわけですよ。それを見て、先輩の俳優さんもさすがに申し訳ないと思ったのか「いや、ぼくが待たしたんです」と説明してくれたんですが、「いやいや、あなたはええんや」って（笑）。彼を置いて先に来るべきだったと言うわけですよ。その後もお説教は続き、なかなか自分の席に戻れない（笑）。もう自分の席では、すき焼きが煮えたぎってるわけ。で、どなたかが「おにいさん、もう煮えてますよ」って助け舟を出してくれて、やっと席に戻れたんですが、そのあとも二次会があったんですよ、高級クラブで。

――えっ、さらに続きが！

村上　もちろん藤田さんがいるわけですが、また「村上くん、ちょっと」（笑）。ここでも始まるわけですよ、「あんな、彼はええのんや。あんたが遅れちゃあかんのや」って。お酒も入って気分も高揚しているわけです。そこで櫻井さんが助けてくれて「あんたな、もうええやろ。一次会で言うだけ言ったから、ええやん。ほら、タクシーのチケットあげるわ。もう堪忍してやりいな」ということで、ようやく解放してもらったんです。そういった意味でも櫻井さんは恩人ですね。

――こんなに怒られた話が連発するとは思いませんでした。

村上　でもまぁ、それだけ目をかけていただいたわけですから、いまとなっては懐かしいよい思い出です。

イーストウッドの立ち姿、片足に体重をかけて立つ感じを意識した

――『仕事人V』が終わったあと、先ほどの打ち上げ話に出た『必殺仕事人V　激闘編』（85～86年）で政の職業が花屋から鍛治屋に変更されます。

村上　やっぱり『必殺』といえば、ぼくにとっては工藤栄一監督との出会いが大きかったですね。鍛冶屋になったのも工藤さんの案だったと聞いています。あいつはガタイがいいから、もっと素肌を見せる衣裳にしたほうがいいと、それでノースリーブ姿で鍛冶屋という野性味を出す役になったそうです。タイトルどおり『激闘編』は

ドラマ自体がハードになったので、それに即したキャラクターに変えたんでしょうね。

――工藤栄一監督は、どのような方でしたか？

村上　ぼくに会うなり開口一番「お前なんにも考えてねえだろ。俺に任せときゃよく撮ってやるから」という親分肌で、まぁ規格外れの監督でしたね。台本どおりにやらない、もともと台本はあってないようなものですが、工藤さんの場合はセリフをけっこう変えてくるんです。それも、事前に改訂を渡すんじゃなくて、現場に行って「さぁ、これから撮ろう」という、その直前に渡される。え、なになに、いまこのセリフを覚えるのって（笑）。しかもワンカットの長回し。照明の中島（利男）さんもね、工藤さんに「ライトの準備があるから、いきなり言われても困るんや」と、そうコボしながら楽しそうに動き回っている。

あの石原さんも工藤さんには従ってましたね。カメラポジションもこっちからあっちからという感じで指示していました。ぼくが初めて主役をやった『月影兵庫あばれ旅』（89〜90年）でも、櫻井さんから「監督は誰がいい？　参考に聞いとくわ」と言われたので、工藤さんをリクエストしたら願いがかないました。言ってみるもんですね。あるとき、撮影中のぼくに近寄ってきて、小声で下ネタギャグをとばすわけですよ。それにたまらず吹き出してたら「なに笑ってるんだ、真面目にやれ！」って、おちゃめなところもあるんです。

――政の武器も花の枝から手槍に替わりました。

村上　手槍は花に比べて見た目が地味ですが、ハードでリアルですよね。だから花屋のときの華麗さではなく、ハードボイルドな政にしようと思いました。手槍をくるっと回す動きが加わりますが、あれも拳銃からの発想でマカロニウエスタンをイメージしたものです。

あと立ち姿も全身ショットが多かったので、それこそマカロニの『夕陽のガンマン』（65年）、クリント・イーストウッドが片足に体重をかけて立つ感じを意識したり。『激闘編』の途中からは、自分なりに創意工夫をしたつもりです。工藤さんがよく言ってたんですよ。「役者もスタッフもみんな創意工夫だ」って。助監督だったら自分が監督のつもりで考えろと、そういう現場で刺激を受けながら作る楽しさを教わった気がします。

――工藤監督の口ぐせが「創意工夫」とは納得です。

村上　津島（勝）監督も印象に残っていますね。なかなか気概を持った人で、自分の意見をしっかり通す人でした。まだ若かったんですが、独自のスタイルを持っていましたね。津島さんが担当した〝政編〟も意外性のある撮り方が斬新でよかったという覚えがあります。

――第32話「鍛冶屋の政、水中で闘う」ですね。『月影兵庫あばれ旅』の津島回も見ごたえがありました。そういえば当時、必殺シリーズのファンクラブがありまして……。

村上　「とらの会」ですよね。

――あっ、そうです。その「とらの会」の会報に収録された村上さんのコメントに「もっとホンがよかったら、言うことないんだけどね」という脚本に対する率直な意見がありました。

村上　いやぁ、そんなことを言ってましたか。ダメですねぇ（笑）。たぶんどなたかの受け売りで、つい口に出てしまったんでしょうね。若気の至りです！　『必殺』はいつもパンク寸前で、ストックがないギリギリの状態で撮影してましたから、脚本家のみなさんも時間に追われさぞ大変だったと思います。無から作りあげる作家の方には尊敬の思いしかありませんよ。

記録のヤエちゃんは、ぼくにとってのご意見番

村上　それから『激闘編』においては、柴俊夫さんが演じた助っ人仕事人・壱との対立関係も描かれています。

壱は女好きで、お金にコスい。政とは真逆です。『激闘編』の政は被害者への共感性を意識しました。頼み人の思いを自分のこととして受け止める……そして悪に向かい、恨みをはらす。そういう意味で人を殺めるからには、みずからの身を清める必要があるのではないかと。そうでなければ人を殺す感覚、殺しを請け負う心持ちにはならないだろうと。だから同じ仕事人でも、壱とは生きざまが違う。逃げない！　真正面から生命と向き合う。その姿勢は大事にしました。ところで話は変わりますが、『激闘編』の後半あたりから政があまり出てこない話もけっこうありますよね。お金を取って走って、あとは殺しだけみたいな……。

――たしかにそういう回もあります。

村上　じつはそのあたりから仕事が徐々に忙しくなり、掛け持ち掛け持ちで東京・大阪・京都を行ったり来たりで、身体的にかなりしんどい時期でしたね。撮影後倒れて入院して、病院から撮影所に向かい、終わったら病院で点滴を受けて、また別のスタジオに向かう……みたいなめちゃくちゃな状況がそのあと数年続きました。よく生きながらえたと思います（笑）。

そこですごいなと思うのは、藤田さんですよ。『必殺』以外にも舞台をやったり、東京でもドラマや映画と精力的に作品をこなしていたようです。ぼくの場合は許容を超えた、あまりにも多くの仕事をやらされてる感じ。藤田さんの場合は、コントロールをしながらやっている感じ。その違いですかね。当時はそんな藤田さんをどこかで「このおっさん」と思ってましたが（笑）、たまに再放送を目にすると「上手いなぁ。やはり名優だったんだなぁ」と、あらためて実感します。たとえ短い出番でも背負ってるもの、背景を感じさせてくれる。それと庶民性っていうんですかね。役者人生を重ねてきた引き出しの多さを感じます。中村主水はまさに藤田さんが作りあげた極み、最高傑作ですね。

――思い出深いスタッフの方はいますか？

村上　記録のヤエちゃん（野崎八重子）は、ぼくにとってのご意見番なんですよ。面と向かって辛辣な意見を投げてくる。またそれが的を射ている。そういう目を持っているんですね。だからぼくはヤエちゃんの言うことは大事にしています。照明の中島さんもそうでした。あの人も口は悪いけど、本物を見抜く感性を持っている人で、作品への熱量がすごかった。中島さんとはよく飲みにいきました。「ええ馬なんやけどなぁ……」と、よく言われましたね（笑）。工藤さんもそうでしたが、ダンディでシャイで、すてきな人でした。

あとは録音の広瀬（浩一）さんかな。とある作品で、ひさびさの京都映画での撮影。その打ち上げの挨拶で「わたくしの故郷ともいうべき撮影所でまた仕事ができて、しあわせでした」って言ったんですよ。そのころはしばらく東映のほうで時代劇をやってましたから、みんなワーッと手を叩いてくれて。そうしたら広瀬さんがぼくのところに来て、「あんたなぁ、東映の人たちも何人かいるんやから、そういうこと言っちゃいかん」って注意してくれて。昔はやんちゃだったようですが、とても気遣いのある優しい方でした。

――元やんちゃが多いですね、京都映画のスタッフは。

村上　それがエネルギーの源だと思います。昔の活動屋の雰囲気を彷彿とさせますね。たしかに東京から来た監督に対して、厳しいこともありました。あるとき、いきなり大声で「あかん！　いままで『必殺』でそんなことやったことあらへんのや。なんでそんなショット撮るんや！」と、広瀬さんが珍しく怒鳴ったことがありました。その直後、ぼくと目が合ったら、ニヤッとほほえんでいましたが。たぶん石原さんも中島さんもいない現場で、よそから来た人に好き勝手やられちゃ困る。「俺が言わねば」という責任感でしょうかね。そうやって『必殺』を作りあげたスタッフの仲間意識は非常に強いものを感じました。

――その後、村上さんはテレビ東京の12時間ドラマ『大忠臣蔵』（89年）をきっかけに本格的な時代劇の道を歩みます。

村上　あれが出発点ですね。ぼくの時代劇俳優としての原点は『大忠臣蔵』の山吉新八郎……初めて侍の役を与えられて「ついに中剃りかぁ」と覚悟を決めたんですが、かつら合わせのとき工藤さんが現れ「村上! 七分でいいからな」という話になり、それがのちの『月影兵庫』につながりました。ぼくにとって『必殺』というのは、プロデューサーの山内さんが言われたように時代劇の所作をする必要もない、時代劇言葉を使う必要もない。でも、当時の経験が、のちの時代劇俳優としての礎になったのは間違いないですね。

村上弘明［むらかみ・ひろあき］

1956年岩手県生まれ。法政大学在学中の79年に『仮面ライダー』で主演デビュー。現代劇を中心に活動していたが、85年に『必殺仕事人V』で花屋の政を演じ、91年の映画『必殺5 黄金の血』まで多くのシリーズに登場。その後は『大忠臣蔵』『月影兵庫あばれ旅』『腕におぼえあり』『八丁堀の七人』『柳生十兵衛七番勝負』『刺客請負人』などの時代劇で活躍し、大河ドラマ『炎立つ』でも主演を務める。『白い巨塔』『警視庁南平班 七人の刑事』ほか現代劇も多数。故郷・岩手の復興支援に長く携わっている。

原田敬子が語る、父・藤田まことの思い出

藤田まことの長女・原田敬子は、2010年の本人没後「株式会社藤田まこと企画」の代表取締役に就任して父の権利を継承し、その普及に努めている。付き人として父に寄り添い、必殺シリーズの撮影現場や南座の舞台公演に参加した長女が初めて明かす、誰も知らない舞台裏。大阪・豊中で生まれ育ったエピソードもふくめて、藤田まことを振り返る——。

〝究極のファザコン〟なんです

仕事に対しては本当に厳しく、さらに自分に厳しい父親でしたね。でも周囲には優しく思いやりがあって、偉ぶるところもありませんでした。わたくしは基本ファザコンなんで……〝究極のファザコン〟を自称しているんですけど（笑）、それくらい誇りに思う父でした。どんな仕事でも全力投球なのに、藤田まことという役者はそういう努力を見せないんです。

わたくしが生まれたのは大阪の豊中、岡町というところです。まだ父が若くてお金もないころ、母が銀行に行って「藤田まことが担保です！」と言い切って家のローンを組んだそうです（笑）。祖父の藤間林太郎は無声映画の俳優さんだったんですけど、父が生まれてすぐに祖母が亡くなり、寂しく貧しい思いをしながら育ったので、わたくしたち子供にはそういう不憫な思いをさせたくないと常々言っていました。忙しい最中でも帰ってきてくれては「行くぞ！」って一緒に自転車に乗るんですよ。

本当に飾り気がない父なので、近くの市場に行っても八百屋さんやお酒屋さんがお友達で、いろんなお話をしながら買い物をして、よくトマトでボルシチを作ってくれました。電話も晩年まで本当に毎日……忙しいのに欠かさず家族みんなに順番にかけてたと思います。「ママは元気か〜？」って、いつも最後は母と話していましたね。たくさんの愛情をもらいました。

たまに父が参観日に来てくれたんですけど、そうすると「うわっ、藤田まことや！」ってみんなが寄ってきて、本人はよろこんでるんですが、学校がパニックになる。やっぱり娘としても恥ずかしいんですよね、子供心に。そして父は校長室に拉致される（笑）。

ちょうど思春期の複雑なころも、放課後に雨が降って父が迎えにきてくれたんですが、「おーい、敬子！　傘を持ってきたぞ！」って叫ぶのがたまらなくて……教室から逃げたこともありました。そのことは、よく父が思い出として話してくれていて、よっぽどショックだったんでしょうね。

沖雅也さんが弟と遊んでくれて

『必殺仕置人』（73年）が始まったころは9歳くらいでしたが、わたくしと弟を京都の撮影所に連れていくこともありました。沖雅也さんが弟の相手をしてくださって、たしか扇子を手に遊んでくれたりする、すごく優しい印象の方でしたね。でも、撮影所で父が仕事をしている間って緊張感が漂うじゃないですか。スタッフさんたちも真剣だし、「本番！」って子供心に「息したらあかんのちゃうかな……」っていうくらい。ですから、わたくしと弟の楽しみは帰り道のドライブでファミリーレストランに連れていってくれること。それを目当てに撮影所まで行っていた気がします（笑）。

最初のころ父の京都の定宿は、ホテルギンモンドという普通のビジネスホテルでした。大文字焼きの季節になると、屋上にテーブルを作って見せてくれたんです。そこから全日空ホテルや烏丸京都ホテル、だんだん泊まるホテルが大きくなって「あぁ、やっぱり父はがんばってるんだな」って思いました。

子供のころは『明星』とか『平凡』とか、たくさん雑誌に出ているんですよ。そう、藤田まことの娘として取材を受けたんですが、それがすごく苦手で……妹は6年離れてるので、その時期になると取材されることも少なかったんですが、歌がとても上手だったんです。とくに演歌が好きで、自分でオーディション受けて、藤田絵美子として歌手の道を切り開きました。

人生勉強のために父の〝お付き〟に

わたくしは人生勉強のために父の〝お付き〟になったんです。表に出るより裏方として支えるほうが好きな性格なので、楽屋のお客さまの応対だったり、舞台のときも店屋物ではなく白いごはんを炊くので、その担当であったり。小道具の刀を持っていって舞台袖で父の芝居を見ることもありました。

最初は人との会話や礼儀作法など、そういう社会勉強をしろということだったと思うんですが、父も楽だったんでしょうね。母は母で、わたくしを送り込むのが安心なんです（笑）。ある意味、身内がついているほうが。

本当に撮影所のみなさんとも家族みたいでした。寒い日には父とお付きの方が白菜入りのクリームシチューを作ったり、ちゃんこ鍋を振る舞ったり。現場では、やはりカメラの石原（興）さんと照明の中島（利男）さん。製作部の高坂（光幸）さんも本当に父がお世話になっていた方で、いつも事務所にいらしてタクシーチケットを手配してくださいました。ヤエちゃん（野崎八重子）という記録さんのお名前も、よく父の口から出ていましたね。監督さんだと、やはり松野宏軌監督でしょうか。

もちろんプロデューサーさんたちとも仲良しで、うちの母を交えてよくゴルフをやってました。家族旅行のときも山内久司さんや櫻井洋三さんと合流したり、まさに家族ぐるみの付き合いです。山内さんは子供ながらに近寄りがたい感じで、櫻井さんはエネルギーがたくさんある方でしたね。豪快ななかでも、いつも女性と子供に優しく、おもしろいことを仰るんです。あと女優さんにも優しい感じでした。ああいうプロデューサーは、もういらっしゃらないんでしょうね。

共演者のみなさんのこと

役者さんで鮮明に覚えているのは、まず三田村邦彦さんと中条きよしさんですね。すごく女性ファンが多くなって、わたくしも南座の舞台などは1ヶ月べったりお手伝いをさせていただきました。やっぱり父といちばん親しかったのは、三田村さんでしたね。うちの犬に「秀」と名づけて、かわいがるくらいでしたから（笑）。

母がお店をやっていたので、わたくしの記憶では中条さんもそこに顔を出してくれて、ゴルフもよくご一緒していたように思います。『必殺』のレギュラーも父の推薦があったそうです。それは単なるきっかけで勇次という役の人気が出たのはご自身の力ですし、座長にまでなられた力量は父も認めていたんじゃないかと思います。

京本政樹さんと村上弘明さん、それからひかる一平くんが南座に出たときは、朝から800人くらい女の子が並んでました。あの光景は、いまだに忘れられません。うちの妹もわがままな歌手なので（笑）、まだ小学生でしたが、土日だけ出させていただいて「さよならさざんか」を歌っていましたね。

京本政樹さんは優しくて、父が亡くなってからもいろいろと引き継ぎのことなどを教えていただいて、お世話になりました。

村上さんはマイペースなところがあって、南座の舞台が終わったあと会食があるのにゆっくりお風呂に行ったりして、よく「村上ー！」って父が怒ってました（笑）。あいつは憎めないと、いつも目を細めて笑っていましたね。

うちは中村家そのものなんです（笑）

わたくしが子供のころですが、母が豊中でスナックをやっていて常連が火野正平さん。いつもカウンターに座っていらした記憶があります。母は麻雀が大好きでして、火野さん以外の方たちもよくいらしていたのですが、その方たちが朝ごはんを食べていて、そこに「おはようございます」って入っていくと不思議な家庭でしたね。

母は麻雀好きでしたが、父は一切しなかったです。もっぱらカードですね。大阪の梅田コマ劇場でドリフターズさんと幕間にやったりして。あとは競馬とパチンコも好きで、衣裳を着たまま、羽二重巻いたまま太秦のパチンコ屋さんで打ってました。「それが許される街なんやぁ」って。野球は大の近鉄ファン。後援会の副会長で、CDを出したときは「これが売れたら球団を買うたる」って言ってましたから（笑）。

菅井きんさんと白木万理さんとのかけ合い。『必殺』には主水とせんとりつのシーンがありますよね。あのころ豊中の自宅には、わたくしの母の母……祖母が同居していましたので、うちは中村家そのものなんです（笑）。だから家でのやりとりを現場に持ち込んで話してる感じ。でも祖母は本当に父のことが大好きで、母と父が喧嘩したときも「パパちゃんになに言うの！」って父の味方をしてました。

母の店にはよく朝日放送の松本明監督もいらしてて、ご近所さんだったんです。ギラ

1973年、中村主水を初めて演じた『必殺仕置人』のころの藤田まこと。京都映画の製作部にて

ッとした怖い大人でしたが、父が亡くなったあと松本監督にもお世話になりまして、窮地を救っていただきました。「やっぱり『必殺』やなぁ。あれを超える作品はない」と仰っていて、みなさんが熱い現場だったんですよね。

石原監督には京都に行くたびにお会いしてまして、昔は楽しかったという思い出話をうかがうんです。「おとうちゃん」って父のことを呼んでくださる、その表情にとても滋味があって……。

遠藤太津朗さんも父が亡くなったあと、来てくださりました。もう足がちょっと不自由だったんですが、八木のみっちゃん（八木光彦／床山）が連れてきてくれたんです。お線香をあげてくださって、遠藤さんが「そろそろ、わしもそっちに行くからな、待っててや……」って、本当に名コンビでしたから。

池波正太郎先生が大好きだった

食べることが大好きな父で、わたくしのイメージでは本当に〝粋〟なんですよ。おそば屋さんでもお寿司屋さんでも作法を教わりましたし、食べ方がきれいでした。若いころは売れなくて苦労したはずなんですけど、どこで学んだんでしょうね。お酒も好きで後年は赤ワイン派でした。

めざしを焼く姿だったり、おそばを食べるシーンだったり、娘ながらに〝味がある〟と思いました。父は池波正太郎先生が大好きだったので、その世界観に生きてるんだなって。新国劇の辰巳柳太郎先生が父の旗揚げ公演に出てくださいまして、師のように尊敬していました。辰巳先生が書いてくださった書を小さな額に入れて、舞台のときには常に楽屋に飾っていましたから。

南座の『必殺まつり』では開幕15分、主水の姿で1人で出てくるんです。1日2回、お客さまを前に毎日ざるそばを食べる……「今日は暑いですな」などと言いながら15分。そこから本編が始まるのを1ヶ月やってました。で、合間にわたしは父が楽屋で食べるおそばを取りにいってましたから、1日3回ということも（笑）。

ところが、おそばを食べすぎたのか、帯状疱疹になっちゃったんですよ。当時は特効薬もなく、周りは「いつか倒れるんじゃないか」と心配していましたが、やり通しました。顔にだけは症状が出てなくて、首から下だけ。プロ根性ですよね。

香港好きが高じて特番まで

父は中華料理も大好きで、香港においしいものを食べにいくのが趣味でした。そしたら、ある日「ロケで行くことになったから」……香港で主水の格好をする特番に出たんです（『年忘れ必殺スペシャル　仕事人アヘン戦争へ行く』）。プロデューサーのみなさんとそういう話がまとまったんでしょうね、趣味と実益を兼ねて（笑）。

撮影の合間でも中華屋さんによく行ってました。レバニラ炒めやあんかけそば、チャーハンだったり。広東料理が好きで、香港では朝昼晩ずっと中華なんです。とくに汁そばが好きでしたね。それこそ北京ダックやフカヒレも食べますけど、父って本当に庶民的なんですよ。これは好感度アップのためではなく（笑）、家ではちりめんじゃこと大根おろしを食べてますし、楽屋でもそうでした。

それから母が嵐山に「主水」という中華料理のお店を出しまして、京都映画の方々もよく招待していましたね。一時期は事業を広げたんですが、商才がないのとバブルが弾けてダメになってしまった……。そこでも父は「またマイナスから始めたほうが俺はやりがいがある」と愚痴を言うこともなく、あっぱれでした。

30億の借金を抱えたのが60歳のころですよ。父にとって役者は天性の仕事で、いろいろなことを考えながら家族を守ってくれて、本当に感謝しかありません。父のあと、母も亡くなりましたが、ゆっくり仲良く休んでください、という気持ちです。なにも考えず、ホッとして暮らしてくれていたら、と。娘としてはそう思っています。

「中村主水は俺だけやからな」

父は「いつも主役でいたい」という人間でした。要するに中ドメだったりトメというのは性に合わない。常に勝負していたいから主役でがんばりたい、四番バッターでいたい……そういう考えで役者をやっていました。だからお断りしたお仕事も多いのではないかと思います。

しかし東山（紀之）さんの『必殺仕事人２００７』が始まったときは、「パパも次の人に引き継ぐ年齢になった。そういう時代やな」と話していましたね。自分のなかで、なにか区切りがあったんだと思います。しっかり主水さんのままトメに回りましたから。

しかし、これだけは言ってました。「『必殺』を継承するのはええ。しかし中村主水は俺だけやからな」と。それは何度も聞いています。本人だけでなく、スタッフのみなさんも「中村主水はおとうさんしかいない」って仰ってくださいますし、あの役は誰にもできないと思います。わたくしとしても父以外、どなたにも演じていただきたくないのが本音ですね。

よく父は「『必殺』というのは夢物語や」と言ってました。現実ではなく、「チャララ〜♪」と音楽が鳴った途端に夢物語に入っていくんやと。サラリーマンの生活を時代劇に置き換えて、裏と表の落差を出す……あの哀愁のある父の背中は中村主水の生きざまでもあり、藤田まことの生きざまでもあるのだと……。

たまたま、わたくしがずっと現場についていたので、父の権利を引き継がせていただいたのですが、やはりファンの方によろこんでいただきたいので、どのような案件でも「父ならば、どうするだろうか」と考えながらお仕事をさせていただいております。

『必殺』の中村主水という人物像を大事に大事に作りあげていった人なので、いまだにお声がけいただけるのは本当にありがたいですね。最後の入院中のことなど、まだまだ父の思い出はたくさん残っていますので、〝究極のファザコン〟として語り継ぐ機会があればと思っております。

京都映画座談会1

布目真爾（殺陣）
＋
長谷川優市呂（装飾）
＋
中込秀志（装飾）

夜中になろうが、そんなことは平気
毎日おもしろかったもん！

必殺シリーズに不可欠なのが〝殺し〟のシーン。大映出身の布目真爾は、殺陣師・楠本栄一の補佐として参加し、数々の殺し道具を生み出してきた。装飾の長谷川優市呂と中込秀志は『新必殺仕事人』以降をコンビで担い、秀のかんざしや勇次の三味線の糸などを担当。三者三様、仕掛けて殺して日が暮れた舞台裏を語り合う！

あの首、わしが作ったんや

——今回は仕事人シリーズの殺しのシーンを中心にお話をうかがいたいと思います。布目さん、中込さんは『必殺シリーズ秘史』で取材させていただきましたが、長谷川さんはいつごろ京都映画の現場に入られたのでしょうか?

長谷川　関西美工からの出向で、最初は3ヶ月くらい東映にいて、こっちの人間が怪我したので代わりで京都映画に来ました。沖雅也さんが出てた『必殺からくり人　富嶽百景殺し旅』(78年)からですね。7年くらいおったのかな。

布目　いまいくつになったん?

長谷川　68歳です。

布目　若いなぁ!

中込　なにがや。俺も67やで。

布目　わしは80超えたんや、もう。

中込　元気やないか。まだまだ100まで生きなあかん。

布目　80超えてんのは、石原(興)さんとわしか。わしのほうが3ヶ月上らしい。しかし67か、若いなぁ。

——中込さんは『新必殺仕事人』(81~82年)から参加しています。

中込　そうだね。いちばんいいときね。秀と勇次で『必殺』の人気がピークのとき、ハーさんと俺のコンビでやることが多かった。

長谷川　長かったな。

中込　ハーさんが担当で、俺が現場付き。

——まず『仕事人』といえば、三田村邦彦さん演じる秀が、かんざしを使った殺しを披露します。

長谷川　最初はノミやったね。それからかんざし。ピラピラの飾りがない簡単なやつ。

中込　俺が来たときは、もうピラピラのかんざしを手づくりしてたな。真鍮のやつとか、3パターンか4パターンあんのや。いちばん有名なのは銀のやつ。

布目　ピラピラを付けるか付けへんかで、いろいろ話したな。そのうち「かんざしに文字を彫れ」って言われたこともある。

——かんざしを首に刺す動きは寸止めですか。それとも引っ込むような仕掛けが?

布目　それもあったんやけど、ほとんど使わへんかったな。

長谷川　基本は寸止めで、刺すところのアップは、人形の首にラバーみたいなのを張って、そこに刺す。

布目　あの首、わしが作ったんや。

長谷川　そうそう、真ちゃんが作りました。殺しのあれこれは、この人の出番や。

布目　なにがええかって最初は豚の皮にしたけど、あかんなぁ。ドーラン塗ってもあかん。しまいにゴム手袋を裏返して使うた。

長谷川　炊事用のゴム手袋ね。ちょっと大きめのやつの裏側を使ったんです。発泡スチロールで首を作って、それに張りつけて、かつらと衣裳を着せて。

布目　ビュンって、刺してる手もわしですよ。女の人の手も白塗りでやりました。

長谷川　アップの小物撮りは助監督さんと撮影部の助手さんが担当してて、小道具は立ち会ったり立ち会わなかったりでしたね。ほかのスタッフもみんなそういうの好きやから、照明技師がやったりとか。

中込　中山(利夫)さんは好きやったね。

布目　器用でないとできへん。

中込　みーちゃん(三田村邦彦)は運動神経

がよくて、オープン（セット）のいちばん上、三階の屋根からポン、ポンって下まで。あれはすごかったよね。
布目　「いけるかぁ?」って聞いたら「いけます!」って。怪我されたら困るしハラハラした。
中込　鳶職やってたから。
長谷川　秀が走るシーンで煙がほしい、土煙みたいなものがほしいというので、スモーク缶を足に付けて走ってもらったら……。
中込　衣裳が穴だらけになった（笑）。
布目　「火ぃついたぞ、走れー!」って。
長谷川　あれは熱いやろなぁ。
中込　みーちゃん、ほんまに怒っとったわ。「穴、開いてる!」って。スモークが引火して、穴が開く。特注の衣裳なのに。
長谷川　最初は小麦粉を撒いて、でもあんまり舞い上がらなかった気がする。
中込　だいたい石原さんのアイデアや。
長谷川　いちばんびっくりしたのは、ナイターで駐車場のところに砂利を敷いて岩を置いて、水を流す。そこにライトを当ててキラキラさせると、アスファルトで撮影してるのに川になる。そういうことを思いつくのが、やっぱりすごいなぁと思いました。

「小道具、お前ら出入り禁止じゃ!」

――とくに印象的な監督は?
布目　あんまりおらへんなぁ。
中込　やっぱり工藤のオヤジ（工藤栄一）は、おもしろかったよ。いろんなこと教わったし、かわいがってもうたから。それまで監督に教わるなんてこと、なかったもん。ぜんぜんド素人が現場に入って「おい、ボン。走れ!」、ボンって俺かぁ（笑）。
長谷川　工藤さんは自分でほしい小道具は倉庫に探しにいって、なかなか帰ってこおへんなと思ったら「これでええ!」って。
布目　あれは時間稼ぎ。コンテ考えられへんから、そうやって小道具待ちにするのや。
長谷川　でもアイデアが強烈やった。
中込　消え物ってあるのよ、劇中の料理とか。それを多めに発注して、消え物で宴会して監督の悪口とか言ってたら、スピーカーがオンになってて製作部で工藤のオヤジが聞いて、「小道具、お前ら出入り禁止じゃ!」（笑）。
長谷川　昔は消え物もスタッフが作ってた。最近は料理の専門家に頼んで、作ってもらってますね。置いてるだけで箸をつけないとか、そんなやったらぼくらがスーパーで買う。
中込　スタッフ全員みんなやることを知ってる現場やから、新しい監督によっては正直かわいそうやと思ったよ。なんかヘンなこと言ったらもう……。俺が来たときには、もう固定した監督がいたからね。先生とか。
長谷川　松野（宏軌）先生ね。
中込　先生はいろいろやらされてかわいそうってイメージしかないんやけど。
長谷川　同情したよな。
布目　大映の人は、またちょっと違うから。三隅研次さん、田中徳三さん、黒田義之さん、小道具にもうるさかった。
中込　東映も大映も御大のスターがいたからね。松竹、誰かいたか?
布目　御大は石原興や。
中込　そらまぁ仕切ってるからな。
長谷川　徳三さんはね、「なにがなに」って言うの。で、それなんなんやろうって（笑）。

布目真爾

最初は意味がわからんかった。

――当時の京都映画の装飾部のトップは稲川兼二さん。京都映画と関西美工のスタッフの混成チームでした。

中込　俺らの先輩だと、長尾（康久）さんや尾崎（隆夫）もいたな。尾崎は東映の製作部に移った。

長谷川　大ベテランの稲川さんの下に玉井（憲一）さんがいて、次の責任者。

布目　玉井さんは同い年、真面目や。

中込　えっ!?

布目　真面目やん。

中込　たしかに5時に帰るから真面目やで（笑）。そのころになると酔っ払ってるから「ゴミ、帰るでぇ～」って。

長谷川　その前から飲んではる。

布目　玉井さんには、よう発注したで。わしが作れへんもんを頼んで「ほな作ってあげる」って、竹の鉄砲とかな。

長谷川　火薬も小道具が扱ってたから。もう考えられへん。

――装飾部は2人体制で、メインの担当者と現場付きのコンビですね。

中込　いまもそうやけど、現場付きが全部処理するわけですよ、現場は。

長谷川　担当は飾り関係の必要なもんを集めたり、作ったりして、基本は部屋で準備です。

中込　2人とも現場に行ったら追っつかへんからね。次もあるし。現場は現場で真ちゃんもおるし、すったもんだやってたらいいっちゅう話だよ。夜中になろうが、そんなことは平気。俺はもうセットで寝泊まりしてた。めんどくせえから、家なんか帰ってへん。

布目　しかし夜が多かったなぁ、ほんま。

長谷川　夜中ばっかり。東映も昔は遅くまでやってましたけど。

中込　ヒロポン飲んでがんばってんのや（笑）。

長谷川　組合があったから、けっこう時間はうるさかった。もうないですけどね。

――装飾の担当者になると、予算のことなども考えるのでしょうか？

長谷川　そうです。台本もらったら、だいたい用意するもんを全部書き出して、トータルなんぼかかるみたいなことを考えて「こんだけかかりますよ」と。もうちょっと減らしてくれってなったら、考えなあかんし。
中込　まぁ各部署とも全部そうやね。
長谷川　で、どうしても収まらないけど必要なものは、別予算で作ってました。

植木は美術、花は装飾の担当

――『新仕事人』からは中条きよしさん演じる勇次が登場し、三味線の糸で吊り殺すシーンが見せ場になります。

布目　あれは1対1では吊り上がらないの。1／2にせなあかん。滑車の位置を1／2のとこへもってかないと、引っぱってスーッと人間が上がらない。重さのバランスやね。
中込　いまなら操演の専門家だけど、当時は真ちゃんと俺らでやってた。
布目　なんでもやりまんねん。だけど考えたら1／2いうのは難しい。ワンクッション置かなあかん。もういっこ滑車つけなあかん。
中込　ダブルの滑車で持ち上げる。
長谷川　半分の力で上がるということで。
布目　みんなで「せーの！」ってやる。
中込　100人以上吊ったけど、落としたのは3人だけ（笑）。1人骨折。
布目　骨折は2人おった。
中込　プールの池に落とすシーンで、地面じゃなくてプールやったから怪我させた役者さんがいたな。で、大前均だけはやめとこ言うてたんや。さすがに大前均は持ち上がらん、あれは無理やでって（笑）。

――たしかに巨漢なので、川の中でジタバタする死に方でした。三味線の糸も何種類かあるそうですね。

長谷川　寄りは本物で、引きのときは黄色の工事現場のビニールひも。
中込　三味線の糸なんか映らへん。
長谷川　梁のところに引っかかった糸が煙を出すんも、勢いが増すいうことでやったね。
中込　あんなもん煙なんか出えへんのやけど、あれは四塩化チタンで、空気に触れたらブワッと。あれ作ったんは俺やで、自慢じゃないけど。（ひかる）一平のライデン瓶の殺しでも役者さんのおでこにガムテープ貼っつけてさ、もう大騒ぎ。ひどい話やで。

――ひかる一平さん演じる西順之助の武器は『必殺仕事人Ⅲ』（82〜83年）ではライデン瓶、『必殺仕事人Ⅳ』（83〜84年）からは投石機になります。

中込　あれは、おねえ（鮎川いずみ）を殺しのシーンに出すためなの。投石機もどんどん進化して、3パターンくらいあんのや。

――藤田まことさんの思い出は？

中込　ええ人や。最高や。
長谷川　なんも言わへんし。文句を言わないですね。「これです」と渡したら「わかりました」って、言葉遣いも丁寧やし。
中込　文句つけるのは、おねえかなぁ（笑）。けっこうこだわるから。
布目　つまらんことばっかりな。
中込　主水さんの家で松茸が出たとき、俺がみんなに言ったんや。これテッパリやから食うなよって（笑）。なんで松茸が東映とテッパっぱってんねん。藤田さんが笑ってたわ。「こいつ食う気や。嘘つきやなぁ」って。

――『必殺仕事人Ⅴ』（85年）からは、京本政樹さんの竜と村上弘明さんの政が新コンビでレギュラー入りします。

中込　村上はね、俺ら〝ムラカメ〟って言ってた。どんくさいから（笑）。京本もなぁ、

長谷川優市呂

ええやつやけど、あいつ1回もまともに編んだことあらへんのや、組紐。
布目　そう見えたらええのやから。
長谷川　組紐を作る台を用意してね。
中込　ほんまは順番に編まなあかんのに、京本が適当にやってるわけよ。だから「京本さん、おつかれさまでした〜」ってなったら俺がバラしてた。舌打ちしながら（笑）。
長谷川　ぐちゃぐちゃになってて。
中込　1回もまともにやったことないから。それでファンの子がさ、「いや、そんなことありません！」って、いやいや、そんなことあるんやって。俺は現場にいたんだから。
　前にも京本から電話かかってきて「ゴミちゃん、うちの息子がチャンバラ得意だから刀を用意してくれない」って頼まれたから、竹光を送ってやったんよ。そしたらお礼が竜のフィギュア（笑）。バカ野郎！
長谷川　そんなん出てんの？
中込　フィギュアもらって俺がどうせえっちゅうのや。衣裳部の子にやったったわ。
布目　あの組紐は赤くて鈴のやつと先っぽが錐のと、2種類あった。
中込　赤は普通の組紐。買ってきたやつ。
布目　錐のは、わしが作ったんやで。ワインキャップの真ん中にドリルで穴開けて、そこに組紐を通した。工藤さんが「なんでもええから作れ！」って、やらなしゃあない。

――『必殺仕事人V　激闘編』（85〜86年）から竜の組紐がリニューアルされ、政の殺し道具も花の枝から手槍に変わります。

中込　おかしいって思ったんやろうな、やっぱり。他人の家のやつ折ってもええもんなのかって（笑）。
布目　この花が大変や。台本に書いてある花なんかあらへん。ホン屋さん、書くのはええけど、そら季節で咲いてまへんでって。第一柔らかいから接ぎ木をせなならん。

――あの植えてある花は、どこから仕入れるのでしょうか？

長谷川　それは美術のほうで造園の業者さんに頼むんです。
中込　生け花や切り花は俺らの管轄、花屋さんに持ってきてもらうの。
長谷川　要するに地面に埋まっている植木は美術、花は装飾の担当。

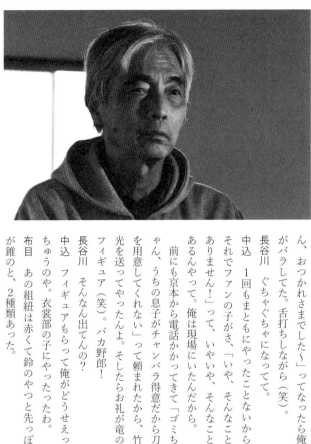

布目　細かな分担があるねん。

――当時の必殺シリーズの美術デザイナーは、倉橋利韶さんと太田誠一さんが中心です。

中込　倉どんの枯れた松とスプレーの話、前にしたよな。太田さんの思い出はね……オープンの桜の木の下、あそこでなんか拾ってんねん。よう見たら火箸で毛虫を。１００匹くらい毛虫をバケツに入れて、ほんまは野村（造園土木）に頼んで消毒したら毛虫つかへんのやけど、そんな気もないから毛虫が集まっては死んで、それを全部拾ってた。いや、いい時代やったよ（笑）。

長谷川　倉橋さんも太田さんも難しいことは言わない。「こうしたいんです」「ほなそうしようか」って感じで。

中込　お任せやったで、ほとんど。

長谷川　やりにくい人もいますけどね。

中込　東映はいるよなぁ。あいつらむちゃくちゃしよるねん。ほんまにもう。

――ほかに印象的なスタッフの方は？

長谷川　まぁ、録音の広瀬（浩一）さんなんかうるさいんだけど、ぼくが現場付きやってた最初のころ、「お前、ヒマやろ。ちょっとこれ持ってくれ」って、マイクを渡されて助手の仕事やらされたり（笑）。

あとはライトの関係でマイクの影が出ても、照明部さんに「あのライトいらんやろ。消してくれ」って、広瀬さんはすごかった。ライトのこともわかってはるから、そういうことを言えるんやと思いますね。

もう次々に手を考えるのが大変やった

――１９８３年には大規模な火事により京都映画のオープンセットの一部が焼失し、かなりの小道具類が失われてしまいました。

長谷川　あのときはオープンの片づけしてたんですよ。そしたら西の通りの二階から火が出たのかな。火事やいうことで、慌てて大樽をプールにバーンって放り込んで……あとで上げるの大変やったけど。

中込　オープンの南側のとこが装置の材木置場みたいになってて、商家の二階から燃えた。タバコだとか、照明部のレフが太陽に反射して火が点いたとか、結局わからへんねん。

俺らは第５セットで撮影してたら、助監督の水野（純一郎）が飛んできて「オープン燃えてるんで、手ぇ貸してください！」って。

布目　そんな手の貸しようがない。

中込　録音部が小道具を気ぃ遣うて「タンスが燃える～！」とか言ってて、いやいや、行ったらあかん、行ったらあかん。

長谷川　家の中に道具を置いてあったから、それも燃えて。

中込　俺らホースを持っていったけど、消火のとき噴水になってたからな。

長谷川　穴が開いてて（笑）。

――その後、長谷川さんは東映京都をベースに活動します。

長谷川　大した理由はなくて、関西美工のほうで手が足りないから東映に戻ってこいと言われたんやと思いますね。

中込　そのあとアホな理由で関西美工が潰れて社長が夜逃げして、それで俺は京都映画にいたから、ここに残った。

長谷川　関西美工のあと、セットアップエイトという会社ができたんですが、それもすぐダメになった。関西美工の人間が社長だったんですが、東映のほうからあかんということ

中込秀志

で、東映の装飾の渡辺源三さんが創美という会社の社長になって、それからずっと創美の所属でやってますね。

中込　そうそう、源さんなぁ。

――東映と京都映画の違いはありますか?

長谷川　だいぶ違いましたね。東映は「いつまでに作らなあかん」という納期がしっかり決められていて、京都映画はあんまり関係なし。みんなでええもん作ってこうという。

布目　そうでもなかったで(笑)。1週間に1本や、そんなのんびり言うてられん。もう次々に殺しの手を考えるのが大変やった。

長谷川　でも、各部署の垣根を超えて、スタッフがいろいろアイデアをくれる。みんなでやってる雰囲気がありましたね。

中込　だから時間がかかる。真ちゃんが仕掛けを考えてくれて、ハーさんと俺のコンビも最高だった。毎日おもしろかったもん!

布目真爾［ぬのめ・しんじ］

1940年大阪府生まれ。大映京都第2期フレッシュフェイスとして映画界入り。殺陣師の補佐として必殺シリーズに参加して一本立ちし、『必殺スペシャル』『大忠臣蔵』『月影兵庫あばれ旅』『必殺仕事人　激突!』などを担当。『必殺仕事人2007』以降のシリーズには特殊小道具として参加している。

長谷川優市呂［はせがわ・ゆういちろ］

1955年兵庫県生まれ。千代田テレビ電子専門学校卒業後、関西美工に入社し、京都映画で『新必殺仕事人』『必殺仕事人Ⅲ』などの装飾を担当。その後は創美に所属して東映京都の『水戸黄門』『大岡越前』『遠山の金さん』『暴れん坊将軍』などに参加。映画は『女帝　春日局』『魔界転生』ほか。

中込秀志［なかごみ・ひでし］

1957年長野県生まれ。高校卒業後、関西美工を経て京都映画(現・松竹撮影所)の装飾部に所属。必殺シリーズのほか『鬼平犯科帳』『剣客商売』などを担当。映画は『隠し剣　鬼の爪』『最後の忠臣蔵』『超高速!参勤交代』『福田村事件』などを手がけている。

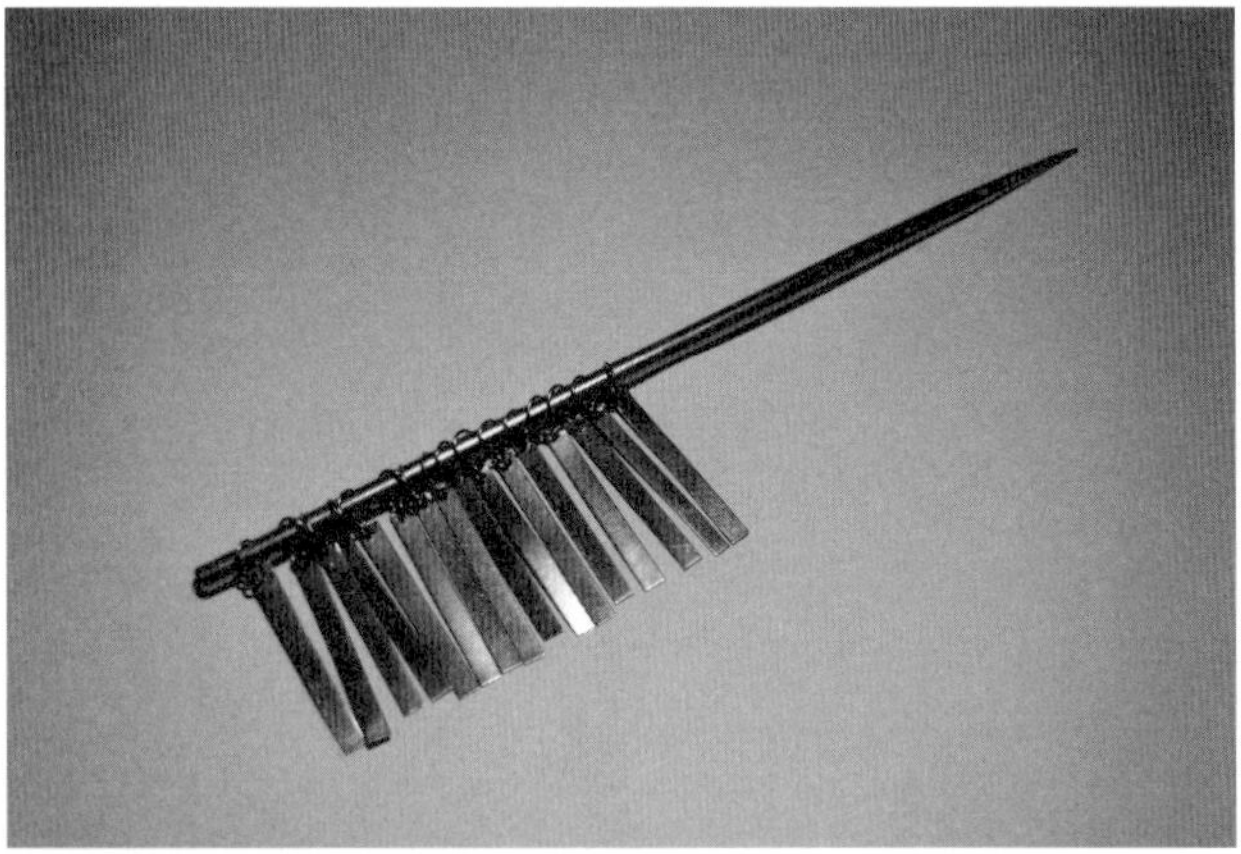
秀のかんざし

おりくのバチ

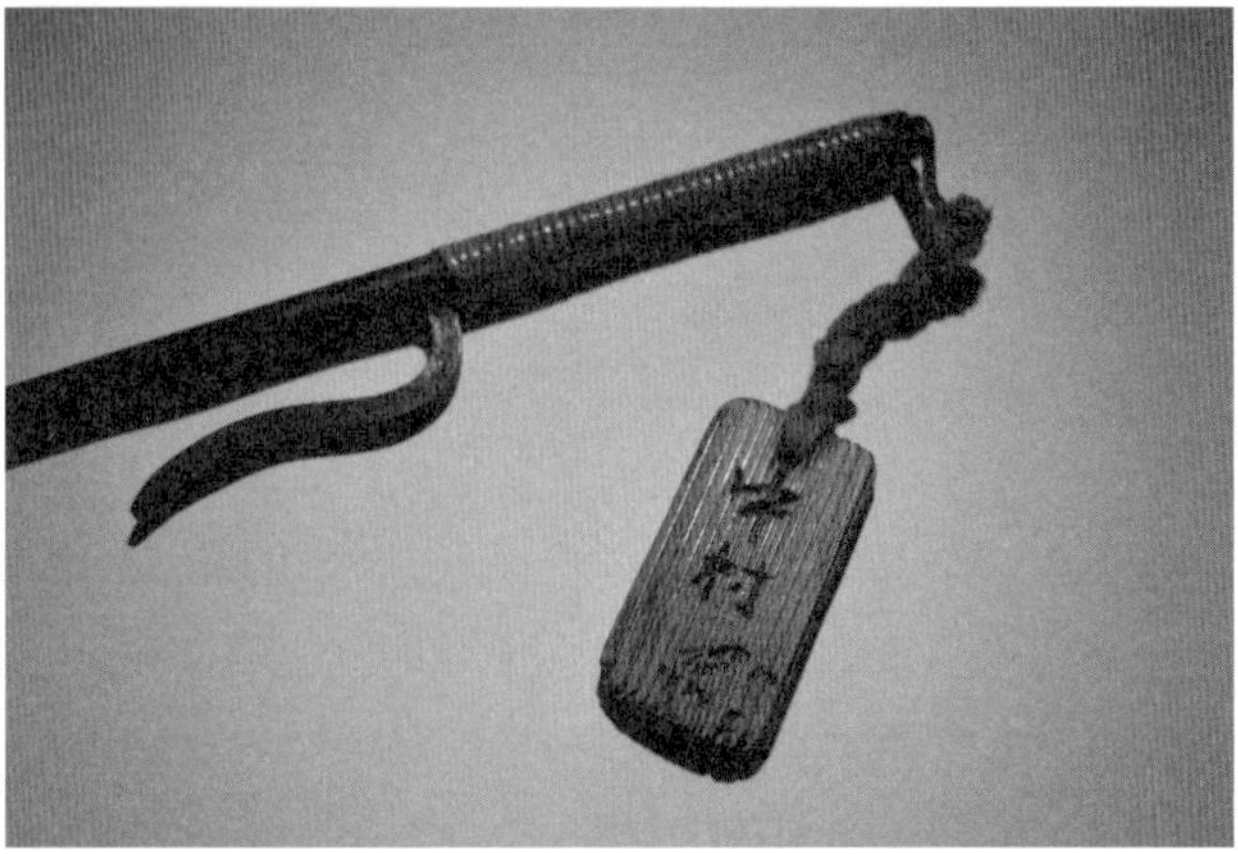
主水の十手

R-2

『必殺仕事人』以降のシリーズは、いかにして作られたのか？
６人の脚本家がそれぞれの作劇術や執筆の舞台裏を明かし、
さらに京都映画での仕事を２人の監督が振り返る。

脚本　吉田剛
脚本　石森史郎
脚本　筒井ともみ
脚本　大津一瑯
脚本　田上雄
脚本　中原朗
監督　広瀬襄
監督　関本郁夫

脚本

吉田剛

『必殺』が本当の人気番組になったのはぼくが入ってからだと思います

『必殺仕事人』以降――いわゆる〝後期必殺〟を代表する脚本家の吉田剛は、松竹大船時代から鍛えられた筆力でメインを任されて活躍し、4本の劇場版も執筆。惜しくも2018年に亡くなられた氏だが、生前の貴重なインタビューが残されていた。聞き手を務めた春日太一氏の協力のもと、本書で初公開。取材・文：春日太一

吉田剛氏には、筆者がまだ大学院生だった2005年2月11日に江古田の喫茶店でインタビューさせていただいた。当時の筆者は時代劇の作り手たちへの取材を始めて少し経ったころで、お世話になっていた日本大学芸術学部映画学科の教授から、同脚本コースで講師をしていた吉田氏をご紹介いただき、インタビューが実現した。必殺ファンの間で〝後期必殺〟と呼ばれた時期に、脚本家としてその中心で活躍した吉田氏が、どのような想いで一連のシリーズに臨んでいたのか――。長らく公開の場を持てないできたが、この機会に、蔵出しをさせていただく。

それまでは「変わったもの」という世界

――まず、吉田さんが脚本の道に進まれた経緯から、お聞かせください。

吉田　ぼくは最初、松竹大船撮影所の助監督でした。松竹は助監督が脚本も書いていたので、その流れで脚本の書き方は覚えました。しばらくして、映画の製作本数が減ることになり、テレビ部に移ることになります。配置転換なので、そこはしょうがないと思って移りましたよ。映画をやれなくなることはつらかったですが……。でも、ちょうどその頃にテレビ朝日で土曜ワイド劇場が始まり、初期の段階から参加することができました。

――土曜ワイド初期の1978年から翌年にかけて、吉田さんは『声』『顔』『犯罪広告』など、松竹が制作した松本清張原作の傑作を連発されています。必殺シリーズへのご参加もその流れでしょうか?

吉田　そうですね。ただ『必殺』は京都撮影所でしたので、わたしは関係ありませんでした。それが、シリーズが進むにつれてＡＢＣ（朝日放送）の山内久司さんが「新人の脚本家も使いたい」と思われたようです。それで松竹の櫻井洋三さんの紹介でシリーズに参加することになりました。

――シリーズ第13弾『必殺からくり人　富嶽百景殺し旅』（78年）の第5話「本所立川」からの参加ですね。

吉田　レギュラーが高橋洋子だったのが降板になり、いろいろと大変だったような記憶があります。子供ばかりが暮らす空き屋敷があって、お化けのふりをして怖がらせて屋敷に引き入れた大人の落し物を奪う。あれは『二十日鼠と人間』を下敷きにした話で、わりと上手くいきましたね。それをプロデューサーたちが気に入ってくれたんですよ。そこから『必殺』の仕事が続くようになりました。

――『必殺』はすでに人気シリーズでしたが、参加なさる前はどのような印象を持っていましたか?

吉田　『必殺』が本当の人気番組になったのは、ぼくが入ってからだと思います。それまでは「変わったもの」という世界でした。最初に家で『必殺』を見たときは、ものすごく変わっていておもしろい時代劇という印象でした。同心部屋の描き方なんて、ほかの時代劇とまったく違う。殺し場もいい。好きでしたね。ですから、『富嶽百景』をやることになったときはうれしかったですよ。設定がおもしろいから。ただ、テレビ自体をあまり見ないので、そこまで熱心に追っていたわけではありません。自分がやるようになってから昔のシリーズの脚本を読むようになって、また感心しましたね。とくに早坂暁さんのは上手いこと考えられている。

従来のファンからの反発は強烈で、非難攻撃を受けました

——必殺シリーズは「前期」「後期」に分けて語られることが多いです。たしかに、前期はハードボイルド色が強いのに対して、後期はコミカルなタッチが強まったりして、マイルドになっていきました。吉田さんは後期の中心的な存在でしたが、作品のカラーはどのようにして変わっていったのでしょうか？

吉田　『富嶽百景』の次の『翔べ！必殺うらごろし』（78〜79年）で視聴率が低下したんですよね。それでシリーズが打ち切りという話になり、最後に『必殺仕事人』（79〜81年）をやって終了しようということでした。ところが、元締役が中村鴈治郎さんから山田五十鈴さんに代わったあたりで視聴率がだんだん持ち直しはじめた。京マチ子さんの『必殺仕舞人』（81年）を挟んで続編の『新必殺仕事人』（81〜82年）を始めたら、さらに視聴率が上昇。とくに最終回がよかった。これでシリーズとして定着していくことになります。

それまでの『必殺』には大きな問題がありました。それは、視聴率が取れてもスポンサーがつかないことで有名な番組だったんです。殺し屋の話だからね。山内さんはそのことをずっと悩んでいました。ですから、どこかでカラーを変えるしかなかったんでしょう。それが、ひかる一平のシリーズからスポンサーがつくようになったんです。そこから『必殺』は局内でもメイン番組になっていったようです。

——そのまさに、ひかる一平が登場する『必殺仕事人III』（82〜83年）の第1話「殺しを見たのは受験生」を吉田さんが担当されています。

吉田　そこから〝後期必殺〟というのになるわけです。たしかに前期とはぜんぜん違う。これが評判悪かった。人気番組になって、スポンサーもつくようになったのですが、従来のファンからの反発は強烈でした。とある女性作家が前期必殺のファンで、「子供を殺し屋にするとは何事だ」とか批判されましたよ。ほかにも、とにかくいろいろな方から非難攻撃を受けましてね。前期が好きな人は後期を見ない――とか、のちのちまでアホな噂を立てられるようになりました。たしかに、そもそものモノが本当に違うんですよね。それは、あとになって見て、ぼくもつくづく思いました。前期は情感で持っていっています。殺し屋の心情とかね。後期はホームドラマ的というか、お話をおもしろく――という方向に持っていってますね。ことに頼み人の話とかね。

当時はそんな批判されるほど悪いのかと思って、すごくイヤな気分でいました。でも、あらためてシリーズの作品全体を見てみると、変わるだけの理由はあるんですよ。「歌は世につれ、世は歌につれ」と言いますが、まさにそういうことなんです。前期の必殺シリーズは登場人物の気持ちで作られていたと思います。早坂暁さんなんて、そういうのがおもしろかった。でも、世の中の気持ちっていうのは時代で変わるんですよね。だから、そういう作り方では難しくなっていくんです。

――吉田さんご自身は、そうした後期必殺のドラマをどのようなスタンスで書かれていましたか？

吉田　たしかに、リアリズムでいうと後期はおかしいんですよ。前期は陰でこっそり殺しています。殺し屋って本来そういうものですよ。ところが、後期は陰を盗まなくなっている。派手に乗り込んでいって、派手に殺す。こんなことはないわけで、そこは書いていてもしんどいですよ。「そんなことするかい」と思いながらも、目をつぶっていました。そこは本当にしんどかった。

――吉田さんが後期のメインを多く任されるようになったきっかけは？

吉田　京マチ子さんの『仕舞人』にもぼくは入ったのですが、そのあたりから路線を変えていこうという話はありました。それで旅一座の話にしようとぼくが提案したんですが、それを局の仲川利久プロデューサーがよろこんでくれたんです。「こういうのがほしかったんだ」と。スポンサーを獲得するためにも、そういう明るい要素がシリーズにもほしかったんでしょう。それで、その続編からぼくがメインになったんです。考えてみたら、これもおかしな設定なんですけどね。後期は、そういう〝ドラマの嘘〟が立っているんですよ。

――そうした作りにしていったのは、吉田さんの書き手としての性質でもあったのでしょうか？

吉田　今になって思うと、そういうのがぼくの書くものの性質だったようにも思いますね。プロデューサーはそんな細かいこと言いやせんのですよ。シリーズが始まるときには、プロデューサーたちとは「こういう人が出る」「今度の殺しはどうしよう」というところから始まって、ほかの話はしませんからね。ドラマは脚本家にお任せでした。まぁ、ぼくの場合だけかもしれませんが。

殺し屋ではなく頼み人のあり方で話のバラエティを出す

――山内久司プロデューサーにお話をうかがったときは、「〝テレビは日常に帰る〟というのがぼくの思想。だから、脚本家が嫌がっても、最後は物語の流れと関係なく必ず中村主水の家のシーンで終わらせるようにした」と仰っていました。実際のところ、そうした指示はありましたか？

吉田　そんなことはなかったですね。山内さんは「月代をつけたかつらは使わない」とか、そういうこだわりはありましたが、脚本にはよう口出さんのです。気の弱い人だから。あのラストは、藤田まことさんが入れていったんです。前期は藤田さんも脚本どおりにやってたと思うんです。でも、だんだんと役者ってのさばるんですよ。それで、作品の世界が変わっていくなかで「自分が主張できる場はどこか」となると、ラストの中村家のシーンしかないわけです。しかも、それをけしかける人間が周りにいるわけだ。「あれがあんたの持ち場やで」って。

ですから、ラストシーンはどれだけちゃんと脚本に書いても、必ず変えられました。それでも1時間ものの ラストならそれでいいんですけどね。2時間の特番でもそれをやられたときは困りましたね。それじゃあつまらないじゃないかと。そういうことがたくさんありました。あれは藤田さんがそうしたかっただけなんです。

それだと山内さんとしては「プロデューサーはなにもしなかったのか」ということになるので、あとになって「わたしが入れさせたんだ」と言っているだけです。脚本をいちいち読んで、いちいち意見を言うなんて、プロデューサーはしませんよ。なにせ、いっぱい作っていましたから。

――やはり、脚本は吉田さんが書いた内容がかなり変えられてしまうのでしょうか?

吉田　『必殺』はむやみに脚本をいじくるんです。誰がいじくるかというと、撮影部。京都映画は撮影部が強い。つまり石原興なんです。彼には「脚本をいじらない監督はあかん」という考えがありましたから。そうは言っても、おもしろいキャメラマンでぼくは好きですよ。石原は「カットバックはあかん」とか言ってました。彼の言うことのすべてが正しいわけではありません。カットバックは映画の基本ですからね。時間を縮めたり、伸ばすこともできる。彼はカットバック自体を否定しているわけではなく、そういう効果に考えの至っていないルーティンのカットバックを否定していました。

そうした彼の流儀は、松竹の下加茂撮影所の出身というのがあったと思います。もともと京都映画は松竹の下加茂撮影所で、そこは衣笠貞之助監督以来の濡れたような画面やドラマを得意としていました。それを時代劇のルーツとしていたから、ああした画ができたのではないかと思います。その撮影所ごとに流儀があり、その撮影所ごとにリアリティがあるわけです。

――脚本を変えることで有名な監督といえば、工藤栄一監督がいます。吉田さんは必殺シリーズで何度も組まれています

が、いかがだったでしょうか？

吉田　工藤さんとは『必殺』と、それから『新選組血風録』（98年）をやっています。脚本をすぐに変える人なんです。同じようなタイプに深作欣二監督がいます。深作さんとやったのは『敦煌』だけで——あのときはあのときでいろいろありましたが——けっきょく1本もやっていないのですが、彼の作品を見ると「あぁ、こうしたかったのか」という意図がはっきりとわかります。でも、工藤さんの場合はなぜ変えたのかがわからないんですよ。なにを考えているのかがわからない。誰かに「これ、わかるか？」と聞いても、みんな首をひねる。やりたいことはあるんだけど、そうならないんですよ。ご自分でお書きになっても上手くいかない。映画でいいのはいっぱいあるし、力のある監督なんだけど、テレビは上手くいかなかった気がします。

——ご自身としては、必殺シリーズに対してどのようなドラマを志向されていたのでしょうか？

吉田　ぼくも情感のドラマを入れたつもりなんです。でも、中村主水が強くなると、どうしてもね……。ラストがどうしてもホームドラマになりますからね。そこで、ぼくとしては、むしろ殺し屋ではなく頼み人のあり方で話のバラエティを出していきました。

——なかでも、吉田さんの快心の作品は？

吉田　いくつかありますが、まずはお天気を当てる女のエピソードですね（『必殺仕事人Ⅳ』第19話「秀、天気を当てる女に出逢う」）。これは生理のときに天気を当てられる女の話で、頼み人の話としてはいちばんおもしろく書けたと思います。それから、「月の船がお迎えにくる」という哀しい夢を見る子供たちの話（『必殺仕事人Ⅲ』第18話「月の船を待っていたのは秀」）も気に入っています。これまでにない話ということで〝特別編〟と言われましたね。でも、じつはあれはＮＨＫで『早筆右三郎』（78年）というシリーズを書いたときにやった1本なんです。それを作り替えただけなんですよね。

『新必殺仕事人』第37話「主水娘と同居する」。身寄りのないスリの少女の面倒を見る中村家だったが……
脚本・吉田剛、監督・田中徳三という後期シリーズを支えたコンビによる人情哀話

そういう頼み人や被害者の話をおもしろくすることで『必殺』はおもしろくなります。それなら、思い切って頼み人を出さないでやったらどうだろう——ということで、1本だけですが頼み人を出さない話も書いたことがあります。秀が催眠術をかけられて仲間を襲うということにしてね(『必殺仕事人Ⅳ』第11話「秀催眠術をかけられる」)。映画の1作目もその流れで頼み人をなしにして、殺し屋同士が戦う話にしています。

——そう言われてみますと、吉田さんの手がけた脚本はかなりファンタジー寄りの内容がけっこうありますね。

吉田　そもそも、史実どおりになんてやっている時代劇はないんですよ。なにせ江戸の町は実際には夜歩けないんですよね。木戸にさえぎられているから。それは街道も同じ。そういう決まりがあったんですよ。でも、夜歩けなかったら、話は作れません。では時代劇とはなにかというと、本質的にはおとぎ話。なんでもありなんです。時代考証どおりになんて作れません。もちろん、時代考証も使いますが、それは「こうするとおもしろくなる」というアイデアのひとつなんですよね。時代劇のよさは大きな嘘をつけること。そう考えると、後期必殺というのは時代劇そのものなんです。

とにかく映画は全部ひどかった

——先ほど少し話が出ましたが、劇場版の必殺シリーズも、吉田さんは1作目の『必殺! THE HISSATSU』(84年)をはじめ『必殺! ブラウン館の怪物たち』(85年)、『必殺!V 黄金の血』(91年)、『必殺! 主水死す』(96年)と、計6本中の4本を担当されています。

吉田　映画はなかなかね……。山内さんはやりたくなかったんですよ。でも、「自分は関わっていない」というのは嘘です。そう言いたくなる気持ちもわかりますが。せっかくテレビでいい視聴率を出せてきたのに、下手な映画がでてきたらシリーズが潰れるんじゃないかという不安が山内さんにはあったんです。それから、「藤田まことに映画の主演を張れるのかいな」という不安もあったようです。ですからゲストをたくさん出して、殺し屋対殺し屋という話にしていこうということになりました。

それで1作目は時間がなかったんで、野上龍雄さんとぼくとで半分ずつ書いています。全体を4つのパートに分けて、それぞれが2パートずつ受け持つ。野上さんが最後を書くことになったんですが、これが時間がかかってね。書き終わらないうちに撮影が始まったから、無理やりに話をもっていきました。しかも、現場でどんどん変わっていく。その結果、なにがなんだかわからない話になったんですよ。そういうこともあって、山内さんは逃げたくなったんです。

——2作目の『ブラウン館』には西川のりお、明石家さんま、塩沢とき、高田純次、兵藤ユキといった、当時のテレビのバラエティ番組で人気のあったタレントたちが多数出演しています。

吉田　2作目は、1作目の線をもっと徹底することになりました。それで、テレビの人気者をどんどん出すという話になりました。『ブラウン館』というのはブラウン管から来ているわけです。ただ、ABCにそれほど力はないから、思ったようなメンバーは集められませんでした。それでも賑やかなメンツが揃いましたが。

そのうえ、ぼくの書いた脚本をみんなで寄ってたかってむちゃくちゃにしてきたんです。テレビはそれでもいいんですよ。でも、映画はそれではもちません。映画の『必殺』はみんなそれです。誰がイジったかわからない脚本になってしまって……。

——『主水死す』では、タイトルのとおりに主水の最期が描かれています。

吉田　最後の2本は松竹が勝手に作ったから、山内さんは怒っていました。とくに、最後は『主水死す』でしょう。これに山内さんが怒ったという話を、あとになって知りました。ぼくは山内さんに言わないで作ったという話は知らなかった。書く前にも櫻井さんには「これ、山内さんに本当に断ったんですね。書いていいんですね」と念を押したんですよ。そしたら櫻井さん、「ああ、かまわん。書いてくれ」と言うんで書いたら……。

あとでなにかのパーティで山内さんとお会いしたら、山内さんに怒られましてね。「吉田さん、なんであんな話を書いたんや。わたしは絶対に承服できません」と。びっくりしちゃってね。「まったくそういうことは聞いていません……」と弁解はしたのですが。ただ、櫻井さんからお話をいただいた時点で、イヤな予感はしていたんです。それで、第1稿では主水は生きているようにもとれるように書いていたんです。最後、せんとりつが町を歩いていて、ふと振り返るとよく似た後ろ姿が見える。追いかけたら、もうどこかに消えていた——。どちらにもとれるようにしておいてね。そうしたほうがいいのに、と思ったんですけどね。今さらどうにもなりません。

——映画はどれもかなり不本意だったのですね……。

吉田　とにかく全部ひどかった。脚本も、誰が書いたかわからないものになっている。それは、むちゃくちゃになるよね。最終的には、テレビの作り方で映画を作ったのが間違いでした。そこはプロデューサーがちゃんとしてないといけないんだけどね。でも、櫻井さんは現場べったりの人だし、山内さんは設定だけ考えたら、あとは気が弱いからよう言えない。だから、現場で好き勝手に変えられてしまう。

テレビならそれでよくても映画では通用しません。基本的な方針を立てないといけないのに、それがなかった。第1作がヒットしたので第2作を作ったのですが、それがあの内容ですからね。それで松竹の山内（静夫）重役が「もっとドラマにしなきゃいけないよ」と言ったんですけどね……。それで3作目（『必殺！Ⅲ　裏か表か』）を工藤さんと野上さんでやることになったんだけど、あれも話としてはようわからんでしょう。

撮影所ごとに時代劇のリアリティがありますから

――吉田さんが脚本を書かれた時代劇で、個人的に好きなのがテレビ東京の『闇の狩人』（94年）です。あれも京都映画の作品で、貞永方久監督で、撮影が石原興さん、照明が中島利男さん、主演が村上弘明さんと、必殺シリーズの面々が顔を揃えています。ただ、原作の池波正太郎は生前、必殺シリーズをあまりよく思っていなかったと聞いています。

吉田　こういう話も、もうしていいんでしょうね。池波さんが亡くなったときに、池波原作を管理している市川久夫さんが松竹の田中浩三プロデューサーに「いちど『必殺』のメンバーで池波の作品をやってみませんか」と持ちかけてきたらしいんです。それでわたしが『闇の狩人』を書くことになりました。最初は「なにか言われるかな」と不安もありましたが、市川さんは穏やかな人で、「脚本の中身にはなにも言いませんが、〝池波ならこういう言い回しはしない〟ということだけは赤を入れさせてください」と、自由に書かせてくれました。

それでいきなり脚本を書いて読んでもらったら、最初は「なかなか器用にまとまっているね」という程度の評価でした。それが見終わってからはよかったと思ってくれたようで、そこから池波さんのスペシャルを書かせてもらうようになりました。のちにぼくは市川さんを怒らせてしまいます。『編笠十兵衛』（97年）をやったときに、テレ東のプロデューサーに頼まれてアタマの2話に忠臣蔵の刃傷のエピソードを入れたところ、「原作を勝手に変えるな！」となりまして。こちらは局のプロデューサーに頼まれただけなんですが……。それ以降、池波さんの作品は来なくなりました。脚本家の仕事は、そういうところがあるんです。

――京都映画の作品と、ほかの撮影所の時代劇を書くときとの違いはありますか？

吉田　のちに東映に頼まれて『大岡越前』や『遠山の金さん』もやりましたが、やる前からイヤでした。お白洲での芝居のあり方とか、いちいちうるさいんです。『金さん』なんて、一度やくざの格好をしているときにやっつけてるわけじゃない。それがまたお白洲に現れてみんながアッと驚く。そういう段取りの決まり事があるのに、どうしても違和感がありました。でも、それが東映のリアリティなんです。東映の人たちからすると、『必殺』のほうが違和感があったと思いますよ。撮影所ごとに時代劇のリアリティがありますから。

〝決まり事〟が時代劇の快感でもあると思います。ドラマが大きくて、平気で人を殺せて、最後は決まり事で終わる。これが時代劇の魅力です。でも『必殺』は決まりのないドラマだから、「人間」を追いかけていくことができました。ですから、そうした〝決まり事〟のおもしろさには今でも慣れてはいないんですよね。それでぼくが東映で『大岡越前』やったときなんかは評判が悪かった。

――脚本家というのは、なかなか思うような作品を書かせてもらえない立場にあると思います。もし思う存分に時代劇の脚本を書ける機会が来たら、どのようなものを書いてみたいですか?

吉田　ぼくがまだやっていないのは、本格的な斬り合いですね。そういう題材だと『荒木又右衛門』(93年)もやりましたが、ラストの殺陣をもう少し迫力あるものにしたかったのですが、できませんでした。本格的な斬り合いは、なかなかできないんですよ。竹光を使うと軽くなりすぎますし。それに、刀を一度でも抜いたら、もうその相手を斬るしかないんです。次はもう手を覚えられてしまうから。だから、一太刀目を失敗したら、逃げるしかない。そういうものらしいです。まずは抜かない。抜いたら必ず殺す。殺せそうにないときは逃げる。そういうリアリズムで撮ったら、時代劇もおもしろくなると思うんですが。

殺陣の描写で感心する小説家は津本陽ですね。ああいうのを書けたらおもしろくなるとは思うんですが、まだ書いていませんね。ぼくにそういうのはできないと思われているからか、話が来ないんですよ。『徳川武芸帳　柳生三代の剣』(93年)では剣豪もたくさん出しましたが、そこまでは書けなかったんですよね。俳優もできないだろうし、監督も撮れないだろうと思ってしまうから。本当に迫力ある殺陣をやろうと思ったら、監督とも最初から入念に話し合って、俳優もこちらで選んで、「これならここまで書いてもできるだろう」と確信してからでないと、書けません。

吉田剛

［よしだ・たけし］

1935年大阪府生まれ。関西大学卒業後、58年に松竹入社。大船撮影所の助監督として現場に従事するかたわら、『おはなはん　第二部』などを共同執筆。その後はテレビ部で土曜ワイド劇場や必殺シリーズの脚本を手がけ、フリーとなる。『必殺仕事人Ⅲ』以降はメインライターとして劇場版も担当。『赤かぶ検事奮戦記』『刑事たちの夏』ほか現代劇も多く、映画は『敦煌』など。92年には『復活の朝』で映画監督としてデビューを果たした。2018年死去。享年83。

脚本

石森史郎

シナリオというのは〝算数〟ですから方程式に当てはめると簡単に書けました

青春映画の旗手として日活や松竹で活躍し、ジャンル無用で数多くのテレビドラマを手がけた石森史郎は『必殺仕事人』に参加するや、立て続けにハード回を執筆し、その後も必殺シリーズの新たな支えとなって約50本もの作品を次々と送り出す。日本シナリオ界の大ベテランが容赦なく明かす、わずか5時間の脚本術！

いちばん難しいのが役名！

石森　ぼくにしてみればね、本当にありがたい。『必殺』の話を聞いてもらえる機会というのは、これまで全然なかったから。80本くらい書いてるでしょう。ものすごい数です。それをね、ぼくは5時間で書くんです。だって1時間で見ちゃう番組なんだから、5時間で書き上げるのは当然じゃないですか。プロですから、もう新幹線で東京から京都に行く間に書けちゃう（笑）。ぼくは八百屋さんのつもりでいるんです。「はい、いらっしゃいー！今日は大根安いよ！」って、そういう気持ちだから、中途半端な数じゃなく書けたんですよ。

――『必殺仕事人』（79～81年）から『必殺橋掛人』（85年）まで50本ほどの作品を残し、また風のように去っていきました。とくに初参加の『仕事人』では全84話のうち26本を執筆という剛腕ぶりです。

石森　こう言っちゃなんですけど、ぼくは天才なんですね。自称するとさ、責任を持たなきゃいけないじゃない。そのためにも「天才だ」って言っているんです。まぁ本当に天才なんだけど、そうやって自分に言い聞かせてないと怠けちゃうじゃない、人間って。やっぱりかわいい子にモテたいという気持ちもあるし。でもぼくがすごいのは、撮影所に行きませんから、かわいい子と出会う機会もないんです（笑）。なぜかといえば、うちの奥さんがかわいいから。これがね、ものすごく重要なんです。

――いかにモテたか、いかに同業者から嫉妬されたかというエピソードは過去のインタビューでも語っていますね。

石森　いやぁ、恨まれた、恨まれた。というか、親を恨んだもんね（笑）。なんでぼくをこんな二枚目にしたんだって。あのころシナリオライターのなかでいちばんのイケメンでしたから。やっぱりこのくらいの思い上がりってさ、脚本を書く人間には大事なんですよ。青春映画だろうが、時代劇だろうが、子供番組だろうが同じ。自分の思いをこめて書くだけです。

――まずは『仕事人』に参加したきっかけを教えてください。

石森　きっかけは丹波哲郎さんの息子（丹波義隆）が、ぼくが書いたNHKの朝ドラ『水色の時』（75年）に出てくれて、そのあと丹波さん本人とばったり京都で会ったの。それで湯豆腐に誘われて、「いやぁ『必殺』に出ろって話があるんだけど、どうしよう。石森さん書いてくれないか？」って相談されたんです。向こうは向こうで『必殺』に出るような俳優じゃないんだというプライドがあるじゃないですか。で、ぼくと会ったら、めちゃくちゃ話が弾んじゃったもんだからさ、「こいつに書かせたらいいんじゃないか」と思ったんでしょうね。

――第4話「主水は三途の川を避けられるか？」、丹波哲郎さん演じる仕事人の壬生蔵人が活躍するエピソードです。

石森　あれはすごい作品ですよ。殺し屋を殺しに行く話なんて、誰も考えつきません。そういう斬新なアイデアで、お客さんがよろこんで「この石森史郎という人の脚本は見ごたえがある」と思ってくれればいいんです。そうしたら視聴率がいいし、内容もいい。書いてる本人はもっといい（笑）。

——「主水は三途の川を避けられるか?」を手がけたのは、必殺シリーズ常連の原田雄一監督です。丹波企画による映画『砂の小舟』（80年）では丹波哲郎さんと共同監督を務めています。

石森　彼もピンク映画をやっていた仲間だから、もう気心が知れているのよ。それで「ぼくが撮るんだけど書いてくれる?」「書くよ、書くよ」って、ピンクで助監督をやってたころから知ってるから。原田雄一という監督はね、才人です。あんな才人はいないよ。背がちっちゃくて、だから撮影所に行っても、どこにいるかがわからない（笑）。だけど演出力はすごいんだ。ちょこちょこっと動いてはさ、いい画を撮るんだよ。

——「壬生蔵人」という丹波さんの役名もインパクトがあります。

石森　いちばん難しいのが役名！　俳優さんが「どういう役をやるんだ」と期待して台本を開くじゃないですか。そこで、まず役名を見ますよね。俺が出るのにこんなつまらない役名かって思わせたくないから、いい名前を考える……それで徹夜したりなんかして、もう忙しいんだよ（笑）。

——更科屋金兵ヱ、いわゆる「サラ金」を想起させる悪徳高利貸しも登場します。

石森　あのころサラ金が話題になったじゃないですか。なぜあんなに『必殺』を書けたかといえば、社会問題にギラギラ目を光らせていたから。必ず朝刊に目を通して、そこに出ている記事を生かすんです。いえ、弟子からプロットを募るようなことは一切しておりません。すべて自分の発想です。

——役名といえば、『仕事人』の第40話「昇り技字凧落し業」には池田屋太作、上田耕作、不破哲造……創価学会や共産党を思わせる悪役が出てきます。

石森　なぜ書けたかというと、池田大作さんとはものすごい仲良しなんです。だから許してくれる。あれね、とてもよろこんだんですよ、池田さんが。「もう出ないのか?」って言われても、1回使ったらもう使えない（笑）。

丹波哲郎がゲスト出演し、壬生蔵人を演じた『必殺仕事人』第4話「主水は三途の川を避けられるか？」

創価学会の集まりが横浜なんかであると、必ず出席していました。先妻の親が学会だったんです。だから妻に頭の上がらない石森としてはですね、やっぱり横浜まで行かなきゃいけない（笑）。でも、ちゃんと断っていますからね。そうじゃないと池田屋太作なんて役名は使えないですよ。

――『必殺仕事人Ⅲ』第9話「年末賞与を横取りしたのはせんとりつ」（82年）には、映画評論家の田山力哉さんを思わせる悪徳同心の「田山力弥」が登場します。

石森　あの人は、ぼくにすごくやきもちを焼いてるの。嫉妬の天才です。だから「悔しかったら脚本を書いてごらん」ということで田山にした（笑）。でも仲良しでしたよ。本当に嫌いな人の名前は使えませんからね。

ぼくのホンは老人と子供は殺さないの

――初期ハード路線を代表する第6話「主水は葵の紋を斬れるか？」は、将軍の弟である松平聖二郎が標的です。

石森　うちの長男がね、『水戸黄門』をテレビで見て「なんであんなじいさんを寄ってたかって斬ろうとするのか」って言ったの。最後に印籠を出すじゃない。でも小学5年生だから、あれがわからない。「あのまま斬っちゃえばいいじゃないか」と言ったんで「なるほど。その話もらった！」。だから斬っちゃった。ぼくのホンは老人と子供は殺さないの。それで将軍の弟にしたんです。

――松平聖二郎役は目黒祐樹さん。

石森　目黒さんが松竹と契約してたとき、ぼくの書いた『栄光の黒豹』（69年）という映画に出演したんですよ。それで共演した鈴木千代……芸名は江夏夕子か、彼女とすぐにデキちゃった（笑）。さすがハワイの学校に行ってただけあって、早い早い。それで10年経って、ちゃんと結婚したの。いまだに2人で会いにきてくれるし、これはうれしいね。目黒さん、それまでに出たテレビドラマで、あの役がいちばん好きだって言ってましたよ。

――「主水は葵の紋を斬れるか?」では、中村鴈治郎さん演じる元締の鹿蔵が早々に退場してしまいます。

石森　鴈治郎さんって国宝俳優じゃないですか。撮影中に殺したらさ、国宝を殺すことになる。これは大変ですよ。もうプロデューサーが青くなって「石森ちゃん、頼むよ。早くなんとかしてくれ」。だからああいう退場の仕方になった。ぼくは老人は殺さないからね。東映さんなんかだと、みんな斬っちゃうけど、そういう乱暴なことはいたしません。ちゃんと気遣って、すーっときれいに消える。そうすると、死ぬまで感謝されるわけ。

――それまで必殺シリーズは見ていましたか?

石森　いえ、ほかの人の回は見ません。下手だから、なんの参考にもならない。プロデューサーとの打ち合わせもない。要するに、ぼくに任すんですよ。ただ、とくに主水さんが、うるさいくらい脚本に注文を出す。なぜかっていうと秀や勇次が立つと、やきもちを焼くんですね。それで藤田まことに呼ばれてケチつけられるから、彼の意見を聞いて、ちゃんと主水さんを立てるようにする。

――藤田まことさんから直接呼び出されたのでしょうか?

石森　直接。そのときも湯豆腐を食べながら。「石森はおいしいものを食わせておけばご機嫌だから」って（笑）。いちばんホンに文句つけるのは藤田さん、だから1ページ目を見たときに、彼がよろこぶような「このホンでやりたい」という書き方をするんですよ。そうすると、アタマだけ読んで満足しちゃって、あとの展開なんか気にしない。撮影所に若い女の子が来るじゃないですか、三田村（邦彦）や中条（きよし）目当てにキャーキャーと。主水さんからしたらおもしろくないよね。とくに勇次についてはケチがついたなぁ。

――必殺シリーズでは撮影現場でのシナリオ改訂も日常茶飯事ですが、そのことへの不満や抵抗はありましたか?

石森　ぼくは天才だから、現場で変えられたことは一度もありません。

――しかし「主水は葵の紋を斬れるか?」にも、じつはシナリオと本編で大きく異なるシーンがありまして、もともとは松平聖二郎が尼になった母親を斬り捨てる非情の展開でしたが、完成版だと屋敷の門前までやってきた母親を家臣たちが追い払う改訂が施されています。

石森　あそこは気を遣ったんだ。どうやって目黒さんにかっこよく死んでもらうか。ぼくはマザコンだからさ、そういう部分を生かしたの。あのときは珍しく現場に行って、自分でホンを直したんじゃないかな。これも原田雄一が上手に撮ってくれました。

「朝6時までに1本書いてくれ」

――プロデューサーの思い出はありますか?

石森　ぼくの場合は、松竹の櫻井(洋三)さんですね。「石森ちゃん、頼むわ」って、それだけ(笑)。プロットなんて出さずに即書きます。ある日、こんなこともありました。ちょうど夕食を終えたころに京都の旅館にいる櫻井さんから自宅に電話がかかってきて「すぐ来てくれ」、新幹線に乗ってアイデアを練りながら深夜12時に京都着。15分ほど打ち合わせをして、すぐ執筆。打ち合わせというのは、状況というか「主水さんが出ないとゴネてる」みたいな愚痴を聞いて「朝6時までに1本書いてくれ」と言われるだけ。そこからスタートして、〆切1時間前の5時には書き上げる。6時に印刷、出来上がり次第クランクインというスケジュールです。

とくに『必殺』といえば松野宏軌さん、すごい監督ですよ。ベテラン中のベテランで、要点を知っているからポイントを外さない。ぼくが旅館に到着するのを待って「こういうところで撮影します」と、ロケ地だけ聞いて、そこから逆算して書いたこともありますよ。

——殺しのシーンは細かく指定するのでしょうか？

石森　それは書かないです。現場に殺陣師がいるじゃない。だから脚本では「主水、斬る」。そういう書き方で、あんな楽な仕事はないよ（笑）。もう要素だけ書いておく。『仕事人』も途中からホームドラマ調に変わっていきましたが、シナリオというのは〝算数〟ですから、そういう方程式に当てはめると簡単に書けました。

——たしかに中村家や奉行所など、お決まりのシーンがいくつもあります。

石森　ぼくの場合、3つに割ったんですよ。「悪い人がいました」「弱い人がいじめられました」「さて、仕事人はどう悪い人をやっつけるか」という3つ。それしかないんだから、パターンで書きやすい。要領を把握してしまえば楽勝です。いつも「ぼくのホンを撮る監督さんは事前に教えて」ってプロデューサーに伝えてて、田中徳三さんなんてさ、大映の巨匠じゃないですか。そういう監督と組ませてもらえると、これは燃えますよ。

——田中徳三監督の第19話「仕事人が女に惚れて何故悪い？」は秀のメイン回です。石森さんは青春映画の名手であり、若い男女の恋はお手のものというところでしょうか？

石森　それこそ5時間で書けますよ。主水さんをアタマのところで立てておけば、苦労はない。その状況に合わせないと、必ずトラブルが起きます。ぼくはモテるから、自分を悪役にしたような回もありますよ。だってモテるんだもん。離婚するたびに自宅を相手に渡して、いまの奥さんが3人目。今度は彼女の家に転がり込んだから、この家だけはなくならない（笑）。うん、書いてもいいですよ。やっぱり男は堂々としていないとね！

——奥さんといえば、能登ロケの第64話「崩し技真偽友禅染め落し」は藤田まこと夫人の実家がらみのタイアップ回です。

石森　藤田さんがすごいのは、暮れになると奥さんの実家にスタッフ・キャストを全員呼んでごちそうしてくれるの。もちろん、ちゃんとしたサービス付きで（笑）。でも、ぼくはダメなんですよ。奥さんがおっかないから。

山内さんは石井ふく子をライバル視してた

――全84話となった『必殺仕事人』は、当初のハードな作劇からパターン化されたソフト路線へと転換します。

石森　「過激な殺人よりも人情噺にしたほうがよい」というチーフプロデューサーの山内（久司）さんの判断です。あの人はTBSの石井ふく子さんをライバル視してて、だから『時間ですよ』みたいなホームドラマを『必殺』に取り入れた。主水さんの家のシーンだってそうですよ。典型的な関西人で、東京に対するコンプレックスがありました。山内さんもときどき撮影所に来るんですよ。で、なにをしに来るかっていったら、京都で別の用事がある（笑）。だから「石森ちゃん、頼むわ」って、こうくるわけ。いまだから話せますけどね。

――同じく朝日放送の仲川利久プロデューサーの思い出はありますか？

石森　あの人は日芸（日本大学芸術学部）の後輩です。これも時効だからいいけど、ある作品である出演者を「石森ちゃん、頼むわ」（笑）。なにを頼まれてるんだかよくわかりませんが、そういう楽しみがないとプロデューサーはやってられないんじゃないの。櫻井さんもそうだしね。ぼくが京都の旅館で仕事をしてて、来るのはいいけど公私混同だから。こっちはシナリオ書いてるのに。

――岡崎の「かんのんホテル」ですか？

石森　そう、あそこはシナリオライターが書かないでさ、みんな遊んでるんだよ。それで1ヶ月に1本でしょう。旅館に泊まりっぱなしで酒を飲んで麻雀やってるライターがいっぱいいるんだから信じられない。そういう人から見たら、ぼくは麻雀やらないし、仕事は早いし、妬まれるんだ。書き終えて帰ろうと旅館を出たところで、あるライターが追いかけてきて「ほかの人たちと歩調を合わせてくれないと困る」と言われたこともありますよ。ぼくはフジテレビのライオン奥様劇場など、他局の番組をいくつも抱えていたので、終わったらすぐ東京に帰る……酒は一滴も飲めないし、同業者と飲み食いするということが大嫌いなので「それはできない」と、きっぱり断りましたけどね。時間の無駄ですから。

――なるほど。

石森　若山富三郎さんとは下戸同士、よく一緒におはぎを食べました。いつも女性をはべらせてて、ものすごく個性的な顔立ちなんですが「かわいい、かわいい」と言ってましたね。ぼくの唯一の趣味は、下手くそなピアノで木下恵介監督の『お嬢さん乾杯！』（49年）の主題歌を弾くこと。あれが生涯で最高の映画なんです。

民謡が大好きだから、『仕舞人』という作品は楽しく書けました

――『仕事人』の話に戻しますと、高坂光幸監督の第14話「情は人のためにならないか？」は脚本のクレジットが石森・高坂の連名になっています。これはどういう経緯でしょうか？

石森　彼がやりたくてずっと書いていて、でも作品にならなかった脚本があったんですよ。これを読ませてもらったらおもしろい。だから「なんとかしようよ」って櫻井さんに言って、それでぼくが手を入れたんじゃないかな。いいホンを眠らせておくのはもったいないじゃない。それこそ才能を眠らせておくことだから。

――てっきり脚本家のシナリオを監督が直したものかと……。

石森　もともと助監督の高坂さんの書いたホンがあって、こんなおもしろいホンを採用しないのはおかしいよ、もったいないよということだったと思います。その代わり全部ぼくが書き直しますよ。だからいい作品になっているでしょう？

――はい、とても見ごたえある浪人残酷物語でした。もうひとつ共同脚本ネタですが、『必殺仕舞人』第12話「おちゃや

れ節騙した男へ波しぶき　紀伊」（81年）の撮影台本は放送作家の丹波元さんと石森さんの連名になってまして、しかし本編のクレジットは石森さん単独です。

石森　井上梅次さんから「使いものにならないから直してくれ」と言われたんです。しかし書き直したにしても、最初のライターをちゃんと立ててくれないと……ぼくはそういう主義だからさ。どうして彼がクレジットから外れたのかはわからない。ぼくは民謡が大好きだから、この『仕舞人』という作品は楽しく書けました。仲川さんもかなり入れ込んでたし。

——井上梅次監督の思い出はありますか？

石森　この人はお金が大好きな監督ですね。だからよく映画のシナリオに自分の名前が出ます。なにもしなくても出す。だから「どこを直した？」って思うんだけど、聞くと〝てにをは〟を直しただけ（笑）。すべてお金だから、ああいう人も珍しいよね。

——『新必殺仕事人』第36話「主水凧市で交通整理する」（82年）には、山本邦彦監督が登板。石森さんとはライオン奥様劇場で仕事をしています。

石森　日芸の後輩で、ぼくが櫻井さんに紹介したんです。「撮らせてもらえないかな」って頼まれたんだけど、あれだけの売れっ子監督が1本だけで終わったのは『必殺』の現場と合わなかったのかもしれない。山本さんは大人しくて、うるさいことも言わない監督です。リハーサルをするじゃないですか。ああいうとき、自分から近づいて注文をつける監督がいるんですけど、山本さんはそれをやらない。黙って椅子に座っている。で、チーフ助監督を呼んで、そーっと行かせるの。監督が来ると若い俳優さんなんか固くなるじゃない。そういう気遣いをする監督は信用できますよね。

——脚本家の中原朗さんが『必殺仕事人III』から参加しますが、こちらも師匠である石森さんの紹介でしょうか？

石森　そうです。『必殺』もたくさん書くと、マンネリになってくるのが自分でわかるんです。それが作品に出たら負けですから、それで中原くんを紹介して「さぁ、おやりなさい」と交代した。大学のとき、彼は映画の評論をやってたの。で、「どれだけ苦労してシナリオライターが作品を完成させるのか、それを経験してからだったらなにをどう批判してもいい。でも書きもしないで、そういうことを言うのはおこがましいよ」と言ったら、彼はホンを書いてきた。しかも、その1本目がおもしろいんだ。そうしたら脚本家のクレジットを本名じゃなくて「中原朗」でやりたいって言うからさ、あれはぼくがピンク映画を書いてたときの変名ですよ。

――さらに映画『約束』（72年）で萩原健一さんが演じた主人公の名前も「中原朗」です。つまり中原朗とは石森さんの変名であり、さらにお弟子さんのペンネームであり、2人の中原朗が実在するわけですね。

石森　本物はこっちです（笑）。でも、彼も変わり者だけど、しっかり脚本家になったんだから本物だよ。あの「中原朗」というネーミングは、ぼくの大好きな中原中也と俳優の大谷朗の組み合わせなんです。

――石森さんが中原朗名義でピンク映画の脚本を執筆していたのは、60年代の葵映画の作品ですね。代表の西原儀一監督には『やくざ監督東京進出』という強烈なタイトルの著書がありまして、本人はやくざではないと否定していますが……。

石森　本物のやくざですよ。関西系の暴力団で、新橋に東京の事務所があって、そこのボスが身長1メートル50センチしかない。で、彼女がこんなに大きくて、あそこまで届くのかって（笑）。西原さんとは気が合いました。ぼくは当時、日活の専属で「なんでピンクなんか書くんだ」と批判されたこともあるけど、そんなところに垣根を作っちゃダメだって言ったことがある。それで西原さんすっかりよろこんじゃって、その信用の仕方がハンパじゃない。さすがはやくざですよ（笑）。松竹の映画の試写を本社でやったときには、ちゃんと頭にポマードをつけて見にきてくれました。子分をいっぱい連れてね。

対決ものにするとレギュラーもゲストも立つんですよ

――『仕事人』の「激闘技地獄道暴れ斬り」、『新仕事人』の「主水アルバイトする」、『仕事人Ⅲ』の「囮になったのはおりく」など仕事人同士の抗争回が多いのも石森シナリオ回の特徴です。

石森　おりくさんのは橋を崩す話ね、あれもおもしろかったでしょう。どうやってワルを始末するかというのが絶対条件としてあるから、かっこよく始末させてやりたいじゃないですか。だから、そういう対決ものにするとレギュラーもゲストも立つんですよ。そういう気遣いは大切です。だから映画にテレビとこれだけの数を書かせてもらえたのではないでしょうかね。なんせテレビは１０００本以上やってるはずですよ。

――映画出身の脚本家として1時間ドラマと2時間ドラマ、どちらが書きやすかったですか？

石森　やっぱり2時間のほうが映画に近いから書きやすい。構成からして違うのね。どうしても1時間だとワンエピソードで一気にいく……これは書いてて頼りないんですよ。おもしろくは書きます。でも軽い、1時間は軽いのよ。２時間のほうが腰を落ち着けて、たっぷりと書けましたね。

――あらためて必殺シリーズの思い出はありますか？

石森　『必殺』というのは、その時代ごとに起きた出来事を生かすことができたんです。だから『必殺』じゃなければ書けない現代の素材を江戸時代にまぶして脚色して、見ている人に「あれ、この話ってあの事件だよな？」って思ってもらえれば、ぼくの狙いはいいかたちで昇華するんですね。そういう作品が、何本かあると思います。まず思い入れがあるのは、丹波さんと目黒さんのシナリオですよ。最初にコケたら続かないなと思ったので、そりゃあ力を入れました。原田雄一という才人のおかげもあったし、そうしたら注文が殺到して、まぁ妬まれた、妬まれた。ぼくは天才だからね！

石森史郎

［いしもり・ふみお］

1931年北海道生まれ。日本大学芸術学部卒業後、59年にテレビドラマ『ママちょっと来て』で脚本家デビュー。日活で『私は泣かない』『あゝひめゆりの塔』、松竹で『約束』『旅の重さ』などを手がけ、『泥だらけの純情』『銀河鉄道999』『青春デンデケデケデケ』ほか各社で映画を執筆。テレビも『水色の時』『仮面ライダー』『必殺仕事人』ほか多数。85年には映画『虹をかける天使達』を監督。長年シナリオの私塾を主催し、多くの後進を育てている。

脚本

筒井ともみ

いまでもそうなの。抽象的なことから入らないと書けないんです

80年代なかば、松田優作主演の映画『それから』などで新進シナリオライターとして脚光を浴び、やがて作家としても活動を始める筒井ともみは、ブレイク前夜に『必殺仕事人』を執筆。およそ2年で必殺シリーズから離れた筒井が自由に語る京都滞在の日々、そして心の師匠・野上龍雄から学んだこととは——。

『仕事人』に参加したきっかけは覚えてないの。なんでだったんだろう?

筒井　野上龍雄さんには本当にかわいがってもらいました。わたしの心の師匠です。「と、と、と、ともみ」って、野上さんは吃音だから会話に時間がかかるんだけど、京都で知り合ってライターとしての土台のようなものを作ってもらいました。お互い江戸っ子で心のリズムが合うし、嫌いなものが共通してたんです。でも、他の方もずいぶん亡くなってるでしょう、脚本家の人たちも。

——そうですね。野上さん、安倍徹郎さん、国弘威雄さん、村尾昭さんなど初期の脚本家の方々は故人が多いです。

筒井　もう少し下の世代の石川孝人さんや播磨幸治さんもいなくなってしまった。やくざな男たちがね(笑)。わたしは「かんのんホテル」なんて、そばに行ったこともないですけど、もうみんなが酒池肉林だって言ってい

て「あそこには近づくな」って最初から忠告されてましたから。京都の宿は3ヶ所くらいかな。だいたい祇園の旅館で、八坂神社と四条通のぶつかるあたり、おばあちゃんと30いくつの娘さんがやってる旅館でした。そこはお風呂がすごくよくて、湯船に浸かってると原田美枝子さんが入ってくるの。それこそ勝（新太郎）さんにかわいがられていたころで、本当にきれいだった。

——原田美枝子さんは当時、勝プロの『新・座頭市』（76〜79年）などに出演していますね。

筒井　その旅館は、わかめ鍋が名物だったの。1人でも作ってくれるし、野上さんが訪ねてきたりすると3〜4人で食べたりして……おいしいんですよ。常夜鍋みたいに少しは肉を入れたかもしれないけど、基本はわかめだけでしたね。野上さんも食いしん坊だから、ずいぶんいろいろなところに連れていってくれました。最初は祇園花見小路あたりの古いスナックで、「ば、ば、晩めし食ったか?」って声かけてくれて。

そうだ、ホテルリッチにも泊まった。リッカーミシンの経営していたホテルで、いわゆるビジネスホテルね。あとは田舎亭という旅館があって、すごくクセのあるマダムが東映の中島貞夫さんと親しかったの。祇園祭のときは北のほうの高級なホテルに泊まらされたことがあるのね。で、向かいの部屋がすっごくうるさくて、それは石川さんが恋人を連れ込んでたから（笑）。

——1980年の『必殺仕事人』から必殺シリーズに参加していますが、脚本家としてはキャリア初期の仕事ですね。

筒井　まだ30歳ちょっとで、ぜんぜん駆け出しというか、やる気がなかった（笑）。わたしはシナリオライターになりたいなんて思ったことは、いまだに一度もないんですから。伯父も伯母も俳優で、伯父は信欣三、伯母の赤木蘭子は東宝争議で戦車に乗った唯一の女優さん。やがて精神を病んでいくけれど、天才的資質の女優でした。そういう家に生まれたんです。

わたしの名付け親で父親代わりは宮島義勇さんという、もう最高のカメラマンですよ。宮川一夫さんと並んで

〝西の宮川、東の宮島〟と称された、その宮島さんが共産党の名うてのオルガナイザーでもあったから、わたしに「共美」って名前をつけてくれちゃったの（笑）。そういう家だから、劇団民藝の宇野重吉さんとか北林谷栄さんとか、いろんな人がゴロゴロ来るわけ。みんなで酔っ払って「ランターナショナル〜」なんて歌っちゃってさ。全部がフランス語じゃなくて、そこだけ。あとは「起て、飢えたる者よ〜」って。

――左翼の映画・演劇人が出入りする家に生まれ、結婚逃れでシナリオ研究所に通って脚本家デビューを果たしますが、『仕事人』に参加したきっかけは？

筒井　本当に覚えてないの。なんでだったんだろう？　まだ野上さんを知っていたわけでもないし。

――おそらくプロデューサーのどなたかだと思いますが。

筒井　うーん、だって櫻井（洋三）さんとも京都で初めて会ったわけだし……なんとネチョネチョした関西人だろうって思いましたけど。とっても江戸にはいないタイプの方でしたね（笑）。

――最初の執筆作である第52話「潜り技隠し黄金止め」は、三田村邦彦さん演じる秀のメイン回です。海の底の沈没船に金塊があり、それを秀と若き男女の3人で探すという展開は洋画の『冒険者たち』（67年）を思わせます。

筒井　へえ〜。中身は覚えていないけど、あの時代の若者の孤独を書こうと思ったんでしょうね。わたしの場合、話が難しくなってしまうの。すごく下手くそなシナリオなのに、抽象的なことばかり考えていた。たぶん「秀を主人公に」という注文があって、じゃああの時代の若者の孤独ってなんだろうって……そういうふうにしか発想できないんですよ。いや、とくに『冒険者たち』が好きなわけでもないけど、ジョアンナ・シムカスはすてきでしたね。シドニー・ポワチエと結婚して、引退しちゃったけど。

だから野上さんには「そんなふうにして書いたらダメだ。お前は〝眼高手低〟だからダメなんだ。シナリオというのは文学作品じゃないんだから」って言われたの。でも、わたしは「一生、眼高手低でやる！」って反論しちゃった。手高眼低にならないとダメって言うから、なら結構ですって（笑）。そのとき教えられたのは、長屋に孫とおじいちゃんが引っ越してくる。しあわせに暮らしていると、三軒隣の住人がおじいちゃんを見て「あっ、あいつは昔スリだった」と正体がバレてしまう……そうやって話を転がしていくんだと。でも、わたしはそういう職人的な書き方ができない。単なる善人とか悪代官を書けなくて「人それぞれにみんな事情がある」って思っちゃうから、図式的な発想ができないのね。そんな考えは面倒くさいからやめろって野上さんに言われたけど、いまでもそうなの。抽象的なことから入らないと書けないんです。

――勧善懲悪のストーリーを作ることに興味がなかった？

筒井　そうですね。1話だけ覚えてるのは、江差追分の話（『必殺仕舞人』第4話「江差追分母娘の別れ　北海道・江差」）。これは依頼人が自分を殺させるストーリーでした。自分のやっている悪事がイヤになって、自分を殺させる……そんな悪いお母さんがいて、じつは娘のことを想っているんだけど、自分を殺させるように仕向ける話。そういうのは、まだ書けるんだけど。そのあと東映の『銭形平次』から声がかかったんだけど、書けなかった。どうしても銭が投げられない（笑）。だって失礼じゃない、そんなことをするのって。

わたしの座右の銘は「まぁ、いいか」（笑）

――シリーズ初のスペシャル版となった工藤栄一監督の『特別編必殺仕事人　恐怖の大仕事』（81年）では野上龍雄さん、大津一瑯さんと共同で脚本を担当しています。

筒井　野上さんの推薦で手伝ったんでしょうね。誰か一緒にいたほうが楽しかったんじゃない？　とにかく野上さんは吃音なのにしゃべるのが好きなの。ホンについて語ろうとか、あとは仲間の話ね。わたしは仲間内でツルんじゃ喧嘩してるようなゴールデン街にも行かなかったけど、脚本家ってそういうの好きな人が多いから。マゾなのかな。ホンは書くもので、語るものじゃないって思うけど。あの作品の思い出といえば……試写のとき工藤さんが前に座って帽子を脱いだら、ウッドペッカーみたいなホワホワ毛の後頭部だけ覚えてる（笑）。あとは工藤さんがコーヒーを淹れてくれたことしか記憶にないのね。スタッフ用のやつだけど、右手の指に煙草を挟んで、左手で紙コップのコーヒーを淹れる、その仕草はよく覚えている。工藤さんの作品が好きだったから、緊張しすぎたのかシナリオのことは記憶にないの。わたし、そういう物怖じするタイプじゃないんだけど。

——実現しませんでしたが、のちに工藤監督からシナリオのオファーがあったことを著書『もういちど、あなたと食べたい』に収録されたエッセイで明かしています。工藤作品の印象を「曖昧な鮮烈」と例えていたのが印象的でした。

筒井　そう、工藤さんといえば強い光と影が持ち味だけど、わたしにとっては「曖昧な鮮烈」なの。深作（欣二）さんも大好きだけど、合わないのは最初からわかってた。そんな深作さんとの『華の乱』（88年）が決まったあと、工藤さんから突然お電話をいただいて「静かで美しい作品をやってみたい」って。でも、深作さんの映画と重なっていたから、どうしても掛け持ちはできなかった。

工藤さん自身の見た目も曖昧というか……歯が抜けてて、軟体動物みたいなハゲチャビンなんだけど、かっこいいのよ。女性にもモテた。工藤さんの『傷だらけの天使』（74～75年）や久世光彦さんの『ムー』（77年）っておもしろかったし、そういう人と仕事ができたらいいなと思っていたら、久世さんとはできたし、（松田）優作ともできた。でも、工藤さんとはそれっきりでした。

——野上龍雄さんとの出会いは、『もういちど、あなたと食べたい』や『映画芸術』の追悼文に書き残されていますね。

筒井　そう、京都のビジネスホテルのフロントで名前を書いていたとき、野上さんがすっと通り過ぎたの。トトトトトって短い早足で、野上さんと一緒に体躯のいい女の人がいて、それがわたしと同い年の……Hちゃん。その人がいるから、野上さんは京都の仕事が多かったのね。もちろんみんな知ってて、本当に愛していた。奥さんもHちゃんのことはご存じで、公認かどうかは知らないけど、長いこと続いていた。手に職まで持たせたりして。やっぱり京都って映画の街なのね。だからもう誰がどこで昨日飲んでたってすぐ、あっという間にわかるの。工藤さんは女の人とホテルに来たとき、歯ブラシをぐるぐるっと手ぬぐいに巻いて、それだけ尻ポケットに入れて、持ち物なんかない……そんな話を野上さんから聞いたわ。「あ、あいつはモテるんだ」って。

――心の師匠である野上さんから教わったことは？

筒井　まずトップシーン……あとで捨ててもいいから「とりあえず主人公にしようと思う人物でトップシーンを書いてみろ」ということ。男でも女でも子供でも、とにかくそのキャラクターがケーキを食べようが、喧嘩をしようが、トイレでもいい。「あなたがこんなところを見てみたい」というシーンを書け、まずそこから始めろって。その教えは、とてもよかった。なんで野上さんがそう言ったかというと、わたしが『非情のライセンス』（73〜80年）で女のトラック野郎の話を書いたのね（第3シリーズ／第16話「兇悪の砂・事故死を運ぶ女」）。赤座美代子さんがゲストだったんだけど、それを見た野上さんにトップシーンが大事だと言われて、すごく納得したの。自分がシナリオを教える立場になったときも、その教えは生徒たちに伝えましたね。

――なるほど。

筒井　野上さんは人に教えるタイプじゃないのに、「野上龍雄が師匠」という脚本家が幾人かいたけど、それをすごく嫌がるのね。でも、わたしだけは別で、まぁ女だってこともあるし、「と、と、ともみだけはいいぞ」って。それで「先生って呼ぶんですか？　イヤですよ、先生なんて」と言ったら、もっと気持ち悪いの。「タッちゃんでも、おタツでもいいぞ」って。イヤですよ（笑）。

――結局なんて呼んだのですか？

筒井　もちろん「野上さん」です。奥さんがパキーッとした本当にいい人でね。池袋のご自宅に電話すると奥さんが出て、すごく澄んだ声で「あら、ひさしぶり」。それでしばらく話したあと「ちょっと待っててね。ターツーオーさーん！」って。その声がすごくきれいだった。『必殺』が終わったあとも野上さんは1年に1回くらい必ず食事に誘ってくれたのね。その日の野上さんは奥さんが手縫いで用意したシャツでパリッとしてて、だけどお酒を飲むとすぐに鼻水がズルズルダラダラで、もうすごいのよ（笑）。

――野上さんの好物は？

筒井　奥さんが作る炒め物が好きだったみたい。こんな大きな中華鍋で、そのころブラックタイガーなんて珍しかったんだけど、オセアニアのほうで穫れるエビがあるのよ。ちまちました料理よりも、そういうザザッとした料理が好きでしたね。そのエビの塩炒めは本当においしくて、うちにも箱いっぱい送ってくれたの。

――追悼文やエッセイで野上さんのことを「清冽な人」と振り返っています。

筒井　わたしだけではなく、たぶん何人もの人が同じことを感じたと思う。野上さんには、そういう清冽なところがあるんですよ。「他人から奢られるな。相手がプロデューサーでも、そんな借りは作るな。金がないときは飲むな」って、それも実践しています。野上さんが自分の書いたセリフでいちばん好きなのは「体に墨ば入れても、心に墨ば入れません」と仰ってましたね。細かいところはうろ覚えですが、あの緋牡丹のお竜さんのセリフ。

――『緋牡丹博徒　一宿一飯』（68年）ですね。筒井さんご自身の脚本で、いちばん好きなセリフは？

筒井　そんなのないわよ。わたしの座右の銘は「まぁ、いいか」（笑）。

覚えてるのは「なにしたっていいよ」って言われたこと

――『必殺仕事人』は藤田まことさんの中村主水などレギュラーのキャラクターが決まっています。シリーズものに途中から参加する場合、最初にプロデューサーとの打ち合わせはあるのでしょうか？

筒井　一度くらいはあったと思うけど、覚えてるのは「なにしたっていいよ」って言われたこと。外国人と英語さえ出さなければ、なにしてもいいよって言われたのは覚えてますね。いま考えたら外国人だって英語だってOKよね。たぶん櫻井さんだったと思う、そんないい加減なことを言うのは（笑）。時代劇といっても『必殺』はそういう世界だから、そこまで苦労はなかったかな。刑事ものよりは、まだよかった。向田邦子さんも同じようなことを言ってるんだけど、刑事ものってわからなくなっちゃうの。電話がかかってきたり、いろんな連絡事項があるでしょう。聞き込みをして「そういえばあのときは……」なんて回想するわけじゃない。あれがバカバカしくって、だから刑事ものって苦手なの。

――『仕事人』では幽霊宿を舞台に霊感商法を扱った「誘い技死霊からくり岩石落とし」やサラ金ネタの「捜し技高利蟻地獄斬り」など現代的なモチーフのエピソードも執筆しています。

筒井　まぁ、プロデューサーに相談はしたと思うけど、アイデアは自分だったと。いまならチッとは蓄えた技術で書けるけど、当時は本当に技術がなかったから。困っちゃった。本当に下手で下手で……。監督との打ち合わせもあんまりなかったかな。だって覚えてないもの。プロデューサーは櫻井さんと、あとは仲川（利久）さんも覚えてる。ちょっと変わっている人よね。

――野上さん以外で必殺シリーズの脚本家との交流は？

筒井　まだ30歳ちょっとだったから、よく飲みに誘われました。で、野上さんは安全なんですよ。ほかの人と付き合うと朝までだもん。とても体がもたない。京都で遊んだのは、さっき名前を出した石川さんと播磨さんかな。2人とも本当に遊び人だし、そういう人たちと飲んだら朝までよ。

1回だけ京都のスタッフに麻雀に誘われましたね。生まれてこのかた3回くらいはやったことがあるから、最低限のルールは知ってる。それで人数が揃うから……で、握らされるわけよ、1回10万とか。ところが、わたしがすごく勝っちゃったの（笑）。素人相手だと勘が狂うらしいのね。それで50万くらいもらって、そばにいた助監督の人たちに「これで遊んでください」って渡しました。相手は監督が2人くらいいた気がするなぁ。

──50万も勝つって、すごいですね。

筒井　みなさんカモろうと思ってたのに、逆にカモられちゃった。京都にいるとき、なぜか中村敦夫さんを紹介されて10分くらい話したことがあるんですけど、その麻雀の話をしたら、彼は別の賭け事に凝ってたのよ。そのことを延々と話して……競輪だったかなぁ。そうそう、いかに競輪というものがすばらしいかを、ずーっとしゃべってた。だんだん困っちゃってさ、見たことないからわからないんだもん。あの低い声で熱く語ってましたね。

〝才能フェチ〟なんです

筒井　京都の現場がすごいなと思ったのは、結髪のおばさんの会話が聞こえちゃったことがあって、わたしが書いた回じゃないんですけど「今度のホンはつまんないねぇ」って（笑）。それ、すてきだなって思ったの。ちゃんと結髪さんがホンを読んで、そうやって意見を言うなんて。わたしが参加する前は錚々たるライターが書いてましたし、だからそういう現場の底力があって、石原（興）さんが映像をリードしていたわけでしょう。映画と同じ作りですよね、『必殺』のチームは。やっぱりわたしも映画が好きだからさ。最近の現場なんて全部デジタルだし、その場でモニターをチェックするじゃない、みんなで撮ったばっかりの映像を。で、タレント俳優が「もう1回お願いしまーす」なんて言ってさ（笑）。バカじゃないかと。やっぱりなにが出来上がるか、焼くまでわからない……フィルムって玉手箱ですよ。そこに神が宿る場合もあるし、そういうことが今はないからつまらない。

——なるほど。

筒井　わたしはたぶん〝才能フェチ〟なんです。森田芳光が好きだったし、優作や久世光彦が好きだし。けどみんな死んじゃった。相米（慎二）さんもやろうって言ってくれた。でも、そのネタはわたしが書けなかったの。男と女が大きなバイクに乗ってウイグル自治区のあたりをずっと横断するドキュメント的な原作があったんだけど、わたしは自転車にも乗れないから、それは向かないなって（笑）。

——なんと幻の工藤栄一に続いて、幻の相米慎二まで……。

筒井　撮影直前に入院して死んじゃったパキさん（藤田敏八）もそうだもん。監督が変わるとホンがそのままでも、ぜんぜん違っちゃうからね。市川崑さんとも仕事し損なった。わたしは『好色五人女』をやりたかったんですよ。少女たちを主人公にして元締も女で、不良だったり貧しい育ちだったりする少女五人が一種のテロを起こして男を滅ぼそうとするんだけど、相手に惚れちゃったりして……そんなアイデアをチラッと話したら崑さんもすごくノッてくれたんだけど、そのときのプロデューサーが水野晴郎さんよ。崑さんの南平台のお家に行ったら、水野さんが「三田佳子を押さえてます」って。五人女のひとりとして。わたしは少女たちの「ラブテロ」を考えていたのに。

——水野晴郎さんはその後、『シベリア超特急』（96年）を自身のデビュー作として監督しています。それから『好色五人女』を山口百恵さん主演で映画化という企画を発表していますが、それってまさか……。

筒井　わたしの企画を覚えてたのかなぁ……。百恵ちゃんが元締役だったら合うけど、あのときはシナリオ化までいかなかった。水野さんの「三田佳子は完全に押さえてます」で愕然として（笑）。でも、それが『シベ超』になるんでしょう。

——『シベリア超特急3』(03年)で、三田佳子さんの主演作まで実現してしまいました。

筒井　もう水野さんの執念ね……。

——話を戻しますと、『仕事人』以降の必殺シリーズは筒井さん以外にも南谷ヒロミさん、林企太子さん、高山由紀子さん、篠崎好さん、林千代さんなど女性脚本家の活躍が目立ちます。

筒井　よく知らないけど、そういう時代だったんだと思います。わりと2時間ドラマをよく書いていた人たちですよね。篠崎さんは上手だった。あとは橋本忍さんの娘さん……橋本綾さんも2時間ドラマが多かった。

——当時のご自身の志向……曖昧で茫洋としたシナリオと善悪のくっきりした必殺シリーズとでは、やはりギャップがありましたか?

筒井　だって京都に行くの、イヤになっちゃったもの(笑)。櫻井さんに嫌味を言われたのを覚えてるな。すごく平たく言うと「よその時代劇をやったら『必殺』は書かせない。だから書いたらあかんで」みたいなことよ。なんかネチョネチョしてるの。別にどうってことなく聞き流したけど、わたしは江戸っ子だから櫻井さんとは合わなかった。

——先ほどお話に出た『仕舞人』の江差の回ですが、じつは完成版では母親が自分で自分を殺そうする展開になっておらず、依頼人も母親ではなく恋人を殺された娘のほうで、最後に母娘が和解して一緒に旅に出ます。たしかに母親も悪党側で、殺されるようなワルかと思わせて……という展開ですが、現場改訂でシナリオが直されたのかもしれません。

筒井　(リストを見ながら)原田雄一さんっていたね。あの人が監督かぁ。まぁ現場にホンを変えられても、そもそも自分に合わないネタだし、こういうのばっかり書くのもキツいだろうなと思って、それで抜けちゃったんだと思う。オンエアを見て「あぁ、やっぱりわたしが書くものは合わないんだ」と思ったのかもしれない。

わたしは『必殺』のライターでも隅の隅だから

——最後の執筆作は『新必殺仕事人』第55話「主水仕事仕舞いする」（82年）、これまた野上さんとの共同脚本にして最終回です。もともとは秀が死んでしまうストーリーだったそうですが……。

筒井　ごめんね、まったく覚えてない。そのあと櫻井さんからのオファーもなかったと思います。当時はアニメーションもやってて、ギャラはいらないから書かせてってくらい楽しかったのが『パタリロ！』（82～83年）。魔夜峰央さんが大好きで、自分から書かせてくれって言って参加したの。それから最後のほうを書かせてもらった『ヤッターマン』（77～79年）。ドラマだと『家族ゲーム』（83年）も楽しかった。こっちの話ならいくらでも思い出すんですけどね。

——すみません。また話を戻しますと、「主水仕事仕舞いする」で監督デビューした水野純一郎さんは、のちに松竹京都映画の重役となり、筒井さん脚本の『嗤う伊右衛門』（04年）では現場サイドのプロデューサーを担当しています。

筒井　わたし、この方だけ知らない監督だな～って思ってたの。そうだったのね。蜷川幸雄さんの『嗤う伊右衛門』は角川映画だけど、最初は別の会社の企画だったの。わたしのヘンな勘から京極夏彦さんの小説を見つけて……当時は西麻布に住んでて六本木のＡＢＣ（青山ブックセンター）で本を買ってたんだけど、そこの棚で『伊右衛門』だけが光っていたのね。ほんとに光ってて。読んだらおもしろくて、映画にしたくなっちゃった。

でも、最初の会社のときは、伊右衛門役を誰がやるかというのですごく揉めた……わたしの条件は床柱でこうやってもたれかかって黒い着物を着て、そのままスッと立てる男性。それはよほど体幹がしっかりしていないとダメなんだけど、狂言の野村萬斎さんが朝ドラに出るちょっと前で「絶対この人がいい！」って言ったんだけど、でもみんな「知らないからダメ」って。センスないよなぁ。憎たらしい（笑）。それで、なんとなく立ち消えになっちゃった。

——そんな経緯があったんですよね。

筒井　まだあるの。もう一度『伊右衛門』が陽の目を見そうになったのは、写真家の操上和美さん。あの人が監督で、すごくいいメンバーを集めたの。お金の面で面倒を見てくれる人まで見つけたのに今度は繰上さんが「自信がない」って逃げちゃった。そのときの主役は、いまの市川團十郎。当時は新之助で打ち合わせのとき衣裳のアイデアまで話してくれたのに、またダメになった。

で、このホンは運がないなと思っていたら、ある日（角川）歴彦さんから電話があって……蜷川さんが3人のライターに脚本を書かせてたんですよ。でも全部気に入らない。それで歴彦さんが非常に困って「ともみちゃんが書いたのを思い出してさぁ」と、どこかから取り寄せて蜷川さんに読ませたら「これでやる！」、そうやって陽の目を見たの。まぁ不満もあったけど、あれも撮影所に立派なセットをたくさん組みましたね。わたしなら伊右衛門のボロ家は桜の巨木一本だけでいいと思った。抽象的に。

——『仕事人』から『嗤う伊右衛門』に思わぬかたちで繋がりました。

筒井　わたしは『必殺』のライターでも隅の隅だから、こんな話をするなんて思わなかった（笑）。やっぱり学んだのは、スタッフの大事さですね。さっきの結髪さんの話じゃないけど、脚本を書く際なにを気にするかって、スタッフが「このシーンは明かりが大事」とか「ここは小道具に凝ろう」とか、それぞれが持てる力を発揮してくれるのがいちばん大事……もともと宮島義勇さんとか、そういう人たちに囲まれて育った環境もあるけれど、『必殺』の現場もそのことを実感させてくれました。スタッフが大事だということ、あとは野上さんとの出会い。どちらも、わたしのなかで大きな経験でした。

筒井ともみ

［つつい・ともみ］

1948年東京都生まれ。成城大学卒業後、スタジオミュージシャンを経て、76年にテレビアニメ『ドン・チャック物語』でデビュー。主なドラマに『家族ゲーム』『追う男』『センセイの鞄』、主な映画に『それから』『失楽園』『阿修羅のごとく』『ベロニカは死ぬことにした』などがある。96年には『響子』『小石川の家』で向田邦子賞を受賞。91年に『月影の市』で作家デビューし、小説やエッセイを発表。『女優』『食べる女』ほか著書多数。

脚本

大津一瑯

東映の人間が松竹でやるんだから変わったものにしよう

東映京都で娯楽映画の骨法を叩き込まれた大津一郎は『必殺仕事人』に参加し、『特別編必殺仕事人　恐怖の大仕事』を共作。やがて大津一瑯と改名し、オリジナルビデオシネマ「新第三の極道」シリーズを経て『必殺始末人Ⅱ　乱れ咲く女役者の夢舞台』を手がけた脚本家が明かす、東映と松竹の違いとは?

シナリオの方法論は笠原さん、姿勢は野上さんに学びました

――『必殺仕事人』第68話「願い技奉納絵馬呪い割り」(80年)で必殺シリーズに参加しますが、そのきっかけは?

大津　たしか野上龍雄さんの紹介だったと思うんですが、単なる勧善懲悪ではなく〝お金をもらって殺しをやる〟という『必殺』は非常にユニークな発想でしたね。オファーがきて大変うれしかったのを覚えています。京都の祇園のちょっと下がったところに安井金比羅宮という神社がありまして、最近は縁切り神社として有名なところですけど、その近くに「佐々木」という旅館があるんです。そこに東映の仕事で籠もっているとき散歩に出ると神社にたくさんの絵馬があって、おもしろいことが書いてある……だからあの話は「いつかシナリオに使えるな。テレビの素材になるな」と思っていたネタのひとつなんです。

――たしかに絵馬尽くしのエピソードでした。被害者と加害者の情念が〝絵を描く〟という行為で交わるシーンも奇妙な迫力があります。

大津　神社の絵馬を眺めていたときから〝女性の恨み〟を強烈に描きたいというのはありました。『必殺』というのは恨みつらみの話ですから、これさいわいと絵馬の話をしたらプロデューサーもノッてくれたんです。いえ、局での打ち合わせなどはなく、松竹の櫻井（洋三）さんとのやり取りだけでしたね。監督直しもなく、櫻井さんの意向が強かったと思います。大ざっぱな構成を話したらすぐ執筆で、そのあたり東映に比べてずいぶん早いなと感じました。

――殺しのシーンが白昼堂々行われるのも異色です。

大津　わたしなりに気負いがありまして、東映の人間が松竹でやるんだから変わったものにしようと思いました。闇夜の暗さが『必殺』の持ち味ですが、明るい場所で殺しをやるとどうなるのかという。

――なるほど。

大津　いちばんの思い出は〆切ですね。松竹の場合、〆切の感覚がぜんぜん違いまして、東映だと遅れても4～5日から1週間の余裕があったんですよ。そういう気持ちで松竹の仕事に臨んだものですから、とんでもないことになりまして……2～3日は延びても大丈夫だろうと思ったんですが、もう櫻井さんにガーッと怒られましてね。まだ若造でしたから「そんなことではシナリオライターとしてやっていけないぞ！」と言われました。さらに「あなたの台本を何十人のスタッフが待っているんだ！」と怒鳴られて、正直わたし震えあがりました。

当時は京都の東山区のほうにアパートを借りてたんですけど「明日の朝までに書け！」と、夕方ごろ言われまして、ペラで20枚ずつ3回に分けて助監督さんかスタッフの方が太秦から東山区のアパートまでバイクで取りにきましたよ。もちろん手書きでしたし、先に20枚持っていかれますから、最初のほうのストーリーをあんまり覚えてない（笑）。そんな状況で必死に書いた記憶があります。

櫻井さんというプロデューサーは、すごく強引な人で腹も立ちましたけど、その後のわたしのライター生活にとって非常に重要な経験になりました。それからは絶対に〆切を守るようになりましたし、わたしが大学などで教えるようになっても「〆切だけは守らないとプロとはいえない」と生徒たちに伝えてますね。続いて『必殺』では野上さんと特番の仕事をすることになりました。

――シリーズ初のスペシャル版となった工藤栄一監督の『特別編必殺仕事人　恐怖の大仕事』（81年）ですね。野上龍雄さん、筒井ともみさんと共同で脚本を担当しています。

大津　工藤さんと一緒にやるということで野上さんも張り切ってまして、でも別の仕事を抱えて忙しく、わたしと筒井さんが呼ばれたんです。ある旅館にライターが集まっているところに工藤さんが来ましてね、そこに櫻井さんが藤田まことさんを連れて入ってきたのを覚えています。藤田さんはすぐに帰りましたが、それから具体的な打ち合わせで「スケールの大きな話にしよう」という大枠は櫻井さんからだったと思います。

もう打ち合わせは野上さんと工藤さんの独壇場、丁々発止であぁ言えばこう言う、どんどん酒も入ってくるし、ついて行くのが精一杯でした。ゲラゲラ笑いながらもお互い真剣で、下手なことは言えない。そうやって話の骨子ができまして、わたしと筒井さんが大きな流れの〝ハコ〟を作ることになりました。河原町五条のホテルに入って細かいところまで一緒に話し合い、３週間後くらいに野上さんが入って……という流れでしたね。野上さんに教えられることは多く、「やっと野上龍雄の真髄に触れつつあるな」という貴重な経験でした。工藤さんまでいるし、ギャラもらって勉強しているようなものです。

――とくに野上さんから学んだことは？

大津　シナリオに対する姿勢ですね。それと、やっぱり発想力……常人の発想の上をいっている。ストーリーの流れだけでなく、いろんなメリハリを加えていかないとダメだと教わりました。それと、あの人は見かけによらず、すごく厳しいんですよ。普段は優しいのに仕事の話になると、目つきが怖い。わたしは東映で笠原和夫さんや高田宏治さんにも教わりましたが、野上さんがいちばん厳しかったですね。シナリオの鬼ですよ、あの人は。シナリオの方法論は笠原さん、姿勢については野上さんに学びました。

——ほかに『恐怖の大仕事』の執筆で覚えていることは？

大津　米相場の話ですから「当時の商人は、どういう通信情報手段を使ったのか」など、ずいぶん調べて考えました。工藤さんは破天荒な人で、どの作品だったか東映で記者発表のとき彼は長靴に帽子ですから、ウロウロしてたら記者さんに「邪魔だ！」と言われたことがあって、大笑いしましたね。まさか監督だとは思われなかったのでしょう。

笠原和夫と深作欣二の真剣勝負

——さかのぼりまして、脚本家になったきっかけは？

大津　新聞記者になる夢破れて、たまたま撮影所長の高岩淡さんが高校の先輩だったんですよ。同郷の集まりでお会いして「なにか書く仕事がしたい」と言ったら、じゃあ撮影所に来いと。それから東映京都の企画部でプロデューサーの手伝いをしながら旅館に入り浸って、まず笠原さんに出会いました。『仁義なき戦い』（73年）のときは、笠原和夫と深作欣二の真剣勝負を目の前で見ましたよ。一切シナリオに触ることはまかりならんと日下部（五朗）プロデューサーの指令が出たんですが、1ヶ所だけサクさんが変えたがって、もう笠原さん、例の佐々木旅館の部屋で4～5日まったく動かず。帰りのタクシーで日下部さんから「さっき見た光景は絶対に覚えとけよ。あれが監督と脚本家の戦いだ」と言われましたね。

――どのシーンを変えようとしたんですか？

大津　最後に原爆ドームを出すか出さないかで揉めたんです。あれをサクさんが「いらないんじゃないか」と言い出して、しかし笠原さんは頑として譲らなかった。「いいよ、もうシナリオ引き上げるから」と。渡邊（達人）企画部長と日下部プロデューサー、そしてわたしがその場にいましたね。笠原さんからは、かの「シナリオ骨法十箇条」のもとになった娯楽映画のイロハを宿でお酒の相手をしながら教わりました。

そのあとサクさんの映画を神波（史男）さんと進めたこともあって、日本中の米軍基地を取材したんですよ。岩国や福生などのシナハン（シナリオハンティング）を延々とやって中止になりましたが、やくざが自分の女の骨を持って基地にやってくるところから始まる話で、文ちゃん（菅原文太）を主役に予定していたと思います。

――『徳川女刑罰絵巻　牛裂きの刑』（76年）でデビューし、多くのジャンルを手がけていますが、田原俊彦さん主演の『必殺始末人Ⅱ　乱れ咲く女役者の夢舞台』（98年）で17年ぶりに必殺シリーズを担当しています。これはレンタルビデオをメインにしたオリジナルビデオシネマの企画ですね。

大津　最初にカランコロンと下駄のシーンから始まるやつかな。芝居小屋の話ですね。この作品も女性の哀しみをモチーフにしたと思いますが、あまり記憶にありません。ただラストの、舞台の上で殺しをやるシーンはよく覚えています。

――その前から中条きよしさん主演のビデオシネマ「新第三の極道」シリーズ（96〜00年）で松竹京都映画と仕事をしています。その縁でしょうか？

大津　そうでしょうね。あれは〝2話持ち〟で、最初の1・2を三池（崇史）さんが撮って、3・4から呼ばれたんですよ。前の作品は無視していいからと、自由にやれた仕事でしたね。原作の村上（和彦）さんと会ったのもずいぶんあとで、中条さんからはだんだん「もっと自分が立つように、かっこよく」という注文がつきましたけど、非常にスムーズで楽しい仕事でした。

――津島勝監督と石原興監督、必殺シリーズの演出陣が交互に撮っていました。

大津　津島さんはたいへん真面目な監督で、論理的な演出をする人。絵を描くとしたらキチッと淡い色なんです。それに対して石原さんは大ざっぱで色つけは濃く、あざやか……対照的な監督でしたね。おふたりともシナリオに関しては任せてくれました。ときどき中条さんからは呼び出されましたけど（笑）。

――裏盃の軍団が暗躍するシリーズで〝極道版必殺〟のような一面もあります。

大津　そう言われると、闇で始末する話ですからね。予算が少ないから、ヘリコプターを使うような空撮やガラスを突き破るアクションを書くと「ちょっと堪忍してください」と、必ずプロデューサーの水野（純一郎）さんが言ってきたのを思い出します。まぁ書くだけ書くのはタダだから、水野さんとは金のことでずいぶんやり取りしました。助監督出身とは思えない、非常に堅くてプロデューサー向きの人でしたね。もともと津島さんとは同和教育映画の仕事をしてましたから、参加のきっかけはそれじゃないかな。晩年まで付き合いがありましたが、もう酒ぐせは悪いわ、偏屈だわ……それでも、わたしは好きな監督でした。

毀誉褒貶ありますが、やっぱり櫻井さんは立派なプロデューサーですよ

――人権啓発用の同和教育映画も数多く執筆しています。

大津　わたしのモットーは〝やくざ映画から教育映画まで〟でしたが、きっかけは東映の教育映画部です。大御所の依田義賢さんが人権問題に非常に関心があって「そういうのが書ける若手はいないか」と高田宏治さんに相談したそうです。それで高田さんがわたしを推薦したという話をプロデューサーから聞きました。東映でやったあと大阪の井之上企画の方が訪ねてきて、いろいろやりまして各社で40～50本は書いたんじゃないかな。
まずドラマとしておもしろいものを作らないと話にならない。過去の作品を見て、そう思いましたね。差別問題を前面に出すのではなく、ドラマの中に差別を組み込まないと見てもらえない。関西の部落はほとんど回って、いろんな方々に貴重な話を聞きました。行政が入ってくると難しい部分もありますが、梅津明治郎さんが監督した『コスモスの道しるべ』（91年）なんか、なかなか上手くできたと思っています。

――必殺シリーズを手がけた家喜俊彦監督も井之上企画の常連です。

大津　非常に温厚で、わたしは監督なんて喧嘩する相手としか思ってなかった部分もあるんだけど、家喜さんは人と人の間に入って緩衝材になって、揉め事を収めてくれるような方でしたね。あまり知られてませんが、内沢豊さんとか西垣吉春さんとか東映の若い監督もけっこう同和教育映画を撮ってるんですよ。

――本名の「大津一郎」から「大津一瑯」に改名された理由は？

大津　やくざ映画など共作の仕事が多かったものですから、どうしても名前を並べると「大津一郎」だと弱いんですよ。ある知り合いが姓名判断に凝ってまして、大津一浪だとか大津一楼とかいろんな案をもらったんですが、ある日「大津一瑯」という名前がＦＡＸで流れてきて、一瞬で気に入ったんです。「瑯」には美しい石という意味があり、これは名前負けしないと思いました。複数のペンネームを使っていた時期もあるんですが、なんとなくイヤになって大津一瑯に統一しました。学生にも言ってますが、やっぱりペンネームはひとつがいいですね。

――ありがとうございます。長年の謎が解けました。

大津　そういえば、深作さんと飲みにいったら櫻井さんがいて「えっ、お前、サクさんと仲良いのか」と驚かれたこともありました。毀誉褒貶ある方ですが、やっぱり立派なプロデューサーですよ。東映という会社はのんびりしていて、せせこましくないんです。役者さんによっては「東映は怖い」という声もあって、たしかにその筋の人がウロウロしてた時期もありましたけどね。それに比べて松竹はシビアです。火事場のようなローテーションでやってましたから、その凄みがありました。ライターの立場としては東映と松竹、両方経験できてよかったと思いますね。

大津一瑯［おおつ・いちろう］

1945年福岡県生まれ。本名・大津一郎。同志社大学卒業後、東映京都撮影所の企画部を経て脚本家となる。76年に『徳川女刑罰絵巻　牛裂きの刑』で映画デビューし、『広島仁義　人質奪回作戦』『恐竜・怪鳥の伝説』『忍者武芸帖　百地三太夫』『激動の1750日』『残侠　ZANKYO』や「新第三の極道」シリーズなどを担当。テレビは『柳生一族の陰謀』ほか。教育映画のシナリオも多く執筆し、大阪芸術大学などで教鞭をとった。

脚本

田上雄

いろんな番組の最終回を書いたから「必殺墓掘人だ」って言われたこともある（笑）

朝日放送の鬼才・松本明とのコンビで初期シリーズの津川雅彦ゲスト回を送り出した田上雄は、『新必殺仕事人』から復帰を果たし、各作品の要となる回や『必殺忠臣蔵』などのスペシャル版を担当する。『必殺シリーズ異聞』に続き、次々と語られる執筆の舞台裏。山内久司プロデューサーとの協業が初めて明かされる。

2〜3冊のホンを送ってきて「これを読んでやってくれ」

――初期の必殺シリーズで松本明監督とのコンビ作を送り出してきた田上さんですが、およそ5年ぶりに『新必殺仕事人』第31話「主水蜂にゴマする」（82年）で復帰します。このエピソードはロッキード事件裁判をめぐる〝蜂の一刺し〟を元ネタにしたものですね。

田上　あれは「いま作って、いま出さなきゃいかん！」というので、ものすごく急いで書いた覚えがあります。それこそ、呼ばれてから3日くらいで。なにを書いてもいい、とにかく蜂が出てくればいいってことでね（笑）。

――悪女の楠美津が叶和貴子さん、被害者のおもとが大谷直子さん。それぞれロッキード事件、三和銀行オンライン詐欺事件の関係者をモデルにした役名です。

田上　まぁ、おふたりとも偶然スケジュールが空いてたみたいですね。ゲストは豪華ですが、本当にいい加減に書いちゃった話なのでお恥ずかしい。榎本三恵子さんがマスコミの話題になって、おそらく松本さんたちの間で『必殺』に向いてる話だなというのがあったんでしょう。この5年間、ぼくはあんまり時代劇をやってなかったと思うんですけどね。

――さらに5年ほど経って『仕事人V　激闘編』第33話「主水、裏ワザで勝負する」（86年）を執筆。いきなり最終回というイレギュラーぶりです。

田上　当初は神田隆さんの演じた黒幕が死ぬ展開だったんですよ。殺そうと思ったら心臓麻痺で死んでしまう……殺しにいくまでもなかったというオチ。ここからが恐ろしい話で、その晩京都に泊まるはずだった神田さんが、最終の新幹線で帰ることになって京都駅でエスカレーターを駆け上がった途端に発作で亡くなられた。あの撮影のあとに帰らなければ、亡くならなかったのかもしれない。そんな出来事がありましたね。このときは松竹の武田（功）くんからオファーがあった気がする。もう櫻井（洋三）さんはそんなに現場にタッチしてなかったと思います。

――いきなり最終回に参加するという難しさはありましたか？

田上　このあたりになると、仕事人たちの解散が定番だったみたいですね。とくに苦労した思い出はないかな。引き継ぎなどはなく、2～3冊のホンを送ってきて「これを読んでやってくれ」ということです。当時はどんな番組でもそうでした。

――必殺シリーズ最多登板の松野宏軌監督が担当していますが、なにか思い出はありますか？

田上　まったくないですね。珍しく京都に泊まって、帰るときに撮影所の前を通ったら、ちょうど松野さんが入るところで「帰ります」「あ、さよか。おつかれさん」、それで終わりです（笑）。松野さんという監督は、現場では黙ってディレクターズチェアに座って、肝心なところだけ指図して、あとはカメラの石原（興）さんや照明の中島（利男）さんにずっと任せていました。だからみんなやりやすかったんでしょう。最終回だからと、とくに打ち合わせもありませんでした。

「必殺シリーズで、いちばんの傑作だ！」

――続いて『必殺仕事人V　旋風編』第1話「主水、エスカルゴを食べる」（86年）を執筆しています。

田上　このへんでいろいろあったんです。シリーズも下火になってきて、もう止めたほうがいいとか……これは何本ありました？

――14本で打ち切りになって、田上さんは参加していませんが『必殺仕事人V　風雲竜虎編』（87年）が始まります。

田上　『旋風編』はあんまり覚えてないな。もう山内久司さんがＡＢＣ（朝日放送）の管理職で、次期社長候補と言われていた時期だと思います。最初の打ち合わせだけはお会いして、あとは辰野（悦央）さんや奥田（哲雄）さんがプロデューサーとしてやってました。

――サブタイトルに「エスカルゴ」とあるように、時事ネタ満載のシリーズです。

田上　イタめしが流行ったころかな。このときの監督は工藤栄一さんですよね。工藤さんには出来上がったホンをお渡しして、それを撮ってくれました。とくに工藤さんの意見は入ってなくて、アタマからの企画や設定はやってない。ということは、やっぱり山内さんや辰野さんあたりと話したんでしょう。これは出門英さんが出たのか。あんまり強い個性があるような番組じゃなくて、みんな「そろそろ終わりだなぁ」なんて言いながらやってたんじゃないですか。

――15年にわたる連続ドラマ枠の最終作となった『必殺剣劇人』（87年）は、それまでの殺しのテクニックから一転してド派手な大チャンバラ劇です。

田上　「必殺シリーズで、いちばんの傑作だ！」というくらい山内さんは気に入っていましたね。こういうのがやりたかったと何度も言ってましたから。最後だからやりたいことをやった。で、これの下敷きは外国の映画にあるらしいんですよ。男3人で母親がわからない女の子を預かる……それをアレンジしているんですけど、山内さんのなかではだんだん『三銃士』に見えてくる。工藤夕貴がダルタニアンで、近藤正臣、田中健、あおい輝彦が三銃士。しまいには、これが終わったあと2時間ドラマで『三銃士』を作るんです。

――土曜ワイド劇場の『謎のダイヤモンドを求めて日本縦断！』（89年）ですね。

田上　そう、『剣劇人』が終わったあと、別の2時間ドラマなんかを書いて、そのあと山内さんに「田上さん、1時間だけお茶を飲みましょう」と言われた。だから「ははぁ、なにかやりたいことがあるな」と思ったら「『三銃士』、読んだことありまっか？」。そこから話を聞くと「工藤夕貴を押さえてんねん」と言うわけです。工藤夕貴をダルタニアンにして、そっくりに作りましょうとね。さすがにあんな有名な物語をパクるのは恥ずかしいと言ったら、「ほな、タイトルに〝原作：アレクサンドル・デュマ〟って入れましょう。それでどうです？」って。あの大デュマと並ぶのは光栄ですから、引き受けたんです。オンエアではデュマの名前は見事に外されていましたけど（笑）。「家政婦は見た！」シリーズ以外の土曜ワイドで殺しがない話は、これだけじゃないですかね。

――『剣劇人』では「月夜ばかりじゃねえ！」「じたばたするねえ！」の2話を執筆。どちらも津島勝監督の担当回であり、京都映画の若手として個性を発揮していました。

田上　津島さんは本当に紳士的な人で、ホンに書いたとおりにやってくれましたね。まぁ、これに関しては山内さんが自分のなかにイメージがありすぎて、最初の打ち合わせで……当時はプロットを書くという習慣はなかったんですが、大まかなストーリーを提案すると「じゃあ、こうやってこうなって」って、どんどんアイデアが出る。で、そのとおりに書いていくとＯＫ。だからよほど『剣劇人』という番組がお好きだったんですよね。

新幹線を見て「あぁ、またやってるな」って（笑）

――その後はスペシャル版を3本、立て続けに執筆。まずは工藤栄一監督の『必殺忠臣蔵』（87年）です。

田上　これは純粋に『忠臣蔵』をやれないかという発想です。ただ最初の企画とは、まったく違うものが出来上がっちゃった。要するに吉良上野介の首を取ったのが赤穂浪士ではなく仕事人だという作り話を〝珍番外編〟みたいに作れないかということで。そこで「主君の仇討ちだけでなく、赤穂浪士の再就職運動という要素も入れていいですか？」と聞いたら、いいよっていうことで半分コメディみたいな企画だったんです。山内さんも、いろいろ資料を総合すると大石内蔵助は谷啓じゃないかと。

――実際のキャスティングは山城新伍さんですが、山内さんのイメージする大石内蔵助役は谷啓さんだったのですね。

田上　当初は監督もコメディを撮れる人のほうがいいっていうことで進めていって、かなりアチャラカな部分もありますけど〝珍説忠臣蔵〟として、櫻井さんなんか生原稿を読んで「おもろいなぁ、これ！」って大よろこびだったんです。でも監督が工藤さん、大石が山城新伍さんに決まったときに、東映の人たちは『忠臣蔵』に対して妙に構えちゃうんですよ。

――構えちゃう？

田上　東映では「大石内蔵助を演じられたら超一流だ」という考えがあったから、山城さんも勘違いしちゃった。ホンとはちょっと違う、真面目な大石になってしまった。それで映像も工藤さん好みのロングが多くて、山内さんは出来をあんまり気に入ってなかったみたいですね。もともとの狙いは完全に喜劇ですから。浪士たちもしっかりした芝居ができる人たちになっていますけど、山内さんとしては、もっと喜劇人が入ってほしいと思っていたようです。

――吉良上野介役に植木等さんを想定したという逸話があります。

田上　ぼくはキャスティングはプロデューサーがやるものだと思っているんですが、このときは京都の旅館で櫻井さんに「おもしろい」と言われたもんだから、調子に乗って居残って話していたんです。それで「大石が谷啓なら吉良は植木等がいいなぁ」って（笑）。

――あくまで谷啓ありきなんですね。ストーリーとしては高田郡兵衛や橋本平左衛門など、脱落していく赤穂浪士に吉良の陰謀や仕事人が絡んでいきます。瑤泉院邸に女中として潜入していた吉良の間者が雪で滑って……というアクシデントなど、いろいろ細かい部分も練られています。

田上　あそこはいいでしょう？（笑）　あと峰岸徹がやった牧野春斎は実在の人物なんですよ。

――たまたま半年くらい前に本所の吉良邸跡を通りがかったのですが、石碑にある吉良家の家臣一覧に牧野春斎の名前が載っていてびっくりしました。

田上　茶坊主あがりなんです。なんか陰謀くさいやつで、だからこいつは何者だろうと、それで創作したんですけどね。峰岸徹はテニスクラブの仲間で、キャスティング自体は偶然ですが、彼も「このホンはおもしろい」と言ってくれました。吉良の側女を演じた赤座美代子さんも同じテニスクラブだったんです。

――牧野春斎は途中で1回死んだと思わせて、生き返ります。

田上　あれはもちろんフィクションで、史実では浪士たちと戦って討ち死に。2時間で『必殺』を作るのって難しいんですよ。1時間くらい経つと「そろそろ殺しを……」という要求が出てくるので、途中でスケールの小さい暗殺をやっておかないといけない。で、本命のワルは最後に殺すということで、牧野春斎を殺さずに、ああいう能力の持ち主という設定にして残してやろうかと思いました。

――『必殺忠臣蔵』には近年あらためて話題になっているシーンがあります。浅野内匠頭の刃傷沙汰のあと、赤穂に知らせに走る早駕籠からカメラがズームバックすると新幹線が並走しているという現代社会との対比が切り取られて、「放送事故だ」「いや、演出だ」とインターネット上で話題に。

田上　あれは工藤さんです。シナリオでは普通に「早駕籠が行く」みたいなト書きで、とくに相談もなく現場のアイデアです。またやってるなって思いましたよ。『風の中のあいつ』（73年）のタイトルバックにもショーケン（萩原健一）がスーツ姿で銀座あたりを歩くシーンが入ってる。あれも工藤さんのアイデアじゃないかな。だから新幹線を見て「あぁ、またやってるな」って（笑）。

――なるほど。

田上　『必殺忠臣蔵』のあと、松竹はテレビ東京の12時間ドラマで『大忠臣蔵』（89年）を作ったんです。保利吉紀さん、吉田剛さんとぼくの3人で2時間ずつ6本、たくさんセットを組んだ豪華キャストの大作でしたね。

――『久しぶり！主水、夢の初仕事　悪人チェック!!』（88年）は、必殺シリーズの撮影現場を舞台にしたバックステージものです。

田上　これは言ってはいけないのかもしれないけど、別のホンが1本あったんですよ。ただ、とある俳優さんが絶対にイヤだということで、ある程度キャスティングやスタッフも組んでいたのに流れてしまった。で、ここからが無茶なんですが、代わりのホンを1週間で書いてくれないかって（笑）。山内さんと打ち合わせをしたら「夢オチにしたらいいよ」って、そのポシャった話も無茶な話だったらしく、その俳優さんに「こんなものができるか」と言われて、夢オチならいいだろうと山内さんもケツをまくった感じでした。ぼくが書くことで前のホンがポシャるわけだからイヤだったけど、そのライターさんには直接電話して「こういうことになりました。すみません」「いや、いいですよ」ということで、いちおう許可をもらって書いたんです。

――剣劇人トリオに中村主水を組み合わせた『TANTAN狸御殿に恋が散る』（脚本：吉田剛）という幻の必殺スペシャルの台本が残っています。そして『主水、夢の初仕事』は、まさに撮影現場で主水を演じている藤田まことさんが台本にケチをつけて現場がストップするという始まりです。

田上　あのシーンでね、悪役の人たちも「また始まった……」と藤田さんに文句を言っている。それは当てこすっているんですよ（笑）。

――やらせたほうも、やったほうもすごいですね。そして宙ぶらりんになった『剣劇人』の一部キャストを使い、仕切り直しの現代劇として『謎のダイヤモンドを求めて日本縦断！』が作られたんですね。

田上　そういうことです。

――『仕事人、京都へ行く　闇討人の謎の首領！』（89年）は、一転してシックな作風に。

田上　これは「書きたいものを書いていい」と任せてくれました。山内さんがやりたかったのは、関西と江戸の対比です。だから主水が京都に行って、事件に巻き込まれる話になった。これはコミカルな要素を入れないで作ろうということでストーリーも深刻にして、最初から作り方が違ってましたね。

――京都を舞台にするという設定は山内さんから？

田上　そこだけでなく、「京都といえばお公家さんだから、主水が公家に奉公する話にしよう」と提案されました。江戸の役人が普通そんなことありえないんですが、山内さんの博識がそこでも生かされて。当時のお公家さんは貧乏でカルタ作りの内職をしており、彼らの禄高を全部合わせてもせいぜい一万石くらい……そういうことを教えてくれて「その内職を主水が手伝うのはどうですか」と。江戸の仕事人が京都の闇討人をやっつけるという話を山内さんが気に入ってくれて、あとは自由に書きました。

——必殺シリーズでは撮影現場でのシナリオ改訂が日常茶飯事ですが、脚本家の立場としてそのことへの抵抗や反発はありましたか?

田上　あまり威張れた話ではないんですけど、ぼくはどこを変えられても平気なんです。第1稿がそのまま通った場合は自分のものだけど、そこから先で直しがあると他人の力が入っているわけですから、どうなろうと仕方がない。まぁ無責任というか、かっこよくいえば潔いんです(笑)。とくに『必殺』なんて現場でやってもらわないと、わからないことがいっぱいありますから。

ぼくは意外と『仕事人、京都へ行く』が好きなんですよ

——1991年に4年ぶりの連続シリーズとして『必殺仕事人　激突!』が始まります。それまでのピンポイント参加が嘘のように全23話のうち、田上さんは5本を担当しています

田上　これは松竹のプロデューサーが高橋(信仁)くん。新たに彼が任されて、あまりライターの知己がいなかったから、ぼくに回ってきたんだと思います。アタマのほうは毎回ストーリーを江戸時代の史実と絡めているんですね。でも後半はガラッと変わった。山内さんはこのころ取締役だか常務で、もう現場にはあまり顔を出さない状態でしたが、『必殺』だけは自分が始めたものだからということで参加して、その博識ぶりから『激突!』に史実を取り入れたんです。

——第1話「ねずみ小僧の恋人」から始まって「大久保彦左衛門のたらい」などを経て、田上さんも「江戸繁盛の裏の顔」「新門辰五郎のまとい」を手がけています。

『必殺スペシャル・春一番　仕事人、京都へ行く』、近藤正臣が元結の新吉に扮した

田上　それがあまり歓迎されなかったみたい。山内さんもその路線があまり上手く機能していないというので、途中から「もうええわ」ということに。それで好きなように書いてもらいましょうってなったと思います。山内さんも『激突！』でシリーズが終わりだと感じていただろうし、会社内でもいろいろあったみたいで。ぼくらは山内さんはABCの社長になる人だからと、そればっかり考えていた。社長になったらお祝いしてあげなくちゃとか、みんなで話してたんですけどね……。

――江戸の史実ネタとともに仕事人狩りというハードな設定が序盤で終わり、「主水一家のバブル」「夢次、江戸のテレクラでバイトする」「主水、幕府のクーデターにまきこまれる」と田上さんの回も現代風刺ネタが続きます。

田上　流行りものを引っかけるというのはABCが歓迎するので、こっちが「テレクラでやりたい」と言えば「それでいいんじゃないですか」という感じ。松竹のプロデューサーの高橋くんにしたってこっちがアイデアを出せば、なんでも通してくれました。そんなことで、ぼくが『必殺』を悪くしたということを言う人もいたんですよ。「うじゃけたのは、お前のせいだ」って（笑）。

――クーデターの回はソ連崩壊をモチーフにしており、ゴルバチョフとエリツィンを思わせる改革派の後藤備前守と保守派の江利対馬守という幕閣が登場。小林昭二さん演じる後藤は、水戸黄門のようにお忍びで町をゆく設定でした。

田上　あれね、後藤が犬を連れてたんですよ。雷蔵という名で、ゴルバチョフの奥さんのライザですね。主人が殺されたあと、この犬がお金を首にぶら下げて依頼しにくるストーリーだったんですが、実際に犬を使うと高いし、撮影時間がないからとカットされてしまった。もともとは犬が依頼する話だったのに……。門の外でじっと待っていた犬が、一声鳴いて去っていくのがラストシーン、ところがオンエアを見たら犬はいない（笑）。高橋くんに電話して「犬はどうした？」って聞いたら「金がかかるから止めました」。それくらい一言いってくれればって思うんだけど。

――80年代の仕事人シリーズ以降は意図的なワンパターン化によってお約束のシーンが多く、ドラマのフォーマットが固まりますが、そういう制約が多いことでシナリオを書く難しさはありましたか？

田上　いえ、フォーマットができちゃうと、そのぶんは考えなくていいから楽なんですよ。東京で書いてて、もう遅れに遅れて間に合わなくて、生原（稿）で打ち合わせしたことがあって、まだ70枚しか書けてない。あと50枚くらい足りない。新幹線のグリーン車を取って、いちばん前の席は壁にテーブルがありますからそこで20枚書いて計90枚。要するに殺しのシーンの前まではできたので、そこから先は直しでやる。そういうことが一度だけありました（笑）。だから『必殺』のスペシャル版の場合は90枚書けば、なんとかなる。もちろん、そこから先も大事ですけどね。

――『激突！』の後番組『裏刑事　URADEKA』（92年）も初回と最終回などを担当。80年代の「ザ・ハングマン」シリーズ同様、こちらも〝現代版必殺〟というべき路線ですね。

田上　いろんな番組の最終回を書いたから、勝行ちゃん（中村勝行）に「きみは必殺墓掘人だ」って言われたこともある（笑）。『ハングマン』を全シリーズ書いたのは、ぼくと勝行ちゃんくらいかな。『裏刑事』も同じメンバーです。これも急きょ呼ばれて1週間くらいで書いた気がするな。『裏刑事』のほうが『必殺』に近くて、『ハングマン』だと殺しまではできないから、こんなイジメみたいな手口をやっていいのかって悩みましたよ。ずっと後年の話ですが、ダウンタウンの浜ちゃん（浜田雅功）が『ハングマン』をやってみたいと言っていたそうです。そんな噂を聞いたこともあります。

――後期の必殺シリーズで、とくにお気に入りの作品はありますか？

田上　ぼくは意外と『仕事人、京都へ行く』が好きなんですよ。主水が最後に斬る公家の役が松山英太郎さんですけど、もともと知り合いだったんです。ぼくはオフィス・ヘンミという逸見稔さんの会社にお世話になっていた時期があって、仕事の割り振りやギャラの交渉なんかも全部任せていた。そのオフィス・ヘンミの系列にアクターズ・セブンという俳優のプロダクションがあって、そこに森繁久彌さんや松山兄弟がいたんです。だからホン直しのとき「ワルのお公家さんは誰がいい？」と聞かれて、松山英太郎って答えたら「取りにくいなぁ」ということで、ぼくが直接電話しました。

――えっ、姉小路高麿役のキャスティングを！

田上　松山さんのマネージャーに連絡したら二つ返事で「たぶん本人もおもしろがると思いますよ」ということで、だからあの役は当て書きみたいなところがあるんです。松山さんが出ていた『江戸を斬る』や『大岡越前』をずっとやってましたから、彼ならこういう芝居がやれるってイメージできるし、珍しく非情なキャラクターだから、本人も楽しんでやってくれたみたいです。

逸見さんが始めたナショナル劇場は〝ドラマのＴＢＳ〟ということもあって、矜持やプライドがある。「これはやってはいけない」というコンセンサスが強かったですね。黄門様御一行が人を斬るのがＮＧになったりとか。それと文芸担当のスタッフがいて資料をたくさん送ってきますから、『水戸黄門』で次は秋田に行くとなったら、民謡からなにから全部もらって、そこに縛られるという難しさがありました。『必殺』は逆で、まったくなにもない（笑）。主水が元禄時代にいたり、幕末にいたりする世界でしょう。自由に書けた仕事ではありますね。

田上雄

［たがみ・ゆう］

1943年北海道生まれ。中央大学卒業後、脚本家の柴英三郎に師事し、68年にフジテレビの『三匹の侍』でデビュー。『銭形平次』『地獄の辰捕物控』『風の中のあいつ』『水戸黄門』などの時代劇、『キイハンター』『ザ・ハングマン』『鉄道捜査官』などの現代劇を数多く手がける。必殺シリーズには『必殺必中仕事屋稼業』から『必殺仕事人　激突！』まで参加し、『必殺忠臣蔵』ほかスペシャルも執筆。日本脚本家連盟の監事を務める。

脚本

中原朗

ひねらないでくれ、単純な話にしてくれというご宣託は常にありました

『必殺仕事人III』から参加した中原朗は、たちまち最終回を託され、その後のシリーズの中心メンバーとして50本以上のシナリオを執筆。『必殺渡し人』『必殺仕切人』などの最終回を手がけ、『必殺まっしぐら！』では初回と最終回を担当。映画『必殺4　恨みはらします』にも名を連ねた中原が、ついに貴重な舞台裏を語る！

まず絶対にシナリオが映画を作るものだと。でも現実は違った

中原　いちばん思い出に残っているのは、深作（欣二）さんの映画です。松竹の櫻井洋三プロデューサーの判断で「この若造もがんばってきたし、ちょっとご褒美で映画をやらせてみるか」みたいなことだったんじゃないかな。ずっと1時間もののテレビをやってきましたが、もともと映画志望だったので自分としても興奮しました。

——『必殺4　恨みはらします』（87年）ですね。脚本クレジットは野上龍雄、深作欣二、中原朗の連名になっていますが、どのようなかたちで執筆が行われたのでしょうか？

中原　毎日のように深作さんの常宿に行ってキムチ鍋を食わされながら、ああでもないこうでもないと打ち合わせです。とにかく方向性が見えるまで、何ヶ月もいろんな問答をしましたね。ゴールデンウィークのころから始

まって3月まで……10ヶ月近くだったと思います。その間テレビのほうは書けないし、心血を注ぎました。野上さんは忙しいので月に1回とか、最初はそれくらいで、まずは深作さんと2人が多かった。まぁ密かどうかはわかりませんが、「この新人のガキはどんなやつだ」っちゅうようなもんじゃないですか。

しばらく深作さんの宿に布団を敷いてもらって泊まったこともあるけど、あの監督の考えていることがなかなか見えないんですよ。まぁ飲んで遊んで、祇園のお茶屋に連れてってもらったり、山本周五郎をボーンと持ってきて「これ読め」とか。とにかくハネたもの、テレビとは違うものを作らなきゃいけないということで、野上さんも入っていろいろやるんだけど、さすがに2ヶ月も経つと「どうなってまんねん?」と櫻井さんが言い出すわけ。本社への報告用で「今晩中にシノプシスを書いてもらえんか」と、あれは参りました。

――それほどシナリオ作業が難航したのですね。

中原　ファーストシーンをどうするか……話の出方が、定まらないんですよ。もう真田広之のキャスティングは決まっていたと思うんだけど、白塗りのオカマ奉行が新任してくる話でしょう。ぼくがそういう役の案を出して、料亭に下っ端役人まで全員を招待すると。そうしたら深作さんが「吸い物の椀を取ったら小判が入ってるのはどうだ!」とノッてくれました。

――真田広之さん演じる南町奉行・奥田右京亮のアイデアは中原さんが?

中原　そのころ外国映画でヤングマフィアものが流行っていたの。つまり若者を悪にしなきゃダメだということを言ったんです。ようやくそこで糸口が見えてスタートできた。もう酒が入ってくると深作さん、「この役、真田じゃなくて高倉健はダメかなぁ」とか、いろいろ言ってましたけどね(笑)。それから話の構成もふくめて出来上がって、3人で1/3ずつ分担して書いていきました。ぼくがアタマ、真ん中が深作さん、オシリが野上さんです。わりと細かくハコ書きを用意して……ぼくは生意気盛りだし、テレビの1時間ものしかやってないから

「ハコなんか作ってもおもしろくねえよ」と反発してましたけど（笑）、でっかい紙に序破急とか起承転結とか並べて、付箋と鉛筆で全体の構成を検討していくハコの書き方を教わりました。

――いわゆる東映流の作劇法ですね。

中原　やっぱりシナリオの書き方も違うんです。東映は「ト書きなんていらねえ」と思っているの。つまりト書きに「中村主水、ちらっと見る」とか「憎しみを込めた眼差しで見返す」とか書くじゃない。そうすると、そんなのかったるい、セリフがポンポンポンポンとあればいいんだっていう感じ。もう頭をぶん殴られたようなショックで……ぼくは〝1スジ、2ヌケ、3ドウサ〟っていう教育を受けてきているわけですよ。石森史郎先生に弟子入りして、その師匠が八木保太郎さんですから、まず絶対にシナリオが映画を作るものだと。でも現実は違った。こっちが原稿用紙に精魂を込めても「そんなのいらん！」、そのギャップに戸惑いました。それと深作さんが好きだった言葉が「蝶のように舞い、蜂のように刺す」。ト書きは嫌いなくせに、そんなことをシナリオに書いていたような気がする（笑）。

――やはり映画とテレビは違うんですね。

中原　あるとき野上さんが「あのなぁ、映画は監督が作るもんだよ」って仰ってました。ぼくもお世話になりましたし、野上さんを慕う脚本家って多いんですが、あの人の身体的な特徴をあげつらって、不愉快にさせる人もいる。あれはダメですよ。ある有名な映画評論家が、野上さんのことを〝吃音脚本家〟って書いたの。もう怒り狂ってましたね。「俺は吃音を売り物にしてシナリオを書いたことはない。隻眼の侍というのはある。だけど吃音の脚本家、それはないだろう！」って、相当に怒ってました。ぼくも無礼だと思う。

――ほかに『必殺4』の思い出はありますか？

中原　アクションだらけだから、恨みをはらすために人間をもう少し掘り下げる……あるいは被害者に親密な愛情を注ぐ人間がいるとか、そういうせめぎ合いを描くのはどうだろうかという話が出たことがあります。たしかに〝情〟の部分が足りないじゃないかというのは、ぼくも感じてました。だけど野上さんは「これ以上もう俺はやれん」と言ってましたし、まぁ駆け出しのライターがひっくり返すことはできないですよ。「生き馬の目を抜く」と俗に言うけれども、ちょっとやそっとじゃいかない。それだけ大きな監督であったということです。

京都に連れていかれてね、ぼくのことを「人質だ」っていうわけ

──『必殺仕事人III』第20話「厄払いしたかったのは主水」(83年)から必殺シリーズに参加しますが、きっかけは師匠の石森史郎さんからの紹介でしょうか?

中原　そうです。ぼくが京都に呼ばれる前に、何人かライターが抜けたみたいで、京都の撮影所のしきたりとか、関西人の気風もあったんでしょうね。どんどん書きたくない人が抜けて、当時は2時間ドラマの伸びていた時期で、石森先生も正直そっちをやりたくてしょうがない(笑)。京都に連れていかれてね、ぼくのことを「人質だ」っていうわけ。それで1本か2本のピンチヒッターかと思っていたら先生は新幹線に乗って東京に帰っちゃって、もう戻ってこない。

そうすると人質だから「もう1本、さっさと書いてや」、それから櫻井さんが次から次に「一気に書いてや」。石森先生みたいな早書きの量産タイプなら苦労しないんだけど、「こんちくしょう」と思いながらやってましたね。自宅にいても電話がかかってきて「いつまで東京にいるんや。来てもらわな困る!」とか。でも櫻井さんって、いいプロデューサーですよ。最初の数本はなんの注文もなく、自由に書かせてくれました。

──「厄払いしたかったのは主水」は、新興宗教を扱ったエピソードです。

中原　これは統一教会だよね。汚い格好した女の子がコーヒー豆をアフリカに寄付するとかで「これ買ってください」って、家に来たことがある。もう信者の末端というのは小汚いのよ。最低の生活をしてるから。

――東映出身の関本郁夫監督による唯一の演出回です。

中原「俺は監督だ！」というかたちで京都映画に入ってきたから、それはマズかったと思うね。やっぱりスタッフにも誇りがあるから、しっくりこなかったという話は聞きました。

――被害者の母子が再会を果たすと同時に殺される展開にやや強引さを感じましたが、当時の仕事人シリーズは中村家や長屋、奉行所など定番のシーンが多いのでゲストの悲劇を紡ぐ時間に制限があったのでしょうか？

中原　そうですね。つまり恨みをはらすためにワルを殺さなくてはいけない。でも息子が死んだだけでは殺せない。母親の泣き叫び、恨みつらみ……それを乗せないと成立しないと思いました。実際に子供が新興宗教に入って悩む母親を見てるから、これは2人殺さないかん。仕事人がさっそうと出陣するシーンにつながらないと思ったんです。そういう起承転結の〝結〟につながる部分のひねり方をどうするか、それができてないと、現場がダメだと判断してホンを直すこともあったでしょうね。1時間もので「おちゃらけだ」「くすぐりだ」と入れながら話を作ると、ひねる場所が少ない。どこかでお客さんを「あれ？」と思わせるのが大事ですよね。

――必殺シリーズでは撮影現場でのシナリオ改訂が日常茶飯事ですが、脚本家の立場としてそのことへの不満や抵抗はありましたか？

中原　ぼくは怒ったことも喧嘩したこともない。そうなる理由があったんだろうし、レギュラーの役者のスケジュールという現場の事情もある。それと、どうもホンが上手くいってないなと自分で感じることもあります。そういう部分を巧みに処理して削ってくれたりして、助けられることが多かった。現場の直しに不満があっても連続ものだから「さぁ、次！」という感覚でしたね。

山内さんが参謀、辰野さんが参謀付き士官という感じ

中原　『仕事人III』の最初の何本目かに書いたのが、三田村（邦彦）さんの回。秀が殺しを見られたのではと疑心暗鬼になる話で、仕留めた相手の目が怪しく光るシーンがあって、プロデューサーの山内久司さんに「これはええぞ！」と褒められたことがありました。あの話で一気に認められた気がします。

――第25話「殺しを見られたのは秀」ですね。

中原　レントゲン映像に大よろこびした人ですから、目が光るのはええぞってことで、そのあと何度か山内さんと打ち合わせをしました。テレビ局の御大なので、しっかりしたホンにしようと思って提案しても向こうの狙いは違うんだ。「時代に合わせてコミカルにして、もっと観客層を広げたい」という意図がわかってくる。おちゃらけ路線ですね。ひねらないでくれ、単純な話にしてくれというご宣託は常にありました。

――たしかに当時のシリーズは、長屋に引っ越してきた人が殺されて、仕事人に「どうか、この恨みを……」というようなパターン化が目立ちます。

中原　どうしてもドラマのお約束が多いから、そこが薄くなる部分はありました。これは野上さんともよく議論しましたが、「俺たちは革命家じゃないんだ」と。世直しをしようなんて思ったらダメだ。だから、わずかでも銭をもらって仕事をする。ここを外すと、ちょっとマズい。それは意識しましたね。

――もちろんお金は受け取りますが、従来のアンチヒーロー的な殺し屋に比べると、ある種の〝正義の味方〟化していきます。しかし、やはり脚本家の立場としては仕事人を正義として描くつもりはなかった？

中原　当時そんな話をうかがっていたら、世直しだと喧伝して国会議員になった男が裏切られる話を書いてるよ（笑）。まぁ議員じゃなくて、大名なのか商人なのか。そういう身内ネタを使うこともありましたね。

――朝日放送の辰野悦央プロデューサーの思い出はありますか？

中原　もちろんホンにも関わりますが、任せてくれてやりやすかったですね。若いから、話が合うわけ。だから山内さんが参謀、辰野さんが参謀付き士官という感じでした。櫻井さんは現場の親方で、撮影所の所長みたいなもの。櫻井さんはホンへの意見はめったにないけど「わかりようしてや」とか。

――第31話「全財産をなくしたのは加代」は、タカ派の政治家を思わせる武闘派の殿様が施しを与える名目で貧乏人を集め、世直しに向けての武芸訓練のために全員ぶっ殺すという必殺シリーズ史上に残る大量虐殺回です。

中原　あのころホームレスの殺人事件があって、それが元ネタじゃないかな。「田安家にしよう」と言ったのは、歴史好きの山内さんだった気がしますね。だけど、あまりひねった話にはなってないんだよね。長いこと付き合いのなかった友達がわざわざ「あれはよかった」と言ってくれたんだけど、ぼくはそこまでの思い入れはない。

――現場の事情を反映したシナリオもありますか？

中原　予算的な制約は記憶にないけど、藤田まことさんが名古屋や大阪の舞台に出ているときは「3シーンか4シーンでお願いします」と言われたことがありました。そうすると最初と最後の中村家で2シーンだから、あとは殺しで終わり（笑）。そんなバカな話はない。そうなると「よし、この回は秀でいこう」「加代でいこう」となるわけです。ときどきセリフで秀が「おっさん、遅いな」とか、あれは現場の状況そのままだと思うよ。

――ラストが中村家のコントで終わるのは定番ですね。

中原　それはもう絶対でした。ときどき吉田剛さんなんかは、いつも主水がイビられるんじゃおもしろくないから今回は主水とりつをイチャイチャさせようとか、お考えになるわけ。でもぼくなんか、これはもう毎回せんとりつにイビられられないと主水ではないよと思ったりする。しかし苦闘していました。修行時代、久保田圭司さんに「プロデューサーから〝脚本を出すのが1日遅れると、スタジオからなにから今日1日で500万かかるんだ〟と言われても、1行のセリフのために、それを拒否して粘る力をつけろ」と教わりました。原稿用紙にチャラチャラ書くだけの楽な仕事に見えるかもしれないけど、そうじゃないんだってね。

――初参加の『仕事人Ⅲ』で7本を執筆し、しかも最終回の第38話「淋しいのは主水だけじゃなかった」まで担当。当時の若手の脚本家としては破格の抜擢ではないでしょうか?

中原　ライターが少なくて、とにかく現場は脚本を待ち焦がれてたんですよ。「これくらい書けるなら任せるか」という部分もあったと思います。ただね、ぼくが書き始めてすぐのころ「この中原って誰だ?」という話になって、石森史郎の弟子と知った某俳優が台本を叩きつけて「弟子の書くような脚本に俺が出れるか!」なんてことがあったそうです。

アニメや特撮番組を書いて、だんだん食えるようになった

――さかのぼりまして、脚本家を目指したきっかけは?

中原　ぼくは28歳まで大学生で、学生運動をやってました。70年の安保闘争とかね。まず大江健三郎にイカれて、そこからサルトルとかカミュにいって〝アンガージュマン〟……社会参加ですよ。いくつか大学を渡り歩いて、けっきょく行き着く先は情けないけど〝内ゲバ〟という時代。もうこれはあかんなと思って、そのころ大島渚の『白昼の通り魔』(66年)を見て「映画はいいぞ。なにか世の中を変える力になる」と思って、24歳で日芸(日本大学芸術学部)に入ったの。これがまた問題なんだけど、創作ではなく理論・評論のほうで、やっぱりおもしろくない。それで石森史郎さんのゼミに潜り込んで、そうしたら卒業間近に「この度〝エコール・ド・8〟という集まりを始まることにした。ぜひ参加するように」とお手紙をいただいたのが始まりですね。

――〝エコール・ド・8〟は脚本家の創作集団みたいなものでしょうか？

中原　先生はサロンにしたいと仰っていました。メンバーは映画監督の田口勝彦、当時まだ助監督の長石多可男、シナリオ作家の久保田圭司、三宅直子、鷺山京子、土筆勉、あとから伴一彦と女流ポルノ作家になった中村嘉子が入ります。２人とも石森ゼミの後輩です。

――最初は石森さんの弟子として活動したのでしょうか？

中原　教わろうと思ったんだけど、あんまり教えてくれないんだよ（笑）。でも先生のシナリオを清書したり、東伏見の自宅で電話番したり、書庫の整理をしたり、そういうのはやりました。あとはプロデューサーや業界の人たちに「内弟子です」って紹介してくれるわけ。先生は土筆さんの面倒を見て、ぼくは東映の田口監督に指導していただくことが多かった。まずは放送作家として構成台本なんかをやって、それから田口監督と一緒にアニメや特撮番組を書いて、だんだん食えるようになったということですね。『ゴワッパー5　ゴーダム』（76年）とか『超神ビビューン』（76〜77年）とか、とくに『まんが日本絵巻』（77〜78年）はたくさん書いたし、いい経験になりました。毎週30分で２話、大河ドラマを15分にするような作業なんです。ある大御所のホン直しをノンクレジットでやったこともあります。打ち上げで「俺は戦争を体験してるんだ。人を斬ったこともある！」なんて言われてね。

――ペンネームの「中原朗」は映画『約束』（72年）で萩原健一が演じた主人公の役名ですね。その名前にした理由は？

中原　先生に「中原朗でやっていきたい」とお願いしたら「いいのか？　最後に刑務所に入る役だぞ」って（笑）。『約束』は大好きな映画ですが、ショーケンに惚れたとかそういうことよりも名前そのものですね。よくあるじゃないですか、三國連太郎や片桐夕子みたいに登場人物の名前をそのまま芸名にするのって。

――しかし、脚本家が映画の役名をペンネームにするのは珍しいです。もともと石森さんも「中原朗」としてピンク映画

を書いていたのでややこしい。

中原　ぼくもピンクをやってますよ、中原朗として。

――ますますややこしい！

中原　まぁ、それほど名前を大事に思って、プライドと誇りをかけてやってたわけじゃないところもあって……出たとこ勝負の仕事ですから。打ち明け話をすると、学生運動が終わってもまだ警察に目をつけられてたんです。アパートに住んでいると、チラチラッとヘンな若造が敷地に入ってくるわけ。大家さんからも「留学してる子が帰ってくるんで引っ越してもらいます」とか、嫌がらせだよね。まだ追いかけられているなと思いました。

――けっこう激しく活動していたんですね。

中原　激しくはないよ。ただ3回も捕まっちゃったから。バカでね、そういうバカさ加減が、いまだに続いているんだろうね。だから本名では書きにくかった。いまはちゃんと本名で田舎暮らしですけどね。

やっぱり『必殺』でも密室劇みたいな変わったことをしたい

――必殺シリーズの執筆回で、とくに思い出深い作品はありますか？

中原　雪山の宿を舞台にしたミステリ調の回、あれは自信作です。正月明けだったと思いますが、山内さんが東京に来たとき品川プリンスホテルで打ち合わせして「仕事人が雪山で宿屋に閉じ込められる話をやりたいんです」と提案したら「あ、いいですな！」。もう、それで終わり（笑）。

――『必殺仕事人V』第6話「りつ、減量する」（85年）ですね。温泉宿が乗っ取られる密室劇でした。

中原　いろんなパターンがあるけど、早坂暁さんが『三十六人の乗客』（69年）というバスに乗り合わせた人間模様を描くバスジャックの話を書いてますよね。やっぱり『必殺』でも密室劇みたいな変わったことをしたいと思っていて、でも、すぐにはやれないから、ある程度の信用が出てきたところで提案したんです。どんでん返しの展開や、いつもの武器が使えないので「雪だからツララを使おう」とか考えて、ホンのほうがサスペンスの要素は強かったと思うけど、やっぱり現場の力でおもしろくしてくれました。田中徳三さんがワンカット、ワンカット、しっかり撮ってくれましたね。

――この回が初めてではありませんが、主水の殺しも柄に刃が仕込んであってグサッと刺す不意打ちが効果的です。

中原　あれはシナリオではなく、田中さんと殺陣師さんの打ち合わせだと思います。スタッフのみなさんの活動屋精神があるから成立したんじゃないでしょうか。

――当時のシリーズらしく、「りつ、減量する」というサブタイトルと本筋のストーリーがかけ離れています。

中原　プロデューサーがつけたんでしょうね。だから書いた本人もどれがどの回か、さっぱりわかんない（笑）。新聞のテレビ欄を見て番組を選ぶから、そこに強いツカミがほしい……まだバブルが弾ける前で、当時は「暗いものはいけない」という時代でした。そのあたり山内さんの参謀としての力は間違っていなくて、もちろん失敗もあるけど、いま思えばおよそ正しかった。

――フジテレビが「楽しくなければテレビじゃない」をスローガンにしていましたが、先ほど話に出たように当時の必殺シリーズは、わかりやすさや明快さを求められたのでしょうか？

中原　求められました。そうなると人間の情とか恨みの奥に、なかなか入っていけないわけですよ。だけど、もう世間がそれを嫌っちゃっていた時代だからね。

――山内さんに認められた「殺しを見られたのは秀」も自信作の「りつ、減量する」も田中徳三監督の担当回です。

中原　田中さんということで興奮しましたよ。溝口健二、黒澤明のチーフ（助監督）であり、大映のプログラム

『必殺仕事人V』第6話「りつ、減量する」、雪山の温泉宿に外道仕事人が立て籠もる密室劇

ピクチャーの達人でしょう。ああいう仕事をしている人がいちばん好きなの。世の中に出て偉そうなことを言わず、それでおもしろいわけ。やっぱり増村保造より田中徳三ですよ。

――密室下の籠城劇といえば、『必殺仕事人V 激闘編』第13話「主水の上司人質になる」も見ごたえがありました。

中原　いくらワンパターンにしてくれと言われても、お客さんが「あれ？」とか「おっ！」と思ってくれなきゃ商売にならないわけですよ。あとは気に食わない上司でも、たまにはイビったうえで助けてやるかという狙いもありました。あのころグリコ・森永事件ってあったでしょう。社長がとっ捕まって、ひどい目に遭って、下着姿で逃げ出した……そのままでは描けないけど、そう感じさせないように、あの事件を元ネタにしたんです。

――シリーズ最多登板の松野宏軌監督の演出も冴えていました。

中原　松野さんは本数をたくさん撮っているのに便利屋的に軽く扱われて、ある意味では無理難題を押し付けられていたと思います。でも縁の下でしっかり撮影所を支えていたのは間違いない。櫻井さんに「あの新人、ちょっとわかってないところがあるから教えてやれ」と頼まれたのか、松野さんが準備稿を持ってぼくの旅館に来たことがあります。そのとき「なるほど、現場の段取りはこういう仕組みになっているのか。ここは丁寧に書き込まないといけないんだな」というようなことを教わりました。

――ほかの監督の思い出はありますか？

中原　家喜（俊彦）さんは、作品がシャープな感じでした。あまり話題にならない監督かもしれないけど、八木（美津雄）さんは渋い感じ。津島（勝）さんもよく覚えてますよ。彼もコミカルではなく硬派なものを望んでいた気がします。「この同人誌に名前が出てますね」と言われたことがあって、非常に意欲的な芸術青年の面影がありました。それは石森先生の門下生が作っていた同人誌で、先生が撮影所に配ったんでしょうね。

『必殺』の場合、ホンをプロデューサーに渡したら終わりで、監督と密に打ち合わせるようなことはありませんでした。ぼくは撮影所へ行った数も少ないと思う。古い作家だと「現場に行かずしてなにがシナリオだ」という方もいらっしゃるし、野上さんもそう。初めて撮影所に行ったのは『仕事人Ⅲ』の最終回で、都築（一興）さんが監督でした。そのときは朝日放送のお歴々も見えていたし、初めてラッシュを見ました。まだちゃんと編集されてないし音も付いてないフィルムなので、松竹のタケちゃん（武田功）から「心配せんといてください」と言われたのを覚えています。いや、学生時代に映画実習もあったし、そんなことは知ってるんだけど（笑）。

――日芸出身ですもんね。

中原　石原（興）さんも日芸だったかな。でも、ぼくの回のカメラは藤原（三郎）さんが多かった。聞いた話だけど、石原さんは新人や若手、つまり昔からやっていないライターは「二軍」と呼んでたらしい（笑）。こっちは二軍どころか三軍だけど。

「内ゲバなんか止めようよ。いつまでもそんなことやってちゃダメだ」

――当時の必殺シリーズは時事ネタを積極的に取り込むのが特徴ですが、『必殺仕事人Ⅳ』第27話「主水未知と遭遇する」（84年）にはUFOらしきものが登場します。

中原　スティーブン・スピルバーグの『E.T.』（82年）があれだけ大ヒットしたからね。どっちが先に言ったかはわからないけど、山内さんは目が光る話でぼくを認めたわけで、SFも好きだし、そういうのをやらせてみるかというのがあったと思う。ぼくは「次は『ジョーズ』をやりたい」って言ったんですよ。そうしたら山内さんが「あかん、あかん」、京都映画がそんな予算使うわけないって却下されました（笑）。漁村を舞台にしてサメの頭だけでも用意して、できないかと思ったけどね。

——『必殺仕事人Ⅴ』第23話「加代、五千両の金塊を拾う」（85年）は、銀座の一億円取得事件でしょうか？

中原　そう、あれは大貫（久男）さんの事件。拾った大金をネコババするとしたら、それはもう加代だろうと。鮎川いずみさんが一喜一憂のお芝居を上手くやってくれたので、印象に残っています。

——同じく『仕事人Ⅴ』の第9話「主水、キン肉オトコに会う」は、『キン肉マン』の作者であるゆでたまごの両名（嶋田隆司、中井義則）がゲスト出演。仕事人に憧れる若者たちがワルに利用されて悲惨な死を遂げてしまう、必殺シリーズのメタフィクションのようなエピソードでした。

中原　なにたまご？　あぁ、ゆでたまごね。ぼくは漫画ってあんまり知らないんだけど、辰野さんが『キン肉マン』に目をつけて、出演交渉したんじゃないかな。新聞に載った田辺聖子さんの批判じゃないけど「ガキに殺しをやらせてどうする」ということに対して、こちら側のテーゼを示さなければならないと思いました。「ガキが出しゃばる仕事じゃねえ、お前らが思っているほどきれいでもないし、甘くもねえんだよ」と。ぼくらは調子に乗って学生運動をやらかしてきたけど、お前らはそんなことするんじゃないよという気持ちもありました。

——『必殺仕切人』（84年）は現代パロディのオンパレード、ピラミッドや鳥人間大会、さらに『ベルサイユのばら』ならぬ『江戸城の菊』という絵草紙が出てきたりしました。

中原　これは辰野さんがメインのプロデューサーだったのかな。山内さんの片腕以上に辰野さんが台本のアイデアを出していた記憶があります。そのころ日本にピラミッドがあるとか、キリストは青森で死んで墓があるとか、そういうネタが話題になってて、おもしろいんだけど、ネタだけ持ってこられても苦労するんだよ（笑）。辰野さんは『部長刑事』のディレクター出身だから作ることが嫌いじゃないし、だいぶ『仕切人』には入れ込んでいて、山内さんも多忙だし任せていた気がしますね。作品の質と数字は必ずしもイコールではないけど、やっぱりテレビだから視聴率は取りたい。それでどんどん時事ネタを入れていったんでしょう。

――ほかに執筆作の思い出はありますか？

中原　びっくりしたのは、侍が真っ二つに斬られる話（『必殺仕事人Ⅳ』第42話「加代パン作りに挑戦する」）。水戸浪士の桜田門外の変をイメージしたんだけど、シナリオでは大上段に振りかぶって、相手を真っ二つに斬り落とすように書いた気がする。それでオンエアを見たら上半身と下半身で真っ二つになってて仰天した。あれは広瀬（襄）さんが監督でしたね。

――「加代パン作りに挑戦する」と「秀夕陽の海に消える」で二部構成の最終回になっており、前編を中原さん、後編を篠崎好さんが担当しています。

中原　あの経緯はね、山内さんに「必殺シリーズに限らず、どんなテレビドラマでも最終回っておもしろくないですよね」って言っちゃったわけ、生意気にも。それで前後編を提案して、なぜか前編がぼく、後編が篠崎さんになった。でも打ち合わせは全然してないの。これは邪推かもしれないけど、とにかく脚本家がとぐろを巻くのは嫌がってたね。たしか篠崎さんは吉田剛さんが呼んできたのかな、わりと親しいはずです。

――中原シナリオ回は、殺し屋同士の抗争も多い印象があります。まずお聞きしたいのが『必殺渡し人』第13話「秋雨の中で渡します」（83年）と『必殺仕切人』第18話「もしもソックリの殺し屋が現れたら」（84年）、両作とも最終回ですが主人公と同じ殺し技の敵が登場しています。

中原　おちゃらけ路線のコミカルさも残しながら、主人公にとっていちばん深刻なのは、やはり手練れとの戦いでしょう。そして忍術でも剣術でも殺しでも、師匠がいて弟子がいる。これはもう自分のヘンな思想ですけど「内ゲバなんか止めようよ。いつまでもそんなことやってちゃダメだ」というようなことも、チラッと頭をよぎりました。世の中がこういう番組を支持してくれている。ところがしょせんは裏稼業です。その裏稼業の人間が、人気が出たからといって現実に天下を取っちゃおかしいわけですよ。そういうことを少しは暗示したい。まぁ理屈はさておき殺し屋同士を戦わせて、もっと活劇風にしたいと、底流にはそういう気持ちがありました。

ずっと宿に籠もってると、酒で憂さをはらすしかない

——**京都の定宿は「かんのんホテル」ですか？**

中原　「きみや」という小さな旅館で、祇園の八坂神社の裏にある下河原通あたり。かんのんホテルは、もうなかったと思います。あそこは荒武者が全員集まって、好き放題やっていたところでしょう。石森先生は畳の部屋で書くタイプなので、きみやに一緒に滞在していたこともあります。工藤栄一さんがまたよく飲むから、ぼくもベロンベロンに泥酔して、しょんべん漏らして、先生に迷惑かけたこともありますよ。

——**師匠と違って酒好きなんですね。**

中原　ずっと宿に籠もってると、酒で憂さをはらすしかなくて、だいぶおかしくなった時期もあります。自分を忘れるように飲んで。そうすると、宿が心配して撮影所に連絡がいくわけ。それで保利（吉紀）さんがぼくの見守り役というか……「あいつに息抜きさせてやれ」という指示が、おそらく櫻井さんから出たんでしょうね。琵琶湖の競艇に連れていかれたり、祇園のちょっと小粋なスナックで色っぽい女の子に会って、その子には妹もいて、これがまた美人で……そういうこともありました。保利さんや中村勝行さんもふくめて、ずいぶん遊んだような気がする。吉田剛さんは、ぼくのホンを読んで誤字を教えてくれた（笑）。「中原くん、機嫌がいいの〝き〟は気持ちの〝き〟じゃなくて機械の〝き〟だよ」って、学校の先生みたいなんです。

——**当時は相当なハイペースで必殺シリーズを執筆しています。**

中原　一時は「中原朗が天下を取った」みたいな扱いをされて、バカスカやらされました。もうちょっと時間が

あって、突っ込んだ打ち合わせができていたら、もっといいものが書けた……それは思うんですけどね。あのころの必殺ブームはテレビ局も撮影所も完全に調子に乗っていて、下手したら書き手もそうだったかもしれない。阪神が優勝して、祇園はバンザイバンザイだし、街全体がラーメン0円とか寿司半額とか、東京で感じる以上に浮き立っているわけ。『必殺』もイケイケドンドンで、大昔のシリーズなんて貧しい夫婦がめし食ってるシーンでも破れ障子の隙間からアップで映して、セットも作らないような世界だったでしょう。それがどんどん派手になっていった。

――たしかに当時の必殺シリーズは華々しく、秀と勇次のコンビネーションなど殺しの華麗さが名物でした。

中原　勇次なんか調子づいてきたと思うし、書きやすいんだよね。だけど勇次だけではストーリーがもたない。三味線屋が黙って日々の暮らしをしながらポツポツといいところを見せて、ちょっと洒落たセリフを言う。だから中条（きよし）さんは、いい意味でナルシシスト。そこを満足させてやる芝居を考えました。

そろそろ秋風が吹いているのは、みんな感じていました

――1985年から始まる『必殺仕事人V』からは京本政樹さんの竜、村上弘明さんの政と若手キャストが交代します。

中原　そこは意識の転換がしにくかった。さらに現代化していくわけじゃないですか、俳優だけでなくファンも若くなっていく。だからやっぱり戸惑いましたね。どうしても秀や勇次の印象が濃いから、ぼくは同じラインで書いて、そのラインに「あなたたち俳優さんが追いついてください」という気持ちでした。徐々にハマってきたと思います。京本なんかもそうでしょう。おそらく俳優さん同士も好き嫌いとか、合う合わないがあると思うんですよ。その緊張感とともにチームが存在するときがいちばんよくて、個人的な好みだと『仕事人III』や『IV』

かな。そのあとの新しい活劇編……ミッドウェー海戦みたいに殺し屋を増やしてシビアな路線にしたら、撮影所は乗り気になる。監督も工藤さんが復帰して、活劇を中心にしたシリーズが始まった。

――『必殺仕事人V　激闘編』（85～86年）ですね。

中原　ところがお客さんはコミカルな路線に親しんでいて、そこで数字取っちゃってるから続かなくて、すぐ元に戻してしまった。そういう難しさはありましたね。

――『必殺まっしぐら！』第1話「秀が帰って来た！」（86年）は、篠崎好さんとの共同脚本です。

中原　篠崎さんが先に書いて、ところが工藤さんが「困った、困った、いやぁ最初が上手くいかないんだ」と、それでぼくが入ることになった。何日か経ったら工藤さんが「いいアイデアを思いついた！」。台風が過ぎたら秀が長屋で天井に向いて寝っ転がって、上に大きな穴が開いてると（笑）。あそこは完全に工藤脚本です。どこかに篠崎さんのアイデアが残っているのかもしれないけど、まったく記憶にない。ぼくとしては工藤さんと共作でクレジットされるものだと思っていたくらいだから、篠崎さんと連名になっててびっくりしました。

――『まっしぐら！』はファミコンゲームの『スーパーマリオブラザース』を元ネタにした作品です。『必殺！びっくり箱』や『必殺！アクション編』といったタイトル案もあったそうですが。

中原　山内さんと辰野さんの会話で「タッちゃん、最近なにが流行ってんのや？」「うちの子なんかゲームですわ」「なにをやってるの？」「マリオですよ」と、そんな感じでしたね。ぼくはゲームに興味がなくて、参考のためにやってみたけど、やっつけたと思ったらまた敵が出てくる、その繰り返し……これを1時間のドラマでやるのは難しいなと思いました。だから『マリオ』にヒントをもらったというすごさは出ていないわけね。最後は黒幕がトンカチを投げたり、やっぱりテレビ局と現場の志向性って絶対にイコールではないですから。これだけ『必殺』が時代劇の牙城みたいになると、まぁ内ゲバとは言わないですけど、ギクシャクしてきますよ。

——各話のストーリーはミステリ的な要素が組み込まれて、意欲的なパターン外しのエピソードが多い印象があります。しかし視聴率も下がって、仕事人ブームのころに比べると……。

中原　あのころ辰野さんに「いつまで続きますかね。いつか終わりがくるでしょうねえ」と言ったら、彼もさるもので「そういうときはね、みんな逃げ出します」って（笑）。『逃走論』を書いた浅田彰っているじゃない。その話になりましたけど、まぁ置かれた環境と状況でがんばるしかないですよね、こっちは。そろそろ秋風が吹いているのは、みんな感じていました。野上さんなんか「長続きさせるには時代に媚びて派手にせず、『銭形平次』や『水戸黄門』みたいに収めればよかったのに」なんて言ってたけど、魚雷だか爆弾を使うような、10回ちょっとで打ち切られた作品もあったんじゃないかな。

——『必殺仕事人V　旋風編』（86〜87年）ですね。意外にも中原さんは第4話「せん、りつ、カチンカチン体操をする」の1本しか書いていません。

中原　映画で深作さんにひっぱたかれてたころだから（笑）。

——続く『必殺仕事人V　風雲竜虎編』（87年）の最終回は「主水ひとりぼっち」。なんとも寂しいサブタイトルです。

中原　ぼくがつけたわけじゃないけど、スタッフやプロデューサーにもそういう気持ちがあったんじゃない。

とにかく山内さんはパロディが好きなの

——そして『必殺仕事人　激突！』（91〜92年）がシリーズ最後の執筆作。こちらも第15話「夢次、女盗賊にほれる」のみの登板です。

中原　原田雄一さんだね。覚えてるけど、原田さんとちょっとアレだったんだ。山内流のさ、最後のガダルカナル決戦みたいなもんだよ。これは『女ねずみ小僧』のパロディをやろうとしたんです。とにかく山内さんはパロディが好きなの。なにかおちょくってやろうという関西人の気質があって、そこが魅力なんだよね。それで女盗賊の扮装を赤と白のハチマキでやろうとしたら原田さんが「赤と白のハチマキはおかしい」。夜中に盗賊が走って、赤と白じゃ目立ってしまうじゃないかって（笑）。

――そこにリアリズムを求めた。

中原　それで俺に「消せ！」っていうわけだよ。監督の指示だし、いろいろ説明もしたんだけど、言うとおりになって、その設定はオジャンになっちゃった。ますます撮影所と局の関係に水を差すし、あんまりいい話ではないね。だけど、そういうことも起きますよ。だからライターが図に乗ることもあるし、監督が思い上がることもあるし、じゃあプロデューサーが偉いかっていうと、また別の話だし、そこの判断にゆるみがあると、やっぱりね……。だからピントのボケた回になった。これが最後の『必殺』だけど、苦い思い出だよね。松竹の本社から高橋（信仁）というプロデューサーが呼ばれて、そこともあんまりよくないことがあったし。

――そうだったのですね。

中原　駆け出しのシナリオライターとして『必殺』に呼んでもらって、いい思い出のほうが多いですよ。年を取ったせいだと思うけどね。だからこういう取材の機会を作っていただいて、高橋なんかのことも吐き出せて悪くはなかったかな。いま思えば、ちょっと遅い青春を味あわせてもらったってことでしょうか。笑いだけじゃなく、怒りも涙もふくめて。悲しさも別れも全部『必殺』というシリーズのおかげですよ。

中原朗

［なかはら・あきら］

1947年京都府生まれ。本名・保坂友一。日本大学芸術学部卒業後、石森史郎主宰のエコール・ド・8に参加し、76年に『ゴワッパー5　ゴーダム』でデビュー。『まんが日本絵巻』『科学忍者隊ガッチャマンF』などのアニメや『超神ビビューン』『生徒諸君』『超人機メタルダー』『世界忍者戦ジライヤ』『三匹が斬る！』などのドラマを執筆。必殺シリーズには83年の『必殺仕事人III』から多数参加し、映画『必殺4　恨みはらします』も手がけている。

監督

広瀬襄

台本は前の日に書き直すんだよ
それがいちばん大きな仕事だったね

松竹大船の青春映画やメロドラマで活躍した広瀬襄は、『必殺仕事人III』からシリーズに合流し、いきなり歴代最高視聴率を叩き出す。その後も『必殺仕事人IV』の最終回二部作や『必殺仕事人V』の初回を任され、映画『必殺！ ブラウン館の怪物たち』を演出。大船出向組の代表的監督が振り返る京都の日々！

京都の場合、監督がスタッフの言うことを聞かなくちゃいけない

広瀬　松竹と契約してましたから、本社の重役から「京都に行って仕事しろ」と言われればやらざるを得ないんだよね。大船も京都も松竹の傘下で本拠地は大船ですが、時代劇の小道具や大道具、衣裳は京都が本場だから。そういうことで、京都のプロデューサーから『必殺』に呼ばれたというわけではなかった。

——『必殺仕事人III』第21話「赤ん坊を拾ったのは三味線屋おりく」（83年）から必殺シリーズに参加していますが、京都映画の現場はいかがでしたか？

広瀬　京都の人は東京にすごく対抗意識が強いから、偉そうにすると絶対にダメ。自分たちのプライドがあって、それを壊されそうになるとバーってなるんだよ。だからこっちもそれに合わせて仕事をしなくちゃダメでした。

やっぱり自分たちが築いてきたシリーズを関東からやってきた監督に勝手に壊されてたまるかというね、そういう意識を感じました。

――松竹大船出身の監督として、大船と京都の大きな違いは？

広瀬　スタッフが違うね。大船っていうのはだいたい監督の言うとおり動いてくれるんだけど、京都はぜんぜん違うから（笑）。逆にみんなの言うことを聞かないと、協力してくれない。京都の場合、監督がスタッフの言うことを聞かなくちゃいけないんだ。『浪花おこし』（78年）という昼帯ドラマを京都映画で撮ったことがあって、そっちはまだ自分のやり方でやれましたけど、『必殺』の現場はキャメラの石原（興）さんが絶対だから。もう逆らう人はいない。そういう話は、先に大船から行った前田陽一から聞いてたんだ。「こんなことがあるから気をつけろ」って（笑）。

――石原興さんが現場をリードする体制が出来上がっていたんですね。

広瀬　いや、人間はいいんだよ。それと知識がすごい。だから石原さんにはいつでも自分で監督できるという、そういう自信があるんだよね。だから正直いって、やりにくい部分もあった。やっぱり石原さんがすべてのスタッフを押さえているから、こっちが下手なことを言ったらもう全然ダメなんだよ。助監督や製作部は協力的だったけど、とにかくキャメラマンが強い現場だった。

――初登板の「赤ん坊を拾ったのは三味線屋おりく」は必殺シリーズの歴代最高視聴率（37・1％）を記録しています。今出川西紀さんがゲストの悪女もので、殺しのシーンも仕事人ブームを象徴するかのように華麗でした。

広瀬　いや、まだこのころは視聴率とかなんとかってことは話題にならなかったからね。それで評価されたとか、そんな実感はないです。

――中村主水役の藤田まことさんはいかがでしたか？

広瀬　藤田さんは一切口を出さないんだよね。もともとスタッフからすごく慕われているし、彼がなにをやりたいかっていうのを、みんなわかっているんだよ。監督にも文句は言わなかった。とにかく「俺のことを信頼してくれ」という感じで、ずっと中村主水をやってきた自負がありました。

――藤田さんについては、そこまで細かく演出をする感じではない？

広瀬　そう。ただ、せんとりつとの三人家族でしょう。あのシーンをどう撮るかっていうのがまず大事で、撮影前にそれを決める。いや、藤田さんは入らずにメインスタッフだけで「どこをどうやって笑わせる」とか、そういう打ち合わせをやりました。脚本家と打ち合わせをした記憶はない。いきなり台本が来ちゃうから。普通は脚本家と監督が話し合いをして直したりするんだけど、京都の場合はそれがない。

――助監督時代から脚本家としても活動していますが、『必殺』のシナリオを自分で書こうと思ったことは？

広瀬　それはなかった。ただし台本が来ても、ひどいところがあると書き直して、そういうのは自由だったね。撮影の直前にスタッフに渡すから、「それだったら朝早く渡してくれればいいのに」ってよく言われた。ずっと助監督のころから脚本をいっぱい書いて、中村登さんの『智恵子抄』(67年)とかやってたから、前の日に全部俺は書き直すんだよ。それがいちばん大きな仕事だったね。とくに『必殺』の場合、そのまま撮ろうなんてホンは少なかったし……。脚本家だと吉田剛ちゃんは知ってるよ。剛ちゃんは俺より3年くらい先輩で松竹の助監督だったけど、すごく人柄がよくて優しい人だった。

――プロデューサーの櫻井洋三さんは、どのような方でしたか？

広瀬　高くて、おいしいものを食べさせてくれた。自分では行かないような高級な和食の店だよ。京都のプロデューサーというのは絶対的に強いからね。もう逆らえないんだ。スタッフにも逆らえないけど。ただ、ときどきプロデューサーの助手さんが来るんだよね。そう、助手の武田(功)くんに任せることもある。そうすると、こっちはやりやすかった。

——三田村邦彦さん、中条きよしさんの思い出はありますか？

広瀬　みんな立派だったね。絶対に文句を言わなかったもん。やりにくかったような人はいなかった。山田五十鈴さんもスタッフから慕われていました。

——何でも屋の加代役の鮎川いずみさんは？

広瀬　まぁ生意気になったというところかな（笑）。昔の彼女を知ってるから。新人のころは、スタッフの言うとおりだったんだけど、だんだん自分でアイデアを出してやりだすんだよね。積極的な女優さんでした。

——スタッフ各氏の印象に残っている回として、『必殺仕事人Ⅳ』第39話「加代エリマキトカゲを目撃する」（84年）がありました。当時の必殺シリーズらしい時事ネタのエピソードですが、なにか思い出はありますか？

広瀬　うーん、ないねぇ。

殺しをいかにわかりやすく、おもしろく、そして怖く見せるか

——殺しのシーンの撮影について教えてください。

広瀬　まずどういう殺しをやるかということを最初に決めるんだよね。それまでやったことのない殺し方を「今度はこれでいこう」とか「あれはやってるからダメだ」とか。大船の監督というのはアクションの経験が少ないから、自分からアイデアを出すというより「へえ～、こうやってやるのか。じゃあ従おう」ということだったね。殺陣師やキャメラマンから案が出たあと、もちろん全部お任せではなく、監督として指示した部分もあるけど。

——『仕事人Ⅳ』の場合、男女を同時に糸で吊り上げたり、人体を真っ二つに斬ったりと、広瀬監督回の殺しにはクール

で冷酷なイメージがあります。これらはシナリオ段階の描写に、さらなる工夫が凝らされています。

広瀬　殺しをいかにわかりやすく、おもしろく、そして怖く見せるか……この3つでしたね。まぁ、こっちが思いついてアイデアを出しても「もうそれはやりましたよ」と、そんなふうに言われることもありましたけど。やっぱり長いシリーズものだし、そういう難しさはあった。

——とはいえ『仕事人Ⅳ』では9本を演出し、最終回の二部作も託されているので、それなりに京都映画のスタッフとも上手くやったということですよね。

広瀬　だからね、けっこう麻雀はやったよ（笑）。撮影所の近くじゃなくて、どっかに車で行くんだよ。石原さんの次のキャメラは誰だっけ？

——藤原三郎さん、都築雅人さん、喜多野彰さん……。

広瀬　あぁ、喜多野さんがいたな。あと一緒に麻雀をやったのは製作部の黒田（満重）さん。いつも帰りは京都駅まで車で送ってくれた。櫻井さんと高級な食事をするときも黒田さんが一緒に行っていたね。

——撮影中はホテル暮らしでしょうか？

広瀬　ホテルだよ。でも最初は違ったな。撮影所から歩いて2〜3分のところの民家の二階だった（笑）。旅館じゃなくて民家、もう布団がくさくって……たしか同じ家に前田陽一が泊まってたね。

——松竹大船からの出向組だと八木美津雄監督も当時のレギュラー監督です。

広瀬　八木さんはメロドラマをやってるでしょう。でも『必殺』の現場で交流はなかったなぁ。京都の監督とも付き合いはなかったけど、松野（宏軌）さんとは一度だけ食事に行ったことがあった。とても優しい人で、言葉は少なかったな。

まず「わかりやすく撮ろう」というのがあったかな

――『必殺仕事人V』（85年）では京本政樹さんと村上弘明さんが新レギュラーとなります。その第1話「主水、脅迫される」は吉田・広瀬の大船コンビが脚本と監督を手がけています。

広瀬　新しいシリーズに入るとなると、タイトルバックを変えるんだよ。それをこっちに相談もなく、石原さんがどんどん自分でやってるの（笑）。もう親分だからね、照明の中島（利男）さんとのコンビで。あと、あのころ京本政樹が入院しなくちゃいけないくらいの怪我をしたんだ。

――映画『必殺！　ブラウン館の怪物たち』（85年）の撮影中、高所から落ちてしまう事故がありました。

広瀬　それを公にしないでくれって言われたんだよね、京本から。スタッフに迷惑がかかるから、公にしないでほしいって。でも、そういうわけにもいかなかった。あと、だんだん京本も生意気になっていく感じはあったかな（笑）。やっぱりみんなそうなってくるんだ。こっちから言われてやっても、やるのは本人だから、売れると「俺が考えたからこうなったんだ」というね。

――劇場版の第2弾『ブラウン館の怪物たち』を監督したきっかけは？

広瀬　やっぱり松竹の重役だよ。櫻井さんではなく、本社の意向だったと思う。最初は『ブラウン館の怪物たち』というタイトルじゃなかった気がする。これも吉田剛ちゃんと撮影前に打ち合わせをした記憶はないなぁ。

――塩沢とき、兵藤ゆき、高田純次、明石家さんま、西川のりおの各氏ほか当時の人気タレントが多数出演というバラエティ的な作品でしたが、監督として意識したことはありますか？

広瀬　まず「わかりやすく撮ろう」というのがあったかな。どんな新しい殺し技があっても、わかりやすさがないとおもしろくない。いくら目新しいことをやっても、見てる人が感じてくれなきゃ意味がないから。

――たしかに『ブラウン館の怪物たち』はすごくわかりやすい画づくりで、巨大な黒谷屋敷のセットなどポーンと正面からの引きと寄りだったり、カメラアングルがテレビシリーズに比べてシンプルな印象があります。

広瀬　まぁ、そうだよね。現場は石原さんがどんどん進めてたけど。

――自転車に乗った外国人集団が出てきたり、ハンググライダーを使ったり、奇想天外な殺しが目白押しでした。

広瀬　それで京本がスタントを使わずに怪我しちゃったんだもん。まぁ、作品そのものへの思い入れは大してないですよ。出来もねぇ……。

――松竹創業90周年・朝日放送創立35周年記念の大作でしたが、ひさしぶりに劇場用映画が撮れるよろこびは？

広瀬　ないねぇ（笑）。

――そして『ブラウン館の怪物たち』を最後に必殺シリーズから離れますが、なにか理由があったのでしょうか？

広瀬　いや、別にないよ。松竹と契約してるから「大船でこういう作品があるから監督しろ」と言われたら、そっちに行くまでのことで、単純に会社の意向ですよ。当時はテレビのサスペンスものが多かったから、そっちに回されたんじゃないかな。

まぁ仕事としては、やりにくかったね

――さかのぼりまして、映画界に入ったときのお話をうかがいます。もともと学生時代から松竹ヌーヴェルヴァーグの作品が好きだったそうですね。

広瀬　そう、吉田喜重の『ろくでなし』（60年）をはじめヌーヴェルヴァーグに刺激を受けて、それで松竹に入ったらぜんぜん違うんだよ（笑）。作品が違う、やり方が違う、もうヌーヴェルヴァーグも終わってたし。

――しかし念願叶ってというべきか、吉田喜重組の助監督となります。

広瀬　『嵐を呼ぶ十八人』（63年）とか『秋津温泉』（62年）ね。でも吉田喜重は撮影に入ると、ぜんぜん人が変わっちゃうの。助監督なんか、もう人間じゃない。人間扱いしないんだから（笑）。学んだというか、やっぱり演出は丁寧でしたね。もう岡田茉莉子さんと付き合ってたころだけど、慎重でした。

いちばん助監督をやったのは中村登さんだよね。だから中村さんに初めて「よーい、ハイ！」の声をかけろって言われた。「俺の代わりにやってくれ」ということで、監督というのはやっぱり声を大きくしないといけないから疲れるんだ。でも俳優さんによっては「助監督のかけ声じゃイヤだ」という人もいるんだよ。

――助監督時代から脚本家として活動し、松竹だけでなく日活の『非行少年 陽の出の叫び』（67年）という藤田敏八監督のデビュー作まで担当しています。

広瀬　大船の助監督室で発行していたシナリオ集があって、そこに発表した脚本なんだ。それをいきなり新宿の喫茶店で……220万円だったかな、そう220万円で売ってくれって言うんだよ。だからびっくりした。そのときの月給が15万円くらいだったからね（笑）。それを松竹に話したら「明日、持ってこい」ということでその220万円を家から会社に持っていったの。2〜3日したら返してくれたけどね。その脚本料を出してくれたプロデューサーは、民芸映画社の大塚和さんだったと思う。

――本編の脚本クレジットは「埴谷淳」です。他社の映画ということでペンネームを使ったのでしょうか？

広瀬　ちょうど松竹の『智恵子抄』と同じ週にぶつかったから。で、俺の名前が両方にあっちゃマズいというので「なんでもいいから名前を変えてくれ」って。あの埴谷淳という名前は、埴谷雄高と石川淳が好きだったから、それを組み合わせたの。

――1973年に青春映画『愛ってなんだろ』で監督デビューします。ご自身として、とくに思い入れがある作品は？

広瀬　『ムツゴロウの結婚記』（74年）ですね。井上順と松坂慶子が主役のやつ。あれはムツゴロウさんという題材だけあって、映画的な内容がないんだよ。だから助監督の仲間たち（満友敬司、今関健一）と一緒にシナリオを考えて……大船の旅館に籠もったんだけど、すぐ麻雀になっちゃう（笑）。

――また麻雀！

広瀬　2日間ぶっとおしの徹夜でやったんだ。プロデューサーの武藤三郎も麻雀が強かった。

――映画デビュー前には、森田健作さん主演の青春学園ドラマ『おれは男だ！』（71～72年）を演出。初回と最終回ほかメイン監督を務めており、新人としては異例です。

広瀬　いきなりだったね。中村登さんの助監督として現場を任されたりして、それがよかったんじゃないかな。そのあと森田とは『青春をつっ走れ』（72年）をやったし、映画にも出てもらいました。

――そういえば『ブラウン館の怪物たち』にも森田健作さんがメインゲストとして登場しますが、あのキャスティングは監督の意向でしょうか？

広瀬　いや、関係なかったね。若い人を入れるということで、選ばれたんじゃないかな。森田はいいやつだった。素直で言うことをよく聞いてくれましたよ。テレビだと昼のメロドラマ、あれを何回もやったな。メロは嫌いだったけど、それも会社の意向だから仕方ない。映画もテレビも自分にとっては同じでしたね。とくに別々という区分なく、やってました。

――長いキャリアのうち2年ほどの間でしたが、あらためて必殺シリーズと京都映画の現場はいかがでしたか？

広瀬　まぁ仕事としては、やりにくかったね。繰り返しになりますが、大船はディレクターシステムだから監督の言うことをスタッフが全部聞くけど、京都だとそうはいかないから。

広瀬襄

［ひろせ・じょう］

1938年愛知県生まれ。本名・廣瀬穣。早稲田大学卒業後、61年に松竹入社。大船撮影所の助監督と並行して『智恵子抄』など多くの脚本を手がけ、73年に『愛ってなんだろ』で監督デビュー。『恋は放課後』『ムツゴロウの結婚記』『スプーン一杯の幸せ』など主に青春映画を手がけ、テレビは『おれは男だ！』をはじめ昼帯ドラマや2時間サスペンスほか多数。必殺シリーズでは劇場版の第2弾『必殺！ ブラウン館の怪物たち』も手がけている。

監督

関本郁夫

ホンは自分の世界に寄せた気がするだけど現場は全部ヤラれた

東映京都の新鋭監督として熱気あふれる低予算映画で注目を集め、80年代に入ると「影の軍団」シリーズなどテレビ時代劇の監督として活躍した関本郁夫。エリートぞろいの東映において高卒たたき上げで頭角を現した関本の、フリー初仕事こそ『必殺仕事人Ⅲ』であった。三角マークの男が語る京都映画の裏側！

やっぱり喜劇出身の役者がシリアスをやると強いですよ

――1983年に東映を退社し、『必殺仕事人Ⅲ』第20話「厄払いしたかったのは主水」を監督しています。新興宗教を扱ったエピソードですが、同じ京都太秦の撮影所でも東映と京都映画は違いましたか？

関本　いやぁ、ぜんぜん違ったな。相当違ったような気がする。東映には監督中心に作り上げていく感覚があったんだけど、『必殺』というのは長いシリーズでしょう。やっぱりキャメラマンの石原興と……あとは藤田まことが現場をリードしていたね。ああいう役者は東映にはいなかった。スター主義の東映とも、また違っていたんだ。まぁ、やりやすい現場ではなかったな。

どうして俺が『必殺』に呼ばれたかというと、堀池さんって女性がいたんですよ。編集技師の堀池幸三のお姉さんだったと思いますが、彼女が東映京都で企画事務をやっていまして、そのあと京都映画に移ったんです。で、俺が東映を辞めてフリーになるという噂が、あっという間に太秦で広まって、その堀池さんが「関本がフリーになったよ」ということを櫻井洋三に教えたんです。

――そういう経緯で松竹の櫻井洋三プロデューサーからオファーがあったのですね。

関本　東映を辞めたのが83年の3月で、『必殺』を撮ったのは1月か2月……まだ社員として給料をもらっていたんだ。だからギャラの交渉なんか製作部長の翁長（孝雄）さんがやってくれて、「今回のギャラは東映がもらうぞ」と言われたんだけど、「なんの当てもなくフリーになるし、いまは一銭でも金を持っていたいんです」とお願いしたら翁長さん、見て見ぬふりをしてくれた。あれはありがたかったなぁ。

それで撮り終わったあと、櫻井洋三が「次に君の体が空いたら必ず俺に電話するように」って言ってたね。直接連絡しろ、と。櫻井もアクが強くて、自分を中心に回すっていう男だった。だから他人様に「関本郁夫のスケジュールが空いた」って言われるよりも、自分中心にしたかったんだと思う。でも電話しなかった。だから1本しかやっていない（笑）。

――新入りの監督として『必殺』の現場はやりにくかったのでしょうか？

関本　あそこはねぇ……みんながしゃべり始めるの。キャメラマンとか録音技師が意見を出す。だから、みんなで作り上げるシリーズなんですよ。初期は深作欣二や工藤栄一みたいな東映の監督がやって、『仕事人』のころには現場のスタイルが出来上がっていた。それまで俺は東映の東撮（東京撮影所）や三船プロでも仕事をしてきたけど、どうも京都映画はしっくりこなかった。

――著書『映画監督放浪記』においても「撮っているという充実感がなかった」と回想しています。

関本　なかった。だから電話もしなかった。にっかつで『女帝』（83年）を撮ることが決まっていたから、そっちに気が向いてたんじゃないかな。フリーになると金を稼がなきゃいけないじゃない。だからギャラのために撮っただけでさ、そんなに思い入れはない。でも『必殺』は1本しかやってないのに、パチンコになったときずいぶん実入りがあったんだよ。だから、そういう意味ではありがたかった(笑)。

――現場で覚えているエピソードはありますか?

関本　ないね。やっぱり石原興と藤田まことで、出来上がっている現場だから。もう「次はこのカットいこう」って……だから監督としての出番があまりなかった。いや、カット割りは自分で考えますけど、石原・藤田で決めることが多かったから。現場は石原が、役者は藤田が握ってるし、「なんで俺は呼ばれたんだろう」って思いながら撮ってたな。

ただ、視聴率はものすごくよかったと思う。だから櫻井洋三からも「直接電話するように」と言われたんだけど、俺は東映を辞めてから、一度もそうやって仕事をくれと頼んだことがないんですよ。そういう主義だった。櫻井とも「ちょっと合わんな」と、それは最初に会ってわかった(笑)。いや、わからんよ。実際やったら上手くいったかもわからんけども。

――「厄払いしたかったのは主水」の脚本は中原朗さんです。

関本　プロデューサーから「このホンで、関本どうか?」という話があって、ちょっと手直しをしたとは思う。俺は脚本も書く監督だから、ホンは自分の世界に寄せた気がする。だけど現場は全部ヤラれた。藤田まことと石原興にね。それで1本しかやらなかったんだ。やっぱり監督というのは、人を引っぱってなんぼの世界だから。『必殺』も後年は石原が監督をやったりするよね。ぜんぜん、なんとも思わなかったけどな。

――藤田まことさんとは、90年代にも『はぐれ刑事純情派』や『はぐれ医者　お命預かります!』、火曜サスペンス劇場の『共犯関係』で組んでいます。

関本　あの人は普段は温和なんだけど、ときどきフッとこちらを見る目がものすごく怖い。鋭いんだ。こっちが間違ったことを言うとね、フッと見るんだよ。やっぱり三枚目の喜劇人として下積み時代に相当イビられて、いろいろなことを経験したと思うんだ。それが身にしみているんじゃないか。だからね、一瞬だけ非常に冷たい目をする。機嫌がいいときはアホなことをしゃべるんだよ。新幹線でやくざ4人に会った話なんか、腹を抱えて笑ったなぁ。

——間違ったことというのは？

関本　たとえば演技指導をしていて、その方向性が自分の考えと違うと、チラッと見るわけ。何回見られたかな。1作品で2〜3回はあったような気がする（笑）。『必殺』であそこまで成功した人だけどね、そういう苦労人だし、やっぱり喜劇出身の役者がシリアスをやると強いですよ。

——三田村邦彦さん、中条きよしさんの思い出はありますか？

関本　中条きよしは『残侠』（99年）で使ったな。三田村も『極道の妻たち　死んで貰います』（99年）で悪役をやっている。でも思い出はないね。いやぁ、殺しのシーンも記憶にない。東映はアクションが下手だと次を撮らせてもらえないから、そこはものすごい力を入れるの。だけどアクションは大嫌いだった（笑）。時間がかかるから。でも『必殺』は短いでしょう。糸を引っぱってさ、キュッとやったらおしまい。あんなアクションだったら簡単だよ。

——それこそ大変だったという『大激闘マッドポリス'80』の銃撃戦に比べると、手間がかからない。

関本　それと藤田まことの家のシーン、菅井きんと白木万理とコメディをやるじゃない？　あそこなんかも役者同士のやり取りが出来上がってて、「はい、はい」って撮った気がするな。あのラストがウケたんだ。

東映から見ると、いちばん〝外れ〟に京都映画があった感じだな

――「厄払いしたかったのは主水」には悪徳教祖の正胤役として藤木孝さんがゲスト出演していますが、その後ビデオシネマの『女高生飼育』（83年）でも藤木さんを主役でキャスティングしています。

関本　最初は「影の軍団」シリーズだったと思うんだけど、そこから親しくなって、ずっと使い続けていたな。うん、おもしろい役者で、俺の言うことを聞いてくれるし、ちょっと妖しくて不思議な雰囲気を持ってる人ですよ。それで『必殺』にも呼んだんだと思う。

『女高生飼育』は実際の事件をもとにした俺のオリジナル脚本を本田達男さんが監督した東映の500万ポルノ（75年公開）があって、それのリメイク版。大阪の家電量販店がスポンサーで、映画評論家の高橋聰くんの仲介だったな。当時はビデオが出だしたころで、フリーの監督だからなんでも断らずにやったんだ。俺がテレビの世界でやっていけたのも、もともと東映で低予算のポルノ映画をいっぱい撮っていて、そのときのノウハウが役に立ったんだな。

――東映から見て京都映画というのは、どのような存在でしたか？

関本　松竹京都の時代はね、あとから考えれば神代辰巳とか、立派な監督が巣立っているんだけど、やっぱり小さい撮影所だったわな。京都映画になってからはステージを壊して縮小していたし、まだ隣に大映もあったし……東映から見ると、いちばん〝外れ〟に京都映画があった感じだな。

――1989年の『死神の矢』を手始めに『悪魔の手毬唄』『八つ墓村』『病院坂の首縊りの家』など古谷一行さん主演の金田一耕助シリーズでは、大映の流れを汲む映像京都のスタッフと仕事をしています。

関本　撮影所が一緒になっても京都映画と映像京都では、ぜんぜん違ったな。やっぱり大映はすごい。『東雲楼

女の乱』（94年）で組んだキャメラマンの森田富士郎さんなんて本当に緻密だし、美術もよかった。なんせ西岡善信さんが社長だからね。かといって京都映画が緻密じゃないっていうわけではないよ。石原興だって優秀だから、それはそれで力を持つんだけど……。

監督とキャメラマンの相性も大きいよ。やっぱり画に映ってなんぼだから。重さん……鈴木重平さんなんて、やっぱり上手かった。下手なキャメラマンだと同じシーンを3回も撮り直したシャシンだってある。もう安っぽい画を作ってきてねえ。けっきょく東映は順番制でキャメラマンになるから、人によっては注文の付けっぱなし。「ここは加藤流でいくからな！」なんて、ずいぶん言いましたよ。加藤泰さんみたいなローアングルにしようとかね。そういう意味では技術というのは、大映や松竹のほうが上だったかもしれない。

——なるほど。実力が発揮できなかったという『必殺仕事人Ⅲ』の現場ですが、ベッドシーンでわざわざクレーンを使って立体的なカメラワークの長回しを敢行するなど、やはり関本監督らしさも感じます。

関本　そうでしたか。撮影にしても照明にしても『必殺』は、工藤栄一の影響が大きいんじゃないのかな。石原も工藤さんの現場だと、言うとおりにしたって聞いたことがある。俺は工藤さんが東映を干される前の『やくざ対Gメン　囮』（73年）でチーフ助監督をやったんだ。『囮』というのは捜査四課の話で、あまりおもしろくなかったなぁ。『十三人の刺客』（63年）など東映でも名作を撮っている工藤組だから期待したんだけど、『囮』は微妙だった。ただ勉強になったのは、やくざ関係ね。四課というのは、その専門だから、もう、それだけはものすごく勉強になったのを覚えてる。

——なんの勉強になったんですか？

関本　俺自身の。刑事がやくざ顔負け、もう本当にやくざだから……見たら、やくざの顔や。あぁ、これはすごいなぁと思ったよ。そこはものすごく工藤さんに感謝してるんだけど、俺は（鈴木）則文さんの一派として監督になったんだ。皆川隆之と志村正浩がデビューして、天尾完次さんが東撮の企画部長に転じる直前に俺を監督にしてくれた。「関本には500万ポルノを撮らせろ」という声もあったのに、『女番長』のシリーズでデビューさせてくれたんだ。

——高学歴の助監督が多い東映で、高卒社員の監督デビューは異例です。

関本　俺なんか大工のせがれだし、泣く泣く助監督になったんだよ（笑）。お金を握れるから、ほんとは製作部で進行主任になりたかった。それがNET（現・テレビ朝日）ができて、助監督の数が足りなくなって演出部に移ったんだ。ある先輩助監督から「お前は高卒だから監督になれない」と言われたこともあるし、いろいろ悔しい思いもしたよ。

それから『必殺』を撮ったあと東映を辞めるとき、有志のみんなが退社を祝う会を開いてくれたんだ。そのとき中島貞夫さんに言われたよ。「関本、フリーになるということがどういうことかわかっとるか？　このパーティにはお前の同期もいる。彼らが60歳で定年退職するとき、少なくとも3000万円の退職金をもらう。お前も60になったとき、それくらいの金は持ってなくてはいかん。フリーになるというのはそういうこっちゃ」。自分の本にも書いたけど、あの言葉は忘れられない。仕事がなければ無一文のフリーになって、65歳まで監督を続けて引退した。それは俺の誇りだよ。

関本郁夫

［せきもと・いくお］

1942年京都府生まれ。伏見工業高校卒業後、61年に東映入社。京都撮影所の美術課、製作部の製作事務を経て助監督となり、73年に『女番長　玉突き遊び』でデビュー。『好色元禄㊙物語』『大奥浮世風呂』などで注目を集めて、フリーとなる。93年に『東雲楼　女の乱』で東映の映画に復帰し、「極道の妻たち」シリーズなどを演出。テレビは「影の軍団」シリーズほか多数。著書に『映画人烈伝』『映画監督放浪記』がある。

現場スナップ集

中央に松野宏軌監督、必殺シリーズ最多登板の功労者である

櫻井洋三プロデューサーと中村鴈治郎、京都映画の製作部にて

京都映画のオープンセット、スタッフと語らう山田五十鈴

『必殺仕事人Ｖ』第9話の中之島橋ロケ。左から殺陣師の楠本栄一、京本政樹、津島勝監督

COLUMN

必殺シリーズ脚本家・監督列伝 1979〜2023

1972年の『必殺仕掛人』よりスタートした必殺シリーズは、朝日放送の山内久司と仲川利久、松竹の櫻井洋三という3人のプロデューサーを基軸に脚本家や監督との協業が行われ、京都映画（現・松竹撮影所）が現場を担当した。本稿ではシリーズ第15弾『必殺仕事人』（79〜81年）以降に参加した主要メンバーを駆け足で紹介していこう。既刊『必殺シリーズ秘史』『必殺シリーズ異聞』のコラムや本書のインタビューと重複する部分もあるが、流れを整理していきたい。

『仕事人』の第1話「主水の浮気は成功するか?」、第2話「主水おびえる!闇に光る眼は誰か?」の脚本は野上龍雄。東映の任侠映画で活躍し、必殺シリーズの代表格ライターとなったベテランが立ち上げを担っている。その後も野上は『新必殺仕事人』（81〜82年）や『必殺! THE HISSATSU』（84年）から始まる劇場版を手がけた。第3話の尾中洋一は初参加にして意欲的なシナリオを発表しながら序盤で降板、第4話を担当した青春映画の名手・石森史郎は同じく新顔だが持ち前の職人性で多くの作品を残す。

シリーズ最多登板の保利吉紀、松竹大船出身の吉田剛と中核メンバーも合流し、石川孝人に松原佳成と初期シリーズからの書き手も次々と……全84話に延長された『仕事人』は途中より意図的なパターン化が図られていく。南谷ヒロミ、筒井ともみ、林企太子、長瀬未代子と女性脚本家の進出も目立ち、『新仕事人』以降は高山由紀子、篠崎好、林千代らが参入。とくに篠崎は10年あまり健筆を振るった。初期シリーズでピンポイントの個性を発揮した田上雄も『新仕事人』で復帰し、やがてスペシャル版などを任されている。

『必殺仕事人III』（82〜83年）では吉田剛が初めて第1話のシナリオを担当。メインライターとして各シリーズの初回や映画『必殺! ブラウン館の怪物たち』（85年）などを送り出す。石森史郎の弟子である中原朗も『仕事人III』から加わり、多くのエピソードを執筆。三田純市や鶉野昭彦ら関西在住の書き手も台頭し、鶉野による第21話は歴代最高視聴率の37・1%を記録して仕事人ブームのピークを象徴した。また、朝日放送のプロデューサーが仲川利久から辰野悦央に交代、山内・辰野・櫻井の体制で時代に合わせた挑戦や原点回帰などあらゆる企画が試されていった。

『必殺仕事人V 旋風編』（86〜87年）では初期シリーズで情念を描いてきた安倍徹郎がひさしぶりの復帰。15年にわたる連続枠の最終作『必殺剣劇人』（87年）は吉田剛で始まり、保利吉紀で終わりを迎えた。シリーズ第30弾『必殺仕事人 激突!』（91〜92年）も吉田、保利、篠崎、田上ら常連ライターが多くを占めており、1997年から翌年にかけての『必殺始末人』三部作は鈴木生朗、大津一瑯、綾部伴子と珍しいラインナップに。歌舞伎座テレビとオリジナルビデオシネマの色が濃い。そして映画『必殺! 三味線屋・勇次』（99年）では、野上龍雄が12年ぶりにして最後のシナリオを披露した。

『必殺仕事人２００７』には寺田敏雄が初登板。テレビ朝日の『けものみち』（06年）など各局の連続ドラマで活躍していたヒットメーカーがシリーズ復活を託された。続いて寺田は『必殺仕事人２００９』のメインライターを務めたのち、スペシャル版を執筆する。『２００９』には岡本さとる、前川洋一、森下直らも参加。『必殺仕事人２０２０』以降、２０２３年までのスペシャル版は舞台出身の西田征史が一手に引き受けている。

監督は『仕事人』の1・2話に松野宏軌を起用。松竹京都出身、必殺シリーズ最多登板の職人が初のパイロット版を任された。第3話では同じく松竹の貞永方久が持ち前の映像美を叩きつけ、映画『必殺！』や『必殺！　主水死す』（96年）を手がける。東映集団時代劇の旗手・工藤栄一は、初のスペシャル版『特別編必殺仕事人　恐怖の大仕事』（81年）や映画『必殺！Ⅲ　裏か表か』（86年）も引き受けて、〝光と影の魔術師〟の手腕を見せつけた。東映東京制作所のテレビ映画から頭角を現した原田雄一や大映京都出身のベテラン・田中徳三も合流し、めきめきと多作を誇った。

松野、貞永、工藤、原田、田中と必殺シリーズを代表する監督陣のほか助監督たたき上げの高坂光幸も『仕事人』で才を発揮したが、中盤以降は製作主任に転向。第二の新人監督として都築一興がデビューして個性を打ちすえる。京都映画生え抜きの家喜俊彦は『仕事人』から合流し、『仕事人Ⅲ』より本格的に活動。『新仕事人』から水野純一郎、『新必殺仕舞人』（82年）から津島勝が起用されており、やがて津島は「くノ一忍法帖」「新第三の極道」シリーズなど90年代のオリジナルビデオシネマを支える存在となった。

『新仕事人』以降は前田陽一、水川淳三、八木美津雄、広瀬襄、山根成之と松竹大船の監督が次々と参入。広瀬は映画『ブラウン館の怪物たち』を託された。各社を渡り歩いた娯楽職人の井上梅次や大映京都出身の黒田義之もコンスタントに各シリーズを手がけている。

『㊙必殺現代版　主水の子孫が京都に現れた』（82年）では撮影技師の石原興が4年ぶりに監督を務め、スペシャル版や映画版などを経て『必殺仕事人２００７』以降もメイン監督として活躍している。

映画『必殺4　恨みはらします』（87年）には深作欣二が登板。『仕掛人』以来となる監督作で、東映仕込みのダイナミックな活劇を披露した。日活出身の舛田利雄は『必殺！5　黄金の血』（91年）を担当し、大作仕込みの手際のよさを駆使した。

『仕事人２００９』では石原興をメイン監督に原田徹、酒井信行、山下智彦、井上昌典と80年代以降の必殺シリーズ助監督経験者を起用。スタッフふくめて世代交代がなされ、シリーズ初となる〝オール京都の監督〟という編成が組まれた。単発、あるいは数本の監督には山下耕作、石井輝男、岡本静夫、長谷川安人、松尾昭典、山本邦彦、関本郁夫、小原宏裕、藤井克彦、吉田啓一郎、松島哲也と多士済々の顔ぶれが集められている。

京都映画座談会2

林利夫（照明）
＋
中路豊隆（録音）
＋
都築一興（演出部）

「藤田まこと1日だけのビッグショー」って貼ってあんやから。びっくりしたわ！

前著『必殺シリーズ異聞』の京都映画座談会に登場した林利夫、中路豊隆、都築一興の三人組がふたたび集結。それぞれメインスタッフとして活躍した80年代の仕事人ブームを語り明かす。今回もまた同窓会のような汲めども尽きぬトークは自由な脱線を繰り返し、いったいどこに着地してしまうのか——。

おねむとひさしぶりに会えてよかった

林　もう話すことないって言ったやん。ほんまに勘弁してえな。

都築　とか言いながら、どうせ林さんがいちばんしゃべるんやから。

林　まぁ昨日な、おねむ（鮎川いずみ）とひさしぶりに会えてよかったわ。それだけは、あんたらの本に感謝せんならん。

中路　うどんすき食って楽しかった。

都築　鮎川さんから電話がきて、みんなに会いたいから京都まで行くって。うちの女房（杉山栄理子／記録）もよろこんでました。わたしらの結婚式、鮎川さんが都ホテルをタダで借りてくれはって。

——今回の本は『必殺仕事人』（79～81年）以降の特集ということで、前回の『必殺シリーズ異聞』でお集まりいただき好評だった、お三方の座談会をふたたび開催することになりました。

林　どこで評判ええのか。

中路　みーちゃん（三田村邦彦）には、もう会ったん？

——いえ、三田村さんは東京に戻ってからの取材になります。

林　よろしゅうお伝えください。

中路　もうな、苦楽をともにした人やから。

林　みーちゃんは『必殺』終わってからでも電話あってさ、よう中路と一緒に食事したりしてたし。

都築　最初は超ド新人やったね。

中路　右も左もわかってるのか、わかってないのか、そのくらいや。

林　「新人やから、なんとかして一人前にしろ」みたいなこと、櫻井（洋三）さんから言われたな。

中路　俺も『仕事人』から技師になって、1話からや。それまでずっとチーフの助手やってたんやけど、あれは80何本あって、ほぼ俺が録音やった。

都築　三田村くんと同じ新人やな。

中路　そうそう。岸田森が1話目に出たのは覚えてんのやけど、それ以外はもう一生懸命やからわからへん。その前に工藤組の『花の棺』、あれの北海道ロケが初めて。技師が年寄りやから、工藤（栄一）さんが「怪我されたらかなわん。お前やれ！」って。1人やから、みんなが助けてくれた。

——藤田まことさん主演の『京都殺人案内　花の棺』（79年）は必殺シリーズのスタッフによる初の土曜ワイド劇場、そこから約30年にわたる人気シリーズになりました。

林　あれはほんまにすごい作品やで。もうアップないしさ、ロングばっかりで、家から一歩出たらもう雪がバーッてさ。

中路　部屋はロケセットやったな。

林　中はストーブついてて、もうめちゃくちゃ暑いけど（笑）、玄関開けたら雪このぐらい積もってんやもん。

都築　セカンド（助監督）やったけど、北海道は行ってへんなぁ。

中路　人数制限があって、1人でやらなあかん。助手さんは現地調達で即戦力にはならなくて、みんなが協力してくれた。

林　で、ラストシーンがゴルフ場。もう延々と雪やんか。ラストはあんた、いしだあゆみが自殺しよるねん。それを追いかけて追いかけて、藤田さんがずーっと追いかけていく。

そしたら雪の真ん中、ほんま広いところで

バターンと倒れてんのやな、いしだあゆみが。大ロングや。俺らなんもやることあらへん。もういらへんのや、照明部。

中路　そんとき俺は一生懸命やって（笑）。トシやんがマイク持ってくれたもんな。

林　やることないもん。おまけに雪やろ。反射もあるから、いしだあゆみがめっちゃくちゃきれいに映っとった。

中路　最後は死体が見つかったいうんで、全部説明がオフやねん。あれはすごかったな。

林　それで死んだいうのがわかる。薬瓶、ポンとあるだけなんや。藤田さんが降りてきたら、バーッとパトカーが並んでんねん。そうしたら無線でな、「ただいま発見されました」って、めちゃくちゃかっこええねん。

　こんな撮り方すんのか思うて、もう工藤さんを崇拝したね。ほんで『花の棺』いうたら、ロケのとき……（以下略）。

――そろそろ『仕事人』の話に戻りましょうか。

都築　中路さん、最初に技師やったとき助手は誰がついてたん？

中路　川北（武夫）さん。

都築　ベテランが助手やった。

中路　いや、俺は若い人のほうがええな思うてたんやけど（笑）。

都築　そらそうやなぁ。

中路　「先輩、それは～」いうて。でも「まかしとけ、俺がついたる」って。

林　いやいや、ええ人やったよ。

中路　そうや。俺が助手のときから、けっこう話してたからさ。川北さんと誰やろう、もう忘れた。松村竹次郎かな。

林　あのときガンマイクあった？

中路　あった。

林　俺が覚えてるのは、川北さんが下からいくんや。全部下からガンマイクを向けるんやけど、こうやってセットで寝転んで、えらい人や思うたわ、あの年齢で。

中路　せやけどな、上からいってほしいときも下からしかいかへん。「音の抜けがぜんぜんちゃうなぁ。上からいってほしいなぁ」と思いながらやってた（笑）。でも言えへんし、「あぁ、もうけっこうでございます」って。

――ガンマイクというのは、手で持つものなんですか？

中路　そうそう。それが重いんよ。

都築　長い竿の先に付けたら、もう大変や。

林　せやけど、ガンマイクの場合は遠いとこからでも……。

中路　よう聞こえてた。だからボリューム上げんかて録れるわな。

都築　ノイズも入らんし。でもガンマイクはフードもこんなでっかいし、俳優さんは恐怖なんちゃう。威圧感があるからね。

林　それを竿つけてやってたもんなぁ。

中路　ロング撮るときは、竿でいきたいねん。基本的に音は下から上に抜ける……下からやと遠いから、竿でフォーカスを向けたほうが、ええ音が録れる。

都築　音止めも大変や。助手の河合（博幸）が滝の水音をやわらげようと板を置いてたら、マムシに噛まれて。

中路　あったな。救急車のサイレンで本番できへん（笑）。

都築　生きるか死ぬかで、藤田さんから見舞金もろうて優雅に暮らしとった。

――録音が大変だったのは中村鴈治郎さんだったと以前にうかがいました。

中路　鴈治郎さんはね、アップでも息の返りが全部入ってくるんです。せやから本番のあとオンリーで声だけ録って差し替えてた。

林　もう足も弱かったからなぁ、鴈治郎さん。

都築　照明機材のレーバン（コード）で、けつまずいちゃって。3センチくらいの高さのやつ。

林　わからんでもない、いま俺がつまずくから（笑）。

中路　セリフでも覚え悪いから「こんなん言うのか、難儀やなぁ」って。

林　でも、ほんま座ってるだけで画になる。

中路　目力がすごいよな。目ぇギュッと見たら、やっぱり怖いもん。

夏休みのバケーションはみんな能登

――三田村邦彦さんの思い出はありますか？

林　最初のころは、みーちゃんも村上（弘明）くんも走るやんか。それでよう覚えてんねん。村上くんのときに中やん（中島利男／照明技師）が「へったくそな走りやなぁ。お前どこの出身や？」って。「はい、岩手です」「ど田舎やん」って、それは覚えてんねん。走りがなってないなって。

都築　村上くんは最初あんまりなぁ。

中路　みーちゃんのことは、なんも言わんかった気がする。

林　いやいや、みーちゃんもな、石原（興）さんがずーっと昼休みやら走らせてたよ。「走りの練習や」って。それでひっくり返って倒れて、太秦病院行ったんも覚えてるし。

中路　あったな。頭打ったんや。

林　かっこよく走らなあかん。

都築　足にスモーク付けたりなぁ。横から出てくるシーンなんて、かっこよかったからね。

林　あれはもともと緒形拳さんなんや。横からブワーッって出てきて、裾がパッと見えると、真っ赤やねん、裏地が。

都築　絵になる人とならへん人の差が出てくるわね。三田村くんは一気に上手くなったから。

中路　そう、勘がええのや。

都築　近眼なのに大屋根を走ったりするし、逆にわたしらもうヒヤヒヤして見てました。屋根の上を走れるように板は作ってたけど、そこを踏み外すともう真っ逆さまやから。

林　東京で鳶職やってたんや。

都築　トンビは高いとこ飛ぶわな。

――照明部の中山利夫さんも運動神経がよくて、三田村さんの代わりに屋根を走ったりして手本を見せたそうですね。

林　中山は俺の下にずっとついとったけど、俺はもう大ざっぱやから、あいつがほんまにピョンピョンピョンピョン照明の細かいところをやってくれた。で、人に負けんの嫌いやからな、あいつは。

中路　なんでもいっちょ噛みして、ようけ口出すんや。

都築　助手のころは中路さんとよう喧嘩してた。ライトの脚とマイクの竿で（笑）。

林　ほんま、みーちゃんは根性あったわ。冬の嵐山で、ボート乗り場のちょっと西側や。屋形船の殺しがあって。水の中からワーッて出てくるのがあるはずやねん。あれ、めちゃくちゃ寒いときやで。よう、あんなことやりよった。

中路　すごいなと思たな、あのくそ寒いのに。俺らはもうジャンパー着てても寒いのに。

都築　出番終わっても、スタッフと一緒にしゃべってた。上のほうのプロデューサーばっかり見てる若い人もいたから、比べるとね。

林　みーちゃんのことは、藤田さんがかわいがってはった。

中路　だいたい俳優さんと付き合わへん人なのに珍しかったよな。よっぽど気に入ってたんや。

林　ごはん食べにいくのは、ほとんどスタッフとやったから、藤田さん。なんぼ世話になったことか。

――伊吹吾郎さんもレギュラーとして出演していました。

中路　あぁ、吾郎ちゃんね。あの人もアホなことようやる人や（笑）。

都築　吾郎ちゃんとの打ち合わせで東京へ行ったことがあるんやけど、家に呼ばれて食事をいただいて、ギターが得意やったから、その演奏を聞きました。

林　フラメンコやなぁ。

中路　能登までロケーション行ったときもフラメンコ弾いてくれて。

林　山田（五十鈴）先生は三味線。

中路　木曽節、上手かったなぁ。

都築　スタッフにサービスするために、みなさん自分の得意技を披露してくれはった。

――『仕事人』の第64話「崩し技真偽友禅染め落し」は、能登が舞台の出張編ですね。

都築　あれは藤田さんの提案で、奥さんの実家が輪島塗の老舗だからスタッフの慰安旅行を兼ねてやってたんです。

林　和倉温泉の銀水閣に泊まって。

中路　夏休みのバケーションはみんな能登やったもんな（笑）。

林　ほんでワンマンショーがあんのや。お客さん入れて、お金も取って……ホテルのエレベーター乗ったら「藤田まこと1日だけのビッグショー」って貼ってあんやから。びっくりしたわ！　えー、これやんのって（笑）。

都築　そのギャラで飲ませてくれる。

林　急なショーやから、舞台装置なんかないやんか。ほんで照明部が呼ばれて、スポットライトを点けたり消したり、みんなが遊んでるときに（笑）。終わってホテルの社長に呼ばれたら、とりあえずカニがドーンあって、サザエとか海の幸が山盛りで用意されてた。ごっつかったで！

――第10話「木曽節に引かれた愛のその果ては？」では木曽ロケが行われています。

中路　あれは大雨降って大変やった。木曽の寝覚の床な、あそこで「下りたらあかん！」って言われて……川が増水してたんや。

林　岩がダーッてあるとこでな。そこへ山田さんを連れていかなあかん。道なんかあらへん。どないするか……櫻井さんが木のレールと移動車を持ってこさせて、その上に六尺の天板を置いて山田さんを乗せてな、岩場まで運んだんや。

中路　えらい大がかりでな。

林　俺らはピャピャッと飛んでいけるけど、山田さんやから。木製の移動車を橋にして、上に俯瞰台の天板を並べた。

都築　わたしら〝悪徳プロデューサー〟って呼んでましたけど、やっぱり役者さんへの気遣いはすごい。さすがは櫻井さんやな。

「ここは関西の江戸なんや」

――『仕事人』の1・2話は松野宏軌監督です。必殺シリーズ最多登板の監督ですが、パイロッ

『必殺仕事人』第10話「木曽節に引かれた愛のその果ては？」の木曽・寝床の床ロケ。中央に山田五十鈴、照明の中島利男と林利夫が左右からビニールで日差しを遮断している

ト版の演出は初めてでした。
中路　俺は1回目が松野先生でよかったな。好きなように録らしてくれるから。「先生、こう録らして」「あぁ、ええよ」って。「なんでや？」いう監督もいたからな。
林　そういうの、よろこばはる人やったし。「先生、もう1回」「おっ、もう1回いこか」って（笑）。
都築　いつも京阪電車の行き帰りでコンテを考えてはる。
林　カット割り見してくれ言うても、ぜんぜん見してくれへん。
都築「いいの、いいの」ってね。
林　チラッと見たら「うわー、先生すごいなぁ。魚屋の網みたい！」（笑）。
中路　細かいねんな。いやいや、これは目安やって。
都築　しかも赤いペンで書いてるから。
中路　ほんま台本がめちゃくちゃ汚かったよな。
都築　いちばん汚かった。記録さんにはちゃんと見せてたから、わたしらは記録の台本を見て写してました。先生の台本じゃなくて。

中路　あんまり俳優さんには芝居つけない。

林　せやけど、長屋の子供やらにはしつこいで。それはよう覚えてる。

中路　子供は文句いわへんもんな。

林　先生の得意技や。子供に芝居つけるのは長かった。

中路　でも長屋に出てくる子役なんか下手したら関西弁や。俺らは京都で育ったから、なんの違和感もなかったけど（笑）。

都築　看板の様式なんかも関東と関西で本当はぜんぜん違う。「ここは関西の江戸なんや」って思ってましたわ。

中路　あんまり意識してへんかったな、そんなこと。

都築　実相寺昭雄監督が『歌麿』（77年）をやったとき、看板からなにから江戸風に付け替えて……それは西岡善信さんと東京からきた美術の池谷仙克さん、知ってる人に言わせると関西風の江戸は嘘やからね。

林　そら、そんなもんやな。

中路　山田先生の三味線はね、「中路ちゃん、録っといてくれへん」って頼まれて、現場以外にも神戸なんかの舞台のときのもいろいろ録ってあるんですよ。それを藤原（誠）くんが整音してくれて、まとめたCD－Rがある。

都築　それは貴重なお宝やね。

中路　俺が死んだら終わりや。発表してええのか悪いのかわからんけど、俺が全部録ったいうのは間違いない。

都築　山田先生が京都で家を探してるとき、何軒も見にいったんです。櫻井さんから探せって言われて。それで高雄にいい物件があったんで報告したら「お前ら夫婦も一緒に住め」って（笑）。家賃はいらん、山田先生の面倒見てくれたらそれでええからという話で。

中路　ええ考えや（笑）。

都築　さすがに断るつもりやったけど、最終的に車折神社の近くの家になりましたね。

中路　入って左のちょっと行ったところ、あそこでようすき焼き食ったで。先生から「今日はすき焼きやからおいで」って言われて。

林　結髪の太田（雪江）さんが作ってくれた。でも、山田さんも言うてたよ。「最後は京都で死にたい」って。東京やと帝国ホテルやろ、あの人の住所は。

都築　山田先生は台本には一切なにも言わない。藤田さんはアイデア出して自分で変えるタイプでしたね。

中路　ホンの不満はちょこちょこ言うてたもんな。

林　あんまり俺らの前では見せへんけどね。そら裏でプロデューサーとの話し合いは、いっぱいあったと思う。

中路　おかしなとこは言うてたよ。

――以前に中路さんからうかがいましたが、『仕事人』の第13話「矢で狙う標的は仕事人か？」では少女の仕事人を殺す展開が藤田さんの抗議によって修正されています。

林　いま「太陽が丘」って呼ばれて、きれいになってるけど、宇治のあのへんが広大な空き地やってん。あそこで女の子を殺すか、殺さへんかって揉めたんや。あれのキャメラマンは（都築）雅人や。

中路　早よせんと日が暮れて、もう撮れへんってな。「先生、これ殺すのか殺さへんのか」って、藤田さんが松野先生に……。

林　俺、そこだけ覚えてるんや。殺してないはずや、最終的に。

中路　なにがあかんて、子供殺したらあかんわ。なんぼ仕事人でもなぁ。でも、あれ松野先生でよかったかもわからんで。徳さん（田中徳三）やったら「ホンに書いてある」って、そのまま撮って終わりや（笑）。

林　また俺、あの話せなあかんのか。伝書鳩の話。あれも参ったわ。伝書鳩は住んでるところに戻ってくるのであって、目的地に行くのはおかしい。それを監督に言ったけど、「ホンに書いてあるがな」やから。

死神長屋や。みんな必ず死ぬから

中路　雅人も『仕事人』がデビューやったんとちゃうかな。

林　石原さんが、中岡（源権）さんと一緒にコマーシャルでフランスかどっか行ってたんや。トヨタのコマーシャル。

中路　カリーナや。

林　それで雅人が技師になった。もともとは一興ちゃんの紹介やろ。

都築　そう。弟は富田林のスーパーみたいなところで働いてたんやけど「おもしろくない」って仕事やめて、誰かに相談して京都映画に入れてもらった。うちは父親が写真やってたから、そういうのがきっかけやろうね。あいつは社員やったんちゃうかな。

中路　あのころ撮影部と録音部は社員がいた。俺もそうやったから。

都築　演出部は1人もいなかった。

林　俺ら照明部もいいひんで、年間契約者。

都築　年間契約やったらまだええほうですよ。助監督は作品契約やったから。

林　あぁ、そうなんや。ほんで雅人はピント送るのが上手かった。石原さんはセットでもロケでも全部望遠や。だから助手はピントが大変やねん。

中路　絞りないしなぁ。

林　喜多野（彰）とか秋田（秀継）もピント送るの、めっちゃ上手かったで。そら、そうなるわな。

中路　門前の小僧やないけど、まぁ見ててすごいなって思うもん。

林　絞りが2・8や。そんなもんちょっと前後にズレてもピント送らんならん。みーちゃんが走るシーンなんかも望遠。

都築　助監督やら照明部やら、手ぇ空いてる

林利夫

人がみんな何メートルずつのところに立って、合図してたからね、目の前を通りすぎたら、パッと。
林　江原（祥二）がピント送ってるときも覚えてるわ。第3セットからオープンセットを撮ってさ……本番でバーッと走ったと思ったら、石原さんがカメラのぞきながら江原の頭をパーンって（笑）。
都築　ピントぼかした。
中路　そない何回も走れへんもんなぁ。しんどいしさ。
林　雅人と俺のコンビは、めっちゃ多いよ。で、ヘンな作品ばっか。もう一緒に散々文句いうてな。チンパンジーが出てくるやつとか、あのエリマキトカゲの回もやったしさぁ（笑）。チンパンジーなんて怒るしかないわ。1日のギャラが30万円かなんかで。
都築　俺らの月収や（笑）。
――チンパンジーの回は『必殺仕切人』第8話「もしも密林の王者が江戸に現れたら」（84年）ですね。ターザンならぬ〝他左〟を阿藤快さんが演じていました。
林　で、そのチンパンジーが言うこと聞きよらへんしなぁ。あとはピラミッドがどうのって話もあったな。ほんま、しょうもないホンが多くなった。
中路　もう、読む気もせんし。
林　こんなん言うて悪いけど、目の色を変えてやるほどのもんやないからさ。もうパロディもええとこやん。本来の『必殺』とはかけ離れてるよな、完全に。
都築　「またこんなホンか……」ってね。そら書くのが早いのはええけど、昔に比べたらワンパターンやし。もちろんプロデューサーの狙いでそうなってるんですけど。
中路　みーちゃんの長屋に引っ越してきたゲスト、必ず殺されるしな（笑）。
林　事件に巻き込まれて。
中路　死神長屋や。みんな必ず死ぬから。
林　「この恨みを……」って言わなあかんからな。パターンや。
都築　そういえば、香港ロケのスペシャル、林さん出演してたよね？
林　出たわ。あれは悪役の俳優さんを連れていく余裕がないから。サブちゃん（藤原三郎／撮影技師）は勇次に殺されてた。
――『年忘れ必殺スペシャル　仕事人アヘン戦争へ行く』（83年）ですね。
都築　国境の近くに時代劇を撮れるような古い建物が並んでて、ワルの一味が林さん、サブちゃん、装飾の尾崎（隆夫）。
林　で、お加代を拉致する。俺と尾崎の2人でガーッて抱えて、それで佐渡にあるような、たらい舟があんねん。それに乗った。
都築　サブちゃんは片目の役。
林　出んのイヤやから、それでちょっと片目にするわって。俺は主水さんに殺される役で、藤田さんに斬られて「うわ〜！」って芝居してたもん（笑）。
都築　わたしら先発隊の荷物はあったけど、本隊の荷物が届かなかった。
林　しゃあないから櫻井さんの服を借りたもん。ようやく夜遅くに到着したとかいうて、タケちゃん（武田功／プロデューサー補）に連れられて取りにいったの覚えてるわ。
都築　でも、あんなてんやわんやの時代劇なんか現代劇なんかわからん撮影、ようやってたよね（笑）。九龍の街の真ん中を主水さんが歩いてたんやから。それはそれでおもしろかったけど。監督は松野先生やった。

林　先生な、中華の店であっさりしたもん食べたくてメニュー見てたんや。ほんで「京風麺」みたいなやつ頼んだら、いちばんギトギトのがきた（笑）。

よう監督を置き忘れてた（笑）

――『新必殺仕事人』（81～82年）から中条きよしさん演じる三味線屋の勇次が加わり、秀と勇次のコンビが人気を博します。

中路　あのときは一生懸命やってはったよなぁ。だんだん背中に〝南無阿弥陀仏〟とか書いて、派手になっていった。

林　いま現役の国会議員やから、裏の裏までしゃべれへん（笑）。

中路　せやけど、かっこよかった。あのシケを出したんは中条さんや。

林　最初の殺しが、今宮神社のあぶり餅の入口のとこ。夜間ロケで、よう覚えてんねん。殺しもだんだん複雑になってきて、もう三味線の糸を3本も4本も投げたりな。

――必殺シリーズといえば光と影の映像美ですが、とくに中条さんにはサイドや逆からの光を強く当てて、輪郭を際立たせているイメージがあります。

林　勇次の殺しはだいたいそう。なぜかいうたら、男前やろ。ベタ明かりで撮ると、あんまり鬼気迫るような顔にならへんのや。

都築　印象に残らんから。

林　どうしても陰影をつけんとね。

――昨日再会されたばかりですが、鮎川いずみさんはいかがでしたか？

林　ちょっと天然なとこあるからな、俺らにガガガッと言われても普通に「そぉ？」とか言うてかわされるというか、こっちがカクッとくんねん（笑）。

中路　器用な女優さんではないけど、一生懸命やったはった。

都築　しっかり加代のキャラクターを自分で作りはったからな。

林　ほんまにマイペースやから。

都築　なんというか、急がへんかったからね。

林　急ぎもしないし、こっちが急いでほしいっていうときでも、マイペースや（笑）。憎めへんかったな。

中路豊隆

中路　右から左に抜けて。

都築　北白河の食べ物屋さんなんか、新しい店ができたらよう誘ってくれましたね。エビの専門店とか。

林　花見小路の角の4階、あそこの中華屋によう行ったな。

都築　わたしが革で台本カバー作ってたやろ。鮎川さんとか松野先生とか井上梅次さんとか、まぁいろいろな人に作ったんやけど「1万円いただきます」って言うたら、必ず「じゃあ3万円」って感じで、みなさん上乗せしてくれたんです。村上弘明の台本カバーがいちばん苦労したんや。でも、たぶんもらってない（笑）。村上くんもそういう天然のとこがあった。

――『必殺仕事人V』（85年）から村上弘明さんと京本政樹さんが新レギュラーになります。

中路　村上は最初ゲストで来よったんや（『必殺仕事人Ⅳ』第14話「主水節分の豆を食べる」）。で、モグラ叩きの役で出た。

林　あれ、水川組か？

中路　何組か忘れたけど、そうかもわからん。で、今度のレギュラーになるというので、タッパはあるし顔もええけど、しゃべるとズーズー弁が残ってた。ちょっと訛りがキツいなと思ったから。

林　モグラ叩きの話なんかそんなないはずやけど、嵐山の東公園、夜間ロケに2日続けて行ったのは……。

中路　いや、モグラ叩きはオープンでやってるで。

林　水川（淳三）さんの組で行ったんは覚えてんのや。一晩で撮れへんで、次の日行って、なんでまた夜間ロケするねんって。

――あ、トンカチ投げるやつですかね。おそらく『必殺まっしぐら！』（86年）の最終回です。

林　あ、それや！

中路　『まっしぐら！』やな。

林　あんまりええ記憶ないのよ。

中路　水川さんは〝鳴りっぱなしのラジオ〟って、俺らそう呼んでた（笑）。ずーっと1人でしゃべってて、パッパパッパ早口の人やからさ、ちょっと関西の気質に合わない。

林　現代劇で水川さんを忘れて帰ったことがあった。丸太町の橋の下、鴨川べりで撮影しよう思うたら消防の訓練やってたんや。

都築一興

「もうやめよう」って帰ったんはええけど、ロケバスに水川さん乗せるの忘れた（笑）。で、タクシーで戻ってきはって、俺ごっつい怒られたもん。

都築　よう監督を置き忘れてた（笑）。

林　そうそう。原田組でも「テストやるか」って言ってたら監督おらへん。

都築　原田雄一さん。駅のシーンで、テストまでして「じゃあ次、本番いこう」ってなったら監督がいない。

中路　そしたらタクシーから降りてきて「俺が監督だ〜！」って（笑）

林　なんで小さい人は、みんな背伸びしたがるんやろうね。原田さんはギャンブラーで、もうロケハン行ったときマカオのカジノでも1人で席に座ってトランプやってたからな。ほんであんたな、そのとき一緒に行ってたのが……（以下略）。

——あれ、なんの話をしてましたっけ。あっ、村上弘明さんですよ。

都築　どんくさかったというのが、まず最初の印象やったな。

林　俺ら現場で「コウメイ！」って呼んでた。

——広瀬襄監督も松竹大船組です。

都築　三田村くんがすごく運動神経よかったから、いろいろ比べちゃうとしょうがない。屋根から飛び降りたりも、あんまりできへんかったから。

林　最後な、殺しにいくときに板塀があって、そこに椿の木がこう出てんねん。バーッと走ってパーンと取るんやけど、あれができひんでなぁ。

中路　八木美津雄さんが「花を愛する人が、あんなに枝を折っていいのか」って言ったのは覚えてる（笑）。

林　八木さん、いはったなぁ。普段はぜんぜん大人しい監督や。

都築　いい人やったけど、まぁ胃が悪かったからねえ。

林　胃ガンでな。ちょこちょこちょこちょこ食べてはった。

都築　いつも栄養食やったんかな、お煎餅みたいなの持ってて。

林　その代わり「よーい！」のかけ声だけはすごい。どっからこんな声が出んのかって。で、終わったらまたボソボソに戻る。

林　ほとんどなんにも言わない。

中路　言わない人や。

林　全部もう現場のペースで進んでたから、ほんまに気の毒やったなぁ。「あんまり言わんとけ」って思うてたもん。

都築　でも言わないと現場は進まへんからなぁ。

中路　前田陽一さんもおったよな。あんまり覚えてへんけど。

林　お酒好きやった。

中路　そうそう。「よーい、スタート！」って言いながら、台本で口を隠してる。

林　二日酔いやねん。

中路　スタートが酒くさい（笑）。

やっぱりええもん作りたいやん

——田中徳三監督はいかがでしたか？

都築　いい話ないなぁ。

林　大映の巨匠なんやけどね。

中路　初めて京都映画に来たんが『新三匹の侍』（70年）や。ずっと立ち回りのシーンで、ワンカットの長回し。あの当時ワンカットいうたら、俺ら録音部は大変や。コードの配置とか苦労したもん。
林　照明も大変やで。クラさん（蔵原惟繕）なんか、どんだけ長回しか。
中路　で、田中組はそれが続いてた。要するにカットをあんまり割らない監督やったけど、あるとき東映で仕事してたら変わって、後半はカットがえらい細かくなった。
都築　もう細かい印象しかない。
中路　「カット割ると芝居が止まるから」って言われてて、京都映画ではあんまり評判ようなかったもんな、細かい監督は。
林　でも工藤さんもカット割らない、アップ少ないで文句が出たらしいよ。三隅組なんかラッシュを見たあと、監督がセットに入るのちょっと怖かったもん。
　なんでかいうたら、局のプロデューサーから「あれあかん」「これあかん」って、いっぱい注文あるみたいで、三隅（研次）さんがふくれはんのや。
中路　それでもスタイル変えはらへん。
林　まぁ田中組や原田組はポンポン撮ってスムーズやったな。

——京本政樹さんの思い出はありますか？

中路　俺はセリフの言い方が、ものすごう苦手やったんや。
都築　まぁ、くさい芝居やから。
中路　もうちょっと普通にしゃべりゃええのになぁって。どんな状況でも同じテンションやからさ。
都築　それが個性や。ちょっと舞台的なしゃべり方やんな。
林　林与一なんかと一緒や。与一は中学の同級生やけど、かっこええ舞台の芝居やからな。
都築　でも京本くんもね、時代劇ではパターンの芝居をしよったけど、わたしが朝日放送で『新・部長刑事　アーバンポリス24』を撮ったときは、ちょっと印象変わったんですよ。くさいけど、やっぱり年月が経って上手くなってたし、芝居も変わってた。
中路　あのころ現場になじんでたのは柴俊夫かな。柴ちゃんは、しっかりええ芝居をしてたしね。

——『必殺仕事人　激闘編』（85〜86年）の壱ですね。

都築　柴ちゃんはその前に、高林陽一さんの『金閣寺』（76年）を一緒やったから「おぉ、あんたここにいるのか」ってよろこんでくれはった。
中路　柴ちゃんはちゃんとしてる。
林　余計なことは言わらへんし。
中路　どっちかいうたら津坂匡章タイプやね。芝居がおもしろい。

——あらためて仕事人シリーズを振り返ってみて、いかがでしたか？

中路　やっぱりホンが変わったよなぁ。
林　そんなん、野上（龍雄）さんみたいなホン書ける人いいひんよ。安倍（徹郎）さんもすごかった。
中路　たまにはああいうシビアな話やりたいなっていうのはあった。
林　やってて奥深いからな。
都築　でも初期の路線をずっとやってても、あんまり長続きしなかったと思う。
中路　それはわかる。わかるけどもさ、やってたらやっぱりええもん作りたいやん。
都築　後半になってくると正直マンネリで「もう『必殺』はやりたくないな」って思うこともあったから。

林　もう終わりやでって。すごい作家が集まってたからな。安倍さん、野上さん、早坂暁さんもそうやけど、あんなん書ける人はもういいひん。

中路　ようしゃべったホン屋さんといえば、保利（吉紀）さんくらいか。

都築　保利さんは現場に来てはったからね。吉田剛さんの場合は、ホン直すと怒る人やった。あとでクレームがきて、しかもなんかいっぱい「どこをどう勝手に直したか」って書き出したものをコピーしてきて。その執念はすごかった。

中路　それは撮ってから？

都築　そう、ラッシュとか完成したものを見てから。

林　だから櫻井さんがよう言うたはったな。「お前ら、勝手にホンのことでワーワーやって直すな！」って。

都築　でも「ホンのまま撮る監督は……」って感覚がスタッフにあったんで、直してなんぼやっていうね。

中路　ええホンならええけど。

都築　わたしが監督したときでも、セカンドの加島（幹也）と一緒にホン直しをして撮った回がありました。でも、もとが悪いとなかなかね……。

中路　そうやなぁ。「どう考えてもこの流れはおかしいやろ」いうホンもあったし。

林　せやけど現場で誰かが「これおかしいやん」って言い出したら、そうなるしさ。それは作品をよくしようと思うての行為であって……そら、なんも考えんと台本そのまま撮ったら撮れるんやで。そうしたほうが楽や。でもなぁ、工藤さんなんか絶対にそんなことせえへん。

都築　伝書鳩、なんで向こうに行くんやってなる。

林　もうその話はええ（笑）。

中路　今日もトシやん、ようしゃべったな。まだ止まらへん。

林利夫［はやし・としお］
1943年京都府生まれ。高校卒業後、フリーの照明助手を経て京都映画に入社し、74年に『助け人走る』で技師デビュー。70年代後半から照明技師としての活動を本格化し、必殺シリーズをはじめ『鬼平犯科帳』『剣客商売』『京都殺人案内』などに参加。『必殺仕事人2007』以降のシリーズも担当している。

中路豊隆［なかじ・とよたか］
1949年京都府生まれ。高校卒業後、70年に京都映画に入社し、録音助手を経て79年に『必殺仕事人』で技師デビュー。必殺シリーズをはじめ『鬼平犯科帳』『剣客商売』『京都殺人案内』などに参加。『必殺仕事2007』以降のシリーズも担当している。映画は『鬼平犯科帳』『最後の忠臣蔵』ほか。

都築一興［つづき・いっこう］
1948年愛媛県生まれ。立命館大学在学中から京都映画の助監督を務め、79年に『必殺仕事人』で監督デビュー。『必殺仕舞人』『必殺仕事人Ⅲ』などを演出。91年に東通企画と専属契約を結び、2時間ドラマや情報番組、紀行番組の演出を数多く手がける。

装

R-3

太秦の京都映画（現・松竹撮影所）、そこには個性豊かな
人々が集まり、ときに部署の垣根を越えて作品づくりに携わった。
準備、撮影、仕上げ、納品まで15人の告白がめくるめく。

撮影・監督　石原興
記録　野崎八重子
製作主任　高坂光幸
演出部　加島幹也
演出部　酒井信行
演出部　原田徹
進行　鬼塚真
進行　塚田義博
ネガ編集　関谷憲治
結髪　丹羽峯子
床山　八木光彦
俳優　美鷹健児
エクラン社　松本保子
プロデューサー補　武田功
オンエア担当　森山浩一

撮影・監督

石原興

人間が見ることができない画を撮りたいと思って それで望遠レンズを使ったんです

必殺シリーズにおける光と影の映像美と望遠レンズによる流麗なカメラワークを作りあげてきた石原興。照明技師・中島利男とのコンビで80年代の仕事人ブームを牽引する一方、監督としても本格始動し、京都映画～松竹撮影所を代表する存在に。83歳のいまも現役で活躍する石原が、ふたたび必殺シリーズの舞台裏を告白する。

三田村くんは沖くんに匹敵するほどすごかった

石原　いま再放送をあちこちでやってますね。わりあい見てるんですよ。ＢＳ朝日でやってる『必殺仕事人　激突！』（91～92年）ですか、あのころになると、ぼくは撮影と監督どっちもやっている時代ですね。だんだんキャメラマンの仕事が減って、監督ばっかりやらされるようになりましたから。

――『必殺シリーズ秘史』『必殺シリーズ異聞』に続く3冊目の今回は『必殺仕事人』（79～81年）以降のシリーズを題材にしており、まさに石原さんの撮影と監督、両方のお仕事についてうかがいたいと思います。

石原　三田村（邦彦）くんが出た最初のやつですね。その前に『限りなく透明に近いブルー』（79年）という映画があって、それが終わってから来たんかな。よく覚えているのは、大覚寺の水路。あそこは好きなロケ地でよく使うんですが、池からザーッと水が流れるところがある。普段は止められてるんだけど、板を外したら流れる。最後の殺しのシーンで、その水が流れている内側から秀を登場させようと思いました。寒い時期だし、三田村くんもやってるうちに震えてきて「あぁ、これは無理だろう」と。でも、水の向こうに顔がある画はどうしても撮りたかったので、そこだけ撮影所のオープンセットを使ってやった記憶があります。

――別撮りして、編集で組み合わせたわけですね。

石原　そうです。ぼくが『必殺』をやってて、いちばんアクションがすごかったのは沖（雅也）くんですが、三田村くんもそれに匹敵してました。オープンの屋根からポンと飛び降りるシーン、普通は下にマット敷いて、カットを割って撮るんですけど、彼の場合はそのままできるんです。そういうところは、すごかったですね。

――たしかにあのワンカット内でのアクションは驚きます。

石原　それとやっぱり若い俳優さんというのはレギュラーをやってるうちに、だんだん男前になり、光ってくるんですよ。女優さんもそうですけど、デビューしたては「なんかショボい女優さんだな～」と思ってても、見られるということによって自信がついて、きれいになっていく。お笑いの人たちもデビューしたときの写真なんてショボいじゃないですか（笑）。三田村くんも、やってるうちにどんどんよくなっていきました。藤田（まこと）さんとの相性もよかったですしね。

――もうひとりの新レギュラー、畷左門役は伊吹吾郎さん。

石原　伊吹さんは『無用ノ介』（69年）のころから浪人をやってますから、あの人には迫力ある立ち回りをしてもらおうではないかということです。普通の侍は二本差しですけど、一本でええやないかと刀を同田貫《どうたぬき》にして、そういうところから始まりました。やりやすい俳優さんですよ。

――中村鴈治郎さんが元締の鹿蔵として出演し、早々に山田五十鈴さんのおとわと交代します。

石原　雁治郎さんといえば〝眉を引いて八十年〟——そういうシャレたことを短冊に書きはるんですよ。さらさらっと。撮影所のそばにパチンコ屋があって、かつらをかぶったままパチンコやって、セリフがあると「ええっ、難儀やなぁ」（笑）。しかし、やっぱり雁治郎さん、いざ映るとええ顔なんです。もう最後のころは歩けないし、どうしたかというとスタッフが戸板の上に雁治郎さんを乗せて、そのまま動かしてもらってスーッと上半身だけ映してパンしたり……わりあいベテランの俳優さんは、そういうことも多かったです。

——三代目の元締、六蔵役の木村功さんはいかがでしたか？

石原　木村さんはあんまり記憶がないですね。この方はわりあい真面目というか正攻法ですから、あんまり冗談は仰らなかったように思います。

「石原、ちょっとなんとかしてこい」

——三田村邦彦さん演じる飾り職人の秀の人気が高まるなどして『必殺仕事人』は全84話のロングランとなり、『仕事人』という言葉が必殺シリーズの代名詞となります。

石原　ただね、本人はマンネリになってくるんです。藤田さんもそうでしたが、やっぱり長くやってると新しいものをやりたい。いつだったか三田村くんも台本をクシャクシャにしてたことがありましたから。で、いっぺんシリーズが終わって間が空いて、また戻ってきたときは、ある程度の貫禄がありましたね。ぼくが記憶にあるのは工藤組かな。工藤栄一さんが撮った3本目の映画……そう、『必殺！Ⅲ　裏か表か』（86年）に三田村くんが出て、松坂慶子さんと共演したとき、それまでとは貫禄が違いました。

——マンネリという言葉が出ましたが、中村主水役の藤田まことさんもそういう時期がありましたか？

『必殺仕事人』でシリーズ打ち切りの危機、京都映画のスタッフたちは秀役の三田村邦彦に賭けた

石原　これは言うてええのかわからんけども、じつはプロデューサー連中から「まことさんを代えようか」という話が出たことがありまして、そのときの候補が先日亡くなられた財津一郎さんなんです。財津さんに代えようかって、山内（久司）さんがそういう話をされていたことがありましたね。俳優さんは、みなさんそうですよ。菅井きんさんも降りたいということがあったし、でも中条（きよし）さんは聞かなかったなぁ。

——石原さんが出演者の降板を思い止まらせたこともあるそうですが。

石原　わりあいにね……当時はキャメラマンでしたけど、プロデューサーがぼくを使うんですよ。いま再放送してる『激突！』で滝田栄さんが出たとき、首斬り朝右衛門という役だったんです。そうしたら「これはぼくが調べた朝右衛門と違う。だからできない」という話になって、ちょっと揉めた。そのまま部屋に閉じこもって、ほんなら「石原、ちょっとなんとかしてこい」と。

滝田さんは大河ドラマで徳川家康を演じていたんです。そのことを例にして「あれは家康をそのまま再現したのではないだろう。あんたが家康をやったんや。だから今回も史実と関係なく、あんた流の朝右衛門でええんやないか」というようなことを言いましたね。津川（雅彦）さんもそうですよ。あのときは映画を大船の撮影所で撮ってて、やっぱり「やりたくない」。

——『必殺！　主水死す』（96年）ですね。

石原　また櫻井（洋三）さんから「お前、行ってこい」と言われて「役はどうでもええんや。あんたの顔がほしいねん。そやから出たらええんちゃうか」と、津川さんとは付き合いも古いですから、そんな話をしました。キャメラマン以外にも使われることが多かったんですよ。

——もはやプロデューサー的な役割です。

石原　いやいや、プロデューサーではないですよ。それでね、いまも超人気の（笑福亭）鶴瓶さん。あの人が映画で出てこられたときに「鶴瓶、ええやないか」と照明の中島（利男）がえらい気に入って、そのあと「あいつ、ちゃんと口説いとけよ」と、これも櫻井さんに言われました。

――『必殺！　ブラウン館の怪物たち』（85年）ですね。この映画をきっかけに笑福亭鶴瓶さんがレギュラー入り。

石原　プロデューサーが、櫻井さんにしてもABC（朝日放送）の山内さんにしても、わりあいに〝翔んでる〟いうんですか。進んでて、すごく攻撃的……オフェンシブでしたね。おふたりともサラリーマン的ではない。中条さんの場合は何度か悪役で出てるんです。工藤さんが監督のスペシャル版でフランキー堺さんに吊り殺されて、それで「中条きよし、ええやんか。次のレギュラーで使おう」という話になって、三味線屋の勇次が誕生した。

――『特別編必殺仕事人　恐怖の大仕事』（81年）にゲスト出演したあと、中条さんは『新必殺仕事人』（81～82年）からレギュラー入りし、秀と勇次のコンビによる仕事人ブームが巻き起こります。

石原　中条さんの場合はやってる間に、どんどん自分流に変えていって、そういう積極性がありましたね。当時の時代劇のスタイルとして、二枚目が殺しをやるのがいいんじゃないか……前にも話したと思いますけど、大体そういうことが決まるのは麻雀しながら（笑）。「あいつ、ええんちゃうか」と、そこで決まるんですよ。プロデューサーの一存でした。こうと決めたら、会議も相談もなし。そういう時代だったですね。

――仕事人ブームによって若い層からの人気が高まりますが、光と影のコントラストの強い映像も『必殺仕掛人』（72～73年）から始まる初期シリーズの荒々しく大胆なトーンから次第に洗練された華麗さへと変化していきました。

石原　『必殺』というのは時代とともに、どんどんどん変わっていくんです。そのことで批判もされますが、なにが正解というのはない。まず深作（欣二）さんから始まって、むちゃくちゃやってましたからね。まぁ、われわれは毎日夜遅くまで撮影なんで、なんとか早く終わらないかという……。

――〝時短〟ですね。

石原　そうそう、それがすべて。いかに早く、効率よく終わらせるか。だいたい面倒くさいことはイヤなんです。ぼくが監督やったときも、「一興、やっといて」って仕上げを助監督の（都築）一興くんに任せたことがあります。

――とはいえ勇次が糸で悪人を吊り上げるシーンなど、あらためて見てもカット割りは細かいし、カメラワークや照明も凝ってますし、実際に時間もかかっています。

石原　あれも最初はちゃんと理屈に合ったやり方なんですけど、だんだん映像美を優先するように変わっていったんです。最初は今宮神社の絵馬堂の梁から飛び降りて、柱で糸を吊るようにした。それが、だんだん首に引っかけてクルッとやったら、もう吊り上がるとかね（笑）。当時は撮影にそれほど規制がなかったんで、簡単にやってますよ。いまの時代に同じことをしようと思ったらヘルメットを用意したり、準備に時間かけたり、大変です。

――映像に色気を感じますが、キャストを美しく撮る秘訣はありますか？

石原　いや、要するに俳優さんというのは気持ちよく芝居をしてもらえば、きちっと映るものなんですよ。われわれの技術なんて、大したことじゃない。あと『仕事人』のころになると、別の仕事で抜けたりしてますんでね……藤原三郎や都築雅人といった弟子が相当がんばってくれて、ぼくが全部やったわけではないんです。何本か抜けて帰ってきたら「あ、こういうことになってるのか」と。キャメラマンだけではなく、照明とか小道具とか、あとは殺陣師の助手をやってた真ちゃん（布目真爾）だとか、みんながアイデアを出してやってたんで、ぼくは「あ、こういうことになってるのか」ですよ（笑）。

――ライティングも陰影の表現が、より丁寧で細やかになっています。

石原　照明に関しては中島だけでなく、林（利夫）くんの功績もあります。わりあい林くんはオーソドックスな面があって、ほかのキャメラマンと組んでやるとノーマルに近い。ぼくはめちゃくちゃするほうなんで「そんなとこ、ライト当てんでもええやないか」と言ってたんですが、別の現場から帰ってみると彼らの技術が向上している。じゃあこのライトも残さなあかん、ここも残してと、そういうことで複雑になっていきました。

いま思えば松野先生には「あぁ、悪いことしたなぁ」って

——『仕事人』の第1話「主水の浮気は成功するか?」と第2話「主水おびえる!闇に光る眼は誰か?」は野上龍雄さんの脚本による前後編で、松竹京都生え抜きの松野宏軌監督が初めてパイロット版を任されています。

石原　えっ、1本目から松野先生やった? 松野さんは繊細でしたね。ぼくは面倒くさいから、なんでも「もうええ、もうええ」って言いますけど。松野さんで覚えてるのはね、長門裕之さんが主役の映画があったんですよ。

——『日本一のマジメ人間』(66年)ですね。

石原　そのときぼくは助手で、京都に向島という団地があって夜間ロケのカットバックを全部こう順番に撮っていくわけ。そうしたら照明部が、こっち側あっち側とワンカットごとに往復してライティングをやらないかんでしょう。「このおっさん、なんや……」思うてね。夜中にあっちこっち行って「こんなもん、もっと手際よくやったらええのに」という印象を持ってたんです。そのあと、ぼくが東京の仕事から帰ってきて『海の次郎丸』(68年)という30分ものでキャメラやったとき、「あの監督か、面倒くさいな」と思いながら松野さんと組んだんですね。ところが子供が死ぬシーンでバーッと鳥が飛ぶ画を入れてきて、そのセンスに感心しました。

なかなかね、カット割りは細かい。しかも本番を撮って、ちょっと違うなというときは「もういっぺんいこう」。しかし、われわれが見てもわからないんですよ。だから「なんでいくんや。どこが悪いねん?」と聞いても「いや、とにかくもういっぺん」。ちょっと違う、ちょっと違う……当時は疑問でしたが、ぼくが監督するようになって振り返ると、「あぁ、そういうことだったのか」と実感します。やっぱり自分の生理やサイクルと合わないこと、言葉にしにくいニュアンスってありますから。ただ、当時のぼくらは早く撮って、早く帰りたいからね……いま思えば「あぁ、悪いことしたなぁ」って思います。

――大映京都出身の田中徳三監督とテレビ映画たたき上げの原田雄一監督も『仕事人』以降を支えています。

石原　原田さんは、なかなか段取りのいい監督だったですね。凝ってやるタイプではないから時間はかからないし、とにかくスムーズに撮影する。だから現場の印象は薄いです。撮ったものは「あぁ、これ原田さんだ」ってわかりますけどね。前にも話したと思いますが、本番中は芝居を見ない。なにを見てるかいうたら台本を見て、セリフをチェックしてるんです。

田中徳三さんは早撮りですわ。だから「監督、ここはアップでこうしてこうして、どうですか?」って言ったら「おっ、ワンカットでいけるな」と、よろこんでくれます。大映の監督というのは台本を一切直さないんです。大映にはすごいホン屋さんがいましたから。だから『必殺』でホンの辻褄が合ってない部分を「ここはおかしいんじゃないですか?」と追及しても、「いや、書いてあるから」って（笑）。それですったらもんだらしてると、ふくれて車に乗ってしまう。もう出てこない。

――『RESPECT田中徳三　プログラム・ピクチャーの黄金期を駆け抜けた映画監督』というインタビュー本がありまして、監督の指示したアングルから変えて画面の隅に顔を映すような構図を勝手に撮るカメラマンのエピソードが出てきます。これ、おそらく石原さんじゃないかと思うんですが。

石原　いまはモニターがありますからね。もう、そういう悪いことはできません（笑）。でも昔の監督さんというのは、気に入らなくても撮らすんですよ。このカットは気に入らんなと思っても、とりあえずキャメラマンの好きに撮らせる。それで編集のときに使わないんです。

――石原さんも90年代以降は監督業がメインとなりますが、いちばん影響を受けた監督はどなたですか?

石原　やっぱりぼくはね、影響というか、いま現在があるのは松野先生のお陰だと思うんです。いろんなことを教わったのは、松野さんと深作さん、それから松山善三さんくらいですね。工藤さんはおもしろくてすごい監督ですけど、あの人は頭がよすぎて飛躍してしまうから、ぼくらの考え方とはちょっと違いました。極端に言ってしまうと、先ほどのお三方は一般的なんです。

――松野宏軌、深作欣二、松山善三……なるほど、すごい並びですね。

石原　キャメラマンとして画づくりで影響を受けたのは、やっぱり市川崑さんとマカロニウエスタンですよ。

――たとえば必殺シリーズに先駆けた特異な映像として、TBS出身の実相寺昭雄監督の影響はありましたか？

石原　いや、実相寺さんはないですね。ワイドレンズで撮られているということは知ってましたけど、とくに影響もないし、現場に助手でついたこともありません。ぼくが見ていたのは外国映画ばっかりで、いちばん印象に残ってるのはダニー・ケイの『5つの銅貨』（59年）ですね。わりあい普通のドラマですけど、いつまでも覚えてます。それと『ベン・ハー』（59年）。こんなものすごい映像、どうやって撮ったのかと。

――光と影の表現を駆使した古典『第三の男』（49年）はいかがですか？

石原　ああいうのはね、辛気くさいから見てない。

――必殺シリーズの特徴に望遠レンズの多用がありますが、あらためてそのルーツは？

石原　小津安二郎さんは人間の見た目のような感じで撮りますよね。で、ぼくは人間が見ることができない画を撮りたいと思って、それで望遠レンズを使ったんです。背景がギュッと圧縮されるから、糺の森なんかを望遠で撮ると、木がバーッと林立して、ぜんぜん違う場所に見えるでしょう。あとは「できるだけ、ものを少なく映して表現しよう」ということ。時短、時短と言ってますけど、やっぱりそのためには望遠やないかと。その両方の理由で望遠を使ってたんですが、なかなか最近は、そうもいかないんですけどね。

——それはいつからですか？　デビューした初期、60年代半ばから望遠レンズを好んで使っていたのでしょうか。

石原　使ってますね。もうそのころから意識してました。あとはキャメラマンとして、のぞいたときにキャメラの機種によって画面の大きい小さいがあるんです。あくまで印象として。『必殺』も最初のころはエクレールというフランスのキャメラだったんです。これはルーペをのぞいたときに人物が小さく感じる。だからアップを撮るとね、つい大きく撮ってしまう。

——ワンサイズ寄る感じですね。

石原　それがアリフレックスに変わると、ちょっと大きいんですよ。われわれが小さなテレビと大きなテレビで見るのでは、同じフレームでもやはり感覚が違いますよね。たとえばフルショット……頭から足の先まで入れた画をキャメラでのぞいているときの感覚も、ぼくの場合は機材によって違いましたね。

——ふたたび必殺シリーズの監督についてうかがいます。まず珍しいところで『仕事人』の第29話「新技腰骨はずし」を石井輝男監督が担当しています。

石原　えっ、石井さんとやった？　やってないんじゃないかな。ぜんぜん覚えてない。東映の監督だと山下耕作さんは、ぼくの担当じゃなかったですね。倉田（準二）さんと関本（郁夫）さんはやりましたけど。

——『新仕事人』以降は松竹大船の監督が次々と参入。前田陽一、水川淳三、八木美津雄、広瀬襄、山根成之の各氏です。

石原　たぶん「大船の仕事が減ったから」というプロデューサーの配慮があったんだと思います。で、みなさん時代劇をやったことがない。そういう監督の場合ね、現代劇っぽくやって個性を出してもらえればいいんですが、無理して時代劇をやろうとすると「ちょっと違うな」ということになるんです。あとは『必殺』というシリーズを撮る際に守らなければならない最低限のルールがありますからね。毎回バラバラでは困るでしょう。

「ぼくは時代劇がわからない」と仰られる監督もいましたが、これは誰にもわからない。ぼくも初めてなんですよ。ある程度の経験はあっても、新しい台本なら毎回が初めてなんです。そのように考えてもらうといいんですが、〝ちょっと時代劇っぽく〟というのがいちばん困るんです。工藤さんなんてもう好き勝手にやってますからね。大船から来られた監督も好きにやったらいいんですけど、「これはどうなってる？　あれはどうなってる？」って言われると、こっちも面倒くさいから、ぼくがバーッと現場を進めるんです。そうすると東京に帰られたときに「あそこはキャメラマンが仕切ってる」という悪評が流れてしまう（笑）。

――ほかの監督の思い出はありますか？

石原　井上梅次さんは自分が撮りやすいようにホンを変えはる監督でしたね。あるとき京都映画に斎藤清六が来てて、製作部の冷蔵庫に井上さんが〝井上〟って名前を書いて入れておいたプリンがあったんですけど、それを斎藤清六が食べたんです（笑）。だから井上さんが冷蔵庫を開けたらなくなってて「誰だ！　俺のプリンを食べたのは！」って。あと井上さんといえば〝注射〟かな。赤い液体の注射をしはるんです。「藤田さん、これを打ったら楽になりますよ」って、さすがの藤田さんも逃げ回ってました（笑）。ぼくら〝赤い注射〟って呼んでましたけど、栄養剤かなにかなんでしょうね。

「時代劇でワープロはおかしいやないか！」

――1985年の『必殺仕事人意外伝　主水、第七騎兵隊と闘う　大利根ウエスタン月夜』から京本政樹さんの竜と村上弘明さんの政が新たに参加し、そして『必殺仕事人V』が始まります。

石原　『ウエスタン』は、ぼくが監督しましたけど、ほかにも現代版とかね、ややこしいやつはプロデューサーが「石原やれ」となるんです。京本くんと村上くんは、見た目は違えども澄ましたタイプ。どっちも「俺はええ男や」

と二枚目に誇りを持ってました。京本くんはだんだんノッて、中条さんのイメージから自分のものにしましたね。いまだに竜のイメージがある。本人も愛着があって、ぼくは一緒に写真集を作ったことがありました。

村上くんも若くて勢いがあって、なによりタッパがある。よく走らせました。『刺客請負人』（07年）という作品で監督をやりましたが、干潟のロケで「走れー、走れー！」って言ってたら最後に「ぼく、今いくつだと思います？」って（笑）。どうしても出会ったときの印象がずっと残ってるんでね、いつまでも若いままだと思ってしまうんです。

――鮎川いずみさんは何でも屋の加代として長らくレギュラー出演しています。

石原　あの人は一生懸命ですよ。何度かゲストで出て、それからレギュラーになって、前半はそうでもなかったけど、後半は鮎川さん独特のキャラクターになっていきましたね。最近は着物の前をはだけて走る女優さんなんて、あんまりいないでしょう。再放送で見てても「あぁ、がんばってるな」と思います。いや、当時は忙しいから「もう早よやれ」ってくらいのもんでしたが（笑）。

――仕事人ブームによって脚本の展開がシンプルになり、意図的なパターン化と現代パロディが進みます。そのあたりの路線変更についてはどう感じていましたか？

石原　なにも考えてなかったように思いますね。ちょっと前に再放送してましたが、「主水、ワープロをうつ」ってあったでしょう？

――『必殺仕事人V　旋風編』（86～87年）ですね。ワープロやエスカルゴ、ラブホテルなどが扱われていました。

石原　あれはぼくが監督ですけど、すったらもんだらしたんですよ。藤田さんが「時代劇でワープロはおかしいやないか！」って、ものすごく抵抗された。「いや、この番組は遊びですから」と説得しましたが……もうね、すぐ山内さんが新しいものにノッちゃうんです。エリマキトカゲが流行ったら出したり。やっぱり〝翔んでた〟というか、そういう意味でも、すごいプロデューサーだったと思います。『必殺』というのは時代ごとに変わるもので、ぼくもそういうものだと考えてました。

――ほかに藤田さんを説得したエピソードはありますか？

石原　名古屋で舞台をやったりして、そことの往復で疲れてくると、とくに貞永（方久）さんとはバチバチでした。「あのガキ〜！」いうて怒ってはりましたよ。貞永さんは血の気が多いから、そういうトラブルがよくあるんです。それから藤田さんもやっぱり人の子で、舞台の公演中なんか、ぼくらから見てもちょっと主水の芝居がくさい……さすがにやりすぎやないかということもありました。当時は貞永さんも撮影というものを真面目に考えてはったんで、だからこそ〝監督ナンバーワン〟というスタンスでした。監督がいちばん偉いというスタンスで「なぜ台本に書いてあることができないんだ！」と、女優さんと揉めることもありましたね。最近は「この俳優さんはここまで」という規制がありますけど、当時の映画は台本が絶対ですから、

ぼくについてた助手は、だいたい全部キャメラマンになってます

――その貞永方久監督による『必殺！　THE HISSATSU』（84年）から劇場版の必殺シリーズが始まります。とくに思い出深い作品はありますか？

石原　2本目の『ブラウン館』、これは撮影が大変やったんです。京都の「しょうざん」という洋館を借り切って、もう夜間ばっかり。5時から準備して、撮影して、夜が明けてきたら終わり。で、昼間は寝て、また夕方からの繰り返し。広瀬（襄）さんが監督でしたが、隅っこにいた感じですよ。「なにが撮りたい」ということを仰らなかったので、全部こっち側で「こうやって次はこう！」と仕切ってました。広瀬さんも現代劇なら別だったと

思いますが、けっきょく監督の言うとおりにやってたら進まないから。
『ブラウン館』の撮影中、京本くんが足を怪我したんです。高いところからワイヤーで吊るしてて、いまなら専門のスタッフが万全に対策しますけど、当時は小道具がやってて、ちょうどマットを動かしてた。そのときワイヤーが切れて、バーンと落ちて……とても申し訳なかったですね。映画は4本目の深作さんも大変やった。

――『必殺4 恨みはらします』(87年)ですね。

石原 下鴨神社の糺の森にオープンセットをずーっと半月ほど建てっぱなし。いまは世界遺産ですし、とてもじゃないけどできませんが、あのとき深作さんが地面を掘ろうとしたら下鴨神社が「それだけは止めてくれ!」。なにが出てくるかわからないから(笑)。とにかく深作さんはいっぱい撮る監督でしたが、藤田さんは「一発で決めてくれ」というタイプ。深作さんは「はい、こっち側から。次はあっち」といろんなアングル撮ってテイク数も多いから、裏では藤田さん「なんでこんなに撮んのや」ってコボしてましたね。

もう深作組は金に糸目をつけない。『阿部一族』(95年)なんてテレビとは思えないくらい金を使いました。プロデューサーは、ずっと渋い顔でしたけど。工藤さんの『裏か表か』のときも、だんだん予算がなくなってきて、だから船が燃えるシーンもちょっと小さくして、あれは裏を作らずに表側だけの船なんです。

――それまでの映画に比べて話題になる機会が少ないのですが、『必殺!5 黄金の血』(91年)は日活出身の舛田利雄監督が初登板しています。

石原 舛田さんも早撮りです。カット割るのが面倒だから全部パンしろって(笑)。だから右から左に、左から右にカメラをパンしてね、「捨てたもんやないやろ」って、そういう撮り方をご存じでした。ぼくは別になんとも思いませんでしたけど、苦労もふくめて思い出がないだけです。

――そして『必殺始末人』(97年)、『必殺! 三味線屋・勇次』(99年)と石原さんの監督作が続きます。

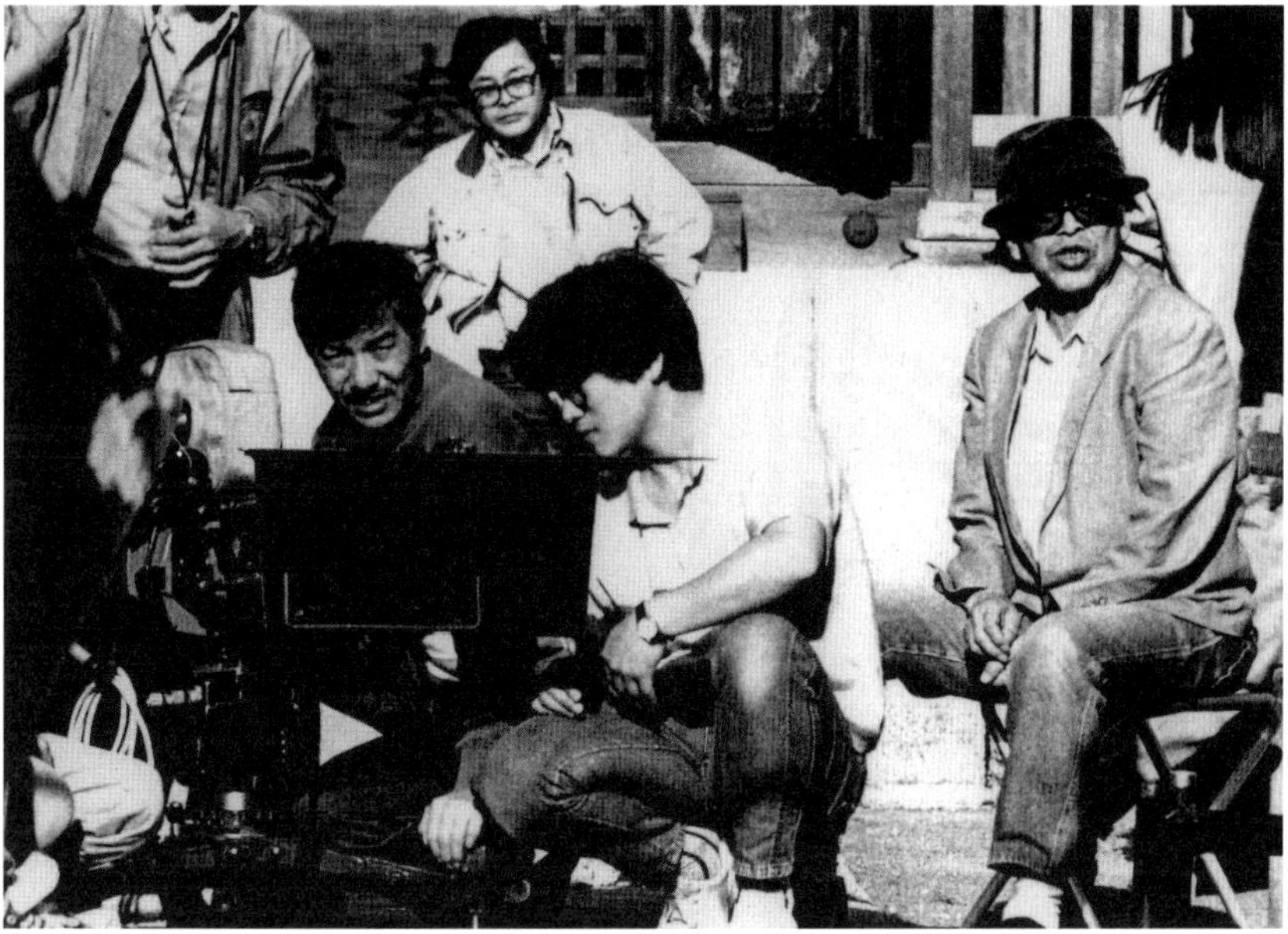

映画『必殺！Ⅲ　裏か表か』の撮影現場。カメラの脇に石原興、右端は工藤栄一監督

石原　『始末人』は劇場でやった？　あぁ、ビデオに箔をつけるための上映ですよ。『三味線屋・勇次』というのは松竹ではなくて、京都映画とVシネの会社がやったんです。これはクラさん（蔵原惟繕）が監督の予定だったんですが、クラさんの体調が悪うなって、急きょ「お前やっとけ」と。そういうのが多いんで、あんまり映画だからどうって思い出はないです。ただね、当時はテレビの時代劇を撮るとき「オンエアは４：３で、あとからハイビジョンの16：９にするから」と、同じ画角でサイズを２パターン求められた。だから４：３のオンエアのときはなるべく真ん中に人物を入れろ……そういう時代だったんです。左右を切っちゃうから。

――フジテレビの『鬼平犯科帳』（89～16年）などがそうですね。横に広いスーパー16ミリで撮影しており、現在は４Kリマスター版が放送されています。

石原　それでサブちゃん（藤原三郎）が『鬼平』をやって、そのあと『三味線屋・勇次』を撮ったとき、なんでも真ん中に入れた〝しょぼい画〟を撮るわけですよ。さすがに「なんや、これ？」と言ったことがある。もっとフレームの四隅をしっかり使うてくれよって、そんなことを覚えてます。

サブちゃんも昔は好き勝手にやって勢いがありました。後年はオーソドックスになって、やっぱり人間というのは媚びて撮らんといかん場合もあるんですよ。長い人生の間には。サブちゃんは、ええ機会がたくさんあったんです。東映や映像京都からも呼ばれて、たしか大船でもやっているはず。晩年は体を悪くして、ちょっと勢いがなかった……それは仕方ないですけどね。

――一番弟子の藤原三郎さんから始まって、都築雅人さん、喜多野彰さん、秋田秀継さん、安田雅彦さんたちが歴代シリーズの撮影を手がけています。

石原　ぼくが自慢することじゃないけど、ぼくについてた助手は、だいたい全部キャメラマンになってます。雅人の場合はね、ぼくがコマーシャルで２ヶ月ほど抜けることになって、ちょっとプロデューサーと揉めたんです。

「キャメラマンが足りなくなるから、雅人にやらせる」と、それがデビューのきっかけ。あとは自分の実力があって、ずっと続けることができたんです。それから助手として、とくに秋田は優秀やったね。

なんでみんなキャメラマンになれたかというと、『必殺』は小物撮りがあるんです。糸が飛んでくるとか、かんざしで刺すとか、そういうアップは助手にやらせた。半分は彼らの勉強、もう半分はぼくの〝なまくら〟で（笑）。つまりいちばん大事なのはキャメラに慣れること、キャメラを回すということに対して慣れさせるんです。大映なんか優秀なキャメラマンがたくさんいて、そこのチーフ（撮影助手）もめちゃくちゃ優秀ですよ。でも、彼らが40歳、50歳でやっとキャメラマンになったとき、緊張して成功しなかった人が多いんです。だから助手に小物撮りをさせて慣れさせて、そういうところに個性も出てくるわけ。もちろん違うところは「あかん！」って言いますけどね。

劇場版はやっぱり貞永さんの1本目

――石原さんの主義として「好きも嫌いもあらへん」かもしれませんが、劇場版で気に入っている作品はありますか？

石原　やっぱり貞永さんの1本目ですね。わりあい金のことも……最後はなくなったけど（笑）、考えずにドンドンやれましたし。あれは黒い集団が出てくるシーンが、なかなか難しくて……朝丘雪路さんの家に神輿が突っ込んで、出てきたら朝丘さんがさらわれてる。台本に「神輿の間から足が見える」みたいなことが書いてるもんだから、これも揉めました。太ももを全部見せなきゃいけないじゃないですか。貞永さんは「台本に書いてある」だけど、やっぱり朝丘さんは津川さんの奥さんだし、そういう露出はしたくない。じゃあどうするのかといえば、足は吹き替えの女優さんを使って、顔だけ本人で撮ったら〝これは吹き替えです〟というスーパーを入れん限りは、本人がやってるように見えるんですよ。

――編集で組み合わせて、巧みにごまかしてしまう。

石原　話は変わりますけど、松本明さんが監督したときに、ある女優さんの胸まで見えるシーンがあって、本人はやりませんから、アップだけヌードの吹き替えを使った。で、編集で繋ぐと上手いこと見えるでしょう。それはそれで本人が脱いでるように見えるから、あとで揉めたという（笑）。

――けっきょく揉めるんですね。

石原　そういう、すったらもんだらがね、けっこう『必殺』ではありました。いちばん多いのは、監督と俳優さんがバチバチになるやつ。そこにぼくが「まぁまぁ」っちゅうわけで、みなさん真面目に考えてるんでね、やっぱり衝突もするんですよ。俳優が右から入るか、左から入るか……そこにもこだわりが出ますから。

――たしかに大きな差があります。

石原　基本的に画面において右から左に流れるのと、左から右に流れるのは違うんです。アメリカの映画に対する文法みたいなのがあって、たとえば「戦争に向かうときの行進は右から左にしなさい。なんでもない普通のシーンは左から右にしなさい」。最近はもう無視してますけど、その理由を説明すると、英語の文字は左から右に流れているでしょう。それに目が慣れている。だから右から左に行くのは逆行……そういうことを書いてある映画の専門書がありました。

それから〝俯瞰〟……上から撮ることには、どんな意味があるのか。これは宮川一夫さんやったかな。人が歩いてきて立ち止まるシーンを俯瞰で撮ったら、何気なくタバコを吸うためのように見える。しかし下から仰《あお》って撮った場合は重要なことを意味している。そういうルールを決めた。それに従えば、コンテなんか簡単に割れますから。ただ最近の映画というのはドローンが出てきてから、まったく画が変わりましたね。なんでも俯瞰で、車の走りでもアクションでも、ちょっと安易に使いすぎじゃないかと思います。

ハイビジョンや4Kに合わせて、その特性を生かすやり方を

——15年にわたる必殺シリーズの連続ドラマ枠は、『必殺剣劇人』(87年)でいったん終了します。第1話「寄らば斬るぞ!」は石原監督回ですが、それまでの必殺シリーズとは異なる派手な大チャンバラ劇でした。

石原　これこそ〝遊び〟ですわね。台本を読んだら漫画みたいな話やから昔のフィルム……活動写真のようにしようやないかと。あおい(輝彦)さんと一緒にガマガエルが上がってくるのは、ねぶた祭りがヒント。これも夜中の撮影ばっかりで大変でしたよ。『剣劇人』というシリーズは賛否両論でしたが、おもしろいと言ってくれる人もけっこういましたね。

——そして『必殺仕事人2007』から今年(2023年)の『必殺仕事人』まで続く新シリーズは、ずっと石原さんが監督として牽引してきました。

石原　いまのシリーズは、ぼくのイメージとしては〝清潔感〟をいちばん大事にしています。野際(陽子)さんも中越(典子)さんもやっぱり上品な方々ですし、とくに野際さんなんか「わたし」とは言わないんです。「わたくし」と仰るので、上品でしょう。だから衣裳でも美術でもなんでも上品にしてあるはずです。

——たしかに色あざやかでスマートですね。

石原　ヒガシさん(東山紀之)は中村主水的なキャラクターをやりたい。でも、あの人の顔でワイロを取るというのは、なかなかそういう芝居が合わないんです。松岡(昌宏)くんなら合ってますけどね(笑)。やはりヒガシさんのイメージに合わせた作風で上品にやろうと……だから昔みたいなエログロもないんです。でもエログロ

がないと、なかなかストーリーの展開が難しい。いちおうは現代の流行を取り入れたりして、ホン屋さんも寺田敏雄さんという人は変わってまして、早坂暁とまではいかないけど（笑）、個性がありました。やっぱり時代の流れとともにいろいろなものが変わっていきますね。まぁ、あまり深くは考えてないですけど。

——時代の流れといえば、『必殺仕事人2007』以降のシリーズはフィルムからハイビジョンにフォーマットが変更されて、画角も4：3から16：9に広がりました。

石原　やっぱりハイビジョンは難しい。なんでも鮮明に映るから、ごまかしが効かないんです。フィルムだと余計なものがバレてても「ピントを前に置いてボカしとけ」とか「ライト当てずに影で落とせ」と、そういうテクニックがありましたけど、そこが成立しない。まずね、ハイビジョンで昔のフィルムのように撮ろうというのが無理な話なんです。そうするほうが却っておかしいんで、ハイビジョンや4Kに合わせて、その特性を生かすやり方をしていかないと。ところが最近はドラマでもなんでも、またピントを浅くしてバックをボカすような撮り方が増えてきてますけどね。

——この先、必殺シリーズはどのようなかたちで続いていくと思いますか？

石原　いや〜、それはわからないですね。せっかく50年ばかりやってきたんだから、ぼくがやるやらんという話ではなく、中身が変わっても看板は残しておいたほうがいいと思います。このままの流れでいくのか、あるいは新しいものにするなら新しい監督がやったほうがいい。まぁ、ぼくの人生なんか行き当たりばったりで、遊んでるようなもんなんでね。仕事やと思うと、疲れも出てくる。でも遊びやったら、どってことないんですよ。

石原興

［いしはら・しげる］

1940年京都府生まれ。日本大学芸術学部中退後、京都映画の撮影助手を経て65年に『かあちゃん結婚しろよ』で技師デビュー。『必殺仕掛人』から始まる必殺シリーズの撮影を数多く手がけ、劇場版も担当する。映画『忠臣蔵外伝　四谷怪談』で第18回日本アカデミー賞最優秀撮影賞を受賞。90年代以降は監督としても本格的に活動を開始し、『必殺仕事人2007』以降のシリーズも一貫して演出している。そのほかテレビの監督作に『江戸中町奉行所』『刺客請負人』『闇の狩人』『一路』、映画の監督作に『必殺始末人』『首領への道　劇場版』『獄に咲く花』など。

記録

野崎八重子

みんなが仲良し小好しじゃないから緊張感があってよかったと思います

東映京都テレビプロや勝プロで記録係（スクリプター）としての研鑽を積み、京都映画にやってきた野崎八重子は、持ち前のバイタリティと技術によって仕事人シリーズを代表する女性スタッフとなった。数多くの監督を支え、現場と仕上げのパイプ役を果たした野崎が語る『必殺』の裏の裏。過激な口ぐせが何度も飛び出して——。

「美佐子さんのあの役で、わたし記録になりました」

野崎　わたしは去年（2022年）まで現役やって、今年やめたんです。耳が遠いのと足が遅いから、ロケーション行ってもスタッフのみんなに迷惑かけるし。『必殺』の思い出いうたら、藤田まことさんは最高の人でしたよ。香港の宿泊ロケで、お買い物に一緒に付き合ってくれて、カバン買うてもらいました（笑）。とにかく関西人のいい味を全部持ってて、スタッフも俳優さんも関係なく、ものすごく気配りのある方でした。

いっとう最初にね、わたしが『必殺』入ったころ主水さんが夜店の屋台でおでんを食べはるシーンがあったの。その本番のとき、わたしはええ場所に入れへんで、おでんの皿が見えなかった。で、次のカットになって「俺なに食べてたっけ。こんにゃく？」って藤田さんに聞かれて……記録いうのはカットごとの〝つながり〟を見る仕事なんです。衣裳とか動きとか。で、なんにも見えてなかったから正直に「わかりません。すみませんでした」って藤田さんに謝ったんです。

——いきなり失敗を……。

野崎　でも、それがよかったみたい。嘘ついて、いい加減なこと言わなかったから。そこから藤田さんに気に入っていただきました。わたしは京都映画に来る前は、東映や大映でやってたんですよ。反対側の敵のほう（笑）。

——まずはスクリプターになったきっかけを教えてください。

野崎　ＴＢＳでね、『ただいま11人』（64～67年）というドラマがやってたんです。山村聰さんがお父さんで、たくさん子供がいる家族の話。それの次女やったかな、渡辺美佐子さんの役がスクリプターで、その姿に憧れました。渡辺さんと一緒にお仕事したときに「美佐子さんのあの役で、わたし記録になりました」ってお話をしたら、びっくりされてましたけどね（笑）。ほんでそのあとに『男と女』（66年）って外国の映画、あれもスクリプターが主役。そういう積み重ねがあったんです。

ほんでスクリプターになろう思うて調べて、写真学校に行ったんです。日本写真専門学校、いまは富田林にありますけど当時は阿倍野というガラの悪いところ。わたし生まれも大阪の浪速区、ガラの悪い子です（笑）。で、2年目に映画のことをちょっと学んで、学校の紹介で東映に就職しました。テレビ専門の東映京都テレビプロダクションいう会社です。

——初めて参加した作品は？

野崎　いちばん最初が『仮面の忍者　赤影』（67～68年）。あとは大川橋蔵さんの『銭形平次』（66～84年）とか近衛十四郎さんの『素浪人花山大吉』（69～70年）など次々とやりました。東映の監督だと、河野寿一さんはすばらしかったです。よう飲んだのは、若手の松尾正武さん。

——最初は見習いとして先輩につくのでしょうか？

野崎　ええ、記録は師弟関係で師匠が絶対にいますから。わたしの師匠は石田照さん、あとから『大霊界』（89年）という丹波哲郎さんの映画を撮られた方です。石田さんは後ろから見たら「男かな？」、前から来ても「男かな？」という（笑）、ちょっと女とは思われへんような……ゴツいだけじゃなく、頭も切れる。同志社大学を出て、児童心理学をやっておられた方で、なかなか厳しい方でした。

——修行期間はどのくらいだったのでしょうか？

野崎　早かったんです。人手が足りないから。1ヶ月くらいちゃいますか。ほんま即ですわ。テレビの仕事が増えて、われわれみたいな若い女の子が何人も東映にいてました。せやから若いもんだけで集まってベチャベチャしゃべって、行きつけの喫茶店は撮影所の前の「みどりや」。そこでピーチクパーチク（笑）。仕事の反省会で、今日こんな間違いしたとかね。

サラリーマンなんですよ、東映は

——スクリプターの仕事内容を教えてください。

野崎　監督と編集マンの間に立って、伝える役目ですね。当時はフィルムで撮ってましたし、監督さんの意図を極力編集部さんに伝える……ビデオになってからは、ちょっと違ってきてますけど。あとは尺やね。ようけ撮りすぎてもあかん。あんまりオーバーしたら会社のプロデューサーに怒られますから、計算係みたいなもんでした。「よーい、スタート！　カチン」から監督の「カット！」、それは単に撮影したタイムなんです。そうやなくて、監督が本番のどの部分を使うか、それを把握する。何年もやってると「あ、こっから使ってここまでやな」……

タイムはスタートから測って、そこから何掛けというパーセンテージを出してました。

――そして先ほど話題に出た〝つながり〟ですね。

野崎　まずは衣裳のつながり。いっぺん『必殺』で山田五十鈴先生に聞かれたの。「ヤエちゃん、わたし半襟はなんの色着てた？」。半襟まで見てなあかんのかって……みんな俳優さんに教えてもろうてますよ。で、いちばん理解できへんかったのは、セットのつながり。「この襖、この前のと違うやろ」とか現場で言わはる人がいて、そんなん覚えてないわ（笑）。そういうときに助けてくれはるのが照明部さん。ライトを当てる加減で、どういう建具が入っていたかを見てはるから、よう助けてもらいました。

――襖のつながりとは、同じシーンを別日に撮るからでしょうか？

野崎　そう。俳優さんのスケジュールの問題で、切り返しをバラバラに撮ってワンシーンに3日かかったりする場合もあるんです。それを編集して「こないだと違うやん」だと、あきませんでしょう。

――東映から大映に移った理由は？

野崎　サラリーマンなんですよ、東映は。工場で働いてるみたいなもんで、最近は違いますけど、50年ほど前は機械工場かと思うくらい「こうなって、ああなって、ペッペペッペ」。せやから100カットくらい〝中抜き〟でパーッと撮るんです。だから『遠山の金さん』なんか台本を3冊持ってやる。

――2話持ちどころじゃないんですね。

野崎　お裁きのシーンは上座の金さん向きばっかりブワーッと午前中に撮って、昼からお白洲で「へへー」の人たちばっかり3話分。それで〝ナメ〟もあるでしょう。金さんの裃をナメてお白洲側を撮る……そしたらあのとき金さんがどんな格好してたかっていうのが大変。現場もピリピリしてるし、とにかく効率よく中抜きでパッパッパ……それがイヤやった。

先輩から「3年は辛抱しいや」って言われたんで、3年目で東映を辞めました。そのときクリちゃん（栗塚旭）が「大映はいいよ」って言ってくれた。あんな撮り方しないし、美術さんがいいし、ぜんぜん違いましたね。「あぁ、これがわたしが望んでた撮影だ」と思いました。ワンカットずつ丹念に撮る感じが、各パートにあるんです。大映の最初の仕事は『ママいつまでも生きてね』（70年）という難病ものの映画。池広一夫さんが監督で、最近も土曜ワイド（劇場）を撮ってますよね。あの方だけです、いまだに元気なのは。

それから大映が潰れて勝プロに行ったんです。そこでテレビの『唖侍　鬼一法眼』（73〜74年）や『座頭市物語』（74〜75年）なんかをずっとやってたんですが、勝（新太郎）さんが東京に行っちゃったもんで現場がなくなった。そしたら東映時代からお友達だった監督が京都映画で仕事をしてて、呼んでくれはったんです。津島勝さんや。杉（良太郎）さんの推薦でデビューして東京に出たんやけど喧嘩別れ、京都映画で助監督やってたんです。

——京都映画で初めて参加した初作品は？

野崎　松山善三さんの『典子は、今』（81年）、熊本へ1ヶ月ほどロケ行って、それから『必殺』とかいろいろやらせていただいて、ずっと松竹です。それまでぜんぜん交流なかった。『典子』の初日がロケーションで、ロケバスに乗っても知らん人ばっかり。で、1人だけ前に座ってるおっさんが後ろ向いてペラペラペラペラしゃべってて……「なんや、この人？」（笑）。そしたら、その方がカメラの石原（興）さん。

——必殺シリーズの現場はいかがでしたか？

野崎　とにかく〝暗い〟です、画面が。夜のシーンが多いでしょう。もう夜間ばっかりで、12時に終わったらうれしいくらい。夜中の2時、3時まで毎晩やから「今日は12時に終わるわ〜」いうて（笑）。とくに工藤栄一さんや深作欣二さんの現場なんか、そら大変やけどおもしろかった。石原さんのカメラと中島（利男）さんの照明、ものすごく心を許し合ってましたね。中島さんがライティングしますでしょう。たまにそのシーンに合ってないライティングがあっても石原さん、じっと待ってて「それちゃう！」とは言わない。全部の照明が終わってから、自分の意見を言わはるんです。「あぁ、この人すごい人やな」と思いました。

――まずは自由にやってもらう。

野崎　監督の説明を聞いて、中島さんがやる。イメージが違ってても中島さんが納得した時点で、意見を言わはる。否定しないんですよ、石原さんは。まずは、やりたいことをやらせてあげる。

――なるほど。

野崎　現場の撮り方もちゃいますよ。東映に比べて松竹はそんなに中抜きしない。とくに『必殺』は〝順撮り〟が多いんです。ところがいっぺん東映の監督さんがきて中抜きしはった。ほんだらみんなついていけない（笑）。わたしはわかりましたけど、なんかヘンな……占い師の話やったかな。100カットくらい中抜きで、ビャーッと監督が説明しはって、みんなちょっとわからなかった。1本だけ撮った……あ、関本（郁夫）さんや。

――『必殺仕事人Ⅲ』第20話「厄払いしたかったのは主水」（83年）ですね。初の京都映画で、しっかり東映流のやり方を貫いた。

野崎　よっぽど中抜きせなあかん場合は『必殺』でもしますけど、俳優さんは順撮りのほうが芝居はやりやすいですよ。やっぱり気持ちの流れがあるから。

――ほかに東映との違いはありますか？

野崎　東映は明るいライトが点いたまんまライティングするんですが、松竹はセット入っても真っ暗でね、すぐ「電気消せやぁ〜！」って照明部さんが言わはるんです。真っ暗けやからスクリプトも書けへん（笑）。せやけどカメラのそばにいれば、ちゃんと現場は見えますけどね。〝居場所を見つける〟いうのが、記録の最初の仕事です。フィルムの場合、カメラの脇に監督がいはって、その近くが鉄則。いまはビデオやから、モニターの前に座ってたらええねん（笑）。モニターのおかげで仕事が半分に減りました。
カメラマンなんかモニターを嫌がりますけど、利点もあるんです。フィルムの時代はね、真冬になるとみんなパッチ履いたまま……藤田さんでもこんな茶色い、ラクダのパッチ履いてるんです。それで夜、殺しの前に歩くでしょう。現場は真っ暗け……でも見えてたの。ラッシュで初めてパッチに気づいた。カメラマンに「いまの見えてたんちゃう？」いうても「そんなもん見えへん。大丈夫や！」。で、ラッシュ見たらチラッと映ってる（笑）。ビデオになってからはジーッとモニター見てるから、バレもん関係は大丈夫です。

いっぺんやって懲りて、もう来はらへん監督もいました

――『新必殺仕事人』（81〜82年）から必殺シリーズに参加していますが、出演者の思い出はありますか？

野崎　まぁ、みーちゃん（三田村邦彦）がかっこよかった。（中条）きよしさんも男前で、夜遊びばっかりしてました。鮎川（いずみ）さんも仲良くなったんです。工藤組のときなんか、どんなん撮ってるのかわからへんから、自分のカットを使ってもらえるか一生懸命わたしに探るんですよ。「ヤエちゃん、昨日撮ったあそこ、ちゃんとつながってた？」とか。
いちばんすばらしかったのは、山田五十鈴先生ですね。どんなカットでも、お芝居できない人が相手役でも、きちっとしはりますから。時間もしっかり守ります。いっぺんおうちに誘われたんですけど、仕事が終わらなくて、一緒に飲めなかった。それが残念。そないして『必殺』は、俳優さんと仲良くなれたのがよかった。ただね、ここは東映みたいに俳優さんの上下関係は厳しくないけど、だんだん鼻高になるような人はダメですよ。

――工藤栄一監督の現場が好きな理由は？

左端に田中徳三監督、手前は野崎八重子と山田五十鈴。京都映画のオープンセットにて

野崎　工藤さんは台本にあるシーンの前に、ひと芝居作るんです。そういうのが何カットかある。「なんでかな?」と思うたら、それを撮ってる間に俳優さんがその役になってくるんですって。性格づくりやね。台本に性格は書いてませんから、ゲストが役に入りやすいようお芝居をさせてあげる。そういうとこは、さすがですよ。

——『必殺4　恨みはらします』(87年)の深作欣二監督はいかがでしたか?

野崎　あの人は、ものすごい量を撮る。クソ熱心です。松竹の映画は全部わたしやりましたけど、午前中は仕事にならない(笑)。寝てる。で、昼から起きて、夜がいちばん元気……水戸納豆を食べて元気なんです。

——ほかの監督の思い出はありますか?

野崎　松野(宏軌)先生はものすごくええ方ですし、『必殺』のトーンをわかっておられるので松野組いうと安心できます。ただ石原さんとかの助言がないと、あんまりよくならない。主役の方には、お芝居をつけないですから、松野先生は脇の女の子にばっかり(笑)。まぁ〝主〟のほうはみんな石原さんがやるから、助監督さんがすることを先生がされる。貞永(方久)さんも、どっちかいうたら石原さんにおんぶに抱っこ。

(リストを見ながら)『必殺!　ブラウン館の怪物たち』(85年)なんてひどいんですよ。毎日なに撮ってるやら、ぜんぜんわからへん。台本はあってないようなもんで、吉田剛さんのホンは「そんなもん撮れへんやろ」いうことばっかり書いてあるから大変でした。いや、『ブラウン館』だけでなく、テレビでも吉田剛さんのホン自体がそうなんです。「こんなもんテレビで撮れるかぁ!」いうて、それを石原さんが映像にしていかはった。いちばんトーンがちごうたんは舛田(利雄)さん。昔の映画のオーソドックスな撮り方やから、現場は楽でしたよ。

——『必殺!5　黄金の血』(91年)ですね。

野崎　あとね、田中徳三さんは同じ大映だったから、車に乗せてもらってロケーション行ったりしました。でも運転すると、あの人ものすごいスピード狂で周り見えてへんから、怖いんですよ。普段の撮影のときと、ぜんっぜん人柄が変わる。やっぱりオーソドックスで、ヘンなカットも撮らなくて映画的なんですけど……あんな運転するとは（笑）。石原さんはどなたにでも合わすから、田中組でも監督に合わせる感じですよ。で、田中さんは、よっぽど気に入らんことがあると、ひとりで車の中に入って悩んではります。

——スピード狂とは意外でした。

野崎　大映だと黒田義之さんも大人しい、背の小さい監督です。原田雄一さんはテレビ出身の起用な方でね、パッパパッパ処理してはった。でも撮影で思い出すことない。女好きやったけど、まぁ独身やし（笑）。東京からこっちへ来はる途中、いつも温泉に泊まらはるんです。下諏訪かな。温泉が好きで、よう行ってたみたい。

家喜（俊彦）さんは体が弱い感じなのに、しっかりしてはりましたよ。助監督時代から京都映画でやってたから『必殺』のトーンがわかるし。よその監督さんだとわからないから。どうしても石原さんが陣頭指揮に立たんと……いっぺんやって懲りて、もう来はらへん監督もいました。原田さんは、そういう部分でスタッフとの付き合いが上手かった。

——『新仕事人』以降は松竹大船の監督が次々と参入します。

野崎　広瀬（襄）さん、あの人はなんでも台本をクルクル丸めてね……石原さんのペースで現場が進むから、もう台本いらんかったんでしょう。台本を丸めて「そうね」「そうね」「それでいいんじゃない」って、楽やったと思いますよ。なんにもしないから、ちょっと浮いてて気の毒でしたけど。

八木（美津雄）さんはね、ほんま体が悪いのにもうセットいっぱいに響くような大きな声出して……そのくせガンでしょう。おうどん食べるのも一筋ずつ。そんなふうに食べたはるのに、セット入ったら「よーい!!!」ってみんながびっくりするくらい大きな声を出して、引っぱっていく。「関東では、おうどんって一筋ずつ食べるのか」思うてたら、すぐに亡くならはった。山根（成之）さんも大きな声で、この人も亡くなりました。水川（淳三）

さんはGパン履いて、よれよれでロケに来てるから、やっぱり監督さんはきちっとした服装をしてほしいなぁと思いました。東大を出てようが、ダメでしたね。頭で考えすぎるから、あかんのかもわからへん。

嘘がいちばん腹立つんで、もう嘘つく人はようどついてました

――必殺シリーズの現場は、シナリオの改訂が日常茶飯事です。それこそセリフやストーリーの変更といった〝記録〟が重要になります。

野崎　工藤組や深作組になると、台本なしですよ。あるんですけど台本無視で、監督がどんどんしゃべってることを聞いて、それが台本になるから大変でした。あとは殺しのシーンになったらA、B、Cと……Aの立ち回り、Bの立ち回りと全部大学ノートに書いてたんです。どうせ編集で入れ替わるし、順番も決まってないけど、とりあえず撮る。カットナンバーはつけられるけど、シーンナンバーがわからない。

――秀の殺し、勇次の殺し、主水の殺しをA、B、Cと……。

野崎　そのあたりに対応できたのは、勝プロの経験が生かされた面はあるかもしれないですね。『座頭市』なんか毎朝、勝さん来たらペラペラしゃべって「あぁ、今日はこんなん撮るんかぁ」って、その繰り返し。勝さんの場合は映像主義ではなく、お芝居から入るからまた違った勉強になりました。

――必殺シリーズの編集は50年以上、園井弘一さんが手がけています。

野崎　園井さんのセンスは最高ですよ。編集マンだと、京都ナンバーワンや思います。『必殺』いうのは園井さんと石原さん、おふたりの力が大きい。どんな素材でも園井さんが『必殺』にしてくれるんです。園井さんも元気やし、石原さんなんかもうお化けみたいに元気で、それがいちばんうれしい。もう今の松竹撮影所は石原さんが

いなかったら……〝必殺＝石原〟ですからね。

——『必殺仕事人２００７』以降は石原興さんが監督として新シリーズを牽引しています。

野崎　やっぱり監督しててもカメラマンなんです。先に画ができてしまう。お芝居じゃなくて画が先で、その画に当てはまるように人物を動かす。だいぶちゃいますよ。助監督育ちの方は俳優さんの芝居ありきで、そっちから入っていくでしょう。石原さんの場合は画ありきで、それの悪い面は『必殺』にはないです。ただ、別の作品のときは……監督として演出力を積み重ねてきたわけじゃないから俳優さんによっては難しい場合もあります。

——『必殺仕事人２００９』に参加した監督陣……原田徹、酒井信行、山下智彦、井上昌典の各氏は全員が京都の助監督たたき上げです。

野崎　酒井ちゃんもがんばってるし、井上くんが第1回をやったとき、ものすごくよかったんですよ。あのときの初心を忘れないでほしいね。徹ちゃんは、ちょっとけったいな子（笑）。アヒル出したでしょ、大覚寺で。

——『雲霧仁左衛門』第11話「おかね富の市」（96年）ですね。

野崎　変わってるのよ。でも阪神ファンやから、ええ子や。彼が初めてカチンコ打ったときから知ってますし、眞ちゃん（原田眞治）も大映系。吉田啓一郎は、わたしと同い年です。助監督してるときから知ってるから「啓ちゃん、啓ちゃん、啓一郎！」って、もともと東京の俳優座関係から京都に来てやってはった。「アホ、バカ」ばっかりで口の悪い監督や。まぁ彼も監督業に慣れすぎて、でも予算やプロデューサーとの約束はきちっと守る人やから、渡瀬恒彦さんのお気に入り。啓一郎のことを「監督」ってずっと立ててはったから、わたしが「啓一郎！」いうたら渡瀬さん、よろこんでね（笑）。

——すでに故人ですが、旧知の津島勝監督はどのような方でしたか？

野崎　わりと真面目。京大やからね。わたしが二日酔いで寝てたり、現場でクシャ〜ンとなってたら「もう、そこに寝ときい」って、いつもカバーしてくれました。津島さんも早撮りやけど、理屈で全部「こうなるから、こうなって」と説明してくれる人。ただ頭が切れすぎるから先走りいうか、ゆとりがないんです。そういうとこはあったかかな。みんなと輪を作れない。だから最後は東映の仲間と映画を作ったりして、なんであんなことになったんやろ……。わたしなんかも「俺が連れてきたのに」って嫌われてたみたいやけど、でも、たかが記録やから力にはなれないし。墓参りには毎年行ってたんですけどね。

――当時の京都映画演出部の思い出はありますか？

野崎　みんな仲間でした。加島ちゃん（加島幹也）は、こないだ阪急電車で会うたな。いちばん飲まなかったのは水野純一郎。あの人はイケズやね。監督しはったときも、あんまりわたしの好きな演出じゃなかった。

――その後、水野さんは松竹京都映画の重役となって、撮影所を支えます。

野崎　あんだけ現場やってた人間やのに、会社側につくんですもん。やっぱり関西の人間とちゃうからかなぁ。水野ちゃんは千葉の人やから……「殺したろか」思うて、追いかけたこともあります。追いかけてたら製作部の砥川（元宏）くんが止めに入った。ほんま、いまやったらわたし警察に捕まってますよ。扇の要みたいな、ええ助監督さんがいなくなって……わたし嘘がいちばん腹立つんで、もう嘘つく人はようどついてました。それくらい嘘つかれるのが嫌いなんです。

『必殺剣劇人』いうのは、おもしろかったやんなぁ

――『必殺仕事人Ⅴ』（85年）から京本政樹さんと村上弘明さんがレギュラー入りします。

野崎　あんまり思い出がない。京本っちゃんはシャイやったからね、あんまりスタッフと仲良くならなかった。

これ以上は悪口になるから言いません（笑）。あれは現代劇のときやったか、準備中の待ち時間にセットで女の子と話してばっかりおった。そういうとこが、わりと彼はありましたね。

村上は鏡ばっかり見てたから、わたしはよく鏡を隠してやるんです。それでね、なんかヘンな、役に合わないことをしたときに「なんでそんなことするの？」って聞いたら「この間、三船敏郎の作品を見たから」。だから「あれは三船さんがブサイクやからええの。あんたはスマートでかっこええんやから、そんなことせんでええ。二枚目は二枚目の芝居せえ！」って……俳優さんに向かって好きなこと言うてますね、わたし（笑）。

——必殺シリーズで、とくに印象に残っている作品はありますか？

野崎　『必殺剣劇人』（87年）いうのは、おもしろかったやんなぁ。もっとやってほしかった。工藤夕貴ちゃんがよかったし、近藤（正臣）くんと田中の健ちゃん（田中健）も。怪獣が屋根の上に出てきたりして、いまは漫画チックな世界がみんな好きやから、またやったらええのにねぇ。

ホン屋さんだと、吉田剛さんはなんやわけわからんかった。篠崎好もちゃらんぽらんや。保利（吉紀）さんは柔らかすぎてね……でも一緒に飲んで仲良しになったから、あんまり悪いことは言えない（笑）。新しいシリーズの寺田（敏雄）さんも最初ごろは、ぜんぜん『必殺』らしくない台本でしたね。それが新しさなんかな。まぁプロデューサーが変わると番組も変わりますし、われわれ現場は下りてきたホンで動くだけやから。

——現場のボスである松竹の櫻井洋三プロデューサーは、どのような方でしたか？

野崎　櫻井さんは櫻井さんですよ。そうとしか言われへん（笑）。やっぱり〝業界人〟やなぁ。朝日放送から仕事を受けて、われわれにもちゃんと還元してくれて、食べ物とか飲み物とかね、ごちそうになりました。ただ役者には厳しかったです。間違ったことをすると、かなり怒ってはりました。でも役者さんもね、櫻井さんに対して……特別な人だけひいきするのは、どうかなと思ってたんちゃいますか。

――なるほど。

野崎　それがね、ちょっと問題やった。だから、きよしさんやみーちゃんとは温度差がありました。何十年もやってると裏話はよく知ってるから、わたしは裏ばっかりや（笑）。みーちゃんは藤田さんに頭上がらへんかったし、きよしさんは歌手やから別の世界やし、俳優さんの輪を邪魔するような人もいたし……まぁ、みんなが仲良し小好しじゃないから、そういう部分も緊張感があってよかったと思いますけどね。画に出てるんとちゃいますか。

大映と同じ〝ものづくり〟の精神がうれしかった

――藤田まことさんの思い出は、ほかにありますか？

野崎　悪いところがないからなぁ。座頭市の人やったら、いっぱいあるけど（笑）。現場では藤田さんではなく〝主水さん〟でした。土曜ワイドのときは〝音やん〟……音川音次郎。ただ『必殺』も最後はね、もう衣裳を着て、刀を二本差すだけで大変で、酒井ちゃんがずっとお世話をして、それくらい体が悪いのにやってはりました。

――最後の出演作『京都殺人案内32』は、藤田さんが亡くなられたあと2010年2月に追悼作品として放映されました。

野崎　あれは悲しかったです。もうたまらなかった。歩けない。セットで〝おこた〟に入ることもできないから、藤田さんの体を酒井ちゃんが抱えて……監督もあんまりセリフがないようにしてはった。歌も間違うてね。遠藤（太津朗）さんに教えてもうて、歌うてたんですけど……で、わたしが監督に「歌詞、間違ってはりますけど」いうたら「いい、いい」って。岡屋（龍一）さん、優しい監督やから。あの方も亡くなられてね。岡屋さんとは毎晩飲みました。岡屋組いうたら宴会や。ロケの作品が多かったから、やっぱり処理が大変だったでしょう。

――90年代以降、野崎さんは脇役で2時間ドラマなどに出演しています。

必殺シリーズ52周年記念
立東舎×かや書房コラボフェア

「高鳥都の必殺本まつり」

購入特典小冊子

こんにちは、高鳥都と申します。『必殺シリーズ秘史』『必殺シリーズ異聞』『必殺シリーズ始末』という3冊の本の著者であり、『必殺仕置人大全』『早坂暁必殺シリーズ脚本集』の編者でして、この度ご縁がありまして「高鳥都の必殺本まつり」というフェアを開催することとなりました。まさに今テキストを読んでくださっているのは、いずれかを購入された方が多いと思いますので、5冊それぞれの思い出を刊行順に綴っていきますね。どうぞよろしくお付き合いください。

必殺シリーズの50周年に合わせて刊行された単著デビュー作であり、京都映画（現・松竹撮影所）のスタッフを主軸にしたインタビュー集です。立東舎の山口一光さんにお声がけいただき、雑誌『昭和39年の俺たち』（一水社）の連載「必殺シリーズ深掘りインタビュー」をもとにあらゆる裏方に取材しました。なにより助監督・監督を務めた都築一興さんとの出会いが大きく、『昭和39年〜』の単発インタビューをきっかけに連載へと発展、本書でも多くの取材に同席してくださいました。必殺シリーズの光と影の映像を作り上げた石原興さんから念仏の鉄を演じた山﨑努さんまで30名、山﨑さんが「楽しかった。聞き手がよかった」とTwitterで呟いてくださったことも前評判を集め、スタッフ中心というストイックさを跳ね返す結果に。表紙のシルエットは『新必殺仕置人』の傑作「裏切無用」、それらを監督したのち製作主任に転じた高坂光幸さんの取材も思い出深いものでした。

『必殺シリーズ秘史　50年目の告白録』
（立東舎／2022年9月発売）

『必殺シリーズ異聞　27人の回想録』
（立東舎／2023年4月発売）

3刷という前著のヒットにより実現した第2弾、目玉は松竹のプロデューサーとしてシリーズを支えながら引退後は表に出ることのなかった櫻井洋三さんのインタビュー。これまた都築一興さんとの出会いをきっかけに双葉社時代の『映画秘宝』で連載していたもので、じつは立東舎からのオファーも櫻井P記事の反響がきっかけだったのですが、1冊目の成功を確信していたので保証もないまま「次」に回してスタッフを優先したのでした。本書では亡くなられた脚本家の方々の貴重な取材原稿を坂井由人さん、春日太一さんより提供していただき、キャストも3名に増加。100ページ以上もオーバーして怒涛のカットが発生した『秘史』に対して、ほぼぴったり384ページに着地。反省点は……ギリギリまで人数が決まらず本の発表が出遅れてしまったことで、数字をタイトルに入れるのは危険だなと知りました。

『昭和39年の俺たち』の版元・一水社の岩尾悟志社長は複数の版元を経営しており、そのひとつ「かや書房」から出た編著です。シリーズ第2弾にして屈指の人気作、念仏の鉄（山﨑努）と中村主水（藤田まこと）が初登場した『必殺仕置人』の50周年に合わせて、鉄と主水がふたたびコンビを組んだ『新必殺仕置人』とのカップリングで全エピソードを徹底解説。岩尾社長の「中村主水で本を作れないか」というアイデアに対して「仕置人に絞りましょう」と提案し、このかたちになりました。もともと洋泉社時代の『映画秘宝』でムック本の企画として提出していた念願の企画であり、実現する前に版元が解散という憂き目に……。編著なので多くの先輩方に書き手として参加していただきましたが、なにぶんスケジュールが厳しく、各話のあらすじや解説、ゲスト紹介、脚本と完成品の比較検証は高鳥が担当。合計67話と分量が多すぎて死ぬかと思いました。書いても書いても終わらない！

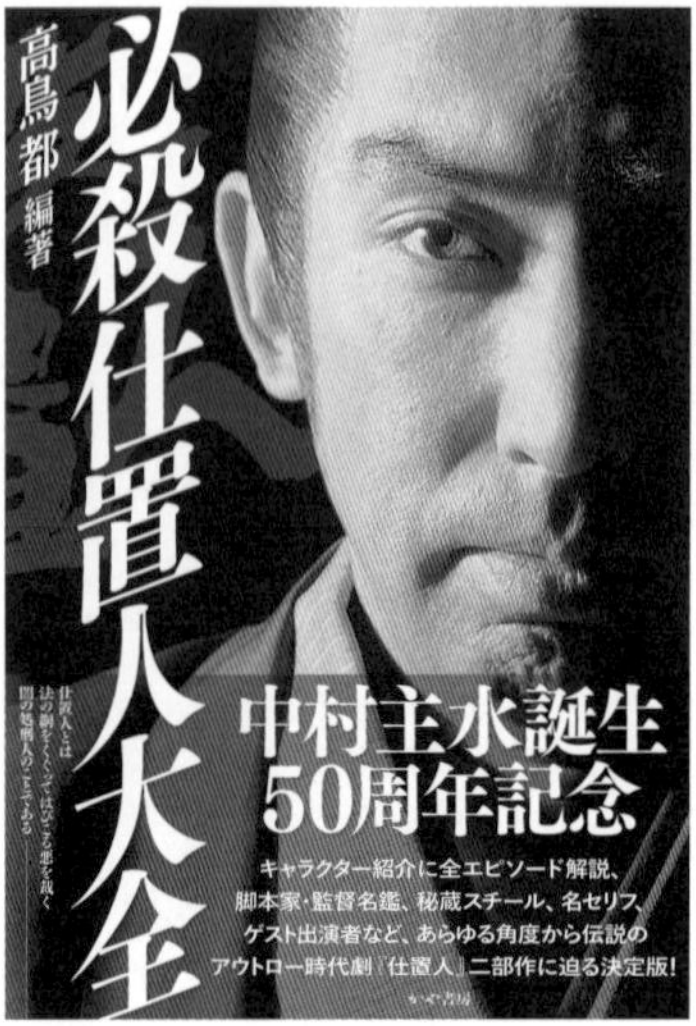

『必殺仕置人大全』
（かや書房／2023年9月発売）

立東舎のインタビュー集の第3弾。『最後の大仕事』とあるようにシリーズ第15弾の『必殺仕事人』から始まる80年代の仕事人ブームを検証したものです。70年代らしいアウトロー時代劇からの変貌が読みどころ、キャストは三田村邦彦さんをはじめ仕事人を代表する5名が登場、各パートのスタッフもふくめて総勢40名という前代未聞の状況となり、ページ数は予定を二度も裏切る480ページに……『最後の大仕事』らしい始末と相成りました。中条きよしさんは議員になっていたので参議院会館でのインタビューを決行、鮎川いずみさんは「昔の仲間に会いたいから」ということで京都まで来てくださり、スタッフ各氏との旧交を温めました。祇園・権兵衛のうどんすき、おいしゅうございました。松竹撮影所のすぐ近く、「食べるラー油」で有名な菜館Ｗｏｎｇも昼食・夕食の定番コース。そのほかスタッフ同士の再会がいくつもあり、やってよかったとしみじみ思う大仕事でした。

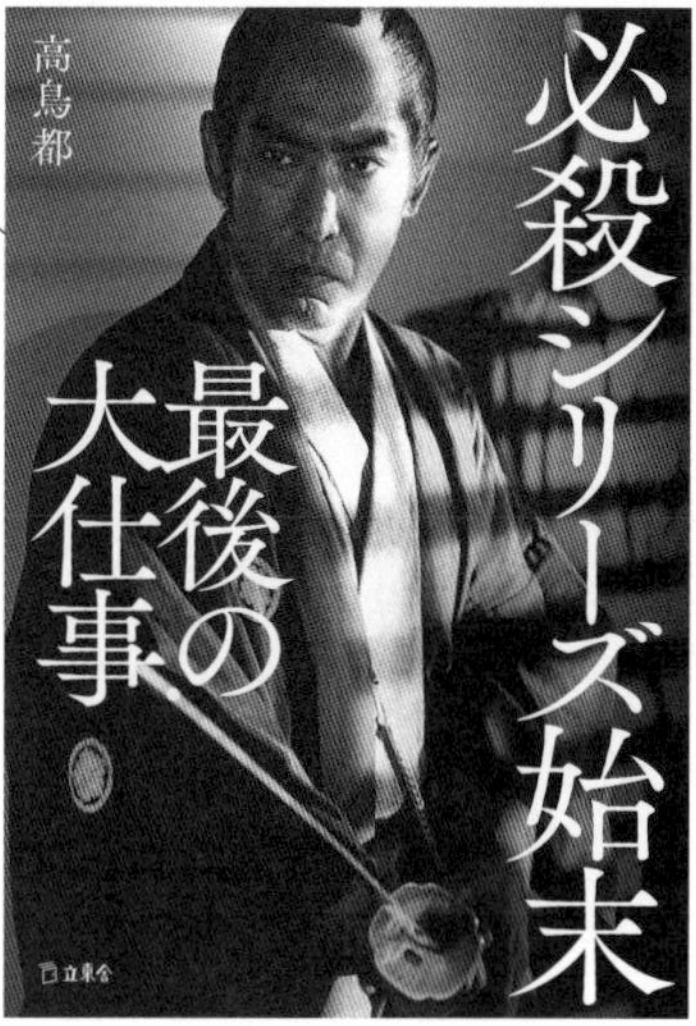

『必殺シリーズ始末　最後の大仕事』
（立東舎／2024年1月発売）

脚本家の會川昇さんの紹介によって、西荻窪の今野書店で毎回行われていた必殺本の刊行記念トークイベント、『必殺仕置人大全』の打ち上げでポンと立ち上がった企画です。『必殺仕掛人』『必殺からくり人』などを手がけた故・早坂暁氏の全シナリオを収録し、各話ごとに識者の解説つき。石原興さん、都築一興さん、佐生哲雄さん、大熊邦也さんとこれまで取材してきたスタッフ各氏に早坂作品に絞ったインタビューを敢行。早坂夫人の富田由起子さんにも『必殺シリーズ異聞』でお話をうかがった経緯があったので、これまでの経験の総まとめのような本になりました。なにより必殺シリーズ初のシナリオ集が実現したことがうれしい。ひとつ内緒話を明かすと、解説の原稿を落とした方がいまして……『からくり人』の3話と8話は、それぞれ高鳥と會川さんが校了直前に大慌てで書いた「代原」です。

『早坂暁必殺シリーズ脚本集』
（かや書房／2024年2月発売）

この小冊子を書いている最中、絶賛作業中の新刊です。まだ校了していないのですがインタビュー集の第4弾は、これまでの裏方至上主義というコンセプトを覆してレギュラー俳優陣をメインにしたもの。シリーズ第1弾『必殺仕掛人』で主人公の西村左内を演じた林与一さんをはじめ、10名以上の豪華キャストが登場する予定です。もともと俳優インタビューは辰巳出版の『時代劇マガジン』が各作のDVDリリースに合わせて行っていたので、そちらを単行本化するのが常道だと思っていたのですが、なかなか先方が動かないので、しびれを切らせて先に仕掛けることになりました。『最後の大仕事』で完結と見せかけての『仕掛けて仕損じなし』……ずばり『仕掛人』第1話のサブタイトルに回帰してしまいましたが、ご期待くださいませ。さて、この原稿を送ったら京都太秦の松竹撮影所に行ってきます！

『必殺シリーズ談義　仕掛けて仕損じなし』
（立東舎／ 2024年10月発売）

高鳥都（たかとり・みやこ）

1980年生まれ。2010年よりライターとして活動。著書に『必殺シリーズ秘史　50年目の告白録』『必殺シリーズ異聞　27人の回想録』『必殺シリーズ始末　最後の大仕事』『あぶない刑事インタビューズ「核心」』、編著に『別冊映画秘宝　90年代狂い咲きVシネマ地獄』『必殺仕置人大全』があり、『漫画＋映画！』ほか共著多数。

必殺シリーズ 52 周年記念
立東舎 × かや書房コラボフェア
「高鳥都の必殺本まつり」購入特典小冊子
2024 年8月 16 日　第1版1刷発行
テキスト　高鳥都
デザイン・DTP　石原崇子
制作　立東舎／リットーミュージック

野崎　岡屋さんが出すもんだから、みんなおもしろがってしょっちゅう（笑）。地方ロケは役者さんを連れていくとお金かかるでしょう。せやからスタッフが出て、お金を浮かす。あれ、いいんですよ。この前も再放送を見てたら「あ、岡屋さん出てるわ！」って、うれしかった。わたしの弟子の子たちもようクレジットされてますよ。

――野崎さんが育てた後進のスクリプターの方々が。

野崎　何人もおります。わたしの前は都築一興さんの奥さん（杉山栄理子）が『必殺』をメインでやっておられて、その代わりでわたしが入って、次がミネちゃん（竹内美年子）。あの子がわたしの一番弟子で、あとは枡形知子さんや奥井富美子さん……6〜7人おります。結婚して引退しちゃった子もいますし、なかなか子育てとの両立は難しい。藤澤加奈子さんは最近もＮＨＫの朝ドラとかやってますね。かわいらしい子やで。

――野崎さんは、ご結婚は？

野崎　50年くらい一緒に住んでる人がおって、いまも95歳で元気（笑）。１００まで生きるそうですけど、毎日ごはん食べさせたり、お世話をするのが今のわたしの仕事です。小林正雄といいまして、大映で監督してました。テレビの『唖侍』とか『座頭市』とか撮ってたんですけど、若山（富三郎）さんの推薦で監督になれたんです。それから企画室長とか、そっちをやってたんですけどね。

――京都映画から松竹京都映画、そして松竹撮影所となるまで40年以上、この地でスクリプターを続けてきました。

野崎　仕事がないときは東映やＮＨＫにも行きましたけど、やっぱり京都映画がいちばん楽しかったです。ひとつの目的に向かう、大映と同じ〝ものづくり〟の精神がうれしかった。東映はセットが悪いし、汚いんですけど、ここはみんなで掃除するしね。正直いうてギャラは東映のほうが上です。京都映画は安い。記録だけじゃなくて、すべてが安い。でも、現場がおもしろい。スタッフのみんなの顔つきがちゃいますよ。

――仕事をする上で大事にしてきたことはありますか？

野崎　正直がいちばん。わたしは嘘つくのがイヤやから、わからないことはわからないと言います。なんぼベテランなってもね、知ったかぶりはしない。屋台のシーンで藤田さんに「こんにゃく?」って聞かれて、それからしゃべれるようになったんやから。あるときね、一升瓶をロケ先で買うて帰ってきて監督さんに飲んでいただこうと思ってたの。そしたら撮影部の子が勝手に飲んじゃった。もう腹立って、腹立って……あれも殺したろか思うて、自転車ぶつけたったけど。こうやって話すと、ものすごう過激やったね（笑）。

——**「殺したろか」が口ぐせです。**

野崎　もう言うたらあきませんね。すぐ逮捕されるから。まぁ、いろんなことがありました……あっ、高坂さんやん。元気〜?

（次のインタビュイーである高坂光幸氏が部屋に到着）

高坂　こっちが聞きたいわ。たまには顔出せよ。

野崎　もう耳が遠いしさ、わたし。でも裏話ばっかり。

高坂　あまりいい話ないもんなぁ。

野崎　表の世界はあんまりなぁ。

高坂　言ってええことと悪いことがあるからな。波風立てんようにせな。

野崎　波風は立たへん。みんなもう亡くなられた人とか、いいひん人ばっかりや。なんでみんな早く死んでしまうんや思うぐらい、いないもん。さみしいわ。ほなら、わたしはここで。しゃべりすぎました。さいなら。

野崎八重子

［のざき・やえこ］

1946年大阪府生まれ。阪神ファン。日本写真専門学校卒業後、67年より東映京都テレビプロダクションのスクリプターとなる。大映、勝プロを経て、81年の『典子は、今』より京都映画を拠点とし、『新必殺仕事人』から数多くの必殺シリーズに携わる。『鬼平犯科帳』や『京都殺人案内』も担当し、『忠臣蔵外伝　四谷怪談』などの映画にも参加。近年も松竹撮影所で活動し、『必殺仕事人2007』以降のシリーズも担当。2022年に現役を引退した。

製作主任

高坂光幸

テーマは「ものを作っているんだ」という意識 ただの段取り屋にはならなかった

京都映画たたき上げの助監督から一本立ちして『新必殺仕置人』などで傑作を送り出した高坂光幸は、『必殺仕事人』の監督を最後に製作主任へと転向し、長らくシリーズを支えてきた。予算やスケジュールを管理し、ロケ地を選定し、準備から完成まで現場が円滑に進むよう調整する製作部——その仕事ぶりを振り返る。

——『必殺仕事人』（79〜81年）において高坂さんは助監督、監督、製作主任と3つのポジションで携わっています。非常に珍しい例だと思うのですが、まずは製作主任の仕事について教えてください。

高坂　わかるような、わからないようなポジションでしょ。まずは〝全体〟を組み立てる。撮影全体の日数や予算を念頭に置いて、俳優さんの制約やロケ地の都合、セットを組む順番など全部を総合して考えます。いちばん大きなのはスケジュールを組み立てて、ひとつの作品に仕上げていくこと。時間や予算をからみ合わせながら、クリエイティブと実務をつないで調整する役職です。

あとはキャスティングですね。メインはプロデューサーがやってくれますけど、脇のキャストを決めていく。

わかるような、わからないようなポジションでしょぼくの場合いちばん助かったのは、演出部をやっていた積み重ねがある。「あの役者だったらこれくらいできる」という個々のレパートリーが多かった。関西の俳優さんから若手を発掘しないといけないという責任感もあって、彼らが芝居の公演をやったりしたら、できる限り見ました。なんでも東京から呼べばいいというもんじゃないし、キャスティングの引き出しを増やしたんです。

――当時の製作部は進行と主任の2人体制ですが、すぐ製作主任をやり始めたのでしょうか。それとも進行の経験も?

高坂　やってませんね。進行の経験なし、いきなり主任でスケジュールから。ただ製作主任になっても難しい交渉事……ロケ先のお寺や神社で若いあんちゃんが行って「アホか!」と言われるようなところは代わりに引き受けて、そういうロケ交渉はやってました。なぜ製作部に移ったのか。それはもう、本当のことは言えないけれど、当時は松竹と京都映画の間でいろいろあったから。

――進行の仕事について教えてください。

高坂　もっと具体的で細かい仕事……ロケ場所の交渉、支払い、車輌の段取りや手配、お茶とか夜食がほしいとか、そういう現場がスムーズに進行するための諸事万端です。ロケに行ったら本番で「静かに!」と、勝手に人を止める。急いでる人に「ちょっと待ってください!」って、なんちゅう失礼な行為だと思いますけどね(笑)。

――当時の必殺シリーズは1話につき6~7日の撮影。全体の予算があって各話に割り振られるのだと思いますが、基本的には均等割ですか?

高坂　均等割です。ただ、話によって明らかに(予算から)はみ出るやつがあるんですよ。「あ、出るな」という回は出しておいて、その代わり安くできそうな回で質を落とさないように調整する。たとえばロケを減らすとか、キャスティングでちょっと……とか。それで平均が取れればいいという感じ。

いまはチーフ(助監督)がスケジュールを組みますが、松竹では製作主任がやっていました。いつまでも……

という思いから、最近はチーフが組んだものをチェックするようにしました。スケジュールというのは予算に関わってきます。演出部の助監督さんは案外そこを無視して監督の意向を優先する。本来それが正解なんですけど、ぼくは両方を経験している強みで演出部と合意しながらやっています。

——朝日放送から松竹が受注して、製作協力が京都映画という体制です。

高坂　俳優費の支払いは松竹なんですよ、交通費や宿泊もふくめて。監督、脚本、音楽は松竹。京都映画は関西キャストとエキストラ関係、大道具、小道具、衣裳、美術、撮影、照明などの各パート……要するに〝現場〟はこっち。松竹と京都映画の力関係というか、バランスが微妙でしたね。

現場は現場のやり方じゃないと成立しない

——当時の製作主任は渡辺寿男さん、黒田満重さん、そして高坂さん。この3人で『仕事人』以降のシリーズを回していますが、渡辺さんは直属の上司にあたるのでしょうか?

高坂　上司といえば上司ですけど、ぼくはフリーですからね。『必殺』の最初のころから渡辺さんとはずっと一緒だったので、製作主任としては渡辺流で同じようなことをやってるはずなんですよ。ただ、手取り足取り教わるような感じではなかった。

——それぞれ仕事の進め方も違うのでしょうか?

高坂　黒田さんは大人しいというか素直で、そんなに自己主張しない。京都映画の社員で、ぼくが製作部に移ったころは歌舞伎座テレビのほうをやってましたね。渡辺さんはベテランとして酸いも甘いも噛み分けて、すごく柔軟にやっていくタイプ。

——高坂流はどのような？

高坂　いい加減。なるようにしかならんというやつです。

——製作主任とプロデューサーの関係も重要ですよね。

高坂　本来はプロデューサーが意図してることをすべて汲んでやるのが、いい製作主任なんでしょうね。でも、なかなかね、問題が（笑）。そこはあまり触れたくないところで、ある程度は無視して現場サイドでやらせてもらったというか、やろうと思ったというか……もちろん無理難題もありましたが、現場は現場のやり方じゃないと成立しないので。

——監督の意図を実現させる助監督と予算を管理する製作主任では立場が異なります。場合によっては、監督のやりたいことをそのまま実現させるとスケジュールや予算が合わない……そんなこともありましたか？

高坂　各部署との窓口ですから、そのせめぎ合いです。そういう意味では仲良くなってないと「ちょっと監督、これなんとかして」という交渉もできない。監督はいいセットがほしいだろうし、遠くてもいいロケ場所がほしい。ゲストでもなんでもいいもので埋めたいでしょう。気持ちはわかるけど、そうはいかない事情もあるから、その相談です。松野（宏軌）先生なんか、いつも「う〜ん」って言いながら協力してくれましたね。もしぼくが監督のままだったら「そんなもん知るか！」って言ったと思いますけど（笑）。

——ものすごい自己矛盾が！

高坂　そういうもんでしょ。もちろん明らかに「そうしたほうがいいな」と思う部分については、そこを削れとは言いません。つなぎの部分とかは相談しますけど、なんでもかんでも効率優先ではなく、このシーンを先に撮らなければ……という俳優さんの芝居の流れなんかありますから。

——なるほど。

高坂　助監督のときにぶつかった監督が、ぼくが製作部になったら、すごく言うことを聞いてくれたりということもありました。なんちゅう監督かと思いましたけど（笑）。チーフのとき「これはこういうことですか?」って聞いても「そんなもん知らん」と下の者に対して偉そうにするタイプが、製作主任になったら「わかった、わかった」って。そういう監督は何人かいましたね。プロデューサーの言うことは聞くけど、助監督やスタッフの言うことは聞かないとか。プロデューサーに嫌われたら監督の商売あがったりなので、その腹いせなのか現場の意見は聞きたくないんでしょうね。どう思います?

――いやぁ……「まぁ」としか言えないですよね。

高坂　まぁ、いろんな人がいるということで（笑）。

『必殺』という名前がつく以上は、おろそかにできない

――『仕事人』以降のシリーズは意図的にストーリーのパターン化が図られていますが、当時そうした変化をどのように感じていましたか?

高坂　〝はらせぬ恨み〟という重さ、つらさは、だんだんシリーズを追うごとになくなってきましたよね。あまりいいとは思ってませんでした。でも時代の流れでしょう。テレビドラマというのはエンターテインメントで、楽しくないと見ない時代だったんでしょう。視聴者が第一ですからね。ただ、もうちょっと辛口のところがあってもいいんじゃないか、甘々になってきて「なんだかなぁ」とは思ってました。かつてのシリーズの上辺だけなぞって、パターンにして音楽で〝らしさ〟をみたいな……まぁ「世の中、軽いほうがいい」という時代だったし。

俳優については、藤田まことさんに預けたようなものでした。ずっとおんぶに抱っこで、藤田さんもしんど

かったと思うけど。『必殺仕置人』（73年）のころは周りのレギュラーと横並びで、共演者のことを考えることはなかったでしょうが、『仕事人』になると藤田さんが座長にならざるを得ない。

――そして、わかりやすさとともに空前の仕事人ブームが到来します。

高坂　三田村（邦彦）さん、中条（きよし）さんが新しくレギュラーになり、三者三様、いいバランスだったと思います。スケジュールに関しては、3人ともあんまり気にしない人でしたから楽でしたよ。撮影順に「なんで？」って言ってくるような、そういう人もいますが、あんまり付き合わないようにして（笑）。

――藤田まことさんたちはそこまで面倒くさいタイプではなかった。

高坂　出る場面が、だいたい違いますからね。3人とも同じ場所で出るのは、殺しの前のアジトくらいでしょう。だから、そういう意味で『必殺』はブロック、ブロックの組みやすさがあった。そっちに気ぃ取られたらできないですよ。杉さんに比べたら、そんなに苦労はなかった。

――杉良太郎さんは大変だったのでしょうか？

高坂　最初の『大岡政談　魔像』（89年）のときは怒られまして……スケジュールが甘いだとか、ロケ地が遠すぎるだとか、毎日呼ばれて2週間ずっと怒られた。最後の立ち回りも中止になって「どうしたらできるのか」って、ぼくも喧嘩腰でした。次の『鳴門秘帖』（90年）はクビになって、高坂はNGだと。「あぁ、よかった」と思ってたら、3作目の『薄桜記』（91年）で呼び戻されたんです。

――それはどうして？

高坂　知らん。でもうれしかったですよ。いろいろ教えてもらったし……。それで『喧嘩屋右近』（92〜94年）まですっとぼくがやりました。長い間、杉さんに鍛えてもらって、ぼくのいい加減さも鍛えられました。

――自称「いい加減」の高坂さんですが、いい加減なだけで製作主任は務まりません。仕事をする際のこだわりは？

高坂　テーマは「ものを作っているんだ」という意識だと思うんですよ。ただの段取り屋にはならなかった。監督だろうと、製作主任だろうと、ものづくりの一員であることは変わらない。なにを撮っているのかということを絶えず頭に置いておかないと、ただ処理するだけになってしまう。とくに『必殺』に関しては、最初から参加してきた人間として、おろそかにはできない。

——もちろん愛着がある？

高坂　ありますね。どう変わっていこうが、『必殺』という名前がつく以上は、おろそかにできない。こだわる部分というのは、やっぱり〝はらせぬ恨みをはらす〟という『必殺仕掛人』（72〜73年）からの主題、それがないと〝人殺しのショータイム〟になってしまう。そこだけは間違わないようにと思ってやってましたね。あとは、見てる人がどう思うか……視聴者に迎合してるわけじゃなく、こっちも「これでどうだ！」というものをぶつけていく。それで視聴者におもしろいと思わせたい。現場の人間の意地ですよ。だから消化ゲームになったらダメだと、なんか……いいことばっかり言ってるな（笑）。

——先ほど野崎八重子さんが悪いことばっかり話していたので、バランスが取れそうです。

高坂　敵が多いからね、ヤエちゃんは。包丁持って暴れたときは、ぼく止めたもん。あれを止めたのは、ぼくですよ。放っておけばよかったな（笑）。ただ問題起こすとね、やっぱり撮影所がおかしくなってくるから。

ぼくは現場に行くほうで、むしろ行くのが製作主任だと思っている

——基本的に製作主任というポジションは、撮影現場には立ち会わないのでしょうか？

高坂　若いころは、ほとんど行ってました。いまでも行きますけど、やっぱり自分の目で見ないと。直に現場を

製作主任として現場を見守る高坂光幸

見ているほうが「あぁ、ここで手間かかってるな」とか「今日は予定どおりだな」と把握できますから。うん、渡辺さんは行かない。現場に任せて、ずっと事務所にいるタイプです。

――やはり人によってタイプが違うんですね。

高坂　ぼくは現場に行くほうで、むしろ行くのが製作主任だと思っている。たとえば雨が降ってきたとか、怪我しちゃったとか、ものを壊したとか、なにかトラブルが起きて判断が必要なとき、助監督や進行に任せっぱなしではダメでしょう。自分が書いたスケジュールで、それに従って動いてくれてるのに。

――深作欣二監督の映画『必殺4　恨みはらします』（87年）の製作主任も務めています。大変な現場だったのではないかと思いますが。

高坂　ぺーぺーの助監督のころ、『雪之丞変化』（70年）で深作組をやっていたので、その自分勝手な恐ろしさはわかっていました。とても許されることじゃない時間のかけ方や撮影のペース……でも、それを取り上げてしまうと深作欣二じゃなくなる。大変だけど、苦痛ではなかった。いや、やってる最中は大変ですよ。でもそれが当たり前だと思ってましたし。

――しかし深作組の撮影によって、それ以降もう使うことができないロケ地が出るというケースも。

高坂　まぁ、約束は守りませんからね。よくないことですが「次ないもんや」と、それくらい腹くくっていかないと。たとえば下鴨神社の糺の森に長屋のセットを組んで、ＪＡＣの旗本連中が暴れるシーンなんか普通に考えたら「1日でやってくれ」ですよ。あれが松野先生だったら「先生、これ1日で」ですけど、深作さんには言えない。だから何日も何日もかかって……。

――当然お金も飛んでいく。

高坂　そのお金に関しては、プロデューサーの責任です。監督を選んだのは櫻井（洋三）さんですからね。「延びますよ」って報告はしますけど、お金に関してはもう知らん。深作さんでやるというのは、そういうことです。

——石原興監督の映画『必殺始末人』（97年）も担当しています。監督としての石原さんは、どのようなタイプですか？

高坂　融通が利く人やと思います。印象は……やっぱりカメラワークが鋭い、演出力よりもカメラのほうが先立つ。まぁ、いまでも思ってますけどね。たとえば工藤（栄一）さんだったり、そういう監督をたくさん見てきてますから。カメラのテクニックよりも、芝居本位で「アップだろうがロングだろうが、どこでもいいんだ」というのが、ぼくの好きなタイプです。

——もちろん工藤栄一監督とも製作主任として組んでいます。

高坂　助監督時代と変わりませんね。ホンの話もするし、立場が変わろうが一対一。松野先生は台本に細かく線引いて「これアップ」「これバスト」と寄りのカットばっかり。で、工藤さんのホンには、なんにも書いてない。現場で「う～ん」とか言って、突然なんかフッとひらめくのか、ひらめいたのを隠してきたのか知らんけど（笑）、やることがおもしろい。役者もただ座ってるよりは立って動いたほうがいいとか、そこらへんの小道具を利用するとか、どんどん広がっていく。現場の発想が映像になっていく刺激があるんです。

——やはり工藤組の話になると生き生きしますね。

高坂　それで夜になると「ちょっと一杯飲みにいこうか」って。助監督を誘う監督なんて、当時もあんまりいませんでした。お金がもったいないから。でも工藤さんはしょっちゅうで、演出部にだけ声をかける。山下耕作さんにも飲みに連れていってもらいました。

——山下耕作監督は『仕事人』を1本だけ監督してますね。

高坂　そのときも酔っ払って、家でそのまま雑魚寝。それから山下さん、朝4時か5時くらいに「今日はセットに植木の紫陽花を入れておいてくれないかな」。だから造園屋に電話して「至急持ってきてくれ」って、こういうのはやっぱり監督と打ち解けるからできることです。いきなり朝、スタッフルームで言われても「ちょっと待ってください」ってなるし。まぁ別に酒飲まんでも、前日に言ってくれればいいんだけど（笑）。

『必殺』という看板があったからこそ、今日まで生き延びてきた

――製作主任として40年以上、長いキャリアを築いてきました。とくに思い出深い作品はありますか？

高坂　難しいこと聞くなぁ。『額田女王』（80年）って朝日放送の30周年ドラマ、これは助監督かな。製作主任になってからは、同じく大熊（邦也）さんが監督ですけど、京マチ子さんと三國連太郎さんの単発もの。大石順教尼という若いころ両腕を斬られた尼さんが、口に筆をくわえて絵を描くという……。

――『涙は流さないでください』（81年）ですね。

高坂　大熊さんと2人で高野山に行って管長さんとお話をしました。得度式という尼さんになる儀式、その場面を高野山で撮りたいと交渉して、ＯＫをもらったあと、ちょっと一杯飲んで。

――高野山で飲んでいいんですか？

高坂　あかんでしょう（笑）。壮絶な人生を送った尼さんで、京都の山科に順教さんのお寺（仏光院）があるんですよ。そこで障害を持った人を自立させるように縫いものを教えたり、そういう施設を作ったんです。そんな何十年も前に、差別を受けてきた人たちに対して、そういうことをやってる人がいたというのはすごいですよね。作品自体もよかったと思う。

自分にとって残るのは、やっぱり大熊さんなんですよ、不思議なことに。深作さんがどれだけ徹夜しようが、糺の森でチャンバラやろうが、それよりも大熊さんが記憶に残る。悪徳プロデューサーが嫌いという共通点も、

ウマが合うところなんです（笑）。みんな知らないふりをして、わかっていても言えない。恩恵に預かってるスタッフも多いから、それぞれに恩義がある。ぼくもある提案をされたことがあるけど、きっぱり断りました。それを受け入れたら、人間としておしまいだから。

――なるほど。

高坂　それから工藤さんの作品だと、やっぱり『花の棺』（79年）かな。

――土曜ワイド劇場「京都殺人案内」シリーズの1本目ですね。

高坂　テレビ東京の12時間時代劇も8割くらいやりました。まず『大忠臣蔵』（89年）から始まって、あれだけの大作はないですね。あれも最初が工藤さんで、最後は松野先生。だから工藤組で出たぶんを先生のところで収めてもらう。それでも収まらなかったと思うんだけど（笑）。そういう意味では、けっこう1作目をやってますね。残念ながら『仕掛人』の立ち上げは参加できなかったけど。

――いろいろな人とぶつかってきた高坂さんの人生ですが、製作主任という役職は全体を丸く収める立場でもあります。しかし、ときには各パートとの対立もありますか？

高坂　相手がプロデューサーでも、なにか間違ってるなと思ったときは言いますよ。これは『必殺』ではないですけど、ある作品で、ある俳優さんのスケジュールがめちゃくちゃで現場が休めない。本来なんとか休みを作るべきなのに、それすらできない状態で無理を強いる。そのときはプロデューサーを現場に連れていって「お前、みんなに謝れ！」と、ケジメをつけさせました。

――まさに現場の意地ですね。

高坂　だから嫌われるんやな（笑）。やっぱりプロデューサーは全体を考えてくれないと。局から「あの人とあの人」って言われて、キャストを寄せ集めたのはいいけど組み合わないとかさ、考えたらわかることですよ。

——製作主任という仕事は、ご自身に合っていたと思いますか？

高坂　それはわからないけども、嫌いではない。修学旅行の引率の先生みたいな役目で、演出部のほうがいろんな意味で楽だと思います。作品の中身のことだけ考えればいいから、余計なことまで全部は背負い込まない。でも、どっちも〝ものを作る仕事〟だから、そこに変わりはないんですよ。段取り屋には絶対になりたくないし、単なる段取り屋ならやってません。

——京都映画から松竹京都映画などを経て、現在は松竹撮影所です。何度も組織改編がありましたが、時代の流れとともに撮影所も変わりましたか？

高坂　いちばん寂しいのは外注作品、ステージレンタルとかオープン（セット）だけを貸す……そっちに目がいってしまって、肝心の撮影所で作るものが減っている。よそに貸したら1日いくらで儲かって、いらんときはスタッフみんなクビ。都合のいいときだけ呼ぶ。演出部でも美術でも照明でも、仕事がなかったら収入ゼロですよ。食べていけない。実際やめていったスタッフもたくさんいるし、腹の据わったやつは出ていって、よそで仕事してるでしょう。スタッフを大事にしないというのが、いちばん悲しいことです。

やっぱり京都には時代劇をやってほしいですよね。現代劇は東京に任せて、時代劇をやってほしい。でも需要がないから、ゼロに近くなってしまった。この会社から時代劇を取り上げたら、なにが残るんだろう。しかし『必殺』という看板があったからこそ、今日まで生き延びてきたんですよ。なければ、とっくに潰れてると思う。どこか違うな……と思いながらもシリーズが続いている。まぁ、ずっとフリーだからこうやって好き勝手なことが言えるんでしょうね。なんだか今日もしゃべりすぎた気がするな。

高坂光幸

［こうさか・みつゆき］

1946年秋田県生まれ。立命館大学卒業後、男プロダクションで『女棟梁』の助監督を務めたのち合作映画を経て京都映画の演出部に。73年に『夕映えの女』で監督デビュー。『必殺仕掛人』から必殺シリーズの助監督を務め、76年の『必殺仕業人』をはじめ『新必殺仕置人』『必殺商売人』『必殺仕事人』などを監督、その後は製作主任に転身する。『京都殺人案内』『剣客商売』『喧嘩屋右近』『無用庵隠居修行』などに参加し、『鬼平犯科帳』では監督補を務めた。

演出部

加島幹也

京都映画は家族的な雰囲気で管理されてないよさがありました

東映京都を経て『新必殺仕事人』から京都映画の助監督となった加島幹也は、テレビシリーズや劇場版に参加し『必殺剣劇人』からはチーフとして現場を支えた。監督デビュー後は『喧嘩屋右近』や『鬼平犯科帳』などの人気シリーズを演出、やがて撮影所を離れて新たな活躍を見せた加島が振り返る『必殺』の光と影！

被害者をどう描くかが『必殺』の核

加島　ぼくが『必殺』の現場に入ったのは１９８２年の3月、『新必殺仕事人』の途中からです。調べてきたんですが、最初にカチンコを打ったのが43話目の「主水表の仕事に熱中する」、田中徳三組です。忘れもしない。三田村邦彦さんが仕事場へのはしご段を修理してるシーンで、第3セットやったかな。それが始まり。そういうカチンコとか、初めて「よーい、ハイ！」をかけたときというのは忘れないもんですね。

『水戸黄門』の印籠みたいに、もう当時は45分過ぎになったらテーマ音楽が流れて〝殺しのショー〟が始まるパターンが出来上がってました。自分としては高校生のときに初期の『必殺』に出会って胸を踊らせていたので、予定調和のパターン化はおもしろくなかった。ぼくは京都映画に来る前は東映で演技事務をやってたんですが、81年の10月からフジテレビで倉本聰の『北の国から』が始まって、裏のTBSでは山田太一の『想い出づくり。』、同じ金曜の夜10時が『必殺』なんですよ。脚本家の双璧ともいえるおふたりの番組に夢中で、正直なところ現代劇に傾倒してて、当時のシリーズは見てなかった。

――いやぁ、すごく細かな記憶力ですね。

加島　もともと『必殺』は好きだったし、まずはあの光と影の世界。東映は明るく楽しいナショナル劇場もあったしフラットにライトを当てますが、京都映画は暗部を強調する。影の部分にスポットを当てる、その二面性は映像的なものだけでなく、登場人物の心理を多面的に描いてきた。物事をひとつの面からだけ捉えてはいけないことを『必殺』という番組で学んだ気がします。

あとは〝殺しの美学〟とよく言われますが、ぼくの場合は〝哀しみの美学〟……被害者をどう描くかが『必殺』の核やと思ってました。ひどい目に遭わされた庶民の恨みをどうはらすか。スペシャルや映画になると被害者個人ではなく、権力対権力の大きな話になりますよね。スケール感よりも身近にある弱者の仇を討って胸がスカッとする爽快感、そっちが大事だと思っていました。

――なるほど。

加島　ぼくはドラマを撮るうえで3つのポイントがあって、「普遍の愛」と「成長」と「希望」やと思うんです。それがないとドラマは成立しない。もちろん『必殺』は別ですけど。ぼくの父親は美大を出て、油絵を描いていたんです。生業は印刷業でしたが、家には絵の画集があふれていました。映画も好きだったんで最初は父親に連れていかれて、そこがベースですね。

ぼくらの時代はヨーロッパ映画全盛、中学校のとき初めて1人で映画館に行って三本立てを見て、いちばん記憶に残ってるのが『明日に向って撃て!』(69年)。そこからアメリカン・ニューシネマに傾倒していきました。

「線路向こうは地獄やで」

――東映京都の演技事務になったきっかけは?

加島　映画を仕事にしたかったんですが、ああいう世界ってツテとかコネがないと入れないと思ってて、実際にそういう部分もありますよね。で、大学時代はレコード屋でバイトして、レコードの輸入商社に入ったりしたんですが、そのときにふと「このままでいいのか」と。ツテもないのに25歳のとき東映の京撮(京都撮影所)に電話したんです。そしたら製作課長が出て、案の定「いやぁ今ちょっと人足りてるわ」って断られた。

で、これはよくないことかもしれないけど、「ぼく、お金いらないんです」って言うたんです。そしたら、電話の向こうの空気が変わって「えっ、ほんまにタダでええの？」。それから眞澤（洋士）さんという製作課長と東映の前の喫茶店で会って「助監督の空きはないけど、演技事務なら」ということで、いちおうギャラもらいながら東映で仕事をすることになったんです。

――演技事務の仕事内容を教えてください。

加島　役者のお世話をする係やから、そういうことがわかる人がやって初めて成立する部署なんですね。だから当時の東映は大部屋の役者さんが演技事務に転向というケースが多かった。そこで1年くらいやってるうちに先輩が「ボン、京都映画が助監督を探してるみたいやで」と紹介してくれたんです。その方は下川護さんというベテランで、ハンチング帽を粋に斜めにかぶった〝ザ・活動屋〟みたいなおじさん。もともと京都映画にいたんです。

東映としても仕事に慣れてきた若手を手放すのは惜しかったみたいですが、やっぱり監督になりたい想いが強かったので、京都映画に行きました。そのとき、東映の助監督に言われたのが「線路向こうは地獄やで」って（笑）。

「そうか。行くのはええけど、線路向こうは地獄やで」って、なんのことやらわからへんかったんですが、たぶん過酷なスケジュールのことですよね。

――東映のほうが労働条件がいい？

加島　組合がしっかりしていた記憶があります、東映は。正社員の助監督もいて、9時から5時までという定時の撮影が週に何回か決められてた。そこで終わらない場合、夜は非組合員のスタッフにチェンジするわけです。だから深作（欣二）さんが映画の『必殺4　恨みはらします』（87年）をやったとき、あの方は遅撮りの〝深夜作業組〟ですから、どんどん予定がズレてきて最後は「俺は寝んでもええ。3日間徹夜する」。東映みたいにスタッフだけ替えようと思ったら、京都映画はワンスタッフしかいない。「え、ほんまか？」と、深作さんが焦ったのを覚えてますね（笑）。そこが東映と松竹の大きな違いです。

――ワンスタッフが基本なんですね。

加島　東映は〝2話持ち〟のシステムで、2話ごとにスタッフが替わる。京都映画の場合は、いっぺんシリーズが入ったらもう終わりまで同じスタッフ。たとえば1クール13本を全部やる。準備に回るスタッフだけ抜けたり、技師は交替しますけど、基本は同じワンスタッフです。
それから東映は立ち回りになると殺陣師が「よーい、ハイ！」をかけて、カット割りも決めてました。『必殺』の場合、アイデアは殺陣師が出しますが、カット割りは監督が決めて、そこにキャメラマンの石原（興）さんが意見を出す。圧倒的に違いましたね。

――東映との比較が興味深いです。

加島　でも逆に手作りのよさ、管理されてないよさがありました。京都映画には家族的で和気あいあいとした雰囲気がある。ちょっと信じられへんけど、日曜日の3時過ぎ、競馬のメインレースになると撮影が止まるんですよ。「はい、ちょっと休憩！」って、それこそ石原さんあたりが言うたら、みんな製作部に行って競馬の中継を見る。それで「勝った、負けた」と一喜一憂して、セットに戻って再開。東京から来た監督なんかポカーンですよね。
ぼくがチーフ（助監督）やってたときも石原さんが「今日はもうええやろ」と言うんです。「明日のスケジュールどうなってるか、ナベさんに聞いてこい」って言われて、製作主任の渡辺（寿男）さんと相談する。明日でも撮れるようなスケジュールやったら、もう中止ですわ。「明日、がんばるし」って。そんなの東映では考えられない。

――東映は製作部が、京都映画は技術部が強い。

加島　そうですね。そこが個性であり、問題でもあるかも、ですね。東映みたいに組織化された世界じゃないので、最初は名前も呼んでくれないんですよ。「おい！」とか「そこの！」で、そうすると新入りは名前を覚えてほしいので、自分なりに考えて……目立つように赤いシャツを着てみたんですが、「なんでカチンコ打つ人間が赤を着てるんや。反射が出るやないか、役者の顔に！」と怒られて、なにをやっても裏目ですわ（笑）。
でも、そうやって何年も経つと「加島」が「加島くん」から「加島ちゃん」、そして「加島さん」になる。だんだん自分の役割が上がることを実感しました。最初のころなんてプロデューサーに連れられて喫茶店に行ったら、そこにいたスタッフに「お前が来るのは100年早い」って言われましたから。10年じゃなくて100年ですよ。

石原さんと中島さんは〝ドクヘンコンビ〟

――当時の助監督の編成を教えてください。

加島　基本は3人で、ぼくは見習いのフォースだったと思います。初現場のチーフは（都築）一興さん、セカンドは覚えてないなぁ。で、山崎（俊司）という助監督もいた……いや、全部で3人で、いきなり即戦力だったかも。

で、次のシリーズが始まるとなったら、メインはそっちに移動する。パイロット版の第1話はメインスタッフが撮るので、石原さんがキャメラで照明は中島（利男）さん。こんな言い方したら悪いけど、石原さんの班がメインで、ほかの班はサブという感じ。それほど石原さんに対して絶大な信頼感があったように思います。

――もう石原体制が出来上がっていた。

加島　ぼくらは立場がなかったですね。演出部としては監督についていくじゃないですか。打ち合わせで「赤」と言われて赤いものを用意したのに、現場で石原さんが「黒やで！」って言ったら黒になる。で、監督が「いや、赤だ！」と突っぱねてくれたら、ぼくらもやりがいがあるけど「じゃあ、黒で」だからガクッときてしまう。

たしかに石原さんは、必殺シリーズを作りあげたノウハウや引き出しがむちゃくちゃあるわけです。だから松竹系というだけで来られた監督なんか、やっぱり太刀打ちできないところがありました。ぼくらも現場で不本意だと思いつつ、理不尽やと思いつつ「石原さんの意見のほうがおもろい」となる。そうすると、もう準備のことなんかでも監督より先に石原さんに相談してしまう。

プロデューサーの櫻井（洋三）さんがそのあたりを、ある程度容認していて、石原さんを牛耳ってるのも櫻井さん。演出部の間では石原さんと中島さんを〝ドクヘンコンビ〟って呼んでました。独断と偏見のコンビ（笑）。現場で監督そっちのけになると「またドクヘンコンビが始まった」と、もちろん笑い話ですけどね。

――当時の助監督の役割分担は？

加島　サードがカチンコと小道具、セカンドが衣裳、チーフは美術関係とスケジュールの管理です。製作主任が組んだスケジュールをもとに、毎日の予定表を書くのもチーフの仕事。役者の入り時間だったり人数、あとは通行人……町人の旦那1人、町娘2人とか。

東京の撮影所なんか当時からスケジュールもチーフの役目で、ようやく『鬼平犯科帳』（89～16年）あたりで「チーフが組むほうが現場に則してるんじゃないか」となって、製作主任とぼくらとが相談してやるようになりまし

た。あとは監督の意向を各部に橋渡しするのもチーフの役目。チーフが現場にいないときは、セカンドが仕切ってましたしね、

やっぱり工藤さんじゃないですか

加島　ぼくは東映で『暴れん坊将軍』（78〜02年）についていて、テレビ専門の監督……荒井岱志さんや松尾正武さんがメインで撮ってました。別に映画が上というわけじゃないけど、いわゆる効率よく質のいいものを撮る職人です。だから京都映画で監督のラインナップを見たときに、それこそ「田中徳三、嘘やん!」って、呼び捨てにしてますけど（笑）、あの『悪名』や『座頭市』の巨匠につくんやという興奮はありました。工藤栄一さんや貞永方久さんをふくめて、錚々たる監督陣が名を連ねていましたから。

――初現場の田中徳三監督はいかがでしたか?

加島　淡々と撮られているように感じました。手慣れておられてテンポよく撮影も早かったです。いい意味でも悪い意味でもプロでした。ぼくは正直、物足りなかったかな。こだわりも少ないようでした。あるとき、石原さんが横からホンにないアイデアを言ったことに言葉を返さず、だんまりを決め込まれたことがありました。ほんで石原さんが、おちょくってやないけど「おい、加島。お前ちょっと監督になに考えてるか聞いてこい!」って、わざとね、そんなことはようありました（笑）。

中村玉緒さんに聞いたんですが、よく〝ブツ徳〟って呼ばれてたそうです。ブツブツ言うから。田中さんのおられた大映はホンを変えないという伝統があり、松竹ではホンを書けたり、直せない監督はダメだという……当時の京都映画にも「台本どおりに撮る監督はおもろない」みたいな風潮がありましね。

――松野宏軌監督はいかがでしたか?

加島　それこそ石原さんとの力関係はともかく、松野先生は人柄ふくめて好きでした。照明の中島さんも「昔はすごかったんやで」と先生を尊敬されていました。有名なエピソードかもしれませんが、人の死を表すのに絶命の表情を撮らず、鳥が一斉に羽ばたく画で表現するとか。

――ほかに監督の思い出といえば。

加島　やっぱり工藤さんじゃないですか。工藤組は助監督

みんな大なり小なり刺激を受けたと思います。打ち合わせで工藤さんが「こんなホンはダメだ！」と言って、クランクイン当日にホンを直す。もう撮影が迫ってるじゃないですか。で、主水の家だけでも今日撮らなあきませんってなったら「しゃあない、製作部に集合！」って助監督と記録が呼ばれて、そこからホンづくりですよ。

とりあえず口立てで「こうなって、主水がどうこう」って、それこそヤエちゃん（野崎八重子／記録）が書いていく。まず主水の家を2シーン、アタマとケツだけ撮ってみたいなこと、ほかの監督では考えられなかったですね。自分が監督だったらと思うとゾッとします。

——作品の仕上がりごと綱渡りですね。

加島　あとで工藤さんが教えてくれました。監督というのはホンを読んだときに、ちょっとでも「ここは自分の心に響く」という部分があったら引き受けて、そこを膨らませろ。まったく響くものがない脚本だったら、加島も断れと。でも、そんなん断れへんって（笑）。工藤さんは仕事が次から次にくるからそうやけど……と思いながら「わかりました！」と。

——そう答えるしかないですよね。

加島　工藤さんで『必殺忠臣蔵』（87年）というスペシャルがありました。ぼくはセカンドやったかな。赤穂城のシーンで大広間に役者さんをたくさん座らせるんですが、身分の高い役が必ずしもスターじゃないじゃないですか。でも「ここにいたほうが目立つやろ」と思って手前に配置すると、それを見た工藤さんが「この侍の石高は？」って聞くわけです。即答できへんかったら怒られる。要は、その人がどれだけスターであっても、役の身分に準じた空間を作ることを要求するんです。

もちろんアップは別で撮ればいいわけだし、そこで大石内蔵助と入れ込みの画がなくても成立するように武士の縦社会を演出するというのが勉強になりました。ぼくはもともと現代劇志向でしたが、時代劇だからこそ表現できることをたくさん学びましたね。

——初めてチーフをやったのが『必殺剣劇人』

加島　あとは深作組でしょうか。深作さんに教わったのは〝映画の嘘〟……なんぼ本物の宝石や仏像であっても、そう見えなきゃ意味がない。偽物だろうと本物に見えたら、

津島勝（左）と加島幹也。映画『必殺4　恨みはらします』のクライマックスには監督補と助監督も出演

そっちが正解ということです。映画は作りごとだから「本物にこだわるより、嘘でもおもしろいものを撮れ」と勝手に解釈しました。

ワーッと大勢が出るようなモブシーンで、深作組は各ブロックを助監督に担当させるんですよ。深作さんはメインの芝居を見て、われわれにA、B、Cとブロックを割り当てる。100人以上いると、深作さんといえども全体は見渡せませんからね。で、カットがかかると、それぞれの助監督に聞く。「あそこ人がダブりましたわ」ってなると、もうワンテイク。それはおもしろかったですね。

深作さんでいちばん印象に残ってる言葉は「こんなおもろい仕事、人にとられてたまるか」。細かいことまでこだわって楽しんるように感じました。ぼくらの仕事は胸はっておもしろいと言える仕事なんや。この言葉は今でもぼくの心の支えになっています。

――貞永方久監督の映画『必殺！　THE HISSATSU』（84年）にも参加しています。

加島　強烈な思い出がありますよ。ある若い女優さんが川に流されるシーンがあったんです。ウェットスーツを着てたんですが、そのときちょっとゴネた。「冷たいし、わたしイヤです」って。そのとき貞永さんが「きみにとってはたかが映画かもしれないけど、ぼくにとってはされど映画なんだよ！」と怒って、それはスタッフみんな背筋が伸びましたね。たかが映画、されど映画って。

——ほかに印象に残っている作品は？

加島　初めてチーフをやったのが『必殺剣劇人』（87年）という、それまでのシリーズとぜんぜん毛色が違うやつなんですよ。その8本に全部チーフでついたのが非常に思い出深いです。任天堂と打ち合わせをしてカルタを作ってもらいました。うんすんカルタというやつで、それが近藤正臣さんの衣裳の柄になったり武器になるんですが、任天堂の本社まで行きましたね。

『剣劇人』では山根（成之）さんという松竹の監督が苦労されてました。藤原三郎さんと組むことが多かったんですけど、「右から撮って」と言ってるのに左から撮ったりして、キャメラマンがぜんぜん言うことを聞かない。「胃が痛い、胃が痛い」と言ってました、山根さん。

——藤原三郎さんは頑固だったそうですね。

加島　感性はすごいものを持っておられると思うんですけど、理論立てて話すようなタイプじゃない。寡黙な方だったので意志の疎通が難しいところがありました。山根さんはいい方で、祇園や河原町……毎日どっか連れられて、おいしいもん食べさせてくれました。あとカラオケが好きなんです。A面が山根さんで細川たかしの「心のこり」、ぼくはB面で布施明の「そっとおやすみ」、それをレコードに吹き込んだやつが家にありますよ。「わたしバカよね〜」が山根さんの十八番なんです。

——『剣劇人』の最終回「あばよ！」も山根成之監督でした。ポンポンポンと同方向でサイズを寄っていくテクニックや色あざやかな照明が特徴的です。

加島　そうや、ポン寄りで思い出した。『必殺渡し人』（83年）でも藤原さん、怒ったんですよ。中村雅俊さんが振り返るシーンで、パッパッパッと3カット続けて、最初はウエスト、次がバスト、最後がアップと同じことをさせる。それが山根演出の〝ウリ〟なんですが、セットで「サブちゃん、こう撮って」と山根さんが言ったら「そんなもん撮れへん」って（笑）。

——えーっ！

加島　けっきょく撮ったんですが、「なんでこんな照れるようなカット撮らせるんや、わしに」と言ってました。わざとらしい、あざといカットということなんでしょうね。山根さんは自称「日本のヒッチコック」で、もちろん手法もそうなんやけど、よくワンカットだけ出られてました。現代劇で、手前ナメでパチンコしてたりとか。

松竹の監督だと水川淳三さんも熱心で、ぼくは好きなタイプでした。なにか現場でトラブルが起きたとき「いや、加島は悪くない」とかばってくれたことがあります。

「ここで監督になってもあかんな」

――藤田まことさんの思い出はありますか？

加島　すごく優しくて気を遣われる役者さんでしたね。名鉄ホールで芝居の公演をやったとき「舞台のことも知っといたほうがええよ」と、演出補じゃないけど見習いとして名古屋まで呼んでもらいました。「加島ちゃん、来いひんかぁ」って。

山田五十鈴さんは冬のロケに行ってもバスで待機せず、ずっと外で待っておられたような記憶がありますね。温かいところからパッと外へ出て本番ではなく、この厳しい寒さで芝居をするのであれば、ある程度そこに身を置いて……そういう芝居の心構えを教わりました。

――チーフ助監督によっても仕切りは異なりますか？

加島　当時のチーフは一興さん、水野純一郎さん、あとは東映から津島勝さんが来られて、ぼくが入ったのもそのころでした。津島さんは頭が切れるし、自分の言うことは間違いないと押し通す人でした。「ええねん、これでえぇねん」というタイプ。チーフはある意味、頑固さが必要で自信がないと潰れる部署なんです。

一興さんは別のタイプで「それでどうなる？　あぁ、そうか。ならそうしよか」と人の意見を聞く柔軟さがありました。その反面、こうと思ったら一歩も引かない一途さがあった。相性が合わない監督もおられてね。当時はチーフが予告を作ってたんですが、その組になったら一興さん現場に出てこない。なにしてるかいうと、名目は予告編（笑）。

水野さんは製作部に移られたでしょう。そのときに思ったのは、立場が変わると、言うことも変わるんだなということです。現場視点から経営側の視点へ主張が変わり、ぼくには冷たく映りました。ぼくが京都映画を辞める原因にもなった。その話は、あとでしましょうか。

——その後、加島さんもチーフ助監督となって『必殺』のスペシャル版を担当していきます。

加島　ようやく石原さんたちに認められたということでしょうか。テレビシリーズも単発のスペシャルも尺が違うだけで、大きな違いはないです。連続ものは次から次だから、気持ちの切り替えだけじゃないですかね。

正直なことを話すと、『必殺』やってるときは「ここで監督になってもあかんな」と思ってました。『鬼平』で潮目が変わりましたけど、『必殺』で監督になってもなかなか自分の思うように撮れないんじゃないかってね。京都映画はよくも悪くもみんなが口をはさむという現場でした。でもよく考えるとそれが総合芸術と言われる映画、ものづくりのよさなんです。自分もよく言うんですよ。「どんな意見でもあったら言ってほしい。それを使うかどうかは、ぼくが決めるけどね」って（笑）。

自己がぶつかり合うのが撮影所

——1989年からフジテレビの『鬼平犯科帳』が始まり、松竹と京都映画の新たな看板シリーズになります。

加島　『鬼平』はホンがしっかりしてて、おもしろかったですね。『必殺』と『鬼平』で、いちばん違うのは現場のピラミッド……いわゆる力関係です。当たり前なんですが、監督が「右から」と言ったら右から撮る。それは役者さんにも言えます。ちゃんと監督の指示を聞いてくれる。

——小野田嘉幹監督に高瀬昌弘監督、撮影も伊佐山巌さん、内海正治さんと東宝版の『鬼平』を手がけていた東京のスタッフがメインを務めています。

加島　ぜんぜん軋轢はなかったです。伊佐山さんも内海さんも、照明の中島さんとはお互いを尊重して上手くやられてました。むしろ『必殺』のほうが撮影と照明は揉めることがありましたね。

——えっ、そうなんですか。

加島　石原さんと中島さんはないですけど、藤原さんと中山（利夫）さんとかね。「お前、ちょっと表に出えや！」って、ライトを当てる方向なんかでも撮照の対立がありました。ぼくが見ただけで2～3回あったかな。藤原さんは寡黙で中山さんは弁が立つからバーッとしゃべって、言い返せへんからカチンとくるんでしょう。それで「セット出ろや！」と監督そっちのけ（笑）。自己と自己がぶつかり合う撮影所ならではの、懐かしい光景ですね。

――そしてテレビ東京の『鞍馬天狗』第22話「士道に賭けた青春の涙」(90年)で監督デビューを果たします。

加島　その前に同じく目黒祐樹さんが主演の『参上!天空剣士』(90年)があって、「あいつに撮らしたったらどうや」みたいな雰囲気があったと思うんです。松永彦一さんというプロデューサーがいて、クレジットは製作担当ですが実質的には現場のプロデューサー、その松永さんによくしていただいて、津島さんもメインで撮っていたので、そういう流れだと思います。

松永さんはもともと京都映画の演出部にいた方で、お名前だけはよく聞いていました。このときは山根さんから電報をいただきまして、もう電話もあった時代ですが(笑)、そこに「第1作監督おめでとう。新たなるライバルに乾杯」と書いてくださって、いまも心に残っています。

――その後は『鬼平犯科帳』の監督に。

加島　『鬼平』に関しては、ぼく信頼されていたと思っています。というのは(中村)吉右衛門さんの奥さまから自宅にお電話をいただいて、「うちの吉右衛門が来シーズンも加島さんにチーフをしていただきたいと言っていま す」というお願いをされまして、それはとてもうれしかったです。

『鬼平』のチーフをやってたころ、櫻井さんに「加島、お前を監督にする話が出てるけど、次のシリーズまで待ってくれ」と言われたことがあります。市川さんやフジの能村(庸一)さんから推薦があったんでしょうね。

――思い出深い監督作はありますか?

加島　「麻布一本松」という忠吾(尾美としのり)をメインにした外伝的なエピソードですね。あの回は気に入っています。松竹の佐生(哲雄)さんのキャスティングを、松本(宗大)くんという若いプロデューサーと一緒に村田雄浩と水島かおりにしたんです。もっとベテランの有名な俳優さんが候補だったんですが、コミカルな要素がほしくて変えさせてもらいました。ぼくはデ・パルマが好きやったから、「男の毒」という回ではカメラを360度ぐるっと回したり、そんなこともやりました。

――杉良太郎さんの『喧嘩屋右近』(92~94年)も監督しています。

加島　もう『鬼平』とはまったく違う、あのときは役者対監督ですよ(笑)。杉さんとある女優さんのシーンで、相手のアップがいらないと言い出すんですから。大勢のスタッフも見てますし、切り返しで相手のリアクションの画が必要な理由を説明して、納得してもらいました。あそこで言いなりになってたら、監督失格ですよね。杉さんは言うことがコロコロ変わるけど、納得したらすべてを任せてもらえました。類がない天気男でね。ロケのとき、予報が雨でも杉さんがいる間は晴れて、東京に帰った途端に雨が降る……それはすごかったです。

不本意なかたちで京都映画を離れることに

――90年代半ばからは東通企画のディレクターとして、数多くのドラマや紀行番組を手がけています。

加島　京都映画というのは、いい意味でも悪い意味でも大まかな会社やったから基本は本数契約で、忙しくなったら月極にしてギャラを値切るんです。で、あるとき製作課長に「来月どうなる?」って聞いたら「ちょっと入らへん」。入らへんということは、本数契約だとギャラがゼロなんです。

それは困るので、一興さんに相談したら「東通企画に来たら仕事あるで」。だから8月だけでもお世話になろうと決めて、東通で面接したんです。そしたら、何日か経って京都映画の製作課長から「次、これが入るからやってくれ」「ちょっと無理やわ」「なに言うてんの？　お前、うちの子やないか」みたいなことになった。

〝うちの子〟って、ちょっと都合よすぎない？　仕事がなくても最低限のギャラを保証するとか、1本しかなくてもちゃんと渡して、それで初めて〝うちの子〟やろと。製作部の前で口論になって「もう辞めるわ！」となりました。そのころ『鬼平』の映画版のインが決まってて、それはやるつもりだったから、ちょっとだけ外へ出て、また戻るつもりだったんです。でも京都映画としては「加島は辞めました」ということで、処理したかったように思います。そんな不本意なかたちで京都映画を離れることになってしまい、キャストやスタッフのみなさんにきちんと挨拶できなかったのが悔やまれます。

――そういう経緯だったのですね。

加島　当時は仕事が少ない時期で、戻ってたとしてもどうなっていたかわからない。撮影所の仲間にも「出てよかったな」とは言われました。それからはドラマだろうと紀行ものだろうと、目の前にある仕事をこなすだけで精一杯。ただ映画を撮りたいとは、ずっと思ってました。

――そして銀幕維新の会の映画『輪違屋糸里《わちがいやいとさと》　京女たちの幕末』（18年）で念願の映画監督としてデビュー。ひさしぶりの時代劇であり、東映と松竹の混成スタッフです。

加島　やっぱりうれしかったですね。若手のキャストも豪華だし、あれはあれでいろいろあったんですけど、江原ちゃん（江原祥二）にキャメラマン、ミネちゃん（竹内美年子）に記録をお願いできて、それに応えてくれたのは心から感謝、感謝です。編集も園井（弘一）さんにお願いしたんですが、『必殺』のころは近寄りがたい存在でしたけど、とっても優しく接していただきまして大きな胸をお借りしました。

『糸里』の仕上げ中、ひさしぶりに石原さんに会ったら「おおっ！」……ほんまに覚えてんのかなぁと思ってたんですけど「一興は元気か？」って聞かれたんで、あぁ東通に行ったメンバーとして覚えてもらってるんだと安心しました。いま思えば京都映画から始まった監督人生、あのころの撮影所には映画愛があふれてましたね。

加島幹也

［かしま・みきや］

1956年京都府出身。京都産業大学卒業後、東映京都の演技事務を経て、82年に京都映画の契約助監督となって『新必殺仕事人』から必殺シリーズに参加する。90年に『鞍馬天狗』で監督デビューし、『鬼平犯科帳』や『喧嘩屋右近』を監督。95年以降は東通企画と契約し、『新・部長刑事　アーバンポリス24』『デザイナー』などのドラマや『歴史街道』などの紀行番組を手がける。2018年には映画『輪違屋糸里　京女たちの幕末』を発表した。

演出部

酒井信行

ぼくにとって「東京の師匠は山根成之、京都の師匠は家喜俊彦」なんですよ

少年時代から必殺シリーズを見て育った酒井信行は、京都映画の演出部に所属し、『必殺仕事人Ⅲ』から現場に参加。その後はチーフ助監督の立場でテレビスペシャルや劇場版を支えたのち、『必殺仕事人２００９』では監督として〝必殺マニア〟のこだわりを披露する。ついに明かされる、とめどなきディテール！

歌舞伎座テレビのメンバーは団結が強かった

酒井　ぼくらのころは中学、高校でも時代劇っちゅうのは日常で見てたというのがあって、小学校の5、6年かな、1972年に『木枯し紋次郎』と『必殺仕掛人』が並行して始まった。ぼくは最初『紋次郎』を見てたんだけど（笑）、したらあっちが終わって、やっぱり強烈やったのは次の『必殺仕置人』（73年）やね。あの骨はずしのレントゲンであったり、それまで見たことのない画のアングルであったり……でも『必殺』のなにがおもしろいって、まず脚本がようできてたんですね。初期シリーズのドラマ性だったり、時代劇のルーティンじゃない新しさというのが大きかった。

あとは『必殺からくり人』（76年）のラス前、「鳩に豆鉄砲をどうぞ」やなぁ。緒形拳さんがスナイパーとなって老中の命を狙う……あれは『ジャッカルの日』ですよ。「そんなバカな」という意味でおもしろかったのは『必殺仕置屋稼業』（75〜76年）。屋根から落ちてきて死ぬ、あのバカさ加減で毎週見てられるのよねぇ。もともと映画好きだったちゅうのがあるんだけども、黒澤明からの流

れで時代劇を見てて、やっぱり『必殺』は感覚が違いました。

――そして京都映画の演出部へ。

酒井　大阪写真専門学校に入って、別に『必殺』が好きやから撮影所に行ったということではないんだけど、京都映画の募集があって面接を受けたんです。面接官に水野ちゃん（水野純一郎）がいたね。ちょうど水野ちゃんが1本目を撮ったころですよ。『新必殺仕事人』（81～82年）の最終回。水野ちゃんと、あとは鈴木のまぁちゃん（鈴木政喜）。

――すごい面接官ですね。助監督と進行係。

酒井　櫻井（洋三）さんとかはいてない、京都映画やから。清文さんもいたかな、製作次長の小島清文さん。そのとき各パートで20人くらい面接を受けて、演出部は俺だけ採用。ちゃんとスーツ着ていったからちゃうか（笑）。あとは照明部に2人、録音部に2人かな。照明部は2人とも早いこと辞めたんだけど、録音はずっとやってて、いま東映でダビング（音の仕上げ作業）をやってる和田秀明くんと、これも東映で録音の技師になった日比和久くん。演出部は月契約で、社員はいなかったと思います。

――京都映画での初現場は？

酒井　ぼくは歌舞伎座テレビの班に入って、最初が『斬り捨て御免！』（80～82年）の第3部かな。フォースの見習いで、チーフがキイさん（木下芳幸）、セカンドがオガさん（小笠原佳文）、あとで美術に移った成田（富治）くんがサードで、その下にぼくが入った。やっぱり『必殺』に比べると、ノーマルな現場ですよね。台本に沿って監督の意図を忠実に映像化する。

同じ撮影所でもメインが『必殺』やから、歌舞伎座のメンバーは団結が強かったんですよ。ある種、引かれ者の小唄みたいなところがあって（笑）。ただ歌舞伎座の現場でしんどいのが、主役が中村吉右衛門さんや片岡孝夫（現・片岡仁左衛門）さんなので舞台があるわけ。たとえば1ヶ月のうち20日ほど来はるわけですよ。そこでまとめて撮って、残りの10日間と翌月いっぱいを使って主役の出てへんところ……もう2ヶ月で8本くらい〝抜き撮り〟をする。逆のケースもあって、ゲストと吹き替えを使って主役の肩ナメまで全部撮って、本人が来たときに全部こっち側を一気に撮る。衣裳なんかのつながりもあるし、そこらへんは大変やったね。

――歌舞伎座テレビの作品でとくに印象深い監督は？

酒井　家喜俊彦さんやねぇ。よく言うんやけど、ぼくにとって「東京の師匠は山根成之、京都の師匠は家喜俊彦」なんですよ。家喜さんは京都映画の生え抜きで『必殺仕事人』（79～81年）の最終回「散り技仕事人危機激進斬り」、あれも家喜さんですよ。

――すらすらとサブタイトルが出てくるのが、さすがです。

酒井　本来ものすごく真面目な監督なんです、家喜さんは。たくさん本を読んではったし、調べもんもようしてた。ただね、飲むと人間変わるんよね。別の組の撮影中、急にいるもんがあって小道具倉庫に行ったら、家喜さんと小道具の責任者の玉井（憲一）さんが飲んでて「酒井、なにしてんのや」「ちょっと小道具を取りに」「そんなんええから飲んでけ！　飲んでけ！」って（笑）。こっちはそんなわけいかんわね、カチンコぶら下げて小道具取りにきてんのに。ほんで戻りかけたら、追いかけてくんのよ。「どこ行くねん！」って、もう酔っ払って、ひっくり返って。でも普段は非常に堅い監督でした。

ただ一度だけ、歌舞伎座で先に主役を撮らないかんバージョンをやって、孝夫さんだけ全部まとめて2日で撮った。で、みんな引き上げるじゃないですか。そしたらオープンで、家喜さんが台本こないして丸めて、地面に叩きつけたもんね。主役をそんだけまとめて撮るっちゅうのは、やっぱりやりにくいし、屈辱的なことやったと思う。歌舞伎座は皆元洋之助さんや東京からきた唐順棋さんもレギュラーやった。

――ほかに印象的なエピソードはありますか？

酒井　やっぱり〝将軍〟やろうね。山下耕作さん。だって酔ってるんだもん（笑）。現場で酔ってることはないんだけど、やっぱり終わったら飲みにいく。演出部の上が飲まへん人らやったから、ぼくがいつも付き合うて、あとは照明部のチーフの古川（信雄）さん……古やんと将軍と3人で飲みにいって、最後は家まで送ったりしてたね。へべれけになるから。

ほんま『ブラウン館』は、わけわからんかった

――必殺シリーズの助監督になったきっかけは？

酒井　歌舞伎座の『眠狂四郎』の第1シリーズと第2シリーズの間がちょっと空いたんですよ。そんとき『必殺』

もオンエアにせっつかれる状況になってて、歌舞伎座のスタッフが合流して2本同時に撮るということがあった。A班B班でね。それは『必殺仕事人Ⅲ』（82〜83年）で、ぼくは田中徳三さんの「饅頭売って稼いだのはお加代」と家喜さんの「月の船を待っていたのは秀」にサードでついた。家喜組のほうは石原（興）さんと中島（利男）さんのコンビやったね。ほかにも歌舞伎座の撮影・照明のチームが撮った回もあって、そっちは加島ちゃん（加島幹也）がサードだったと思う。

それから『狂四郎』が終わって、また空くっちゅうことになって、今度は『必殺まつり』の売り子としてクロちゃん（黒田満重／製作主任）と一緒に南座に行った。ようTシャツとかが売れて、小遣い稼ぎに……あれ、誰の小遣い稼ぎになったんや（笑）。まぁちゃんか。それこそ「この色のTシャツが売れへん」いうたら、最後の歌のショーのとき三田村（邦彦）くんに着てもらって、終わったらもうてきめんにその色が売れるわけですよ。

——南座にまで駆り出されていたとは。

酒井　そのあと『必殺仕事人Ⅳ』（83〜84年）の3・4話に応援で入って、次がスペシャルの『アヘン戦争』。演出部は（都築）一興さんと津島（勝）さんとぼくというチームでした。

——『年忘れ必殺スペシャル　仕事人アヘン戦争へ行く』（83年）ですね。

酒井　撮影が始まって、しばらくしたら歌舞伎座のほうでマチャアキ（堺正章）の『夫婦ねずみ今夜が勝負！』（84年）が入るっちゅうことになって、本当やったら戻らないかんねやけど、『アヘン戦争』がものすごく時間かかったんですよ。香港ロケもあるし、アグネス・チャンのスケジュールの問題で、あれはクランクインからクランクアップまで、ほぼ2ヶ月かかってる。

で、そのまま『必殺』やってたら『夫婦ねずみ』のほうは視聴率が悪くて打ち切りになって『必殺』に残ったという流れです。あのとき『夫婦ねずみ』をやってたメンバーはこの業界をやめたり、東映に行ったメンバーもいるんですよ。日比くんなんかもそうかな。プレハブのミーティングルームに集められて、プロデューサーの佐々木（康之）さんから「悪いけど明日からみんな自分で仕事を探してくれ」と言われたらしいですから。

当時のチーフやと津島さんは監督経験もあるから大人

な感じで、一興さんがいちばん優しかった。水野くんはね、彼らより後輩やから「やってやろう」という意識が強いんやね、まぁイヤやったのが水野くんと、セカンドの古本（哲史）さん……このふたりの仲が悪うてなぁ。その下でサードやるのがキツかった。なんかいつもヤイヤイやり合っとるのよ。

――必殺シリーズの現場はいかがでしたか？

酒井　まぁセッティングに時間がかかってた。夜が多いし、キャメラマンが現場を仕切るわけやな。いちばんややこしかったんが、映画の『必殺！　ブラウン館の怪物たち』（85年）。大砲が出てくるくだりを大船の撮影所で撮ってて、石原さんや津島さんたちメインスタッフはドリームランドホテル、俺らは別の宿舎に泊まった。だから向こうで話がある程度まとまってるんだけど、こっちまで話が下りてきいひんからさぁ……次の日になったら「また台本と変わってるで」って、ヤエちゃん（野崎八重子／記録）もこっちに泊まってたから把握できてないし。ほんま『ブラウン館』は、わけわからんかった。

監督が広瀬襄さん。あの現場でいちばんイヤやったのが、カチンコ打ちのサードやから監督に椅子を持ってくわけですよ。で、あるときから襄さんが座らへんかった。「監督、これ」「いい……どうせ櫻井さんが座るから」って言うわけよ。たまに櫻井プロデューサーが来ると、監督が現場にいてもそこにパーンと大きい顔で座るから。それがイヤでイヤで、だから襄さんに「東京で仕事ないですかね？」って聞いたことあるねん。それくらい『ブラウン館』の現場はイヤやった。

――このまま『必殺』を続けるのもイヤになるくらい……。

酒井　その次の映画が『必殺！Ⅲ　裏か表か』（86年）、工藤栄一組ですよ。当時はナベさん（渡辺寿男／製作主任）がスタッフの調整係みたいことやってて、「酒井、次は工藤さんの本編や」っちゅうから「いや、去年も本編やったけど、あんなの絶対やりたくない」「いや、工藤さんやから大丈夫や」って、たしかに工藤組の現場はぜんぜん違ったな。

――テレビシリーズの現場は撮影の石原興さんが牽引していたそうですが、助監督としてカチンコを打ちながら、そういう体制はどう思いましたか？

酒井　決してよくはないですよ。やっぱり現場は監督のもんであってさ、監督の意志で進んでいかなあかんし、な

『必殺仕事人意外伝』のロケ現場、中央にサード助監督の酒井信行

おかつ……これは石原さんが悪いというわけやないんだけど、レギュラーの俳優さんでもやっぱり古参のスタッフのほうになびく傾向があるじゃないですか。
よくあったんが、急に現場でアイデアを言い出すこと……ぼくらも演出部の意地として「今日の立ち回り、どうなりますか?」って事前に石原さんに聞くわけにいかんじゃないですか。それは監督の領分やし、筋なんだから。だから準備したものが現場で反故にされるのが、非常につらかった。

——ほかに現場の思い出はありますか?

酒井　サードとして、いちばん付き合うのは小道具の現場付きなんですよ。それこそゴミちゃん(中込秀志)とようやったのが主水邸のシーン。あれも台本になんて書いてあろうが、現場で変わるわけですよ。藤田(まこと)さんが「ここをああしたい」ということで、当時は第2ステージに主水邸を組んで、隣の第1はコマーシャルなんかで使うてて、普段あんまり建て込みをしてなかった。
で、そこに藤田さんが言い出しそうな小道具を集めておいて、いちおう食べもんなんかも準備して、なんでも対応できるようにしてましたね。ぼくが入ったころは第

5に主水邸を組んでたときもあるし、場合によって変わるんですけど、第2は映画のセットをそのまま使うたのかな。

――当時の必殺シリーズは、エリマキトカゲやピラミッドなど現代社会のパロディ要素がふんだんに盛り込まれていました。

酒井　基本はハードな作風が好きだったけど、おちゃらけ路線も他社ではやってない企画であるのは、たしかだからね。カラオケの話（『必殺商売人』第5話「空桶で唄う女の怨みうた」）なんか学生のときにオンエアを見て、そら笑うたもんな。そういう下地はずっとあったから、それが悪いとは言わへんけど、毎回それっていうのはちょっとな。やっぱりハードなもんがあって、たまにそういうのが入るぶんには……という気持ちはありました。

――班体制やから撮影しながら準備せないかん

――『必殺仕事人V』（85年）から京本政樹さんの竜と村上弘明さんの政がレギュラー入りします。

酒井　京本くんは東映で大川橋蔵さんと時代劇をやってた経験もあったし、あまりにもピシッと決まりすぎというか、若いわりには整いすぎている印象はありました。村上ちゃんは、その前にゲストで来てるんだよね。家喜さんの組で、小平次という役（『必殺仕事人Ⅳ』第14話「主水節分の豆を食べる」）。小道具が「難儀やなぁ」いうとったのが、食事のシーンなんかテストから全部食うんだよ（笑）。まぁ、村上ちゃんも若かったし、それこそゴミなんかがハラハラしてた。「また食うたで」「また食うたで」って、そんなに数も用意してないから。

村上ちゃんは花屋の設定やったから、毎回毎回花を折るじゃないですか。あれも案外難しいのが季節によってなかなかね、ええ花がないんですよ。それと当時の京都映画は基本的にスタッフが同じ……東映さんは2本持ちで1・2話をA班がやったら、その間に3・4話をB班が準備して、交代で進めていく。うちらはずっと一班体制やから撮影しながら準備せないかん。

――かなりハードな状況ですね。

酒井　サードには「原稿」という作業があって、瓦版の文面なんか事前に小道具に渡さなあかん。ところが台本がきても撮影してるもんやから「おい、酒井。次の原稿を早く！」って言われても……そんなん読んでへんっちゅうねん。いっつも準備はギリギリで、追っつかなかったねぇ。あと、よう動いてくれたのは真ちゃん（布目真爾／殺陣師）。殺しのシーンでも監督次第で、それこそ工藤さんは自分でやってた。

――『必殺仕事人V 激闘編』（85～86年）で政と竜の殺し技が変わりますが、あれは工藤栄一監督の提案でしょうか。

酒井　京本くんのほうは工藤さんですよ。まず竜のかつら自体が気に入らなかったから、かつらを小さくして、組紐も鈴じゃなくて……あれは分銅いうたけど、測量器具なんだね。糸で垂らして垂直を測るやつ。村上くんのほうは、台本の時点で花屋から鍛冶屋に変わった気がする。あの手槍は『仕置人』の棺桶の錠やないですか。工藤さんの提案かどうかは覚えてないんだけど、手槍に変わったのは鍛冶屋になったからでしょうね。

――なるほど。

酒井　あのころはアタマのパイロット版は工藤組が多かった。ただね、工藤さんもあんまり事前に話をせえへんところがあって、あれは『必殺仕事人V 旋風編』（86～87年）やな。出門英さんの殺し道具が棒の先に鶴が付いてて、それを放って首に引っかかって刺し殺す……小道具の責任者が玉井さんやったけど、その日の夜に撮影で、夕方くらいにやっと道具ができた。

なかなか凝ったもんで、こっちに独楽があって糸が巻き取られていく仕掛けがあって、それを工藤さんに見せたら「ちょっとカタチになりすぎてる」って言い出したわけよ。もっとありきたりにしてほしいと。でも、もう夜には撮影でっせ。ほいで玉井さんが怒ってもうて、俺と真ちゃんが工藤さんに呼ばれて「ホームセンターまで行って、釣りのとき撒き餌を放るスコップを買うてこい」ちゅうわけ。そのスコップの部分を切り落として、筒と取っ手のところに糸を通して、巻き取りは手にぐるぐるってやったのを覚えてますね。

――当日ギリギリだったんですね。

酒井　『旋風編』は、ほんまにスケジュールがパンクしそうで、もうあかんというときに三原山が噴火した。ニュース特番で中止になって、1週間助かったんですよ。あのときがいちばん切羽詰まってた気がする。「ほんま助かったなぁ……」と思うたもん。

『必殺』のチーフいうのは、やりがいがあるよね

――『必殺仕事人ワイド　大老殺し』（87年）からは、酒井さんがチーフ助監督を務めています。

酒井　その前に『女の傷あと』（87年）っていう昼の帯ドラマがあったの。水野くんがチーフ、ぼくがセカンドの予定やったんが、水野くんが海水浴に行ってギックリ腰になったちゅうわけよ。それで急きょチーフをやることになって、監督は瀬木宏康さん、それこそキャメラが哲っちゃん（藤井哲矢）で照明は南所登さんという歌舞伎座チームのスタッフやったね。

もちろん大変な仕事ではあるけど、『必殺』のチーフいうのは、やりがいがあるよね。『大老殺し』は最初のタイトルが『安政五年のベースボール』やったんです。大江健三郎の『万延元年のフットボール』、あれのパロディ。安政五年に日米和親条約が結ばれて、野球をしたという話だから。

で、当時のチーフは予告編を作るわけですよ。ちょっと凝ったもんにしようと思って野球のシーンをいろいろ撮ってて、ナレーターが「安政五年の」って言ったら、藤田さんが球を打ったりして、最後に「ベースボール！」というつもりで撮ってたら、タイトルが急に『大老殺し』って（笑）。全部おじゃんになった。

――幻の予告編に！

酒井　もうひとつ大変だったのがね、三浦友和くんなんよ。『大老殺し』は影太郎が出る出えへんで最後まで揉めたの。ほんまに撮影の前の日まで。というのはね、テレビ東京の12時間時代劇が『花の生涯』（88年）、同じ桜田門外の変の話で三浦くんは井伊直弼の側近役なんよ。あれが正月の2日で、『大老殺し』はその前の放映。向こうで井伊直弼の側近やってるのが、仕事人の側でしょう。それが問題になってた。

で、なんとか三浦くんも1日だけ来るっちゅう話になって、井伊の行列を襲うシーンはオープンセットでやる予定が、ほんまに前日の夜中に雪が降ったんです。ものすごく積もって、もう撮影どころじゃない。それでさっきも話に出た第1セットが空いてるちゅうことで、急きょ塀のセットを組んで無理やり撮ったんですよ。

――『大老殺し』を担当したのは松野宏軌監督。必殺シリーズ最多登板の職人監督です。

酒井　松野先生は優しいけども、やっぱり芯の強い監督やったと思うね。本人から直接聞いた話じゃないけど、セットの庭石を「もうちょっと、もうちょっと」……最終的にぜんぜん違う場所に移動してて、本人の思いどおりになってたエピソードとか、どんなホンでも引き受けた以上は一定のクオリティに仕上げるプロの姿勢やね。「京都の本編の監督や」という意地もあったんやと思う。松竹の大曾根辰保さんの直系やから。

いっぺんね、松野先生にゲストのキャラクターで提案したことがあるんです。「めそめそした弱い女性より、もっとバイタリティがあるほうがええんじゃないですか。男を押し倒すくらいの」って言って、先生もそのまま演出してくれたんだけど、ラッシュのときプロデューサーが「なんや、あれは！」と。辰野（悦央）さんやったか、それとも櫻井さんやったか、だいぶそのシーンを切ったっちゅうようなことがありましたね。どんな意見でも採用した以上は監督の責任、あるいは手柄ということを実感しました。

――先ほど「東京の師匠」として名前が出た山根成之監督はいかがでしたか？

酒井　山根さんと初めてやったのは『赤かぶ検事奮戦記Ⅳ』（85〜86年）かな。いつも黄色いシャツしか着ぃへんのや。もともと『さらば夏の光よ』（76年）とか、山根さんが撮った松竹の青春映画が大好きやったんよ。非常に豪快な監督なんだけど、さりとて細かい。鈴木清順さんのファンやいうて、いろんなテクニックを使うじゃないですか。

それこそ「『必殺』は時間がない」という話で、画面をワイプしたいけど現像所でワイプの処理をする時間がないから黒い厚紙を用意して、カットかける瞬間にレンズの前にスッと入れる。で、次のカットのアタマで抜く。それが黒味のワイプとして、きれいに成立してる。山根さんがカメラの脇でタイミングを見計らって、自分でやってました。山根さんが亡くなられたときは、クロちゃんと高坂（光幸）さんとぼくの3人で小田原までお葬式に行きましたね。

――チーフ助監督として現場を仕切るうえで意識したことはありますか？

酒井　やっぱり監督の思いどおりにやらせてあげたい。もちろんほかのスタッフの意見もあるし、藤田さんがどんな注文をつけるか……そこをチーフがさばかないかん。そういう現場の整理が大変でしたね。

――『必殺仕事人意外伝　主水、第七騎兵隊と闘う』（85年）や『必殺始末人』（97年）などに参加していますが、石原興監督の現場はいかがでしたか？

酒井　非常に上手い変化球投手ですよ。『意外伝』なんてのは、それこそ石原さんやないとできんやろうと思いますね。ただ、ここだけは「ちょっと違うな」と思ったのが、それこそ殺しのシーンなんか現場でアイデアを出して、急に台本にないことをやらされる場合が多かった。

終わったあと石原さんに「事前に言うてもらったら、小道具にしろなんにしろ少し考えることができたと思う」という話をしたら「もし言うて、できへんかったら逆に現場で揉めるやろ」と。伝えてるのにできへんかったら俺も「うーん……」ってなるかもしれんって言われたわけ。でも、それは違う。スタッフをあまりにも信用してないんじゃないか。現場のノリを優先するあまり、ちょっと雑になるときもあったような気がしますね。

――櫻井洋三プロデューサーの思い出はありますか？

酒井　『必殺！　主水死す』（96年）でチーフをやったんですが、あれも大船に行ってるんですね。そのころ櫻井さんが鎌倉シネマワールドの重役で「どうしてもシネマワールドで撮影をせよ」という話で、製作部に移ってた水野くんたちに厳命してたわけ。ところがオープンは短い通りが一本しかないし、セットも観光客用のガラス張りのステージしか使えない。そこで主水のクライマックスの芝居場を撮ってたら……やっぱり藤田さんが怒るわけですよ。「あれだけ人に見られて撮影できるか！」と。

だから黒幕を張りにいくわけですが、お客さんは撮影が見学できるから来てるわけでしょう。そんな状況で鎌倉のロケ地も2ヵ所くらいしかないし、だんだん撮るところがなくなった。櫻井さんに「もう撮るところありまへん。無理して大船でやるより京都でやったほうが凝ったもんができるし、もう帰らしてもろてもよろしいか」って相談したら、ちょうどシネマワールドのオープンでむちゃくちゃ客が入ってたんですよ。もう櫻井さんホクホクやから「あぁ、お前ら、帰れ帰れ」って（笑）。それはよく覚えていますね。

「しっかり殺そう」と意識しました

酒井　ぼくは最初の監督デビューが流れてるんですよ。テレビ東京の『鞍馬天狗』（90年）でチーフをやってたとき、松竹の中嶋（等）くんという若いプロデューサーと「酒井ちゃん、1本撮ってくれる?」「やるやる」って話をしてた。それから2〜3日して、櫻井さんが「30分やなくて1時間ものでちゃんとデビューさせるから、今回はやめとけ」ちゅうて話がなくなった。でも、なんぼ待っても次があらへん（笑）。ようやく『鬼平犯科帳』の総集編「鬼平死す」を撮らせてもらったんが98年やから、8年ほど待たされましたね。

——念願の監督デビュー作は『女犯十手裏仕置』（94年）。渡辺いっけいさん主演のオリジナルビデオシネマであり、「くノ一忍法帖」シリーズのキングレコードからリリースされました。

酒井　けっきょく松竹じゃなく、そっちでね。『くノ一』の何本目かの打ち上げでキングや東北新社のプロデューサーと飲んでて、「これだけやったら、もう忍法の手も出し尽くしたんですかね」とか言うから「いや、自分が監督やらせてもらえるなら、まだ新しい手を考えますよ」ってなことを答えたら、近いうちぜひみたいな話になったわけ。

それからキングが新しいレーベルとして「スーパー時代劇」を立ち上げて、アタマの3本を津島さん、新村（良二）さん、ぼくがやることになった。向こうの2本は女性やけど、こっちはいっけいさんの犬七という無頼を主役にしたアクションもの。ほかに比べたら正統派の時代劇の匂いがあったから、なんの抵抗もなかったし、ホンもなかなかよかったと思う。あとで津島さんが「中本（博通）くんもええホン書いたな」って言ってたから（笑）。

——デビュー作で心がけたことはありますか?

酒井　エロティックなところは、とことんエロティックにやらんといかん。お客さんが期待するところでもあるわけで、照れたらやってられないから、そこは徹底して撮りました。スタッフもキャメラはナベさん（渡邊伸二）、照明がはのちゃん（はのひろし）、録音が山本っちゃん（山本研二）と若い連中がやってて、殺陣も諸鍛治裕太で、けっこう好き放題やらしてもうたね。

——クライマックスの同心対同心の一騎打ちでは、焼け跡の家屋が崩れ落ちると同時にカメラがクレーンアップし、奥から犬七が飛び込んでくるというすばらしいワンカットが

ありました。

酒井　まぁハッタリですけどね。いっけいさんの〝出〟のインパクトで、あれだけはもう最初から「予算的にはしんどいんやろうけど、なんとかやらしてくれ」って頼んで、現場も一発ＯＫ。二度とはできへん。なんとか上手いこといきました。パート2のときはブーメランの見た目を撮るのに、ナベさんにパラシュートを付けて吊って、障子突き破るまでワンカットでやったり……それこそ初期の『必殺』みたいなノリで、昔は足場から石原さんがキャメラ狙いですべり下りたという話もよう聞くしさ。ラスタチでは浪人連中の役でダビングの藤原誠や小道具の木下保が出てくれて、みんなが盛り立ててくれましたね。

――その後、『鬼平犯科帳』『剣客商売』『京極夏彦「怪」』などを経て、『必殺仕事人２００９』で初めて必殺シリーズを監督します。

酒井　まず心がけたのは「しっかり殺してるように見せよう」ということ。殺しのシーンでちょっとルーチンが多かったり、ＣＧに頼ってたから、お約束で死んでるように撮るじゃなくて「しっかり殺そう」と意識しました。とくに源太（大倉忠義）のからくり蛇なんか、あんまりリアルには寄せてないんだけど、それでもプロデューサーからは「酒井ちゃん、あれはキツいな」って言われたりもしたね。

ヒガシくん（東山紀之）の立ち回りにしたかて、あれだけ手下も斬るなんて台本には書いてない。それでも、ぼくのときは全員殺すよと。純粋に見る側の痛みを反映させたほうが、ノレるんじゃないかというのがあったから〝殺戮〟と言われようがやりました。やっぱり『必殺』のカタルシスは殺しやから。

――初登板の第5話「因果応報」では、渡辺小五郎による五人斬りを大胆なローアングルからのワンカットで捉えたシーンのインパクトが絶大でした。

酒井　それまでにない画づくりをせんとね。けっきょくローアングルって、なんぼ低くして地面にレールを敷いても足の裏までは映らない。どうせやるならギリギリまで……ガラスの下から撮ったり、もともと『必殺』はああいうアングル得意やからね。あれかて、大河原（哲）というセット付が「こんなんがある」って、たまたま別の作品で使った幅の細い移動車を教えてくれたんで、溝を掘って、そこにレールを敷いてワイドレンズで撮ったんです。

――第17話「ゴミ屋敷」では、まさにガラスの下からのアングルで殺しを撮っていました。

酒井　あの殺しの前、恨みを持ってる匳（田中聖）が、口元だけニヤッと笑うじゃない。笑う必要はないんだけど、それが『必殺』やとぼくは思うんだね。逆に老人が殺されるシーンなんかは絶対に血のりを使わない。老人ホームの話やから、そうやってリアルにしちゃうと悲壮になりすぎて、殺された年寄り連中を主水が見つめるシーンなんか見てられへんからさ。

――藤田まことさんの中村主水を初めて演出していかがでしたか？

酒井　もちろん緊張もしたけど、藤田さんは『剣客』以降だいぶ変わったなという印象がありました。人の話に耳を傾けるようになったと思う。あくまで主役はヒガシくんやし、主水をやりながら脇に徹してはった部分もあるし、そういう意味ではやりやすかったですね。ぼくとしても『必殺』をやってる以上は『必殺』の名前を汚すわけにもいかんし、「昔はおもしろかった」って言われるのもイヤやし……そう思いながら監督してました。

酒井信行
［さかい・のぶゆき］

1961年京都府生まれ。大阪写真学校卒業、82年に京都映画の契約助監督となり、歌舞伎座テレビの作品や必殺シリーズなどに参加。94年にオリジナルビデオシネマ『女犯十手裏仕置』で監督デビューし、『鬼平犯科帳』『剣客商売』『京極夏彦「怪」』などテレビ時代劇を中心に活躍。『必殺仕事人2009』以降は『ぼんくら』『神谷玄次郎捕物控』『子連れ信兵衛』などを手がける。映画は『色欲怪談　江戸の淫霊』『恋する彼女、西へ。』ほか。

演出部

原田徹

ぼくは映像京都にいたから京都映画では「外様」なんですよね

大映の流れを汲む映像京都をベースに映画畑で活動していた原田徹は、人手不足の京都映画に招かれて必殺シリーズの助監督を務めるなか深作欣二と出会う。やがて『御家人斬九郎』などのテレビ時代劇で活劇魂を叩きつけ、『必殺仕事人２００９』においても手腕を発揮。自称「外様」のポジションから鬼才監督が語り尽くす。

「3日だけ応援で行ってくれ」って頼まれて

原田　ぼくは映像京都にいたから、京都映画では「外様」なんですよね。助監督時代は人が足らんときに呼ばれたりする。本体のスタッフがいてて、歌舞伎座のチームがいてて、なんか2時間もんが入ったり、特殊な場合に呼ばれてました。それこそ『必殺』は関本（郁夫）さんが東映からフリーになった1本目についてんねん。あれ誰もつかへんって言うからさ、大きな椅子持たされたりして（笑）。そのあと、水野（純一郎）さんが監督になると、また誰もいいひん。助監督が足りひんときの応援要員や。

――『必殺仕事人Ⅲ』（82〜83年）のころですね。

原田　関本さんはロケハンに行って、普通は仕事の話するのに不動産と女の話だけという珍しいタイプ。水野組は江木俊夫が出てたんだけど、なんかパーッと目に砂みたいの入ったんや。それで江木さんが病院行くことになって、水野のおっさんが「あかん、あかん。俺もうこれで終わりや」って（笑）。まぁ撮り方は、わりとカッチリというか、非常にオーソドックスで、ぼくらみたいにむちゃくちゃせえへん。新人なのに、かた〜い演出やったな。

——たしかに第19話「にせ物に踊らされたのはせんとりつ」は手堅い出来でした。

原田　レギュラーの組もやってるけど、どっちかいうたらよそから来はる人の仕事が多かったかな。よう覚えてるのは、山田（五十鈴）先生にバレンタインのチョコレートもうたこと（笑）。「え、俺なんかもうてええの、たまにしか来てへんのに」とか思うたけど、みんなに渡ししてて。

——京都映画に呼ばれたきっかけは？

原田　いちばん最初がフランキー堺さんの『赤かぶ検事奮戦記Ⅲ』（83年）。だいたい9時開始やったら8時ごろ行くのやけど「もっと遅うてええで」って言われてて、8時半ごろ新映美工の横にあったスタッフルームに行ったけど、誰もいいひんのや。ドア開けたら、おっちゃんが1人だけ。用務員みたいな人がおって「便所どこですか？」って聞いたら「知らん！」とか言われて、けったいやなぁと思ったら、それ、井上梅次や（笑）。その日から井上組。

もともとな、タカさん（高司暁）がカチンコ叩いた瞬間ギックリ腰になって、その代わりやったんや。「3日だけ応援で行ってくれ」って頼まれて。そんで終わったら、製作部の渡辺（寿男）さんな、ナベさんが「あとどうしてんの、原田くん」って。「いや、今週まだ大丈夫ですよ」「じゃあ来てくれるかぁ」。そのうち「今月どうなってるの？」「来月は？」って、3日だけって言われて3ヶ月いた。それから、ときどき呼ばれるようになったんです。

——当時、京都映画の隣には大映の撮影所がありました。

原田　まだ大映が映画の貸しスタジオで稼働してて、なんとなく仕事があった。A2とA1、セットが2つだけと、小さいオープンセットも残ってて。当時は映像京都がフジテレビの『江戸の用心棒』（81年）や『岡っ引どぶ』（81〜83年）を作ってたころやな。

——映像京都と京都映画の違いはありますか？

原田　セットがね、工夫してはる（笑）。ものすごい工夫してはんねんのやなぁ、京都映画は。だいたい御簾と水とさぁ……御簾にハサミ入れて切ったり、水で地面を濡らして逆光当てたりして。だから昼間はちょっと撮影できへん。京都映画は夜になったら、ぞろぞろ動き出す。

——夜行性動物みたいな……。

原田　やっぱり映像京都は美術がしっかりしてる。こっちでも太田（誠一）さんがやったらそうやけど、セットを全部きれいに磨いてるから、土足で上がれへん。東映やと真っ黒けやから、普通に靴で上がって、映るとこだけゴシゴシする。映像京都の場合は、セット入る前にスタッフみんなで床や柱を磨くから、新しいセットでも黒光りしてる。で、京都映画はね、ホンがギリギリやから満足に準備できへん。だから美術や装飾は大変やったと思う。

あとはびっくりしたのが、フルショットで撮るために映像京都はだいたい〝七分〟って、女優さんの頭も地毛を使って作るんですね。ところが京都映画は当時ほとんど、かつらを上から乗せちゃう。けっきょく網のところが撮れへんから、ちょん切るサイズで。


――石原興さんが多用したカメラアングルですね。かつらの境目を見せないように、おでこのところでアップを切り取っていました。

原田　それから顔の半分、影にしたりね。（都築）一興さんの弟の雅人さんが東映でキャメラに行ったとき、ちょんまげ切って怒られたらしい。「所長室に呼び出された〜」って大問題になった（笑）。「うちは全部入れなあかんのや」ってね。あと京都映画は夕方の食券が400円や。いろんな店に行って補助で使える。映像京都は同じ食券でも500円。そこが大きな違いやなぁ。
もう下手な人は、まったく映さない

原田　どっちにしろ映像京都は年中仕事はないから、自分らで東映に行ったり、京都映画に呼んでもうたり、宝塚映画とか東京に行かんと仕事がないねん。ずっと春休み、夏休みが続くから（笑）。京都映画は仕事がやりやすかったですよ。スタッフが若かったから。

うちはもうすごい……ぼくが最初に撮った仲代達矢さんの『風車の浜吉捕物綴』（92年）なんか録音技師や照明技師が『羅生門』（50年）をやってる人らやからね。口は悪いけど、みんな熱心なおっちゃんばっかりで、おもしろかった。『御家人斬九郎』（95〜01年）でも予定にないのに、いきなり照明の中岡源権さんが「おい、行くぞ！」って、夕方から法然院。そしたらサーッと雪が降ってて、えぇカット撮れるわけや。そんな人たちやったなぁ。

助監督のとき、行きたないなぁとは思ったのは東映。仕事がえげつないし、作ってる人らも自分の作品を見いひんし。興味ないねんな、あれ。悲しいなぁ。で、レギュラーが10人おったら全員アップ撮らなあかん。当時の東映はチーフとセカンドだけやねん。朝のロケーションの積み込みなんか、チーフ来いひんから1人でやらなあかんし、予定もセカンドが書いてチーフはチェックするだけやし、現場にいてはらへんし。

——チーフ助監督はなにをするんですか？

原田　主役のお守りくらいしかせえへん。でも、全部セカンドがやらなあかんから仕事は覚えるんやなぁ。東映の太秦映像で『大岡越前』とかやったけど、まぁ人使いの荒いとこやったね。

——必殺シリーズの現場はいかがでしたか？

原田　ホンと違うこと撮ったりしはるから、現場がよう止まるんや。よその会社では考えられない。いろんな人が「これ、おかしいんちゃうの」と。普通は演出部でも監督に直接ではなく、チーフに話を通してから……それが当たり前やねんけど、みんな平気で言うのやな。そうやっておもしろくした……ということになってるんやけども、現場は止まる。1時間、2時間は止まっちゃうから、夜中にディスカッションでね（笑）。あれが大変やったなぁ。

いや、おもしろくするための作業やから問題はないんやけど、ただ……「現場でそれをしますか」みたいな感じはあったよね。あらかじめスタッフルームでやっとけばいいのに、前日に話しとけばいいのにって。でも、そういうライブ感でずっと撮ってはったからね。下手な俳優さんが来たら全部オフとかもあって、話を聞いてる側のレギュラーだけ撮って、それで成立させちゃう。もう下手な人は、まったく映さない。ピックアップの小物撮りなんか助手に任せるから、えらい会社やなと思いましたね。

——なるほど。

原田　もちろんスケジュールもキツい。ぼくらが助監督のころは予告編作らんならん。『必殺まっしぐら！』（86年）なんか、次のホンが途中までで、キャスティングするのにもライターに電話して「この役は、悪いほうから数えて何番目くらいですかね？」って聞いてはった（笑）。

そんなんやから予告編は2週前やし、間に合わんのですよ。とりあえずストーリーを（笑福亭）鶴瓶さんにしゃべってもうて、あとは三田村（邦彦）くんにオープンの屋根を走ってもらうとか、そんなんだけ撮って予告編にしてた。あの屋根の上に走れる場所、レールが敷ける場所を作ってあるのもすごいと思った。あんなセット見たことないからね。

——『必殺まっしぐら！』では中盤からチーフ助監督に昇格

しています。

原田　最初はセカンドで、半分くらいチーフやってたのかな。最後は罧原堤でなぁ……毎晩トンカチ合戦ですよ。いくらやっても終わらん。あれ水川（淳三）さんやろ。監督と主役も喧嘩してたし、もうみんな喧嘩してた。

「殺生や、殺生」って監督が帰らはんのやした か？

——石原興さんを主体にした撮影部主導の現場はいかがでしたか？

原田　演出部から見たら、なんか腹立たしいよね。え、なんで撮影部がそこまで言うのとか、録音部が文句つけるのとか、それはあったけど、そういうシステムだからね。別に早う帰りたいとは思わへんけど、なんか答えのないままに時間が経ってしまうことも多かった。

大船から来はった監督でも、もうちょっと勉強してほしい人はおった。監督だけやない。別の番組やけど、装飾部で「大船で山田洋次組やってますぅ」みたいなんが来て「俺ら時代劇のことわかんないんでぇ」とかぬかすから、「そんなら帰ったらええやんけ！」って言うたったもんな、ほんまに。「わからんのやったら帰れや！」って、あれはあかんで。

なんかね、監督のイメージはないよなぁ。工藤（栄一）さんや深作（欣二）さんの映画は別として、あんまりない。ぼくは映画中心でやってたから、テレビの現場は入ったと思ったら終わっちゃうじゃない。監督よりもやっぱりキャメラマンや照明部の印象のほうが大きいかなぁ。ほんまに真っ暗けの状況で逆から強いライト当てたり、謎の〝クッキー〟が出てきたり。

——光をランダムに遮蔽する板ですね。

原田　まぁ格子くらいやったらわかるけど、見たことないような武器が出てきて「おぁ、こんなして作るんや」って。石原さんでびっくりしたのが、オープンで大きなクレーンに乗ってて、降りてきたらキャメラをそのまま手持ちにしてバーッて走っていかはった。ああいう躍動感があるキャメラワークはいっぱいあったな。

藤原三郎さんも個性が強くて、ぼくが監督なってからの話やけど、ロケハンで「ええとこあるんやぁ」って言わはるねん。ほんで、いきなりズボン脱いで川ん中入っていかはる。しゃあないないから、ぼくや照明の林（利夫）さんもジャブジャブ入っていって、そうしたら藤原さんが川の真ん中で「う〜ん、ここと違うなぁ」（笑）。なんかよう桂川歩いた。同じようなパターンだと「このフレームだけでワンカットやってくれ」というのもあって、それは川のせせらぎをバックにキャメラを左右に振れないような場所。もうその画しか撮れへん。頑として譲らないキャメラマンのこだわりがおもしろかった。

——ほかに必殺シリーズの思い出はありますか？

原田　工藤組の初日に出門英が出てて、中止になったことがあった。鶴が武器なんやけど、その鶴が折られへんから「中止！」って（笑）。あと、田中組のとき朝から「殺生や、殺生」って監督が帰らはんのや。ガンガンの前に座ってた速水典子か誰かが衣裳を燃やしてしもうて、これも中止になった。

——田中徳三監督の現場はいかがでしたか？

原田　田中徳さんの現場って、引きがあってアップがあって「寄り寄り」があって引きがあって、それで終わりなの。どのシーンもそう。わかりやすいですよ。でもやってるほうは、やっぱりおもろないねんなぁ。時間どおりに終わるし、オーソドックスにちゃんと出来上がってるけども……俳優さんの使い方は上手なんですが、大映時代の映画に比べると物足りない。

——俳優さんの使い方が上手というのは？

原田　工藤さんと一緒で、普通に座ったり立ち上がったり、ちょっと歩いて振り返るとか、当たり前のことやけど、ちゃんと芝居をつけるんやな。座らせたまま板付きで撮るんじゃなくて、動きのある芝居をやってはった。現場ではね、よう文句いわはるし。こんな予算でとか、こんだけしかエキストラいいひんとか……「殺生、殺生や」って、ブツブツ言いながらやってはった。

ややこしくて時間がかかるやつが回ってくる

——深作欣二監督の映画『必殺4　恨みはらします』（87年）ではチーフ助監督を務めています。初の深作組でチーフというのは、かなり大変そうですが。

原田　（台本を取り出しながら）ぼくはね、映画の『必殺』は3本やってるんですよ。1本目と3本目と4本目。そういう、ややこしくて時間がかかるやつが回ってくる。

——あっ、『必殺！　THE HISSATSU』（84年）にもサード

で参加していたのですね。貞永方久監督はいかがでしたか？

原田　えげつない監督やったなぁ。貞永さんのことをいいように言う人もいるんだけど、ぼくらのときは「どうすんの、どうすんの」ばっかり。それ監督が考えなあかんやろと思うわけやけど。キャメラマンや助監督に頼りっぱなしで、どうしたいかをあんまり言わはらへんのやな。チーフのときも、やってて疲れたというか。そういえば『良寛』（97年）という映画を斎藤耕一で準備してて、新潟のロケハン行って帰ってきたら貞永組に変わってんのや（笑）。もう準備してたから逃げられへん。ほんまに油断も隙もない。

だから1本目の『必殺！』は、いっぺんも見直したことがない。おもしろいのは何度も見たりするんやけど、これは初号を見ただけ。まぁ石原さんと照明の中島（利男）さんに任せたような仕事やったな。江戸では評判ええのやで、貞永さん。それこそ大船だと、しっかり監督してたって聞くし。

――殺陣師の楠本栄一さんも映像京都の所属です。

原田　楠本さんはすごく真面目で、侍のチャンバラが上手かったよね。ぼくらでも普通にお話ができるというか、威張ったはらへん。楠本さんのお葬式の写真がね、びっくりしたのはプロフィールやねん。お葬式の写真ってだいたい真正面と思うでしょう。楠本さんのは、かっこいい横顔やった。

――工藤栄一監督の『必殺！Ⅲ　裏か表か』（86年）はいかがでしたか？

原田　やっぱり工藤さんはすごかったな。とにかく、いろんなとこ見てこいと。ずーっとロケハンばっかりで琵琶湖を一周したよね。けっきょく使わへんかったけど、それが自分の財産にもなった。それくらい準備に時間をかけたし、余裕があったね。

――本来、ロケ地を探すのは製作部の仕事だと思うのですが、工藤監督の場合は演出部に指示するのですか？

原田　昔は、ちゃうねん。つまり製作部は、借りれるとこを「ここどうや」って提示する。演出部はいいとこを新しく見つけて、製作部に「あそこ交渉してこい」って。だから演出部が主やったね、ぼくらがやってた映画なんかは。それと工藤さんは調べてきたことは全部ＯＫなの。頭で考えたことはあかんねんな。だから、よう調べもんした。

――クライマックスは往年の東映集団時代劇を思わせる大

アクションでした。
原田　ほんま土砂降りで延々とやったな。相変わらず黒の衣裳で、番匠笠を被らせるのも工藤さんらしいよね。鶴瓶さんが死ぬとこ、あの貝殻がめっちゃくちゃくさい（笑）。ほんまに、おそろしいほどくさかった。仁和寺から飛び降りるシーンは、すごく狭いから階段を上るのが大変で……ぼく、そのころ太ってたから、なんかつっかえて上にあがれへん（笑）。昔はあの頂上から、山内のおとうが、ムササビの八っちゃんがマットなしで飛んだっていう話を聞いたな。

――山内八郎さんですね。
原田　あとは伊武雅刀さんや成田三樹夫さんもそうだし、いい役者をキャスティングしてたよね。松坂（慶子）さんを呼びにいくと、お菓子いっぱいくれはんのや（笑）。1日何回も呼びにいくやん。まんじゅうとか何回もくれはって、それで太ったんかな。

――ほかに『必殺！Ⅲ』の思い出は？
原田　あの工藤さん独特の……〝一方引き〟で撮るというのかな。深作さんの場合はあっちから撮って、こっちから撮って、もう2周くらいすんのやけど、工藤さんは同じ方向から引いては返す波のように撮る。引きがあって寄りがあって、また引き。だからバックが1つでいいの。たとえば海に行っても、切り返したら松林になるから海側だけをバックに撮る。セットもオープンも基本的にそう。けっこう演出に時間かけるけれど、トータル的にはそんなに無駄はしてへん。

――アスファルトに水を流して逆光の俯瞰で撮る工藤流の画も、まさに一方引きですね。その方向からしか撮れないアングルです。
原田　ほんまの河原は石がゴツゴツして歩かれへん。チャンバラでけへん。あの技術は後世の人に伝えなあかんと思って、ぼくが監督した『必殺仕事人２００９』でも同じことをやった。「そこへ川を作んのやぞ」と伝えてロケーション行って帰ってきたら、サトエリって若い美術の子が……佐藤絵梨子がユンボで穴掘っとんのや（笑）。２台くらいでガガってオープンに。「なにしよるんや」「川を作ってます！」「ちゃうちゃう！」ってね。

――『必殺！Ⅲ』は何度か見返していますか？
原田　何回も見てる。最初はね、自分のとこしか見いひんから。ほとぼりが冷めてからやないと、客観的に見られへん。自分の動かしたエキストラとか、自分が用意した小道具とか、最初は自分の責任を持ってたとこしか見ない。どの映画もそうやね、それは。

だいたい現場はテスト100回、本番28回

――そして、いよいよ『必殺4』のチーフ助監督に。

原田　あそこから深作組の人生が始まるんや。いやでもスケジュールが押してくるじゃないですか。どんどん俳優さんのスケジュールもなくなる。じゃあ誰が組んだのかって話になるわけやけど、撮れへん予定書いてもあかんし、撮れる予定を書いたら製作部から「もうちょっと詰まらんのか」って言われるし。そういう状況で、あんときはプレハブに30人くらい入れるような大きなスタッフルームを組んだんですね。ところが、やればやるほど人が来んようになる。最後は深作さんと2人きりになった。

そしたら深作さんがバランタインの30年ものをロッカーから出してきて、そのまま俺のコーヒーにドクドクドクドクッて注いで「まぁ徹ちゃん、飲めや」（笑）。それで「あのなぁ、全員吹き替えでええ」。そんなん「えっ？」ってなるやないですか。もう主水も秀も政も全員吹き替えでラストのアクションをやった。けっきょくスピードが気に食わん。本人で全部やったのは真田（広之）くんぐらいちゃうかな。

――やはり深作組は時間がかかる。

原田　「もう来いひんで！」って、藤田（まこと）さんが現場から帰ったこともある。あんまり深作さんが粘るから、あの真面目な藤田さんが怒って……。こっちが悪いといえば悪いんやけど、扮装したまま昼から夕方まで待っとかなあかん。深作さんの台本ってカットを割ってないの。大事なとこグルグルグルッってしてあるだけ。だからやってみな、いつどこで段取りつくかがわからへんから、藤田さんでも呼んどかんとあかん。

だいたい現場はテスト100回、本番28回。いや、ほんまやねん。「すまーん、もういっぺん」「すまーん、もういっぺん」って、深作さんは怒らはらへんのや。で、ラッシュ見てOKだったセットも「すまーん、もういっぺん建てて」（笑）。東映の便所には「フカサク死ね！」って落書きあったもんな。『必殺4』で大変やったのは、殺陣師が菅原俊夫さんや。菅原さんが来るまで撮らへん。助手の清家（三彦）さんがやってくれはんのやで。でも、夕方になって菅原さんが来ないと回せへん。

――なぜ菅原さんは現場に来ないんですか？

原田　東映で仕事してるから（笑）。

――『必殺4』は津島勝さんが監督補、原田さんがチーフ助監督ですが、どのような役割分担だったのでしょうか？

原田　監督補というのは当時、監督経験がある人が多かった。たとえばB班を撮ったり、モブシーンの仕切りなんかを監督補がやって、チーフは俳優さんの予定や段取りを組んだりする。とはいえ深作組は別で、深作さんがエキストラでもなんでも全部やんのや。必ず全員の顔がレンズに見えてないとあかん。そういうバックを作ってから手前の俳優さんを入れる。津島さんはせっかちやったね。せっかちやけど、でけへん俳優さんとかも熱心に教えるし、監督としては真面目な人やなぁと思ったな。

――さかのぼりまして、映画の世界に入ったきっかけは？ サブちゃん、ねちっこいしええやんか

原田　もともと親父が8ミリカメラを持ってて、その影響で大阪芸大で8ミリ映画を撮って賞もうたりして、じゃあ映画でもやってこうかと思ったんやね。あのころは深作欣二も藤田敏八も好きやった。東映と日活ばっかり見てると、近所の人からは「不良や」って。まあ映画はなんでも見てて、いちばん影響を受けたんは、ビリー・ワイルダー。やっぱり『アパートの鍵貸します』（60年）とか『昼下りの情事』（57年）とか『あなただけ今晩は』（63年）とか、あのころのワイルダー映画は大好きやな。あとはウィリアム・フリードキン。

それから軍手をポケットに入れて、大映の撮影所に行って「なんか仕事ありませんか」。最初の現場が加藤泰さんの『炎のごとく』（81年）、あれは全カット、ローアングルなんです。ツルハシとスコップで穴を掘ってカチンコ叩くのが仕事やった。それこそ斜陽産業のなかで、いろんな人に怒られて、いまはアウトやけど当時は「殺すぞ」とか「死ね」とか普通に言われていたから。「今日は3回殺された～」「俺4回！」なんてみんなで言ってさ（笑）。25歳で助監督になって、28歳でチーフになって、それから先が長かったんやけど、みんな離してくれへんからね。深作さんもやし、五社英雄さんも。

――90年代に入ると『御家人斬九郎』『八丁堀捕物ばなし』など映像京都のテレビ時代劇で活躍しますが、松竹京都映画（当時）ではオリジナルビデオシネマの『美女奉行　おんな牢秘抄II』（95年）を監督しています。

原田　最初のVシネは、藤原さんとやった。それこそ製作部で水野さんに「キャメラマン、誰がええの?」「藤原さん」「え、サブちゃんでええの。大丈夫か?」って向こうが心配して、いやいや大丈夫もなにもサブちゃん、ねちっこいしええやんかって。芝居をねちっこく撮ってくれるから。もう最後はセットを燃やして立ち回りを撮ったね。

――続いて『雲霧仁左衛門』第11話「おかね富の市」（96年）を手がけます。

原田　『雲霧』のほうはレギュラーの番組やから、これは石原・中島コンビでやってもらわんと。そこはもう避けていくより、やってもらいたい。よく「石原さんはやりづらい」と言われてはるけど、ぼくはそんなことなかった。山﨑努さんは、ぼくが文化庁の研修員としてハリウッドに留学してたときもお世話になったから、いろいろアイデアを出してくれたり、楽しい現場でした。

あのときは工藤さんが撮った1話のダビング（音の仕上げ作業）を見にいったんですよ。そしたら延々とリズムだけの音楽で画を繋いでるわけ。あれは衝撃やった。いまでこそハンス・ジマーみたいにリズムで繋ぐ手法もありますけど、普通はセリフと組み合わせるからね。クランクイン直前やったけど、自分も撮り方を変えました。

「おかね富の市」で金子研三がやった悪役は、エルトン・ジョンがきっかけ。エルトン・ジョンのライブに行ったらパーカッションのおっさんがいて、ピアノとパーカッションの2人だけ。それが真っ黒けの服を着た大男で、あそこから思いついた。

――原田組常連の谷口高史さんも悪役として各作で怪演を見せていました。

原田　あれは深作欣二が作った怪物やからね。毎日毎日ホン読みやリハーサルやるんやけど、スケジュールの都合で来いひん俳優さんもいるやないですか。そういうのを全部、谷やんにやらせるんです。男も女も若いのも年寄りも、谷やんが自分で考えてくる。それがおもしろくて、よう一緒にやってました。

――映像京都で、とくに思い出深い作品は?

原田　2本目に撮った『七衛門の首』（93年）かな。あれは最初、所ジョージが候補で「スケジュールが3日しかない」って言われて断って、そしたらナンちゃん（南原清隆）になった。戦国ものやから「馬は何頭いんねん」という話で、当時の馬は1頭10万円。そんな時代に「50頭！」って（笑）。「アホかー！」って言われたけど、現場に行ったらちゃんと20頭いました。

――フジテレビのヤングシナリオ大賞特別賞（脚本：早野清治）を映像化した『七衛門の首』は、1時間の単発ものとは思えないスケールでした。

原田　ロケ地は奈良の曽爾高原って決めてたんやけど、機材かついで登らなあかん。大変やったな。キャメラも「放ってもええやつあるか？」「そんなもんあるかー！」、でも手巻きのやつを用意してくれて、金網のゴミ箱にチューブで巻いて転がしたりしてね。音楽もライ・クーダーをそのまま使えたし、わりと自由にやらせてもらいました。でも12日くらいしかやってへんで、あれ。

――いや、1時間もので12日は破格では？

原田　1時間ものの予算が3500万の時代に、あれは8000万でハマらへんかった。で、フジの能村庸一さんの本（『実録テレビ時代劇史』）には1億かかったって書いてある（笑）。「え、2000抜いたの誰？」って、まぁ8000万でハマらへんかったって聞いて、こらあかんと思ったけどね。

――『御家人斬九郎』の「雲隠れ」は極力セリフを廃して、活劇に特化した傑作です。あらゆるシーンに気合いが入っていました。

原田　『斬九郎』は最初のシリーズで原作がなくなったの。中村努さんと打ち合わせして、秋やから台風が来るのはどうですか、あと駕籠を斬ったらどうですかという話をして、あのホンを書いてくれはった。

で、装飾の福井（啓三）さんに「斬っていい駕籠ありますか？」「誰が乗ってんのや」「田舎の小さい殿様なんですけど」、そう言ったのに当日は新車のベンツみたいな駕籠が用意されてて（笑）。当時ちょうど海外との合作の撮影が中止になったから、その駕籠を福井さんが「斬ってまえ！」。なんかもうその日の昼には「徹が駕籠を真っ二つに斬った！」って、また悪評が流れた（笑）。

いうたら悪い人が主役やん。おもしろいねん

——そして『必殺仕事人2009』にも監督として参加。これまで培ってきた活劇の手腕を発揮します。

原田　松竹の武田（功）さんから電話がきて、うれしかったね。もう藤田さんは病院から通ってはって、昼前に入って2時には帰さなあかん。で、ロケは行かれへん。オープンかセットだけ。立ってるとこからは座れるんやけど、座ったところから立たれへん。だから藤田さんは動かさんようにして、周りの人を動かしました。現場も抜き撮りですぐ終わらせて「え、もう帰ってええのか?」って藤田さんに言われて、ご機嫌よう仕事させてもらいました。

——第2話「厚顔無恥」から5本を監督しています。

原田　さっき話した水のシルエットもそうやけど、やっぱり『必殺』ということで工藤さんへのオマージュみたいなカットをいっぱい入れようと思いました。烏丸せつこさんがゲストの回（第14話「武士の異常愛」）は、いちばん大事なシーンを長回しで撮った。いろいろ撮ったら編集されちゃうと思ったんで、寄りから引いて、もう1回寄るみたいなワンカット……また、いい芝居しはんやね。工藤さんや井上昭さんもそうやけど、長いカットのよさというか。やりながら勉強さしてもらいました。

——殺しのシーンはいかがでしたか?

原田　「ちゃうねん！　こうせなあかん！」って、藤原さんや林さんから指導されながら撮ったね。それぞれにこだわりがあるから。「『必殺』は一発で殺さなあかんのや！」と言われて「いやいやいやいや、まぁ」って。藤原さんだけ指名して、あとの回はナベさん（渡邊伸二）やナンちゃん（南野保彦）とやりました。

——第14話「武士の異常愛」では谷口高史さん演じる大男の岡っ引きを2人がかりで仕留める仕事人の連係プレーが見ものでした。

原田　まぁ大変やったね。谷やんと小さい岡っ引きの岩佐（好益）くんをコンビにして、あれはVシネでやった谷やんと（土平）どんぺいちゃんの裏返し。ああいうワルが魅力的でないと……みんな「徹ちゃん、やりすぎやで」って言うんやけど、そうしないとおもしろないしなぁ。

——やはり「やりすぎ」と言われるんですか?

原田　言われる。よう言われる。『必殺』かて5本も撮れるとは思わなかった。いうたら悪い人が主役やん。やっ

ぱりおもしろいねん。主人公が人殺しなんて、もう企画とおらへんよ（笑）。そのくらい悪い人って魅力があるよね。石原さんが撮った「鬼の末路」なんかもハードでびっくりしたしな。いまは年に1本のスペシャルだから、どうしても石原さんの出番しかないけど、ほんまは酒井（信行）や服部（大二）にやらしたらええのにと思うけどな。

――たしかに『2009』のような連続もので、新たなる必殺シリーズを見てみたいと思います。

原田　ぼくも悪い人の話をやりたいんやけど、なかなかね、それをわかってくれるプロデューサーがいない。で、やったら赤字が出ると思われてるから……いや、そんなことない、ちゃんと時間どおり撮る、スケジュールどおり撮るって言っても誰も信じてくれへん。『必殺』に関しては、全部助監督の立てた予定を守って、石原さんよりも早く撮ったはずなんや。時間内で撮る……それをテーマにして、自分のやりたいこともできたかな。

原田徹

［はらだ・とおる］

1955年京都府生まれ。大阪芸術大学卒業後、フリーの助監督として映像京都を中心に活動。92年に『風車の浜吉捕物綴』で監督デビューし、『七衛門の首』『御家人斬九郎』『雲霧仁左衛門』『必殺仕事人2009』ほかテレビ時代劇を手がける。オリジナルビデオシネマや舞台のほか、『バトル・ロワイアルⅡ　鎮魂歌』などの映画ではセカンドユニット監督を務めている。2024年配信の海外ドラマ『SHOGUN　将軍』にテクニカルスーパーバイザーとして参加。

進行

鬼塚真

業務の合理化なり、効率化ということはよく考えてましたね

京都映画製作部の進行係として現場を支えた鬼塚真は、松竹テレビ部に転じて櫻井洋三プロデューサーのアシスタントとなる。ふたたび京都映画に戻って次なる製作主任としてキャリアを積んでいた鬼塚だが、やがて独立して関西の広告業界で活躍。UFOの追跡から始まる、類まれなキャリアをどうぞ——。

UFOはね、2回見てます

鬼塚　京大のUFO超心理研究会にいたんですよ。ぼく自身は大阪工業高等専門学校の機械工学科だったんですけど、白石裕己という二代目の代表が、うちの中学で唯一の神童と呼ばれていた同級生。そいつに「ごっつうおもしろいで」と誘われて遊びにいったらハマった。で、ぼくは親にもっと勉強したいと嘘ついて京都の某大学に入りながら研究会活動に熱中、やがて白石の下で副代表をやってました。UFOはね、2回見てます。学生結婚して、京都の紫野に住んでいたとき、左大文字山上空をオレンジ色に輝くUFOが回転しながら20分くらい滞空してたのと、あとは神戸港の上空に銀色の卵型のが浮かんでいるのを見ました。当時のUFO研は外部の女子大生も多かったんですよ。嫁さんともそこで遭遇しました。

あるとき、ABC（朝日放送）の仲川利久さんから「今度『翔べ！必殺うらごろし』（78〜79年）というオカルトもののシリーズが始まるから、ネタ出しをしてほしい」と、研究会にオファーがあったんです。それで脚本家の保利（吉紀）さんたちを前に「こんな怪奇現象がありますけど」

ってプレゼンテーションをしたりして。採用されたら1本3万円、いいギャラやったと思うんですけど研究会が受け取って、ぼくの手元に入ることはなかった（笑）。

――いきなりびっくりしたのですが、白石裕己さんは『うらごろし』の第20話「水探しの占い棒が死体を見つけた」のシナリオを山浦弘靖さんと共同で手がけています。長らく謎の脚本家でしたが、UFO超心理研究会の代表の方だったのですね。

鬼塚　京大で航空工学を専攻、卒業後は文学部哲学科に再入学して、たしか博士一歩手前までいったかと。ずっと白石との付き合いも続くんですが、そこからABCおよび松竹との関わりができて、利久さんが「京都映画に行くからついてこい」と声をかけてくれたんです。で、製作担当重役の高谷（邦男）さんという方に「わたしが保証人になるから、役に立つかどうかわからんけど人手不足を補うために使ってくれ」と仰って、それで2ヶ月だけのアルバイトとして入ったんです。ろくに大学も行かんと一時期は親から勘当されて、部室に住みながら空飛ぶ円盤を追いかけてたもんですから……。

――京都映画での初現場は？

鬼塚　『必殺仕事人』（79〜81年）のアタマから。最初は演出部で、サードの助監督の合流が遅れているとかで、その代わりでした。ぼくはテレビっ子でも映画マニアでもなかったので、俳優さんもぜんぜん知らなかったんですね。さすがに藤田まことさんは知ってましたが……。1本目のチーフは南野（梅雄）さんという監督もされていた方で、セカンドが水野（純一郎）さんかな。運送屋さんで引っ越しのアルバイトをしてたから、体力には自信があったんです。

で、われわれ駆け出しのスタッフというのは、レールの下の枕木みたいな仕事をするわけですよ。ものを運べりゃいい。役者を呼びにいけばいい。言われたことを右から左にしたらいい。あとはカチンコ。忘れもしないのはカメラマンの石原（興）さん……レンズのところに〝ピント棒〟というのがあるんですよ。「オニ、ピント棒がここにあったら、このへんでカチンコを打て」と、細かく教えていただいて、片手で打つ練習を日夜やってました。1コマ目、2コマ目、3コマ目……前後を入れて4〜5フレームがカチンコの理想やと言われて。1秒ぐらいかかったり、空振りしたりして怒られましたけどね。

――1秒24フレームなので、5フレって一瞬ですね。

鬼塚　『仕事人』の次が『朝ごはんぬき?』（79年）という帯ドラマ。あと1ヶ月でクランクアップでキツなってるから応援に行ってくれと言われて、そこでチーフの（皆元）洋之助さんと会うんです。ぼくが京都映画を出たあとも洋之助さんとは旅番組をやったり、それからカメラマンの哲っちゃん（藤井哲矢）と海外ロケに行ったり、いろいろご縁が続くんです。

――今回の鬼塚さんの取材も皆元洋之助監督からの紹介で実現しました。

鬼塚　連絡をいただいて、びっくりしました。『朝ごはんぬき?』がクランクアップして打ち上げが天橋立の1泊旅行、『仕事人』の助監督と合わせてこれで3ヶ月。製作次長の小島（清文）さんに「お世話になりました。では、これで失礼いたします」と挨拶したら「おう、ご苦労さんやった。明日からお前な、製作部に座っとけ」。いきなり部署替え、勤務続行です（笑）。ろくに大学も行ってなかったから、まぁええかと、そこから製作進行の助手として鈴木政喜さんの下についたんです。

「もうちょっと人の気持ちを考えて仕事しろ！」

――進行の仕事を教えてください。

鬼塚　出来るだけスケジュールどおりに撮影を進めるため、現場と俳優さん、大道具さんなど、各部に待ってもらったり、急かしたり。それからロケハンに同行して、各パートをつなぐ仕事が中心でした。時代劇のロケ地はおよそ決まってますけど、土曜ワイド劇場みたいな現代劇のほうが、交渉しないといけない場所は圧倒的に多かったですね。そしていろんな情報を整理して、製作主任が作るスケジュールに落とし込んで、効率よく現場を回していく。夏場になるとポットに氷入れて、冷えた麦茶を仕込んだり、そういうのも進行の仕事です。

それから年が明けて、松竹のテレビ部に移籍して、2～3年ですかね。プロデューサー補をやりました。で、また京都映画に戻って、最後のほうは給与明細を見ると役職的には製作主任となっていて、キャスティングもさせてもらいました。トータル7年くらい撮影所にいたことになります。

――助監督から進行、プロデューサー補、また進行、そして製作主任。あらゆるパートを経験したのですね。

鬼塚　進行時代、よく覚えてるのは、近所の電気屋のオヤジさんがビデオカメラを買ったんですよ。肩掛け式でカメラとレコーダーがセパレートのやつ。それで下鴨神社のロケなんか、周りの音がうるさくてアフレコになる。アフレコの場合、撮ったフィルムを現像所に放り込んで、ラッシュプリントが上がって、それを見ながらの作業なので、必ず1日またいじゃうんです。

これを合理化できないかと思って、ビデオカメラを借りて、本編のカメラとほぼ同ポジでワンカットごとにテープ回して、それを撮影所の録音スタジオで再生しながらアフレコをやったんです。〝ワンカットアフレコ〟って呼んでましたが、それやったのぼくが最初でしょうね。いいアイデアだなと思いましたが、ただ習慣になったかどうかまでは覚えてないんですけどね（笑）。

――たしかに合理的ですね。80年代らしい発想です。

鬼塚　ぼくがビデオに未来を感じたのも、それが最初でした。各務プロダクションという会社があって、ＡＢＣの依頼を受けた番宣チームがカメラ抱えてレポーターのお姉さん連れて、三田村（邦彦）くんや（中条）きよしさんの取材によく来てて、そこでもビデオの様子を見ていた。あとは営業部が使う第1ステージで掛布（雅之）さんの「ハエハエカカカ、キンチョール」ってコマーシャルを撮ってたんです。どう見てもワンカットあたりの単価がCMのほうが高くて、いろんな世界があるなぁと思ったのが、その後の原体験になった気がしますね。

――なるほど。

鬼塚　あとね、勇さんの殺しは糸で吊るじゃないですか。殺される側がグーンと上がってほしいということで、3・5トンのクレーン車を持ち込んで撮影しました。それまでは滑車を使って人力でやってたんですが、とくにオープンセットで撮るとなると、ダイナミックな画がほしい。勇さんが手前にいて、その奥でクレーンに吊って上に動かして……そういう業務の合理化なり、効率化ということはよく考えてましたね。

――車輌の手配も進行の仕事の範疇でしょうか？

鬼塚　智さんという人がいました。春田智三さん。もうロケでもなんでも会社のバスは基本、智さんの運転です。弟さんも撮影所にいて、特機の春田耕市さん。この人もドライバーと兼任でした。明日のスケジュールを出して、その紙を張り出した時点で車輌部はそれを見て準備してくれるんです。

——進行の鈴木政喜さんは、どのような方でしたか？

鬼塚　情に厚い人でした。焼肉連れてってもらったり、かわいがってもらいました。もう山内（久司）さんも利久さんもみんな鈴木さんのことを「まぁちゃん、まぁちゃん」って呼んで、かわいがられてました。年上ですけど（笑）。鈴木さんと製作主任の渡辺（寿男）さんがしっかりコンビを組んでいて、あれやこれやと指示を受けましたね。

とにかく鈴木さんは〝食った食われた〟という話が多くて、競馬が大好きなんです。祇園の場外馬券売り場近くを流している京聯タクシーを捕まえては、代わりに馬券を買ってきてもらうなんていう離れ業も見事でしたし、ロケの申請書類を出したら、もうバイクでピューッとどっか行っちゃう。風呂が好きで、昼間からよう銭湯に行ってました。あとは助監督さんに頼まれて、チョイ役で出演したりね。

——『どこまでドキュメント　映画を食った男』（84年）という鈴木さんを主役にした番組まで作られ、高い評価を受けています。予算をちょろまかし、酒と博打につぎ込み、ヒロポンの告白をしたのち、孫にファミコン買うためスタントマンとして屋根から落ちる〝京都映画版蒲田行進曲〟でした。

鬼塚　鈴木さんにはいっぺん大きく怒られたことがあるんです。「もうちょっと人の気持ちを考えて仕事しろ！」って、理由は忘れたんですが、要するに段取り優先で考える現代っ子だったんですね。これをやっちゃうと、この人がしんどい思いをするとか、プレッシャーに感じるとか、そういう想像力が足らなくて……ただし進行の職責として、予定どおりクランクアップさせるのが最優先ですから、どこかで誰かに泣いてもらわなきゃいけない。その根回しをする能力が欠けていたんだと思います。

——製作主任の渡辺寿男さんは、どのような方でしたか？

鬼塚　ぼくの直属の上司です。それこそ超大先輩ですが、誠実で真面目できっちりしてて、でたらめなところがまったくない。だから信頼されてました。黒田（満重）さんも渡辺さんと遜色ない実力派の紳士、高坂（光幸）さんは監督出身の製作主任ということで、監督がなにを考えているかを先回りできるんです。誰が担当しても、ちゃ

『必殺仕事人』撮影中、セット前での1コマ。台に腰かけている進行時代の鬼塚真

んと納品できる安心感があったし、頭ごなしに言う人もいない。渡辺さんから製作主任の仕事も仕込まれて、乳母日傘で育てていただいた気がします。厳しく叱られたのは、鈴木のまぁちゃんと櫻井洋三さんくらいですね。

口を開けてても仕事は入ってこない

――京都映画から松竹のテレビ部へと移動となったのは、櫻井洋三プロデューサーの判断でしょうか?

鬼塚　進行になって半年、その年の暮れでした。櫻井さんから祇園の銀水という料亭に呼ばれたんです。鍋を食べさせていただいて、そのあと高級クラブに連れてってもらって、「年が明けたら、お前は松竹の人間や。判子持って出てこい」と言われて……でも、まだ学生です。ほとんど行ってないとはいえ籍があったので、そのことを伝えたら「じゃあ、やめてこい」。正社員の話もあったんですが、とりあえず自信もないし、契約のまま2〜3年ほどプロデューサー補をやりました。

ぼくは松竹という会社には感謝しかなくて、そのおかげで今があるわけで。たとえばいつも会社がぼくの財布に10万入れてくれるんですよ。雑誌を買おうが俳優さんとごはんを食べようが、とりあえず現金が必要なときはこれで払えと。タクシーチケットも京聯タクシーとヤサカタクシーの20枚つづりを2冊くれる。出張のときは東プリ（東京プリンスホテル）。松竹の息のかかった料理屋さんなら、なに食っても「松竹鬼塚」ってサインしたらそれでいい。ありえないような社員研修で、大事にしてもらいましたね。

会社が経費を負担するから、プロデューサーとして独り立ちしたときに、二つ返事で駆けつけてくれる監督や俳優さんの信頼を得ておけ、という方針だったのだと、あとになって気づきました。自分が経営する側に立ってみて、あらためて松竹はすごい会社だと思います。

——基本的には京都映画に常駐していたのでしょうか？

鬼塚　そうです。あとは撮影所のそばにある若竹という寿司屋の二階と三階が民宿みたいになってて、その一室をぼくが使ってました。そうしたら明け方に櫻井さんから電話かかってきて「横浜の保利さんとこへ原稿を取りに行け」、たった20枚の原稿をもらいに新幹線で往復したこともありましたね。ファックスが設置されたときも90枚から100枚のシナリオだと、受信料を考えたら新幹線のほうが安い。まだ高谷重役の隣にファックスが鎮座していた時代です。

脚本家だと石川孝人さんにかわいがってもらって、朝までに書き上げないといけないときがあった。櫻井さんから「部屋の前で見張っとけ。どこ行きよるかわからんから」と言われて、ホテルの廊下で膝を抱えてじっと待っている。やがてウトウトするじゃないですか。そうしたら石川さんがそっとドアを開けて「鬼ちゃん、腹減ったな。ちょっとだけ行こうか」。まぁ晩めしぐらいならと思ったら、そのまま飲んで食ってドッヒャーって（笑）。

——原稿はどうなったんですか？

鬼塚　そっから先は覚えてない。あるとき〝鮎川いずみマネージャー〟という名刺を渡されて、鮎川さんの新曲のキャンペーンで各地を回ったこともあります。松竹の女優さんなので、そっちに出向させられて。楽しいっちゃ楽しかったですけどね。鮎川さんから専属のマネージャーにならないかと誘われたこともありましたし、ステーキをごちそうになったり、猫が何匹もいるご自宅に招いていただいたり、よくしていただきました。

都築一興（左）と鬼塚真。京都映画の製作部にて

あとは舞台の『必殺まつり』が近づくと南座に出向です。映画のときは大船撮影所……あのときはもうとんでもない徹夜続きの現場で、頭がボーッとしてたら、柏原芳恵ちゃんが「わたし、これで行く！」ってリヤカーを指差して、ボーッとしながら柏原芳恵をリヤカーに乗っけてステージまで運んだ記憶があります。

――『必殺！　ブラウン館の怪物たち』（85年）ですね。プロデューサー補の仕事を教えてください。

鬼塚　櫻井さんをどうサポートするか、お手伝いするかということに尽きます。もう背中見て覚えろって典型的なタイプで、朝日放送に打ち合わせに行くのも当然ぼくが運転するんですけど、まだ会議には出させてもらえない。俳優さんのギャラもそうですが、松竹の顔として櫻井さんが各所と折衝をしている姿に立ち会いました。

――櫻井洋三プロデューサーは、どのような方でしたか？

鬼塚　いや、ともかく怖かったですよ。見た目も威圧感あるし、同志社のラグビー部やったと聞いた記憶がありますが、それくらいガタイがよかった。そりゃあ怒られることもよくありました。ぼくは貧乏学生あがりでしょう。だから、高級なモノの扱い方がよくわからない。

ある日、鮎川さんが「櫻井さんにプレゼント」って黒革のかっこいいアタッシェケースを持ってきてくれて、預かったんです。ぼくはなんも考えずに「鮎川さんからです」って白い紙に書いて、セロテープでペタッと貼った。そしたら跡が残って、革が傷ついた（笑）。「お前、革の扱い方ひとつ知らんのか！」って怒られて、いや革のもん持ったことないですって。

――櫻井さんから学んだことはありますか？

鬼塚　独立して初めてわかったんですけど、〝口を開けてても仕事は入ってこない〟。そういう意味で櫻井さんは『必殺』をベースにしながら『赤かぶ検事奮戦記』『京都殺人案内』『京都妖怪地図』……いろんな仕事がポロポロ勝手に入ってくるように見えたんですけも、それは取りも直さず櫻井さんが必殺シリーズを育ててきたがゆえ。その信用でほかの仕事が入ってくる。言い方は悪いですけど、楽して営業するいちばんの方法やと思います。

うちの会社（ファインリレイション）も大阪電通のプロモーション局で4番目の映像制作会社として登録されて、かなり異例のことやったんです。三洋電機の製品紹介をドラマ仕立てでやって、儲けなしで納品したんですけど、それをきっかけに電通の別チームから次々とお声がかかって、仕事はどんどん広がりました。それこそ三洋は京都映画からの縁で（都築）一興さんがディレクター、子役時代の堂本剛くんが出てくれてました。丁寧にやっていれば、営業せずとも仕事は広がる……そのことを櫻井さんの背中から学びました。

――「営業せずとも仕事は広がる」、いい言葉ですね。

鬼塚　ＡＢＣへのオンエアプリントの納品もぼくの仕事でした。週に1本で、なんせ『必殺』は仕上がりがギリギリなんですよ。水曜日の夕方にプリントがあがって、夜に持ち込んで森山（浩一）くんに渡して、彼がＣＭを挟み込んで金曜日オンエアする。週に一度は顔を合わすわけで、毎週飲めるという（笑）。ＡＢＣの北側に炭味家さんというお店があって、そこがオープンしてすぐ森山くんに連れてってもらって、郷田（美雄）くんというディレクターも一緒にね。3人でよく炭味家名物の生レバーを食べました。なにわ筋に移って大きい店になってますが、いまだに通ってますよ。森山くんには会社を設立するときの発起人メンバーにも入っていただきました。

一生働かないで済むならそうしたかった

――出演者の思い出はありますか？

鬼塚　山田五十鈴さんにかわいがっていただきました。東宝の大女優さんに松竹の作品に出ていただくというので、ともかく山田先生に気を遣うよう櫻井さんから強く言われていて、「お呼びがあったら、なにがあっても先生とこに行け！」と。先生は撮影所の近くにある車折神社の裏に戸建住宅を買われて、そこに住まわれていたんです。

ある日、先生から電話があり「オニちゃん、鍋が煮えたからいらっしゃい」。昆布だしの鍋に白菜とベーコンだけ入れてポン酢で……これがまたシンプルでおいしいんですよ。山田先生が好きなウイスキーはリザーブで、とても大女優さんとは思えない暮らしぶりでした。石塀小路のほうのスナックへ連れていっていただいたり、祇園の「いづう」で鯖寿司を山のように買って舞台の楽屋見舞いをさせてもらったり……ご挨拶に行くと、必ずお小遣いくれはるんですよ。

食べもんでいうたら、きよしさんは酒飲まんし、まんじゅう専門なんです。夜は祇園町を徘徊するんですけど、お店に入れたレミーマルタンをぼくに飲まして、自分は有線放送に自分の新曲をリクエスト……もう感心と尊敬しかありません。

――藤田まことさんの思い出はありますか？

鬼塚　ぼくの実家は豊中、藤田さんと自宅が近かったんで、朝一から撮影があるときはぼくのクルマで一緒に出勤してました。あるとき藤田さんがシックな焦げ茶色の、ベンツの450を買ったんです。以降はそのベンツで出勤したり。いっぽう勇さんはキャデラック党やったから「あんな長いクルマで狭い京都をよう走れますなぁ」とか言ったら、「オニ、いっぺん運転してみろ」。思いのほか楽やから」って。実際に運転さしてもらったら、ベンツ以上に小回りが利くのでびっくりしました。

火野正平さんもおもしろいんです。広沢池の夜間ロケで、監督が「よーい、スタート！」って発声するやいなや鴨がクワックワックワッて大声で鳴く。で、録音の中路（豊隆）さんが怒って撮影が何度も中断。ついに正平さんが池に入って鴨を捕まえて、そのまま抱えて帰ってきた。「オニ、なんとかせい！」って渡されて、とりあえず製作部の流しに水を張って鴨を泳がしてたんです。けっきょく、また広沢池に戻しましたけどね。あと正平さんは白い犬も拾ってきたんです。それを藤田さんが引き取って「秀」という名前をつけた（笑）。朝、藤田さんとこに迎えにいくでしょう。すると秀は1メートル70センチくらいある門のてっぺんまでジャンプして顔を出してくれる。あとから、秀には紀州犬の血が流れているとか聞いたので、さもありなんです。

――必殺シリーズの監督で印象的な方は？

鬼塚　松野宏軌さんですね。あーだこーだといろんなことを言われながらも、いちばん頑固な監督だったかもです。それから黒田義之さん、原田雄一さん、田中徳三さん、貞永方久さん、工藤栄一さん……すべての監督にリスペクトしかないですよ。年上だし、経験値はケタ違い。監督の一言でいろんなもんが決まっていくから。なかでも八木美津雄監督は大病され、胃をほとんど切除されていたので、八木さんの体調は気にしてました。でも、「よーい、スタート！」は気合十分、魂の叫びのようで大好きでした。

――撮影の石原興さんと照明の中島利男さんのコンビは、いかがでしたか？

鬼塚　「セットで使う柱が釘の穴だらけでボロボロ。みすぼらしいから、そこが映らないようにライト当てんかっただけ」という冗談半分のような話を聞きましたけど、『必殺』の映像は撮影所の事情を反映して、そういう構図の作り方になったんだと思います。

ぼくも独立して演出やりだして、4：3のフレームに全部収めようという考え方は捨てました。70％が暗部でも、その隙間を歩いてくるだけでかっこええやんという。石原さんも中島さんも「監督、ここちょっと切っといてええかなぁ」と言いながらイニシアチブを取っていく。当時は「監督以上にようしゃべるカメラマンやな」と思いましたけど、『必殺』に関しては石原・中島コンビがいちばん詳しいので……あぁ、でも決して失礼ではなかったですよ。あくまで紳士的に提案されていましたから。

――ほかに現場の思い出はありますか？

鬼塚　照明の量ですかね。あのころ東映の時代劇だと夜間ロケは30キロワットの電源車しか使わせてもらえなかったと思います。でも、うちの照明部さんは当たり前のように50キロでした。広い画を作る、そのために京都映画のほうが圧倒的に手間がかかってましたね。会社からこのキャパでやれという指示はありますが、みんな守ってなかったので自由でした。
東映のコスト管理は本当に厳しかったと聞いています。藤井重役から……藤井幸三郎さんという方から聞いたんですが「いま『必殺』やっとるやろ。でもな、銀行からこの先のぶんをすでに借りてもうてる」と（笑）。先食いしてるわけですよ。鈴木さんの食った食わんとはケタの違う本気のハナシ、経営は大変だったでしょう。当時の京都映画は経理部門が藤井重役、製作部門が高谷重役で、高谷さんはその後、独立されてシンクス映像というプロダクションを作るんです。ABCの太田（寛）編成局長と仲良くて、いろんな番組をやっていました。

――ドラマのクレジットに載らない重役の話は貴重ですね。

鬼塚　不思議な体験もありましたよ。土曜ワイドでロケ交渉がまったく上手くいかず企画ごと流れたことがあって、翌年もういっぺんトライしたらOK。鈴虫寺とか同じ場所を交渉してるのに……。吉沢京子ちゃんの定宿が河原町二条のホテルフジタで、「あそこの何号室は〝出る〟の」と教えてくれたこともありました。8年にいっぺん火事に遭うとか、南端にある蛇塚古墳がヤバいとか、撮影所にもいろんなオカルト話がありますから。ぼくはUFOと超能力、心霊現象が大好物で、加えて一生働かないで済むならそうしたかった人間なんですよ。

――いまも鬼塚さんがお話ししているテーブルの上にオカルト雑誌『ムー』が置いてあるので、説得力があります。

藤田さんがお疲れさん会をしてくれたんです

――そして松竹からふたたび京都映画へ。

鬼塚　たぶん見限られたのかも。櫻井さんに「来週から京都映画に戻れ」と言われて、今度こそ京都映画の正社員になりました。渡辺さんから製作主任的な仕事も任せてもらえたので、多くの俳優さんをキャスティングしたり、アイドルクラスの子のレギュラーを決めるときに桂木文ちゃんを推薦したり。もちろん渡辺さんに相談しますが、マネージャーさんとも仲良くなって、次第にプロダクションに直接電話できるようになりました。
キャスティングといえば、主役級は別として脇のゲストの人たちは、いっぺん京都に入ったら東映と松竹と映像京都、この3つをめぐってまとめて稼いで帰るという流れがあったんです。だから東映の演技事務の先輩に「いま誰が来てます?」って情報交換しながらやってましたね。東映のミス映画村の子を紹介されて『必殺』に出演してもらったり。最後に手がけた土曜ワイドでは、ゲスト出演していただいた児島美ゆきさんと撮影終了後、一緒にそばを食べてバイバイしたのがいい思い出です。

――1986年ごろ京都映画を離れますが、その理由は?

鬼塚　人としゃべるのが苦手やから、親戚のおばちゃんから「この子は手に職をつけさせないとダメや」と言われて、小学校のときから高専に行ってエンジニアになる人生が決まっていたんです。それがUFO研から撮影所とガラガラポンの人生で、京都映画の正社員になった時点で「ここに骨を埋めないといけないのか」と、あきらめの気持ちもあったんです。

で、あるとき藤井重役から「この先15年も経ったら、この撮影所は鬼塚くんのものだ」と言われたんですね。当時のぼくには想像不可能な未来のハナシ、「え、15年?なにその時間……」とショックを受けて……これはダメだ、もう片づけようと(笑)。とにかく「15年」が焼き付いてるんです。今日、明日を消化するのに精一杯で、15年先と言われて、パカッとフタが開いちゃったんですよ。その一言が、ぼくに対する大きな期待だったと気づいたのはだいぶ経ってからでした。未来のことを頼まれていたことに気づけなかったんです。

京都映画を退職する間際、藤田さんがお疲れさん会をしてくださいました。サシで祇園町へ飲みに連れていっていただきました。もう現場からいなくなる人間なのに、そこまでしてくださって……また、藤田さんが豊中にお店を出されたとき、店長に「おめでとうございます」って挨拶したら、藤田さんに連絡がいって、わざわざ自宅からぼくの顔を見にきてださったり、そのあとも会社ぐるみで藤田さんとのお付き合いは続いてました。

だから亡くなったときはショックで……これがぼくのあかんとこなんですけど、親しい方のお葬式に行けないんですよ。行ったら最後、そこでケジメがついちゃう。もうこの人この世にいないんだと実感してしまうのがイヤで、行けないんです。だから、通夜や告別式にうかがわなかった方々は、ぼくのなかで今も生き続けておられます。勝手なコトですみません。

――その後は木原美幸さんと株式会社ファインリレイションを設立し、広告業界での活動を開始します。

鬼塚　気がつけば木原社長と一緒に35年以上やってますね。ある俳優さんのスケジュール調整で毎日放送に行って、そのときの窓口が木原さんやったんです。ものすごく凛として賢かった……こんな賢い人がいるのかと。で、木原さんが独立するなら、そこにぶら下がりたいと思ったんです。「あんたはてっぺんの星やない。二番目や」とおふくろからも言われてましたから。そうそう、彼女もオカルチックです。東京の会社に勤めていたとき、経理処理が1円合わなくて、あのJAL123便に乗り損ねた人ですから。もちろんUFO体験も豊富です。

プロデューサー、プランナー、ライター、ディレクターと、なんでもやります。パソコンで編集もしますし、たまにデザインを頼まれてイラストレーターやフォトショップも触りますから。製作進行の時代から「頼まれたことをやる」がポリシーで、わざわざ自分からは取りにいかない。スキルが足らなければ経験すればいい、勉強すればいい。昔は外が好きでしたが、最近はパソコンと首っぴきで勉強するほうが楽なんです。そして、きれいな川のせせらぎをボーッと見ているのが、なによりですね。

鬼塚真

［おにづか・まこと］

1956年京都府出身。大阪工業高等専門学校在学中から京都大学のＵＦＯ超心理研究会に参加したことをきっかけに京都映画の製作部に所属、79年の『必殺仕事人』よりシリーズに携わり、翌年からは松竹のプロデューサー補として活動する。京都映画に戻ったのち退職し、86年に木原美幸とともに株式会社ファインリレイションを設立。テレビ、ラジオのCMほか企業PRを中心とする多様なコンテンツの企画・演出・プロデュースを手がけている。

進行

塚田義博

ワンカット撮るのにすごく時間かかるから思わず「早よいこ!」って声が出た

京都映画の進行係として必殺シリーズに参加した塚田義博は、その後フリーの助監督として東京で活動し、『首都高速トライアル3』でデビューを果たす。映画監督志望の若者が撮影所で目にした希望と失望、そして東映との違い。大学卒業後の青春を京都映画で過ごした塚田が、ひさしぶりの古巣で振り返る進行秘話!

「お前、徳さんの娘とデキてんのかぁ?」

塚田　オープンセットに奉行所があるでしょう。あれ、ぼくと同い年なんですよ。京都映画に入ったころ、あの門と屋敷ができた。撮影所が火事になったときは鞍馬の火祭を撮りに行ってました。だから鞍馬の燃えてる情景を撮ってる最中に、京都映画も火まつりだったという(笑)。

――なんと。まずは京都映画に入ったきっかけを教えてください。

塚田　中高大と同志社で、大監督の田中徳三さんのお嬢さんの後輩なんですよ。同じ演劇部だったんで、彼女のとこ電話かけて「親父さん、映画監督やろ。仕事紹介してくれ」と。大阪のシナリオ・センターに通ったり、漠然と映画監督になりたいというのはありました。中学校のときに『ジョーズ』(75年)を見て、スピルバーグは大学を出て撮影所に潜り込んだという話を知ってたんで「それなら俺でもできるわい」と、田中家のお嬢さんに頼んだんです。

まず徳さんに『必殺』の台本を4～5冊ポンと渡されて、「お前、シナリオを習ってるんなら、ホンくらい書けるだろう。これ読んで書いてこい」と言われて……で、持っていったら徳さんの最初の感想が「誰が原稿用紙を汚してこいと言った?」(笑)。ト書きに「江戸の街」って書いてたんですよ。そうしたら時代劇の「まち」は「街」じゃなくて「町」だと。シナリオ・センターは宝塚映画の人たちが先生で、現代劇のことしか教わらなかったので「あぁ、そうなんや」と思ったのは覚えてますね。

——なるほど。

塚田　それから京都映画を紹介していただきました。なんとなく監督との関係は言うたらあかんと思ってたんですが、製作部では何人か知ってる人がいてて、鈴木のまぁちゃん(鈴木政喜)が「お前、徳さんの娘とデキてんのかぁ?」って。いやいや、そんな関係とちゃいますよ。

——そして製作部の進行係に。

塚田　高坂(光幸)さんの下です。もうひとり、三ッ田(晴高)という進行の先輩がいました。その人も同志社だったんで、話が合うかなと思ったけど意外と合わなかった(笑)。最初の現場はスペシャルの『㊙必殺現代版』(82年)ですわ。嵐山のパークウエイ、あそこで「車止めしてこい!」って言われて、いちばん端っこまで行かされた。でも夜の夜中に車も通らないから、あやうく置いていかれそうに。そのあと現代劇を何本かやって、『必殺仕事人Ⅲ』(82~83年)に入りました。

——進行の仕事内容を教えてください。

塚田　まずはロケ交渉なんですが、入ったばっかりのときは、お寺に撮影の申請書を出して、それを持って消防署に行く。どっちが先か、たらい回しにされて、えらい戸惑ったのを覚えてます。現場では人止めですね。「ちょっと通るの待ってください」だの「撮影してるんで静かにしてください」だの。それと雑用。弁当買ってきたり、なんだかんだと。

あとは録音の広瀬(浩一)さんに文句いわれたり(笑)。まず「バカタレ」ですわ。現場が静かにならないと「製作部なにやってんだ!」ということで、名前を覚えてもらう前にバカタレ。でも、この世界でいちばん勉強なったのは広瀬さんです。「お前、ロケハンしてるのにシーンナンバーも覚えてないのか」と怒られたことがあって、現場の心得を学びました。広瀬さんが亡くなられたあと、撮影所に行ったときに高坂さんから住所を教えてもらいまして、位牌に手を合わさせていただきました。

高坂さんはとっつきにくいおっさん

――製作主任の高坂光幸さんは、どのような方でしたか？

塚田　とっつきにくいおっさんやな思いました（笑）。まぁ、いきなりわけのわからんのに「今日からお願いします」って言われたら、そうなると思います。なにを言っても「うん」とか「はぁ」とかで、まともに取り合ってくれない。当時の高坂さんは、はたから見てると机にかじりついて……自分の世界に入ってずーっと予定を組んでる。その作業すら、ぼくはぜんぜん理解できてなくて「なんや、このおっさん」みたいな。

中村雅俊の『必殺渡し人』（83年）の13話中12話を一緒にやってるんですよ。最終話の打ち上げが終わったあと、雅俊さんがキャンピングカーで東京に帰るので高坂さんと京都のインターチェンジまで見送りに行ったんです。そこで高坂さんが「ええやつやな、あいつは」と、ぼそっと言ったのは非常に覚えてますね。そのときがいちばん密になったかな。東京では助監督がスケジュールを組むんですが、その作業をするようになって「うわっ、高坂さんがやってたのは、これか」と思いましたね。

――机にかじりついて……。

塚田　当時の製作部は渡辺（寿男）さんが上にいて、高坂さんが『必殺』、黒田（満重）さんが歌舞伎座テレビをやってました。あとはオニさん（鬼塚真）という進行を一本立ちさせようとして、渡辺さんがスケジュールを書かせてましたね。それと河野（荘一）さんという演技事務のおじさん。河野さんは東映におった人です。

『仕事人Ⅲ』のころは渡辺さんが製作主任、オニさんが進行、演技事務で河野さんがクレジットされてて、なんで覚えてるかというと、ぼくの名前がいつまで経っても出ないから（笑）。オニさんは優秀やったけど、京都映画で終わるような人じゃないなという雰囲気がありました。ぼくや三ッ田は監督志望で、そういう人間の集まりかと思ったら、まったく別のタイプ。

それで、オニさんは松竹の武田（功）さんを「タケちゃん」と呼んでたんですよ。武田、三ッ田、ぼくは同志社出身なんですが、三ッ田さんも「タケちゃん」、そのへんの人間関係がよくわからなかった。本社のプロデューサー補を、子会社の人間が、泥だらけの製作進行の三ッ田某が「タケちゃん」と呼ぶ。で、その腹いせなのか武田某がぼくのことを「ツカダー！」って（笑）、そういうヒエラルキーがありました。

東映は〝ドリームランド〟でしたね

塚田　2年くらい高坂さんの下でやってたんですが、マチャアキ（堺正章）の『夫婦ねずみ今夜が勝負！』（84年）が打ち切られて京都映画の仕事がなくなり、東映に行ったんですよ。まるっきり日雇いみたいな感じで。

――東映の現場はいかがでしたか？

塚田　〝ドリームランド〟でしたね。東映は夢のような世界。毎日5時に終わって、日曜は休み、土曜も2週間に1回は休み。こっちは2ヶ月に1日も休めへん。向こうでやったのは『大岡越前』や『水戸黄門』……東映太秦映像という会社で、里見浩太朗さんの『忠臣蔵』（85年）もやりました。だから1年くらいいいたんじゃないですか。とりあえず個人のスケジュールを立てられるというのが夢のようでした。女の子とデートもできるし、戻りたくなかったんで。

――あれれ、当時刊行されていた『明星デラックス　TVスペシャル　必殺仕事人』という本に塚田さんの顔写真つき恋人募集コメントが掲載されていましたが。

塚田　ネタですよ。東映が天国というのは、そういう意味もあったから。いまの奥さんと違う人なんで、あんまり言えないですけど（笑）。

――そして進行の経験を積んで、京都映画にカムバック。

塚田　東映はね、現場で製作部が「早よいこ！　早よいこ！」って言うんですわ。「まだテスト？　もうええ、早よ本番いこ！」とか、とにかく煽る。だからぼくも自然にそうなって、京都映画に戻ったとき現場がグズグズしてたから「早よいこ！」って言ったら怒鳴られましたもん。「製作部くんだりがそんなこと言うな！」って（笑）。

――東映のキャリアが裏目に！

塚田　たぶん助監督か照明部でしょうね。ダラダラダラダラと、ワンカット撮るのにすごく時間かかるから「早よいこ！」って思わず声が出た。

――ほかに必殺シリーズの思い出は？

塚田　強烈に覚えてるのは田中組、カメラマンが石原興で照明が中島利男……奉行所の屋根瓦を狙って、カメラは池の向こう側です。で、助監督や装飾と総出で瓦を直してたら石原さんが「塚田！　お前の保証人は誰や～？」って言い出した。なんて答えていいのか、思わず「徳さんです！」って（笑）。根性ありますよね。でも徳さんの顔を、それからしばらく見られなかったですよ。

「徳さん、徳さん」と偉そうに言ってますけど、でも徳さんにはよくしていただきました。ご自宅に行ったこともあるし、東京に出て石原プロで仕事したときなんかも報告して、勝新太郎と石原裕次郎の思い出を聞きました。勝っちゃんが裕次郎に借金してとか、そういう話。あと、赤いプレリュードに乗ってました。現場でむくれると「お前、運転してけ！」って途中で帰ったり、いい話……ぜんぜんないな（笑）。

――いやいや、田中徳三監督の再評価につながります。

塚田　関本郁夫さんとも仕事してますよ。まぁ、やりにくかったと思います。「関本郁夫」って書いてあるディレクターズチェアを持ってて、たぶん東映だと製作部なり助監督が運ぶんでしょうけど、自分で持って歩いてたんですね。それがかわいそうで、ぼくが代わりに持ったのを覚えてます。

にっかつの『徳川の女帝　大奥』（88年）で再会して、ぼくがチーフ助監督やったんですが、壁一面にお経を書くシーンで「これが関本郁夫の世界だ～！」とか、なんかわけのわからんこと言ってました。「京都映画で一緒にお仕事してるんですよ」って挨拶したんですけど、向こうはぜんぜん覚えてなくて「なんかヤバいやつが来たな」って顔してましたけどね（笑）。

工藤（栄一）さんは、広沢池だか大覚寺で夜間ロケしたときに、監督みずから照明のコードを巻いて片づけしてるのにびっくりしました。徳さんは「おい、塚田。ちょっと運転しろ」って先に帰るのに。東映のスタッフルームで三日三晩、同じ話に付き合わされたこともあります。工藤さんが風呂屋の近くに下宿してて、風呂屋のオヤジが亀を飼ってるという話なんですが、亀が出てくるあたりで眠たくなって、毎回その先がわからない（笑）。

ファンの女の子が衣裳部屋に入って

塚田　そうそう、東映に行って最初にびっくりしたのはね、台本を開くじゃないですか。そしたら助手のトップが監督助手から始まるんです。あれにはびっくりした。た

進行として京都映画と東映太秦映像の現場を経験した塚田義博

しか京都映画の台本は撮影助手、監督助手、照明助手の順やったから……。

――それくらい撮影部が強かった。

塚田　強かった。ぼくが東京でVシネを撮ったとき東映出身の天羽純二というカメラマンがいたんですよ。進行やってるころ彼も助手で、京都映画にも出入りしてたみたいなんですが、現場で迷ってたら天羽が「口出してええか？」って。「もちろん」と言ったら「まるで京都映画みたいやろ」と言われました。東映はカメラマンが意見を出すことが、ほとんどない。「あのエキストラもうちょっと横にしたらライトが当たるのに」とか思ってましたが、京都映画は照明部の助手さんでもエキストラを動かす。進行が煽ると怒られるけど（笑）。

――そこは怒られてしまう。必殺シリーズの出演者でとくに思い出に残っている方はいますか？

塚田　竹井みどり。

――えっ？

塚田　彼女がゲストで来たとき、ぼくファンだったんで握手してもらいました。にっかつの『大奥』も主役がみどりちゃんだったんです。彼女とは何本か2時間ドラマも一緒にやってますし、ほんまにきれいやった。レギュラーの話やと、京本（政樹）がフェアレディに乗ってたんですね。朝、駐車場で挨拶をして、またセットで「おはようございます」と言ったら「お前、さっき会うたやないか」と言われて、そのくらい顔が違ってた（笑）。ぜんぜん化粧で変わるからね、京本は。

――仕事人ブームで京都映画にファンが押しかけますが、人よけが仕事の進行として思い出はありますか？

塚田　中村雅俊のときがいちばん大変でしたね。ファンの女の子が衣裳部屋に入ってきて、雅俊さんの衣裳を抱きしめてるの。ほんまですよ。ぼくが役者を呼びにいったときに、女の子がこうしてるのを見て……それこそ渡辺さんに言いましたもん。もう一般人は出入り禁止にしてくれって。

製作部って一歩引いた立場で、ちょっと俯瞰して見てるんですね。今回こういう取材があるんで、いろいろ思い出してみても、自分がなにをしたかよりも人のことばっかり覚えてるんです。助監督の加島（幹也）さんが瓦版の原稿に「なんとかかんとか！」って、ビックリマークを使ってたんでツッコミ入れたら「いや、『必殺』はええねん。なんでもありや」。それは感動的で、すごく新鮮でした。助監督の仕事ってこんなええ加減なものなのかって（笑）。たしかに『必殺』は、なんでもありだなと思いましたね。

渡辺さんと揉めてケツまくったんです

塚田　工藤さんの本編『必殺III！　裏か表か』（86年）にそろばんのシーンがありますよね。あれは全員そろばんができる人を集めたんです。京都珠算振興会に話をつけて、パチパチパチ〜って弾いてるでしょう。みんな本職を持ってるんで、スケジュール調整は高坂さんがしてくれたと思うんですけど、あの人たちを集めた。それだけは自慢できますね、『必殺』の思い出として。

――ほかに自慢できる話は？

塚田　あとは失敗だけ。ぼくは『裏か表か』のとき、渡辺さんと揉めてケツまくったんです。だから工藤組が最後の現場です。照明部にもチーフかなんかとコレしたやつがおって、そいつと一緒に東京に出たんです。泉田聖という男で、最近も東映の刑事ドラマなんかの照明技師をやってますよ。なんで揉めたか理由は忘れたけど、とりあえず渡辺さんに啖呵切ったのは覚えてますわ。「やってられるか!」って、そのままケツまくりました。

——〝ケツまくった〟という言葉を当事者から聞くなんて、なかなか珍しい経験です。

塚田　それこそ「何時に終わる」という東映で仕事をしてましたから。工藤さんも東映の場合きっちり終わらせるんですよ、向こうのシステムに合わして。だから京都映画って最近よく言われるブラック企業ですよね。美しきブラック(笑)。そういう現場の話が美談になってしまう。

進行の立場からすると理不尽なことばっかりですよ。でも自分が監督になってから「京都映画は仕事しやすいだろうな」とは思いました。それこそ、ぼくがいちばん最初に撮ったVシネは、夜中ずーっと仕事しまくってましたから。低予算の強行スケジュールで。

——製作主任の渡辺寿男さんは、どのような方でしたか?

塚田　言うていいんですかね。あの人がいなければもっと風通しよかったんじゃないかなと思います。東映は進行主任やプロデューサー補がパッパパッパと現場で物事を決めるんですね。ところが京都映画は渡辺さんのワンクッションがあった気がする。製作部の部屋もどんよりしてて……なんか妖怪っぽかったな、渡辺さんは。こっちは22か23のガキですから、まぁ子供の感想ですよ。

松竹の櫻井(洋三)さんなんて、ぜんぜん上の人で直接しゃべった記憶もない。ただね、ぼくは京都映画の前に日産関係でアルバイトしたんですよ。だから櫻井さんが日産のセドリックの430のいちばん高いやつに乗ってるのはわかった。製作部の前にビューンって停めるんです。あれがすごい印象的でしたね。「なんや、このおっさん。偉そうに日産のいちばん高いやつ乗りやがって」と(笑)。実際に偉いんやけど。

——そして東京でフリーの助監督に。クルマを仕切れるから監督やれってことで

塚田　最初は関西美工の紹介で、小道具やってたんです。東映の大泉撮影所の近くにある東京美工のタコ部屋みたいなアパートに入れられて、そこからフリーの助監督になりました。メインは石原プロで、にっかつや国際放映といろんなところを渡り歩いて……でも、なるべく撮影所がベースの仕事をしようと思いました。東京は朝、新宿スバルビル前とか渋谷パンテオン前に集合する。あれがイヤだったんですよ。なんか日雇い労働者みたいで。

東京でチーフになるのは早かったです。めちゃくちゃ早かった。ケツまくった3年後くらいには、もうチーフやってましたから。中条きよしさんと現場で再会して、言いやすいんでしょうね……スケジュールなんかのことで文句いってきたり（笑）。白木万理さんや菅井きんさんも何度か仕事しましたね。

――石原プロはどのような現場でしたか？

塚田　京都映画と似てましたね。時間はきっちり守ってましたけど、石原プロには金宇満司という名カメラマンがいて、金宇さんが石原興に見えるんです。石原さんみたいに現場を仕切って、渡（哲也）さんですら言うことを聞く。技術スタッフがしっかり口に出す部分も京都映画と一緒。あと、みんな麻雀しますしね。石原プロにも麻雀部屋がありましたから。

――1991年には、にっかつVフィーチャーの『首都高速トライアル3』を監督。当時、レンタルビデオ向けに量産されていたVシネの1本です。

塚田　あれがデビュー作ですね。石原プロで毎週やってたんですよ。カーアクションをガッシャンガッシャン。それを仕切るのが助監督だから、『ゴリラ　警視庁捜査第8班』（89〜90年）なんかメガフォン持って「あぁせい！」「こうせい！」って怒鳴りながらやって、「これ京都映画と一緒やん」と思いながら。そのあとオリエント21という製作会社で『首都高速トライアル2』（90年）のチーフをやって、『3』の監督になったんです。才能があるとか、そういうことではなくクルマを仕切れるから監督やれってことで。

――たしかに雪の中の派手なカーアクションがありました。

塚田　ひっくり返してね。それこそ『必殺現代版』の嵐山パークウエイやと思いました。くそ寒いところで、なんでクルマひっくり返さなあかんのやって。うん、ホンも自分で書きましたけど、自分からというよりプロデューサーに「書け」って言われたんじゃないですか、安くあげるために。

ビデオが売れたから、そのまま『首都高』のパート4と5を撮りました。香港や台湾でもすごい人気で、ハリウッドにも影響を与えたとかなんとかね。でも、そのあと別の監督がやった新作が警察にアゲられちゃって、お蔵入り。にっかつが倒産する前に準備してたのも、ぼくの作品でしたが、自殺したシナリオライター……永沢慶樹さんとホン作りをやってる最中に潰れました。

『首都高』のお蔵入りで、監督としてケチがついてしまった。そういうの、ありますやん。それから関西に戻って、宝塚歌劇団のビデオやＤＶＤ、そういうディレクターをやってたんです。あとは旅番組とかですね。

――なるほど、ありがとうございます。

塚田　できるなら『必殺』をやりたいですね。もう難しいでしょうけど、『必殺』の現場をもう１回やってから死にたい。まだ石原さんが監督やるんであれば、助監督じゃなくて石原興の助手をやりたいですよ。石原さんのカバン持ちでもなんでもいいから、もう１回ね。あのころはキツかったけど、ひさしぶりに撮影所まで来てみると、そう思ってしまいます。

塚田義博

［つかだ・よしひろ］

1959年長崎県生まれ。同志社大学卒業後、京都映画製作部の進行係として『㊙必殺現代版』『必殺仕事人Ⅲ』『必殺渡し人』『必殺仕事人Ｖ』などを担当。87年に上京してフリーの助監督となり、『徳川の女帝　大奥』『ゴリラ　警視庁捜査第8班』などに参加する。91年にオリジナルビデオシネマ『首都高速トライアル3』で監督デビューし、『首都高速トライアル4』『首都高速トライアル5』『かっとびブギ2』『アホんだら。』などを演出。

ネガ編集

関谷憲治

切ったら終わりやからね、ネガ編はそういう緊張感はありました

編集技師の園井弘一が繋いだポジフィルムをもとにネガフィルムを組み上げ、歴代シリーズの完成原版を作ってきたのが、ネガ編集の関谷憲治である。『必殺仕掛人』から編集助手を務め、フィルム、ビデオ、ハイビジョンと50年以上にわたり仕上げに携わってきた関谷が明かすテクニカル秘話。次回予告のレアな舞台裏も！

京都映画に来たころ、まだ『必殺』が始まってなくて

関谷　きっかけはね、西澤（博史）くんという写真学校の友達が東映太秦映像の河合勝巳さんとこで編集の助手をやってて、ぼくが北海道旅行から帰ってきたら「人が足らんから手伝うてくれ」と。それで『水戸黄門』や『大岡越前』をやってたんです。

学校は大阪写真専門学校というところで、本来はカメラマン志望だったんですが、まぁ紆余曲折ありまして。なぜ人が足らなかったかというと、河合さんの姪御さんが抜けたんやね。でも、その人が1年ちょっとで戻ってきたんで、ぼくの仕事がなくなってもうて、代わりに京都映画を紹介されたんですよ。

――そして必殺シリーズの編集技師である園井弘一さんのもとに。

関谷　河合さんと園井さんは親戚なんです。京都映画に来たころは、まだ『必殺』が始まってなくて、最初は『女人平家』（71〜72年）やったかな。『必殺仕掛人』（72〜73年）も立ち上げのほうはあんまり接してないんやけど、後半の三隅研次さんの回あたりはやりましたね。

――当時の京都映画の編集部は、どのような体制ですか?

関谷　園井さんがいて、その下に西澤くんと丸川典子さんという女性、それとぼくです。西澤くんは河合さんのほうもやってて、PR映画とか営業関係の仕事もやってたので、だいたい『必殺』の助手は丸川さんとぼくでした。

――まず編集助手の仕事とは?

関谷　最初は〝カチンコ拾い〟です。音編集の16ミリのテープがあがってきたときに、カチンコの「カチッ」という音を拾う。そこに印を付けて、フィルムの画のカチンコが合わさった瞬間のバッテンと合わせてシンクロさしていくわけ。シーンごとに10カットとか20カット……シンクロナイザーいう機械で画と音をずっと並べていきます。いや、NGはほとんど外してますね。NGの音は回ってこないので、OKテイクとキープだけ。

――そして画と音を合わせたフィルムを園井さんが編集していく。

関谷　はい。ほんで丸川さんは園井さんの前に座ってね、園井さんがチェックしたところを切っていく。園井さんがムビオラで画を見てテープスプライサーで繋いでいって、助手の丸川さんは音のほうをそれに合わせて繋ぐ。音の場合は全部が画と一緒ではなく、ずり上がりとかずり下がりというのもありますから、デルマという白の色鉛筆でサインを入れて、合わせていくんです。

たとえば音のほうは、ずり下がりの笑い声をちょっと後ろまで伸ばして、画のほうは次のカットのアタマの情景が入ってきたりするわけ。で、最終的には画と音がすべて同じ尺になるように整えます。

――初期の必殺シリーズの思い出はありますか?

関谷　本当に徹夜が多くて、ギリギリの納品やからね。せやから予告編も2週、3週前に納品という期日があるのに、まだ撮ってはらへんわけ(笑)。予告って本来はNGの画を使うんですが、まだ重要なシーンがないとゲストの俳優さんが来たときに予告用のカットだけ先に撮ってもらったりしましたね。

それと大変なのは『必殺仕置人』(73年)の山﨑努さん、途中の回で悪いやつに捕まって足を怪我して、びっこ引いてる。その設定をずっとやりはるからセリフが差別用語に引っかかって、マジックで消すんです。

朝日放送さんに納品する完成原版は、16ミリのフィルムに音を焼き込んだものと音だけのシネテープなんやけど、光学のフィルムをマジックで塗ってその部分を消す。ブツブツって一種の雑音が入るんですけど。

もう〝神ファイブ〟やからね

――**園井弘一さんはどのような編集技師でしたか?**

関谷　やっぱり辛抱強いです。すごく熱心だし、根気強く、辛抱強く編集していきはる人やね。回想シーンなんかの入れ方も上手やし、それからシーンの入れ替え……真ん中を抜いて別のシーンをはめ込んだり、単なるカットバックではなく、シーンのカットバックをやってました。だから記録さんも大変やったんじゃないですか。

京都映画の場合は、撮影の石原（興）さん、照明の中島（利男）さん、録音の若（広瀬浩一）、記録のおタキさん（野口多喜子）、そして園井さん……この五人組がそろうたら、ほんまに監督いらんですよ。もう〝神ファイブ〟やからね。だって松野宏軌先生なんか、ある日セットの裏で作りもんの地蔵の頭を叩いてたことがあるらしいもん。「石原〜ッ!」って（笑）。

――**神ファイブ!**

関谷　石原さんのカメラがすごいなと思ったのは、蔵の中かどこかでドワーッと人物からズームバックして、周りを暗幕で囲ったのか……「こんな場所あったかな」と思うような、ものすごい引き画を撮ったことがありました。津川雅彦さんが女の人を井戸に落とす話があるでしょう。

――**『仕置人』の第9話「利用する奴される奴」ですね。**

関谷　女たらしの話だけど、津川さんの演技もすごいし、ホン書いた人もすごいよね。あれは安倍徹郎さんかな。

――**とくに印象に残っている監督は?**

関谷　やっぱり三隅さんやろうね。なにより覚えてるのは『仕掛人』の「地獄花」。最後のほうのシーンで、誰もいない長屋の衣紋掛けに着物が残されている余韻、まだあの夫婦はここにいるんだという雰囲気がすばらしかった。あれは髪留めと懐中時計の鎖……外国の小説（O・ヘンリー「賢者の贈り物」）の日本版みたいな話ですよね。

工藤（栄一）さんは下のもんでも気軽にしゃべってくれはります。いろんな話をしました。まぁ毎回オーバーするから尺調整は大変。ワンカットが長いから、どこで切っていいかわからんという（笑）。でも、ぴったり合わせるような監督ってあんまりいてないかな。1時間ものやったら、監督ラッシュで8分から10分はオーバーするし。いちばんカットが長いのは蔵原（惟繕）さん。コマーシャルとコマーシャルの間が4カットとか、編集は楽ですよ（笑）。松野先生、原田（雄一）監督、岡屋（龍一）監督にはいろいろとお世話になりました。

――プロデューサーの思い出はありますか？

関谷　ラッシュをご覧になったあと、やっぱり山内（久司）さんの指摘は的確でしたね。とても鋭かった気がします。最初のころは松竹の佐生（哲雄）さんと、一緒にタクシーに乗って局まで納品に行ったこともあります。ほんで、向こうで音をちょっと消したりして。仕上げの段取りやスケジュールは、製作主任が仕切ってました。

――次回予告の作業で覚えていることはありますか？

関谷　最初のころのナレーション、あれは櫻井（洋三）さんでしょう。なんせ『必殺』は低予算やから勝プロの『座頭市』なんかに比べて予算は1／5と言われてた（笑）。だからプロデューサーがやってたような気がするんですけどね、ちょっと曖昧な記憶ですが。

予告編も当初は編集部が全部やってましたが、さすがに間に合わないので途中から助監督さんの担当になりました。高坂（光幸）さんのナレーションは、女の気持ちばっかり表現してましたね。こっちもある程度〝高坂節〟に合わせた画を繋いでいって、あれはいい目安になりました。高坂さんと予告を作ってたら、朝の4時、5時になって2人でKAMEYAという喫茶店でコーヒー飲んで帰ったこともあります。もう開いてましたから。

短いカットを繋げたがる助監督もいたな。（松永）彦一さんか。普通は予告ってレギュラーとゲスト1人か2人なのに、たくさん人の顔を入れてました。のちに彦一さんは深作欣二さんの舞台のプロデューサーをやったんです。（京都府立）文化芸術会館で『蒲田行進曲』の公演をやって、エクランの人らも出てた。そのとき彦一さんから頼まれて、ちょっとお手伝いしたことがあります。

――関谷さんの仕事として、園井さんがポジフィルムで繋いだものをネガフィルムで再現して完成原版を作る〝ネガ編集〟がありますが、いつごろからやり始めたのでしょうか？

関谷　もともとネガ編は東映で河合さんのところに入って3～4ヶ月から始めていて、桜木健一さんの『熱血猿飛佐助』が最初です。京都映画でも意外と早かったですよ。丸川さんってだいぶ先輩なんですけど、お嬢さんやからある程度の時間になったら帰りはるの（笑）。そんなに長くいてはらへん。だから1年目くらいからやってたと思いますね。

──ネガ編集の大変なところは？

関谷　切ったら終わりやからね、ネガ編は。ポジの場合は切ってもテープで繋げるけど、ネガの場合は切ったら終わり。もしくは繋いでも1コマは絶対飛ぶわけや。そういう緊張感はありました。

──ポジと同じフィルムの連なりをネガで再現する場合、なにを目安に作業をするのでしょうか？

関谷　フィルムの横に番号が打ってあるわけ。最初にシーンいくつのカットなんぼって、シーンとカットの番号をネガとポジのアタマに書いておいて、園井さんがポジを編集する……12シーン目のカット1やったらカット1で、カット1がいらんかったらカット2からとか、ポジの作業中にネガもある程度は並べる。先に組んでおくわけです。あんまりシーンがテレコになって複雑な場合は、園井さんがリストを作ってくれはりました。

──ポジを繋いだあとにネガの作業が始まるわけではなく、同時並行で準備しておくんですね。

関谷　そういうことです。ドラマの場合は記録さんがちゃんと書いてくれてて、リストも先にできるわけです。あとは別班で情景なんかを撮ってきた場合、どこに使えるかわからないんでフィルム番号だけ入れて、それで合わせていく。夕陽とか山とか鳥が飛ぶとか、ああいうのはライブラリーですね。いろんな情景が置いてあるんです。

──なるほど。

関谷　ネガ編で苦労するのは、カットバックの細かいやつですね。繋ぎ目が見えないように、スプライサーで切ったり繋げたりするんやけど、フィルムのパーフォレーションの穴に間隔があるから、どうしても3コマないときっちり繋がらないんです。

その3コマでもパーフォレーションの穴に1つしか合わないと、どうしてもちょっとズレる。ほんだら画がカタッと揺れてしまう。それとスプライサーの太さで、どうしても画面の上下に線が出るんです。

──カットの繋ぎ目のところでパシッと。近年のハイビジョンリマスターは従来のオンエアより画角が広いので、とくに線が目立ちますね。

関谷　それはもうスプライサーの宿命。ネガ編のコツは一気にスッと、均等にフィルムを削ることやね。乳剤面とフィルム面があるんですけど、乳剤面を削り取って、フィルム面とフィルム面をくっつける。

乳剤面がきれいに取れてなかったらくっつかないし、削りすぎると切れたり折れたりする。フィルムを接着させる溶剤は、フィルムセメントというやつ。これも使いすぎると、画の中にダラーっと液が入り込んでしまう。

——『必殺！ THE HISSATSU』（84年）から35ミリフィルムの劇場版が始まります。16ミリとの違いはありますか？

関谷　あれは大変やったんです。うちの会社は予算があまりないので、35ミリなのにポジの編集は全部16ミリでやったんです。で、なにを目安に35ミリのネガを切るかというと、フィルムの横に番号が打ってあるわけ。16ミリやったら20コマ目、35やったら1フィート目、その番号で合わすんやけど、35ミリを16ミリに焼くとき、その番号が16ミリのパーフォレーションの穴でケラれてしまうんです。きれいに残ってる場合もありますが、ケラれると最後の2桁がわからんようになる。16ミリの画とは大きさも違うから、ほんまに合わせるのが大変でした。

ぼくが編集させてもらった回もあるんです

——京都映画の編集部は社員ではなく、園井さんが数人のグループを作って仕事を受けていたと『必殺シリーズ秘史』の取材でうかがいました

関谷　そうなんです。とくにチーム名はないけど、まぁ「園井グループ」やな。園井さんとぼくと乃生久美子さん、長いこと3人でやってました。

——そして関谷さんも編集技師として活動を始めます。

関谷　最初は15分や30分の〝帯〟をやりましたね。お昼に

ネガ編集作業中の関谷憲治

毎日やる帯ドラマです。望月真理子の『浪花おこし』（78年）なんかは、出だしが園井さんで途中からぼく。『朝ごはんぬき?』（79年）というのもあったな。あとは『必殺』も松野先生の回とか何本か編集しました。ジャンプして飛んでいくのを細かいカットでタタタタッって繫いだとき、7～8カットで、そのリズムが難しかった記憶があります。契約の関係でクレジットは園井さんの名前ですけど、ぼくが編集させてもらった回もあるんです。

――なるほど、そうなんですね。

関谷　あとは歌舞伎座テレビの『夫婦ねずみ今夜が勝負!』（84年）、これはビデオ撮りで編集もビデオでした。当時のビデオ編集は途中の差し込み……インサートが簡単にできない。1カットずつ順番に繫いでいくわけやから。あとから被せたり、何度も繰り返すと画質がめちゃめちゃになるんです。

それと困るのは音のデータがないこと。画のデータは画面上に出るけども、音は「ここからここまで、こっち側に切り替えました」という情報が出てこないわけです。だから、いちいち記録さんと一緒に「何分何秒目から、この音に」というデータを書いていかなあかん。いまは編集もパソコンやから、もうなんでもできます。すべてデジタルで何回やっても画が汚くならない。あのころはダビングして「3回こすったらあかん」という時代でした。

――スクリプターで印象に残っている方は?

関谷　おタキさんかなぁ。やっぱり神ファイブやから。怖いということはないけど、ちょっと注文が多いというか……口を出しすぎる（笑）。現場と編集部をつなぐ役目として、ヤエちゃん（野崎八重子）はそんな細かいことを言わへんし、園井さんにある程度お任せやったね。それが普通の記録さんなんですけど、おタキさんの場合は作品づくりへの気持ちが強かった。

――ほかに必殺シリーズの思い出はありますか?

関谷　いっとう最初の『仕掛人』、三隅研次さんの作品には感銘を受けたし、やっぱり藤田まことさん……中村主水さんはさすがやなぁと思いました。実際にフィルムを見てもそうやし、スタッフをゴルフ大会に連れていってくれて、帰りに参鶏湯《サムゲタン》をごちそうになったりして。

『必殺』の舞台の連鎖劇で、芝居と映像のタイミングを合わせるのに本番前の稽古に立ち会って、尺調のためにフィルムを切ったりもしましたね。藤田さんが幕から出てきてるのに、まだ画が残ってるから「あと3秒切ってくれ」とか、そういう作業です。

――もともとカメラマン志望というキャリアが意外でした。

関谷　写真学校に行ってるころはアート・シアター・ギルド、ATGの映画が全盛期でした。とくに好きやったんは、伊藤野枝と大杉栄の話……『エロス+虐殺』（70年）か。吉田喜重さんが監督のやつ。あのころは学生同士でやいやい言うて体制に反対するのが当たり前の時代で、無政府主義者やアナキストに興味があった。『必殺』もアナーキーな世界やし、好きな部類ですわ（笑）。

要するに人殺しを……正当化とまではいかないけど、ストーリーと組み合わせて社会を暗示する、警鐘を鳴らすような作りでしょう。まぁ一種の〝なんでもあり〟でいいんじゃないか、別にワープロが出てこようが、それでダメだとは思わなかった。史実に厳密なドラマじゃないし、『必殺』だからこそできることがたくさんある。主水さんも元禄時代にいたり、幕末にいたり、時代も前後してるからね。ええ意味でアナーキーなシリーズですよ。

関谷憲治
［せきや・けんじ］

1948年大阪府生まれ。大阪写真専門学校卒業後、京都映画の編集部で『必殺仕掛人』より歴代シリーズの編集助手、そしてネガ編集を担当する。『必殺！ THE HISSATSU』などの劇場版や『京都殺人案内』『鬼平犯科帳』『剣客商売』にも参加。編集技師として『浪花おこし』『夫婦ねずみ今夜が勝負！』『よろずや平四郎活人剣』『赤かぶ検事京都篇』『妻は、くノ一』『雲霧仁左衛門』『一路』『立花登青春手控え』などを手がけている。

結髪

丹羽峯子

地毛でやれる人は地毛でやって どうにもならん人だけかつら被せます

八木かつら所属の結髪として必殺シリーズに参加した丹羽峯子は、大映の技術を受け継ぎながら女優の髪を結ってきた。地毛を使う〝七分かつら〟にこだわり、『たそがれ清兵衛』をはじめとする山田洋次監督の時代劇三部作にも参加。いまも現役で活動中の丹羽が語る結髪という仕事、そして女優たちとの関わりとは——。

ほんまに深作組だけは苦労しました

丹羽　まずね、わたしは『必殺仕掛人』（72〜73年）の最初をやってるんです。深作（欣二）さんが、ものすごい演出しはんねん。とにかく激しい。ほいでもう「えー！」となってね、「監督、ちょっと待って。かつら被ってますよ！」いうてもぜんぜん前のめりで、しっちゃかめっちゃか……もう帽子みたいな感覚で撮影しはるの。

なんべんも言いましたよ、わたし。「監督、それはあかん！」って。その時分は全部〝網〟です。網のかつら被ってるから、やっぱり動いたら外れたりいろいろしますやん。それを直さなあかんし……でも、そんなこと通じない、あの監督には。まったく通じない！

——『仕掛人』の第2話「暗闘仕掛人殺し」に鷹匠が女郎を追い詰めるシーンがありましたが、たしかに激しいシーンでした。当時は床山・結髪のクレジットが「八木かつら」という社名なので、まず丹羽さんが『仕掛人』から担当していたことがうれしい誤算です。

丹羽　石原（興）さんがキャメラマンやったね。いまだに林与一さんと会うたら「うわー！」いうて、よろこんではる。与一さんやろ、それから山村聰さん、野川由美子さん、緒形拳さん、津坂匡章さん……女の子は野川さんだけやったかな。いや、(中村)玉緒さんも出てはったわ。ずっとあとに石原さんがキャメラで、荻野目慶子さんが出てた映画あったやん。ほら、なんやったかな?

――『忠臣蔵外伝　四谷怪談』(94年)ですかね。

丹羽　あれも深作さんでしょう。もうえげつなかったもん。演出もやし、第一あんな『四谷怪談』って……蛇を使わはるから、ほんまイヤやった。ほんでも監督は「やってまえ!」とお構いなしですやん。蜷川(幸雄)さんの『嗤う伊右衛門』(04年)もそうですよ。蛇なんかこりごりやわ、あんなん。

――ほかに『仕掛人』の思い出はありますか?

丹羽　せやから石原さんがよう言うてたもん。「どうすんのや?」って。テストのときからバーッと女優さんの網が外れて、本番撮ろうかなと思うけどバラバラんなる。ほんなら、それを直さなあかんでしょう。直すのにも時間かかるし、だからものすごうイヤやった。イヤな思い出しかないですよ。ほかの組はそうでもないけど、ほんまに深作組だけは苦労しました。

「あなた結髪の仕事しない?」

丹羽　わたしは今年(2023年)で80歳になったんです。元気でしょう? 生まれは石川県の小松市いうところ、中学を卒業して美容学校に行って、ほんで国家試験受けて、美容室に勤めてたんです。四条河原町の大丸のお店。そしたらね、そこへ東映の結髪さんが毛ぇ染めに来てたんです。桜井文子さんいう方ですけど、その桜井さんが「あなた結髪の仕事しない?」って、なんべんも誘ってくれはった。その時分で東映のいちばん上の人ですよ。

ほんでね、親にも相談したら「まぁ自分の人生やし好きにしたらいいけど、人にだけは迷惑かけんように」って言われた。せやから東映に行ったんですが、そりゃあ最初は大変でしたよ。手取り足取りね、ぜんぜん教えてもうてへん。桜井さん、人を誘いにきたわりには、なんやものすごう邪険やなぁという感じがしました(笑)。

でもね、やると決めた以上やらんとあかんから、ずっとついていってたんやけど、ほんだらねぇ……1年も経たんうちに桜井さんと東映の間でトラブルが起きた。東映を辞めて、東京に行ってしまわはったんです、桜井さん。

――1年で師匠がいなくなった!

丹羽　置いてけぼりにされて、ひどい目に遭うたわ。ほな、わたし途方に暮れるわねぇ。せやから東映すぐ辞めて、ほんで大映に行ったんです。勝プロが大映でやってはった時代があって、そんとき殺陣師の栄ちゃん……楠本栄一さんに「石井(ヱミ)さんが人手をほしがってる」と言われたんです。

ほんで勝(新太郎)さんが勝プロでガンガンやってはる時代に、石井先生の助手として行ったんです。せやけど昔の結髪さん、床山さんいうのは「見て覚え」って感じですよ。いまの時代とぜんぜんちゃいます。そやけど、毛の長い人は地髪で舞妓さんみたいに頭結うてはるの。それは勉強させてもろて、ものすごい役に立ってます。それは実際に結うてるのを見てました。

かつらの結い方とかは教えてもらってないけど、地頭の場合は女優さん本人を座らしてやるから、横で助手してたら見えますやん。それで日本髪の結い方を覚えたんやと思う。昔の大映や松竹はね、みんな結髪さんがええ仕事してましたから。わたしは東映の仕事は、あんまり好きじゃなくて……なんでいうたら、東映はずっと網を使うてたんよ。網の〝全がつら〟ばっかり。大映と松竹は〝七分かつら〟を使うのがいちばん早かったんです。

――七分とは地毛を生かしたかつらですね。

丹羽　そう、前髪を生かすの。そのほうがやっぱり自然でいいなという気持ちはありました。だから最近でも地毛でやれる人は地毛でやって、どうにもならん人だけかつら被せますけどね。山田洋次さんでも、かつらの不自然さを嫌がりますから……3本ともしましたよ、わたし。山田組の思い出は、たくさんあります。

――『たそがれ清兵衛』(02年)、『隠し剣　鬼の爪』(04年)、『武士の一分』(06年)ですか?

丹羽　はい、全部やりました。ほんでね、「役どころによっては、かつらでないとダメな部分もあるし、地頭でいける場合もありますよ」って監督に説明したんです。ほなら納得しはって、なるべく地頭とか地毛を使うたね。よろこんではったし、最近は東映なんかでも七分を被せてやってますよ。いちばんええのは地髪で全部結うこと。そうすると後ろ毛なんかも自然やし。

――山田洋次監督の時代劇三部作は、リアリズムを追求していました。

『女人武蔵』のロケ現場。カメラを構えている石原興、その右に丹羽峯子

丹羽　そうやねん！　ほかの作品見てもそうですやろ。せやから山田組なんかのご縁からご指名してくださる女優さんもいるんですよ。檀れいさん、寺島しのぶさん、黒木瞳さん……この3人は「丹羽さん、絶対やって」と、東京まで呼ばれるんです。さっきも電話でしゃべったとこやし、檀ちゃんと（笑）。

いちばんはね、渡辺いう人がおったんですよ

——さかのぼりまして、結髪として一本立ちしたのはいつごろですか？

丹羽　そやねぇ。下鴨の京都映画で、石原さんらと一緒にやった仕事が『遠い夏の日』（71〜72年）。あれは現代劇ですけど、けっこう最初のころです。

——京都映画には八木かつらの所属として？

丹羽　そうです。石井先生のところから八木かつらで契約したんです。ものすごく条件悪かったの、八木さんは。でも京都映画でいろんな人と会いますやんか。いちばんはね、渡辺いう人がおったんですよ。製作主任の渡辺寿男さん。それと松竹の櫻井洋三さん。彼らがいろんな仕事

を持ってきはって、八木かつら関係なく仕事を直接させてもらったんです。

　ほら、若いときやから仕事を早いこと覚えますやん。そやから仕事をどんどん回してもらって、あちこちロケも行きました。美容師の資格を持ってて洋髪もできるから、時代劇も現代劇も松竹の仕事はだいぶ……ほんで『必殺』はね、『仕掛人』をやったあと、しばらくやってないんです。ベテランのおばちゃんがいて、その人がぎょうさんやってました。国久トヨさん、もう亡くなりましたけどね。その国久さんが白木万理さんや菅井きんさん、ゲストで出る人なんかの髪をずっとやってました。

――ほかに必殺シリーズの思い出はありますか？

丹羽　そうやなぁ……三隅研次さんもやりましたし、石原さんの師匠みたいな監督がいはったんですよ。そう、松野宏軌さん。あの先生は優しい人なんやけど、石原さんとよう言い合いしてはった。「先生、そんなもんさっき撮ったし、もういらんて！」って石原さんが（笑）。でも松野先生はかわいい、憎めない監督よ。ちょっと吃音気味やけど、石原さんと名コンビや。石原さんがあそこまで大物になったんは、やっぱり松野先生のおかげと違うかな。

――記録の野口多喜子さんも同じことを仰っていました。

丹羽　せやろ。コンビネーションがよかった。ワーッと言い合いしてるかな思うたら、すぐケロッと仲良く仕事してたりね（笑）。ほんまに優しい師匠と生意気な弟子いうくらいの仲やからね。だからお互いに楽しく仕事しはったんちゃうかな、何年も。

　石原さんはね、監督になっても同じ……うるさい（笑）。声が大きくて、やかましから。自分が耳遠なってから余計や。いまの『必殺』も石原さんが撮ってて、ものすごいうるさいってみんな言うてはったもん。人の悪口は言わへんけどね、ただ声がでかい。それだけのことやな。

　貞永（方久）さんも何本もしてますよ。貞永さんは、そうやねぇ……わたしは監督では山田洋次さんがいちばん好きやね。工藤（栄一）さんもええ監督やけど、あんまり一緒にはやってへん。工藤組いうたら記録の（野崎）八重子さんが大好きやん。あの人が詳しいと思うよ。

女優さんの顔に合った髪型にしてあげたい

――結髪として、仕事をするうえで意識する部分は？

丹羽　まず女優さんの顔に合った髪型にしてあげたいと思いますね。網のかつらで絶対という人もいます。だから石原さんが監督のときなんか、女優さんの意向に折れて「網でええやん。本人が被りたいんやったら〝丸かつら〟で合わしたって」と言わはる。だけど、わたしは七分が好きやから、七分のほうが似合うし思うたら、そう言います。もちろん七分が合わん人もいますよ。和久井（映見）さんなんか網ですし、それはそれでええんちゃいますか。

——出演者次第なんですね。

丹羽　草笛光子さんや山田五十鈴さんも、みんな網のかつらですよ。この方たちは担当してませんが、鮎川（いずみ）さんはやったことあります。わりかし結い方とかうるさいから、石井先生の姪っ子の大槻隆子さん……最終的に鮎川さんは大槻さんにやってもらってましたね。亡くならはったけど、わたしの先輩にあたる方です。

大槻さんは映像京都の仕事をしながら、京都映画もやらはった。草笛さんも大槻さんやったかな。国久のおばちゃんがレギュラーやってるけど、ちょっと立ったところは大槻さん。だって仕事うまかったもん。山田五十鈴さんには太田（雪江）さんという専属の方がいてました。

——京マチ子さん主演の『必殺仕舞人』（81年）には、結髪として石井ヱミさんの名前がクレジットされてます。

丹羽　先生がやってはったんやけど、あとは大槻さんに任さはった。鮎川さんも最初は国久さんで、途中から大槻さんやったと思います。

現代劇もたくさんやりましたよ。土曜ワイド劇場のシリーズなんかで中村玉緒さんや涼風真世さんを担当して、よう地方ロケにも行きました。

——先ほどの話で櫻井洋三プロデューサーのお名前が出ましたが、どのような方でしたか？

丹羽　櫻井さんとは、ものすごい親しいですよ。やんちゃで強引やったけどね、ごはんを食べによう一緒に行きました。あの人は、ほら女の人にマメやったから……わたしはそういう関係はないけど（笑）。

——なるほど、やんちゃでしたか。

丹羽　やんちゃ、やんちゃ。おいしいもん食べによう連れてってくれはったから、櫻井さんの話はあんまりなにも言われへん（笑）。

——製作主任の渡辺寿男さんは？

丹羽　ナベちゃんは櫻井さんとぜんぜん違う、ものすごうええ人や。わたしが惚れた人で、あの人が独身やったら結婚してた（笑）。そのくらい人間的にすばらしかった。人の悪口は絶対言わないし、それなのに櫻井さんと仲良かったの。櫻井さんと渡辺さんと、わたしと撮影所の子とで毎週ごはん食べにいったんです。だからよう知ってますわ。そのあと櫻井さんが松竹の重役を辞めて、いろんなことがあって撮影所からもいなくなったけど。

プロデューサーとして櫻井さんは豪快ですよ。問題も多かったやろうけど、それでも渡辺さんと仲良かったし、どっちもお互いに……櫻井さんは渡辺さんを利用して、渡辺さんも櫻井さんを利用する。そういう感じで、4人でしょっちゅうごはん行ってたもん。それはもうずっと忘れへん、ええ思い出。だから櫻井さんがこの前スマート（撮影所前の喫茶店）に来たって聞いてね、びっくりした。いまも元気やっちゅうから、うれしいわぁ。

——やはり櫻井さんと渡辺さんは名コンビだったのですね。

丹羽　とっくに別れましたが、わたしの旦那も大映の製作部で、あきらめてこっちを選んだんやけど失敗やった（笑）。独身でいたほうが、うんとよかった。でもね、済んでしまったことをなんぼ悔やんでもしょうがないし、やっぱり子供がかわいそうやわ。わたしのそばに2人の子がいるのに、なんでこっちの名字を変えないかんのか……ほんで、そのままなんです。もう2人ともええ歳ですけど、しっかり女手ひとつで育てましたよ。

どんなに貧乏しても、やっぱり家族でいるっちゅうのが大切やと思う。だからわたしは子供2人ほったらかしにして出ていかれたいうのは、ちょっと許しがたいね。絶対に忘れへんもん。櫻井さんなんか見てみぃな、あの奥さんとずっといはるやん。あんだけ遊び呆けて、たらふく遊んでなぁ。よう辛抱しはったと思うわ、ほんまに。

——最後に、結髪という仕事のこだわりはありますか？

丹羽　こだわりいうたら、女優さんが七分で地毛を使いますよね。ほしたら、だんだん傷んできたり、切れたりするんです。だから女優さんに「時代劇の場合はシャンプーするときは生え際をマッサージしながら洗ってね」と、いっつも言うてるの。そうしたら、少しは毛穴も活性化しますやんか。

男もそうやけど、髪の毛って大事ですよ。わたしはね、かつら外したあと女優さんをマッサージしてあげるの。ほんなら「気持ちいい〜」って、ものすごいよろこびはんねん。みなさん撮影でお疲れやから。忙しいときはそんなことしてられへんけど、レギュラーとか大事な人には必ずしたげる。ほんで「あぁ、丹羽さんがこんなこと言ってたな」と、自分でもマッサージしてくれるようになったら、それが女優さん自身のためになりますやん。

わたしは弟子は一切とってないし、そんなもんあんた、教えるようなヒマもなかった。ものすごう忙しかったからね。八木さんとこなんて、ここの仕事がなかったらすぐ舞台とかいろんなとこ行かすし。65歳まで八木かつらに契約でいて、そこからフリーです。いまは自分で仕事して、自分で稼いで、自分で食べてる感じ。みなさんがお仕事くれはる間は働こう思うて働いてますねん。

丹羽峯子

［にわ・みねこ］

1943年石川県生まれ。本名・岩木峯子。京都理容学校卒業後、美容室勤務を経て東映京都や勝プロの現場に参加。その後は八木かつら所属の結髪として、京都映画をはじめ各社の作品を数多く手がける。必殺シリーズのほか主なテレビに『唖侍　鬼一法眼』『長七郎江戸日記』『鬼平犯科帳』、映画は『忠臣蔵外伝　四谷怪談』『たそがれ清兵衛』『隠し剣　鬼の爪』『武士の一分』ほか。2023年現在もフリーの結髪として活動中。

床山

八木光彦

自分でヘアスタイルを考えるような役者さんは京本さんだけやったと思います

京都映画撮影所内に仕事場を構えた八木かつらは、長らく必殺シリーズの床山・結髪を手がけた老舗である。祖父、父に続いて床山の職人として男性用のかつらを担当してきた八木光彦は藤田まことの薫陶を受け、組紐屋の竜のかつら、通称〝政光結い〟を京本政樹とともに創作——こだわりの秘話が次々と明かされる。

いちばん大切なんは役者さんに対する礼儀

八木　うちの実家の八木かつらは、昭和2年に祖父の八木定吉が始めたと聞いています。当時から映画が中心で、羽二重いうて歌舞伎のかつらの作り方でやってはったみたいですね。うちの父（八木昇）が二代目で東京の山田かつらさんで修行し、若いころは三船敏郎さんや山村聰さんの現場に行っていたそうです。それから松竹で高田浩吉さんの時代劇などを担当していました。

——八木さんが現場に入ったきっかけは？

八木　高校は1年まで行ってたんですけど、こういう職人の仕事って若いときからやらないと吸収しないんですよ。で、勉強するか、職人になるか、どっちか迷ったあげく中退しました。幼稚園のころから祖母に「お前は床山になるんや」と言われてて、いま思うとマインドコントロールですよね（笑）。だから別の仕事をしようという考えはなかったです。

初現場は山﨑努さんが出られていた『必殺からくり人血風編』（76〜77年）。当時は「とりあえず行け！」いう感じで、なんにもわからずに現場に行って、すごく大変な思いをしました。カメラマンの石原（興）さんに「ここ剥がれてるから貼ってこーい！」とか言われて、まぁ貼るくらいはなんとかできるけど、羽二重の境目が割れたら「どうやって直すんや？」いぅ感じですよ。もう汗かいてやった覚えがありますね。

——どなたか床山の先輩についていたのでしょうか？

八木　ぼくの師匠は木村喜右衛門さんという、もともと松竹の社員さんやった方です。いっぺん太秦の撮影所が閉鎖になったときフリーになられて、それから八木かつらと契約していたと思うんです。うちの父と一緒に橋幸夫さんをずっと担当しておられました。

ちょんまげ結うのでも手取り足取りではなく「こういうんやで〜」くらいしか言わらへんでしたね。たしか『必殺』は最初の1〜2年は別の方で、その次が木村さんやったと思います。もう偉いさんでしたから、木村さんが控室で俳優さんの支度をして、ぼくが現場付きという分担です。わからへんことがあったら教えていただいて、まぁ地道な作業でした。

——当時の思い出はありますか？

八木　最初の現場が貞永（方久）監督やったと思います。まだ17歳で、傷の作り方もわからないんですが、ロープで縛られてるシーンがあって「その傷跡を作ってくれ」と言われて……教えてもうたことないし、何色にしていいかもわからへん。それで赤を塗ったら、ものすごう怒られましてね。「先輩呼んでこーい！」と（笑）。でも、それが普通なんですわ。「アホ、ボケ、カス！」ばっかり、しょっちゅう言われてました。

——師匠の木村喜右衛門さんも厳しい方でしたか？

八木　木村さんは優しい方で、普通は10年くらいかかる仕事を「もう時間がないから3年で教えてあげるよ」って短時間で技術を仕込んでいただきました。「もうわし、引退すんねん」と言うてはったから、当時で65歳くらいやったと思います。

——床山として学んだことは？

八木　いちばん大切なんは役者さんに対する礼儀ですね。たとえば「ありがとうございました」でも、ほんまに丁寧な言い方を学びました。そのあたりは、ちゃんとできたと思いますわ。技術的な部分だと、ちょんまげの曲がるところ。何回やっても「あかん。毛が中で巻き込んでる」って言われて、でもわからないんですよ。ほんでもう、ずーっと「あかん」。10年くらい経って、橋幸夫さんの舞台をやらせていただいて、そのとき初めて木村さんに褒められました。自分では「昔とあんま変わらへんのやけどな」と思いましたが（笑）。

「できません」だけは言ってはいけない言葉でした

——かつらの髪の毛は、なにでできているのですか？

八木　これは人毛なんです。中国とかの女性で、大昔は韓国の方やったんですけど。人毛いうのはすごいですよ。折ったりしても蒸気でまた再生する。こんな再生力のある品物は、まず世の中にないと思います。映像用のかつらは、網がダメになったら交換しないといけないんですが、毛自体はコテで焦がさん限りは永遠に大丈夫ですね。かつらは木の枠に網を張って、そこに1本ずつ髪の毛を引っかけて植えていく……だからすごい時間がかかります。

——石原興さんがよく話しているエピソードですが、当時のかつらは技術的にまだ粗が目立つ部分があり、羽二重の境目が気になるという理由からおでこでアングルを切るアップが多用されています。おそらくテレビ映画だから時間がないという事情もあったと思うのですが、たしかに初期の必殺シリーズは境目が目立ちます。

八木　あれはね、現場に人がいなかったからなんです。床山が控室で支度してて、なにか追加があると現場の人間が行って、そうすると現場に誰もいない。その間も撮影は進みますから「おーい、誰か直せ！」いうても、どうしようもない。だから石原さんが「もうええ。おでこ切っとくさかい！」って、それであのアップに……たぶん渋々やらはったんやと思うんです。

当時は直す道具を助監督さんに預けて、都築一興さんなんか「置いとけば直しといたるわ」という器用な方で、ほんま感謝してます。あと都築さんはね、血糊を用意してたら「俺がやる」って言わはるの。そういうのが好きで、ようやってくれはりました。

メイクもね、東映さんは美粧が全部やってはるんですけど、当時の松竹は役者さんが自分でやるスタイルでした。そうじゃなかったら、たぶん現場が回りきれへんかったと思います。松竹の昔からの伝統なんでしょうね。師匠の木村さんが「昔は化粧を落とす道具やタオルは役者が自分で持ってきたもんや」って言ってましたから。

――床山として一本立ちしたのは、いつごろですか?

八木　ちょうど20歳くらいです。それも無理矢理ですわ。人も足りなくて、その代わり必死でしたね。「できません」だけは言ってはいけない言葉でしたから。最初が『必殺』で、次に半年ほど東京で杉良太郎さんの『新五捕物帳』(77〜82年)をやって、また『必殺』に戻りました。

――『必殺仕事人』(79〜81年)のころですね。

八木　伊吹(吾郎)さんがロケバスでぼくの横にいはって、もうすごい待ったはったんです。あの人はルンルンのときと、そうじゃないときの落差がある方で、支度してるときなんか、しょっちゅう冗談でお尻を触られたりね(笑)。そういう和気あいあいの家族的な雰囲気がありました。

いまも仕事場に藤田さんの写真を

――必殺シリーズで思い出深い出演者は?

八木　やっぱり藤田まことさんですね。もう息子みたいにかわいがっていただいて、いまも仕事場に藤田さんの写真を置かせてもらっています。いっぺん藤田さんに大変な失礼をしてしまって……まだ17歳か18歳くらいのとき、遅刻したんです。朝パッと起きたら、もう藤田さんが撮影所に来てはる時間……バイク乗ってバーッと行って、開始15分前ですわ。藤田さんはずっと座っててね。「すみません!」いうても一言もしゃべらず、目も合わせてくれないんです。

ほんで鏡を見て「羽二重」って、それだけ。支度してギリギリ間に合ったんですが、そのまま無言でスーッと出ていかれたんです。もう、肝が冷えました。なにも言わはらへんけど「二度とすなよ」という言葉が刺さりました。それから絶対に遅刻はしないようにしています。

――想像するだけでヒヤヒヤします。

八木　そのあとは藤田さんをずっと担当させていただいて、支度してても「あんなぁ」って、しゃべり出さはったら止まらない。ほんで眉毛描いてはるんですよ、ずっと片っぽを。で、しゃべってる間に助監督さんが「藤田さん、そろそろお出番です!」って呼びにきて、そのまま行かはった。半分まだ描いてないから「えらいこっちゃ」思うて、鏡とペンシル持って第1セットまで走って、鏡を渡したんですが「わからへん、わからへん」って(笑)。「いやいや、わかりまっせ〜」って、そんなこともありました。

――漫才みたいですね。

八木　ほかにもいろんな苦労話をうかがいました。若いころ仕事がないときに、近くの球場に行って野球の試合をボーッと見てたらしいんです。ベルトも買えへんくらい金がない。そのときに試合してたんが近鉄バファローズで、近鉄ファンになったそうです（笑）。ほんまに酸いも甘いも全部わかった、すばらしい方やったですね。

――八木さんがまだ修行時代の時期ですが、『新必殺仕置人』（77年）などの中村主水のかつらは鬢が横に飛び出していて、ワイルドな感じです。

八木　あれは藤田さんのご注文ですわ。ぼくがやらせていただいたときも「ツルッとした毛は似合わへんさかい、ちょっとパーマかけてくれ」いうことで、コテでモワモワした感じにしました。毛先もピチッとではなく、ちょっとザクッとした感じ……それがええんやと。ロケで風が吹いて髪が乱れても、直さんでええって言わはるときもありました。

――スタッフの思い出はありますか？

八木　録音の広瀬浩一さん。ものすごい怖いんですわ。この人ちょっとおかしいんちゃうかなって思うほど、口が悪い。ほんで、現場でも足音立てて入ってきたら「誰や。音すんのはー！」って、役者さんでも関係なし。で、梅栄さんですわ。最初は「静かに入ってくださいね」って言わはった。次に「ちょっと静かに入ってくれんかぁ」って、だんだんキツなってきて、３回目は「おっさーん！　静かに歩け言うてるやんかぁ！　ボケー！」って（笑）。

でも仕事が終わったら優しくて、すごく仲良かったんです。広瀬さんに「漫画みたいな顔してますね」って言ったら「お前、失礼なこと言うなぁ」って。ほんま仕事となると、途轍もない集中力です。

――さすが録音技師らしいエピソード！

八木　監督だと、工藤（栄一）さんですね。三浦友和さんの仕事人が総髪ですけど、最初あれじゃなかったんです。もとの髪型を工藤さんが「あかん」って、クランクインの３日前です。総髪でいこうと言い出して、もうギリギリ……なんとか間に合わしたんですけど「もう監督、頼んまっせ」って（笑）。

――『必殺仕事人V　風雲竜虎編』（87年）の影太郎ですね。さかのぼると『新必殺仕事人』（81～82年）から中条きよしさん演じる三味線屋の勇次が登場、途中から殺しのシーンに

〝シケ〟を使って色気を出していきます。

八木　あのシケはね、木村さんが最初に出されたんだと思います。結い方も途中からは中条さんが自分で似合うようにやってはったみたいですけど。かつらは一緒で、殺しのときだけシケを出す。最初は隠しておいて、それをヘラで出して、コテを当てて油をシューっとかけて、メイクは中条さんが自分で変えはって本番……そういう流れでしたね。

よう来てはりました、ホステスさん（笑）

――『必殺仕事人Ⅴ』（85年）には京本政樹さん演じる組紐屋の竜が登場、あの独特の髪型は京本さんと八木さん、おふたりの名前から〝政光結い〟と呼ばれてます。

八木　いわゆる前髪のかつらなんですが、あれはね、打ち合わせをしたあと京本さんが竜の髪型の絵を描いて持ってきてくれたんです。それまでの時代劇にない斬新なヘアスタイルやし、シケを作ったり、前髪を曲げなあかんし、どうやって物理的に成立させるかが難しかった。２日くらいかかったと思います。

まず前髪の短い毛をこしらえてコテでグッと曲げて、それを土台に長い毛を組み合わせる。ぼくの考えで、なんとか絵どおりのものをやったんです。ほんで京本さんがそれをパッと被った瞬間、バッと変わったんですわ。すぐ「これ！」って言わはって、手直しもなにもなし。

――あの髪型は崩れたりはしないのですか？

八木　そうならないようにどうするかいうと、毛を割って短いところにヘアスプレーをかけて固めるんです。ほんで短い毛が崩れんようにして、そこから長い毛を流して安定させる。ほんまに熱心で、自分でヘアスタイルを考えるような役者さんは京本さんだけやったと思います。

それから映像でも舞台でも、ずっと担当させていただくことになりました。八木かつらの作業場が大火事になったときも、あのかつらは外に出していて無事だったんですよ。

――京本さんはどのような方ですか？

八木　集中力がすごいですね。まず妥協しない。終わったら冗談を言ったりして気さくなんですが、自分が「こう！」と決めたら崩さない人です。あの竜のシケも、照明の中島（利男）さんが「ライトの影になるから、のけてくれ」ってよう言ってました。で、いっぺん外しても本番になったら京本さんが自分で戻す。（向かって）左からライトが当たると影になって、スーッと頬に出る……それが口に入ってるように見えるんです。だから中島さんは「ちょっと邪魔や、シケ！」。でも京本さんはシケがほしい。もう戦いですよ（笑）。

――ライティングの方向によっては、たしかに影が出ますね。しかし前髪を右に流したヘアスタイルに合わせて、右側から光を当てるケースが多い気がします。そうすると、われわれから見て左側のシケも頬に影が映らない。

八木　京本さんのアップは基本的に右側からしか撮らないんです。カメラテストで「右向いて、今度は左向いてくれんか？」と言われて、そのとき「右のほうがええなぁ」となったそうです。だから京本さん自身も初期の左側から撮ったスチールなんか珍しいって言ってますよ。

――たしかに写真集『必殺　The bi-kenshi』の表紙も右からのアップです。

八木　村上弘明さんの場合、地毛ですからヘアは自分でやってはりました。レギュラーの前にゲストで来はったことがあるんですよ（『必殺仕事人Ⅳ』第14話「主水節分の豆を食べる」）。ほんで、広沢池の夜間ロケで「鏡」って、もうしょっちゅう。こんな真っ暗なシーンなのにって思うんやけど、やっぱり自分の世界に入ったはるんですね。

役者さんって気持ちから入りますさかい、自分の理想のスタイルがあると、ロングショットであろうが気持ちは一緒なんです。ちょっとおかしいと思ったら、ずっと違和感が残るんでしょう。いろんな役者さんとお付き合いしてきて、それは感じます。

京本さんのキンキラの衣裳も櫻井（洋三）さんが反対してね、「あんた、紺色のほうがええで」って言われたらしいです。でも衣裳部屋に行った京本さん、そのとおりにしない（笑）。工藤さんも、ああいう派手な衣裳は好みやなかったと聞いています。

――櫻井洋三プロデューサーは、どのような方でしたか？

八木　ふわっとしたしゃべり方しはんのやけど、自分がやろうとすることは絶対に通しますね。あと、当時はホステスさんがワンシーンだけ出たりして、たまに撮影所に来はるんです（笑）。櫻井さんが「ちょっと3人頼むわ」って、それで芸者役なんかで、ほんまにワンシーンだけ。夜にお店で約束してきたんやろうなって思います。こんな

京本政樹と八木光彦の協業によって生み出した竜の髪型は〝政光結い〟と呼ばれた

ん言うたら怒られるかなぁ。

――いい話ですね。櫻井さんも笑って許してくれそうです。

八木　よう来てはりました、ホステスさん（笑）。

――深作欣二監督の映画『必殺4　恨みはらします』（87年）は、旗本愚連隊のメンバーや奥田右京亮役の真田広之さんが特殊な髪型をしています。

八木　あれもぼくの担当ですわ。深作さんは「派手にやってくれ」としか言わらへん。だからモヒカンのトサカとか金髪とか、好きに考えたんです。ちょっとやりすぎかな〜と思ったけど、よろこんでくれました。

真田さんは東映の山崎かつらさんの担当で、『里見八犬伝』（83年）なんかの流れでしょうね。後ろの白い羽根、あれはぼくのアイデア。歌舞伎の『暫』をヒントに考案して、東和美粧の鳥居（清一）さんに相談して、くっ付けてもらいました。

――髪飾りは山崎かつらではなく、東和美粧の担当なのでしょうか？

八木　山崎かつらさんは作って納めたら終わり、現場でちょんまげを結うのは東和美粧さんなので、担当が違うんです。松竹はぼくらが全部ひとまとめでやるんですけど、松竹も床山さんが社員やったころは、たぶん同じかな。高田浩吉さんの時代劇なんか、うちの父が作って木村さんが結ってました。

――八木さんは現在「かつらヤマサ屋」として独立しています。

八木　ヤマサいうのは、もともと八木かつらの屋号なんです。でも会社はそれを外してますさかい……ぼくの祖父が定吉いうて、その「さ」を取って「ヤマサ」というのが屋号の語源、その名前をいただきました。

――独立したのは、いつごろですか？

八木　もう15年くらい前ですね。そのときに橋幸夫さん、西郷輝彦さん、中村梅雀さんや京本さん、若村麻由美さんからご指名をいただいて。最初は1人で段取りして、いちばん怖いのはインフルエンザ……もし罹ったら、現場行ける人間がいいひんから、それが怖かったです。一時期は舞台のほうが多かったんですけど、最近は映像と半々くらいやないですかね。

——八木かつらは2020年に松竹撮影所から撤退しましたが、八木さんは現在も同社の作品に携わっています。

八木　「みっちゃんは入ってもええで」って、ぼくはちゃんとIDカードを作っていただいて、お仕事させてもらってますね。独立の理由ですか？　あのころ現場を掛け持ちさせられて、ほんまは4人くらいでやらなあかんのを、2人でやれとか……もう、クタクタになってもうて、帯状疱疹になったんです。それで「あんた休まな、脳にまでいったら死ぬで」って医者に言われたり、まぁいろいろあって独立したんです。

よう師匠に言われたんが「毛並みを大事にせえ」いうこと。それはずっと心がけています。たとえば髪が乱れてても、ただダラッと乱れるのとはちゃう。きれいなように仕立てる……そういうことを意識しています。人によっては微妙にしか見えないところでしょうけど、ぼくは職人としてそんな部分にこだわっています。やっぱり細部は大切ですからね。

八木光彦

［やぎ・みつひこ］

1959年京都府生まれ。高校中退後、実家である八木かつらに入社して京都映画に出入りし、20歳のころ床山として一本立ち。『必殺仕事人』以降のシリーズを数多く担当する。『必殺仕事人2007』以降の新シリーズにも参加、テレビは『鬼平犯科帳』『剣客商売』、映画は『写楽』『花よりもなほ』などを手がけ、2012年に「かつらヤマサ屋」として独立。映画やテレビだけでなく、橋幸夫、西郷輝彦、中村梅雀、京本政樹、若村麻由美ほか舞台公演の床山も多く担当している。

美鷹健児

もう亡くなられましたが、あらためて井上梅次先生にお礼を申したいです

エクラン社所属の俳優として必殺シリーズに多数出演した美鷹健児は、日本電波映画の出身であり、エクラン剣技会の中心メンバーとして特撮テレビ時代劇『白獅子仮面』では主人公のスーツアクターに。俳優引退から40年近くを経て明かされる撮影所の日々、そして井上梅次監督の抜擢を受けた『新必殺仕舞人』秘話——。

会長から「お前やれ！」と言われて

美鷹　年末まで入院が長引きまして、やっと退院ですわ。生まれは鹿児島で、俳優を目指したのは、なんとなくですね。あんまり高望みとかもなく、漠然としたかたちで……日本電波映画という『琴姫七変化』（60〜62年）や『姿三四郎』（63年）を撮っていた会社が京都にありまして、そこに入ったんです。

——日本電波映画に入ったきっかけは？

美鷹　高校を出て大阪の製鉄会社に勤めてたんですが、新聞かなんかの記事を見て、日本電波の俳優学校に応募しました。当時は勢いのある会社でしたから、人数は相当いましたよ。和歌山から京都に出て、友達のアパートに転がり込んだんです。その友達は、江原（政一）ちゃんという東映の俳優さん。

ええ、最初から「美鷹健児」という芸名です。ぼくの本名を知ってる人は少ないんとちゃうかな。とくに由来もないんですけど、九州男児やからそれにふさわしい名前ということで付けました。

——1967年に日本電波映画は不渡りを出してしまいま

すが、その後は同社の代表だった松本常保さんのエクラン社に所属されたのでしょうか。

美鷹　そうです。わりと松本会長から好かれてまして、とにかく「勉強しとけ。必ずちゃんとしたるから」と言われてました。会長は男気のある任侠の人ですわ。怒らせたら怖いけど、真面目な方でした。

会長の娘婿さんにも目をかけてもらってたんですが、早くに亡くなられてしまいまして、もうひとつ前に進めませんでしたね。その娘婿さんは上杉高也さんという電波の役者だった方です。上杉さんが亡くなられたのはショックで、もう目の前が真っ暗になりました。

――松本常保さんが大和企画という新組織から送り出した特撮テレビ時代劇『白獅子仮面』（73年）では、主人公の剣兵馬が変身したあとのスーツアクターを務めています。

美鷹　会長から「お前やれ！」と言われて、ご指名です。あの仮面もぼくの顔がもとで、型を取るために東京まで行きましたよ。最初のパイロット版は太田博之さんが主人公をやっていて、最終的に三ツ木清隆さんと交代したんです。

パイロットは完成品とは違う能面のマスクで、2～3本は撮ったと思うんですが、それが局（日本テレビ）に通らなかった。だから三ツ木さんで作り直したんです。ぼくら若い連中は太田さんと一緒にプールで泳いだり、遊びに連れていってもらいましたね。

電波のころから東悦次さんに殺陣を教わって

――クレジットを見ると「エクラン剣技会」のトップに美鷹さんのお名前があります。『白獅子仮面』のアクションはいかがでしたか？

美鷹　目線がね、ものすごく見にくいんですよ。目の周りも真っ黒に塗って、あの仮面を被りますから。やっぱり高さの加減や距離が難しい。だからチャンバラなんかもうひとつ迫力がなかったんかな……動きが横に逸れると、ほとんど見えませんから。

殺陣師は二階堂武さん、電波時代からのベテランです。飛んだり跳ねたりも自分でやりましたけど、宍戸大全さんがアクションの総監督みたいなもので、よっぽどのところだけ宍戸さんが吹き替えでやってくれました。

よく覚えてるのは、火が燃えている前での立ち回り（第

9話「ワラのお化けが笑う時」)。昼間にリハーサルして、いざ夜に本番やると周りの動きが見えなくて、つらいものがありました。刀を地面に刺したり、また抜いたり、火が燃えている最中にやらなければならないので大変でしたね。相手のお化け役もエクランの仲間たちで、みんなに支えてもらいました。

——もともとアクションには定評が?

美鷹　はい、立ち回りは上手いと褒められてました。小さいころから運動神経はよかったもんですから、トランポリンとかも怖くなかった。電波のころから東悦次さんに殺陣を教わって、あの人のカラミ(斬られ役)のグループにいたんです。立ち回りはとにかく練習ですね。東さんにだいぶ絞られながらやりましたけど、それなりに努力して、若山富三郎さんに褒められたこともありますよ。

　そう、馬にも乗りましたね。東京で馬術を教わったんですが、それまで経験がなかったので、あれは失敗したな～という思い出があります。まぁ予算と時間がないもんですから、粗っぽい部分もあったでしょうね。もう会社に納める日にちがなかったので、なんでも現場は早め早め……ちょっと作品自体も雑やったと思います。

——第1話から4話までの脚本・監督は浅間虹児さんです。

美鷹　浅間さんは、もともと脚本家なんですよ。でも、もう何本か監督経験があったと思います。だから現場でも素人という感じではなかった。まだ若くて、30代か40代だったと思います。そのあとがベテランの小野登さん。撮り方も早いですし、やっぱり東映のテレビの監督やな～と思いました。

——制作協力は宝塚映画と京都映画の共同、スタッフも両社の混成という珍しいパターンです。

美鷹　撮影所は太秦の京都映画で、エクラン社もその中にあったんです。照明の松本久男さんは会長の息子さんかな。電波時代からずっとやっていた方で、コマーシャルでも大きい会社の仕事をやってたと思いますよ。プロデューサーの那須大八さんも電波出身で、もうひとりの井上健さんは上杉高也さんの本名です。演技事務の佐波正彦さんもエクランで、そのあと東京に出ましたけど、お世話になりましたね。

　宝塚映画では『藍は愛ゆえに』(74年)という昼メロにレギュラーで出させていただきまして、引田英雄さんという早撮りの監督さんに絞られた思い出があります。深田昭さんは京都映画の監督さんで、大人しい方でしたね。

――残念ながら『白獅子仮面』に続く大和企画の特撮テレビ時代劇は、ついに実現しませんでした。

美鷹　そうなんです。そのあともカッパを主人公にしたテレビ映画の企画があったんですが、それが通らなかった。もし実現してたら、ぼくもメインで出してもらう約束で、そう上杉さんに言われてたんです。だから次の作品が実現しなかったのは残念でしたね。

いちばん思い出深いのは、田村高廣さん

――1972年の『必殺仕掛人』から始まる必殺シリーズにも数多く出演しています。

美鷹　電波が潰れたあと、『必殺』が始まるまでは苦しかった。仕事という仕事がなくて、もう苦しいのを越えてました。アルバイトもできないんですよ。仕事が入ったらダメやということで。あのシリーズでいちばん思い出深いのは、『助け人走る』（73〜74年）の田村高廣さん。わたしの先生になるんですわ。

エクランを離れて東京に行ってた時期があって、お付きで長いこと高廣さんに付いてました。高廣さんの自宅にやっかいになって、舞台や映画で全国いろんなところに行きましたね。あの方は真面目一本です。もう神経質なくらい真面目。セリフも完全に入れないとダメなタイプで、よく相手役をやらされました。すごい方でしたよ。

――必殺シリーズの監督で印象的な方は？

美鷹　やっぱり三隅先生ですね。『必殺』を作りあげたのは三隅研次さんだと思います。まず作品が一味違いますし、現場も引き締まってました。ちょっと怖いイメージもありましたが、ときどきはお話させていただいて。

松野（宏軌）先生は頑固なところもある監督で、高廣さんが現場でアイデアを出しても「いや、こうしてくれ」と譲らない。高廣さんが折れたこともありました。田中徳三先生にも殺される役を何度もいただいてお世話になりましたが、やっぱり監督としては三隅先生がいちばんだったんじゃないかと思います。

――ほかに監督の思い出はありますか？

美鷹　井上梅次先生もかわいがってくれまして、東京から呼ぶようなゲストの役でぼくを使ってくれたことがあるんです。

――『新必殺仕舞人』第4話「八木節は悲しい村の恨み節」（82年）ですね。八木節を愛する亥の吉役、ゲストの三番手という抜擢でした。

美鷹　あんなキャスティングは初めてです。もともと井上さんは香港映画を京都映画で撮っておられて、何本か立ち回りのカラミ役で出てたんです。そういうところで目をかけてくださったのかな。ちょっとわかりませんが。「八木節～」のときは、井上さんとカメラマンの石原（興）さんに助けてもらいながら必死にやりました。

　下手は下手なりにちゃんと画面に映ってて、そのうれしさはありましたね。井上組はセリフがすぐ変わったりして、ぼくも緊張するほうやからチンプンカンプンになって怒られたこともありますが、ありがたかった。もう亡くなられましたが、あらためてお礼を申したいです。

――井上梅次監督からの抜擢だったのですね。

美鷹　『赤かぶ検事奮戦記Ⅱ』（81～82年）にもレギュラーで出たんですが、それも井上さんの推薦です。フランキー堺さんは思ったより気さくな方で、みんなを笑わしたり、親しみやすいタイプの俳優さんでしたね。

――『必殺からくり人』第1話「鼠小僧に死化粧をどうぞ」（76年）では、森田健作さん演じる仕掛の天平に口から花火を入れられ、爆死する悪役を演じています。

美鷹　新聞に載ったやつですね。タバコの煙を口に含んで「プハッ」と出したり、石原さんが凝ってやってました。あのレントゲンは別撮りかな。だいぶ時間はかかりましたが、撮影そのものは簡単なもんやったと思いますけどね。でも、殺しのシーンはやっぱり大変ですよ。早く終わるときもありますが、布目の真ちゃん（布目真爾）が担当してた中条きよしさんの三味線の糸の殺し……ああいうのは苦労してました。中条さんにもかわいがってもらいまして、新歌舞伎座の舞台に呼んでもらったことがあります。

　スケジュールがないときなんか中条さんや森田さんの衣裳を着て、吹き替えもようやりました。後ろ姿だけでなく正面から撮ったこともありますよ。ピントぼかしてたのか、照明を暗くしたのか、そのへんは忘れましたけど、石原さんが「あぁ、感じ似てるから大丈夫や」とそのまま撮って（笑）。あとは次回予告のナレーターや屋根から落ちるシーンの「ヤメてトメてヤメてトメて」みたいな声だけアフレコの代役でやった覚えもあります。

『必殺からくり人』で口に花火を放り込まれて爆死する悪役を演じた美鷹健児。右は森田健作

──『必殺仕置屋稼業』（75〜76年）の新克利さん演じる印玄の殺し技ですね。大変だった撮影の思い出はありますか？

美鷹　つらかったんは間人《たいざ》のロケーション。みぞれが降るような真冬で、斬られて海にハマり込む役ですね。若かったからできたけど、年いってたら死んでますよ（笑）。あれだけは忘れられません。

　やっぱり仲良かったのは東さんや布目の真ちゃん。三隅先生にかわいがってもらってた大迫英喜さんは、うちの近所に住んでるんですよ。年は向こうが10歳ほど下ですが、わたしらより『必殺』は詳しいかもしれません。スタッフだと（都築）一興さんにもお世話になりました。たしか学生のころからアルバイトで京都映画におられて、松永（彦一）さんという助監督さんと一緒にやってましたね。年も近いし、みんな仲間みたいなもんでした。

──38歳までやって、もう限界やと思いました

──京都映画だけでなく、勝プロや映像京都といった大映系のテレビ時代劇にもよく出演しています。

美鷹　いちばん覚えてるのは、勝（新太郎）さんの『新・

座頭市』（76〜79年）にカラミの応援で行ったとき、勝さんお酒飲んで出てこない……それがしょっちゅうで、そのまま中止が多かったですね。安藤（仁一朗）さんという演技事務の方がおられて、もともと大映の役者さんなんですが、その人によく呼んでもらいました。もう大映の役者は数が少なかったから。

勝さんの舞台にも呼んでもらいましたし、野球やった思い出もありますよ。花園の東洋現像所（現・ＩＭＡＧＩＣＡ）に広い運動場があって、よく草野球をやってたんです。ぼくとか布目の真ちゃんが京都映画のチームで、そこに勝さんが来られて、ピッチャーやってくれました。

――なんと。ちなみに美鷹さんのポジションは？

美鷹　ピッチャーです。もしくはサードかショート。『必殺』のチームで難波の大阪球場まで試合しに行ったこともありました。ファーストが藤村富美男さん、相手のピッチャーが元東映フライヤーズの尾崎（行雄）さんで、茶川一郎さんなんかも出てました。たしか負けたんやと思いますけどね。

――必殺シリーズのスタッフが参加した映画『典子は、今』（81年）では、製作進行の一員として美鷹さんの名前がクレジットされています。

美鷹　製作主任の渡辺（寿男）さんから「手伝ってくれ」と言われたんやと思います。演技事務の仕事をやったんですが、あの主人公の（辻）典子ちゃんは立派な人ですよ。よう家までお迎えに行きましたわ。水泳もわたしが教えたんですけど、なにかにつけて前向きで「えーっ！」とびっくりするようなことが何度もありました。最後は大海原で泳ぎますからね。すごいでしょう。

新幹線のシーンでは監督の松山善三さんに「お前出ろ」と急に言われて、そのまま素みたいなもんで出たら、あとで褒められました（笑）。典子ちゃんの隣の席に座ってるおっさんで、財布を出してあげたり、サンドイッチを食べさせてあげる役です。かなり長いワンカットの撮影でしたね。

――80年代半ばに俳優を引退しますが、その理由は？

美鷹　38歳までやって、もう限界やと思いました。わたし子供が男の子3人いるんですよ。ほいで生活とかそういう面で……それまでも役者の仕事がないときは渡辺さんがスタッフで呼んでくれてたんです。ロケバスの運転したり、製作進行のお手伝いをしたりして。でも男の子3

人のお金のほうが大変になる時期で、これ以上やってもと思って見切りをつけたんです。
　タクシー会社に入って10年ほどやって、個人タクシーの資格を取って独立しました。会社にいたときも、渡辺さんから「また来てくれへんか」と言われましたけど、もう抜けられん立場で、そのまま撮影の仕事からは離れましたね。ただ、それからも現代劇は何本か出て、一興さんが監督した土曜ワイド劇場（『京都B級グルメ殺人メニュー！3』）にも呼んでもらいました。うれしかったですわ。

——あらためて俳優時代を振り返っていかがですか？

美鷹　やっぱりいい勉強になりましたし、悔いはしてません。あの時点で見切りをつけたのもよかったと思います。うちの奥さんにも迷惑いっぱいかけましたが、それでもついてきてくれて、ありがたいですわ。孫は5人いて、そのうち4人が女の子。38歳で役者やめて、いま倍くらいの歳……体もガタがきてますが、退院してすぐ、こうやって昔の話をしてるなんて不思議なもんですね。

美鷹健児

［みたか・けんじ］

1946年鹿児島県生まれ。本名・原谷増。高校卒業後、製鉄会社勤務を経て日本電波映画の俳優学校に入る。その後はエクラン社に所属し、必殺シリーズをはじめとするテレビ時代劇を中心に数多くの作品に出演。『白獅子仮面』では主人公・剣兵馬の変身後のスーツアクターを務め、『赤かぶ検事奮戦記Ⅱ』では吉沢事務官役としてレギュラー出演を果たす。84年に俳優を引退し、タクシー会社に勤務したのち個人タクシーの運転手として独立する。

エクラン社

松本保子

〝エキストラ〟や〝仕出し〟という言葉は使いたくない わたしは俳優部という言い方をします

太秦の京都映画撮影所内に居を構え、長年にわたり多くの俳優を必殺シリーズに出演させてきたプロダクションがエクラン社である。会長の松本常保は、戦前より松竹と深いつながりのあった京都映画界の大物――必殺シリーズの思い出と波乱万丈な父の生涯を、エクラン社を引き継いだ娘・保子が一気呵成に語りあげる。

予算が少ないから『必殺』はたくさん人が出ない

松本　わたしの父、松本常保は〝エキストラ〟という言葉が大嫌いやったんです。エキストラは今日いきなり来てやるアルバイト……で、うちの子たちは〝演技者〟やと。着物も自分で着られるし、演技もできる。だから「エキストラと呼ばすな、お前も言うたらあかん！」と、それは絶対でした。

たまに東京から来た助監督さんが「そこのエキストラの人」って言わはるので「京都は違うんです。エキストラと呼ばんといてください」と注意したり、同じように〝仕出し〟という言葉も使いたくない。わたしは俳優部という言い方をします。

――80年代半ばから「エクラン演技集団」というクレジットが必殺シリーズに出るようになりました。まさに〝演技〟の二文字が入っていますね。

松本　それも父親のこだわりです。みんな一生懸命やって支えてはるから。時代劇というのはメインの役者さんだけでは成立しない。周りがいるからこそ映えるのであって、たとえ後ろ姿だけの出番でも不可欠なんです。

――まずは松本さんがエクラン社に入った時期を教えてください。どういう経緯で家業を手伝うことになったのでしょうか?

松本　わたしは37歳で入りました。恥ずかしながら離婚をいたしまして、行くとこがなくて父にすがったんです(笑)。ちょうど跡取りがいなかったんで「お前やるか?」という感じで指導されて……もともと丸橋さんという責任者の方がいらして、そのあとが佐波正彦さん。2年間修行してから父親が会長、わたしが社長というかたちでやらせていただきました。

最初のころは朝一番でエクランの事務所に入って、ほんで食うために夜はバイトしてたんですよ。姉の喫茶店を手伝って、それから徐々に慣れてきたんで、独り立ちしたんです。

――エクラン社への参加が1983年ごろですね。主な仕事を教えてください。

松本　台本がありますよね。それを読んで、まずエクランの役者さんでふさわしい人を「この役どうやろ」と助監督さんにお願いするんです。役つきの場合は、監督さんにも確認してもらいます。それから翌日の予定表が夕方4時ごろ届いて、いろんな役にスケジュールNG以外の役者をはめていく。その紙を製作部なんかに配って、所内の掲示板に貼るんです。役者さんは直接見にくる人と5時に電話をかけてくる人がいました。

大事なんは〝ダブり〟の数。午前中に侍やって午後から町人やったり、ダブりダブりで1日4ダブりになったら1・5……ギャラが1・5倍なんです。当時は3ダブり、4ダブりが当たり前、5ダブりのときもあって、さすがに京都映画と交渉したんです。

あとで出世されましたけど、助監督の水野(純一郎)さんは4ダブりを避けるのが上手かった。ギャラは1日なんぼ、月給ではなく日当です。台本の役に合う人を考えて、日報をつけて「この人は何日働いた」というのを計算して……ない頭をそこそこ使いましたね(笑)。

――必殺シリーズの思い出はありますか?

松本　予算が少なかったんで、『必殺』はそんなたくさん人が出ないんですよ。当時エクランの所属が30人ほどいはったかな。女性より男性のほうが多いんですが、わりとヒマやったんです。当時は仕事の大半が『必殺』でしたが、東映さんと違ってあんまり立ち回りもなかったたし、江戸の町でもパラパラとしか人が歩いてないでしょう。

そうなると役者だけでは食べていけませんので、みんなバイトしたりして……あんまりかわいそうやということで、わたしがスナックを始めたんです。男の子だけ集めて、そこそこ流行りました。15人くらいやったかな。わたしも店に出て、仕事にあぶれた人はそこに行く。そしたら日当が出る。そんなんの繰り返しでしたね。ホストクラブではないんですけど、おばさんたちがよく来ました。安いし、踊れるし、歌えるし。まぁ苦労しました（笑）。

――たしかに必殺シリーズに比べると、その後スタートした『鬼平犯科帳』（89～16年）のほうが縁日や町中のシーンなどの人数が多いですね。

松本　『鬼平』は立ち回りの人を雇わないと、人が足りませんでした。東映の中に枡プロというエクランと同じような会社があったんです。けっこう高いんですけど、そこから立ち回りのメンバーをよく借りましたね。『鬼平』の場合は捕り手が多いから、手前の同心はエクランで、後ろの捕り手はよそから呼んだり……ただ走るのでも難しいですからね。こう提灯持って、お尻ポンポン出しながら走るわけにもいきませんし。だからラッシュやオンエアを見て「あぁ、恥ずかしいなぁ」いうときもありました。

――たしかに歩き方や着こなしが慣れてないと悪目立ちしてしまいます。

松本　ほかのシーンでも人が足らないときは、よそのプロダクションからお借りしました。管理は全部わたしで、支払いもそうです。うちは町娘がなかなかいないんですよ、長屋のおかみさんばっかりで（笑）。

「とりあえずエクランを守らないかん」

――必殺シリーズの大部屋俳優には個性的な方々が何人もいます。

松本　立ち回りは東悦次さんや亡くなられた加藤正記さんが中心で、町人役だと松尾勝人さんや伊波一夫さん。途中から京都映画の専属俳優もエクランで扱うようになって丸尾好広さん、平井靖さん、山村嵯都子さん、その3人からかな。わたしが入ったあと立ち回りの若いメンバーがけっこう入って、いまも松竹撮影所の俳優部でがんばっています。

東さんが殺陣の稽古をつけたり、よそから先生を呼ん

美鷹健児と東悦次、京都映画のオープンセットにて

左の2人目から山内八郎、東悦次、伊波一夫、平井靖

で役者の勉強させたりしてたんですが、根性のある子だけ残りましたね。お金もらうんやし、やっぱり出すからには一人前のことをしないと恥ずかしいので。それでやいやい言うてたんですけど、わたしがただ唸ってただけだったのかも(笑)。

——ほかに所属俳優の思い出はありますか?

松本　八っちゃん(山内八郎)というおじいさんがいて、夜回り役の名人でした。毎日ゆっくりと撮影所に来るんですよ、嵐電に乗って常磐のほうから。それで「おとう、ごめん。明日ないわ」いうたら、「そうか」って肩を落として帰る。その後ろ姿がガラス越しに見えるんです。しょぼくれた背中が……。

八っちゃんは1回出たら目立つの。だから老人の役やったら入れられるけど、普通の町人だと1回出したら助監督さんも困るんですね。でも毎日来てくれて、亡くなれるまで現役でした。ほかの方でも時代劇が少なくなると、電話がつらかったですね。「明日ありますか?」「ごめんなさい。明日お休みなんです」「そうですか」って、その声を聞くのが気の毒で……。

——出演費の支払いは京都映画からですか?

松本　そうです。基本は京都映画で、役がついた場合は松竹なんです。たとえ一言でもセリフがあって、番頭とか居酒屋の亭主とかクレジットに名前が載ると、ギャラが別。それが2ヶ月後に入るんです。そこから手数料をいただいて、うちはそれだけの儲け。だからそんな儲かりませんよ。「とりあえずエクランを守らないかん」と、うちの父がそういう性格でしたから、なんぼでもお金を借りにいきました(笑)。

——資金繰りも大変だったんですね。

松本　だから『必殺』では儲けてません。ビクター(音楽産業)のカラオケビデオの制作を長いこと続けさせていただいて、それでなんとか食いつないだ状態で。有限会社から株式会社にしたのもビクターさんのおかげです。

父が毎日来るんですけど、情けないことに賭け事が好きで、まぁ競馬狂なんです。土日なったら「保子、なんぼある?」って持っていく。それが怖い。でもビクターさんで稼がせていただいて、監督は元エクランの俳優だった深田昭さん、あとは皆元洋之助さんという若い監督を父がかわいがってました。

カラオケも時代劇を撮ってほしいということで、だいたい6本のうち4本は時代劇でした。6本を3日で撮って、1日2本です。監督さんがコンテを立てて、出るのは2人や3人が多かった。京都映画のオープンを整備していただいて、美術の太田（誠一）さんという方がいらっしゃったんですけど、安い安いギャラで助けていただいて、お情けでようやってくれはって、なんとか保ってきたのを、父親が全部食っちゃいました（笑）。

——賭け事といえば、ある意味で映画もそうですね。松本常保さんはプロデューサーとして戦後まもなくから活動していました。

松本　最後にエクランで『舞妓物語』（87年）という映画を作ったんです。皆元さんとキャメラマンの中村富哉さん、その人たちをパリに連れていってエッフェル塔の前で舞妓を撮らせたいということで、それで会社はドーンと赤字になりました。父親の最後のおねだりで（笑）。

父の葬儀は阪妻さん以来の第1ステージで

——松本家は戦前から松竹と深い関わりがありました。アナキストやくざと映画界を描いた名著『千本組始末記』にも松本常保さんが登場します。

松本　うちの祖父、松本安吉が松竹の下加茂撮影所に出入りしていて、映画の仕事を受けてました。人を集めたり、ロケの整理をしたり、やくざみたいなもんですよね。やっぱり昔はそういう人がいないと興行の世界は成り立たないということで、わたしはものすごく嫌いやったんですよ、この仕事。いちばん嫌いな仕事を最後に引き受けてしまった（笑）。

わたしが幼いころは東京が大半で、新東宝なんかでプロデューサーをやってて。そのあと日本電波映画を立ち上げて、太秦と亀岡に撮影所を作って、それがバシャーンと何百万の赤字になって不渡り出して潰れたんです。だからこんな上がったり下がったりですよ、うちの父親は。

——近年再評価が高まっている清水宏監督の『明日は日本晴れ』（48年）をはじめ東宝や新東宝、松竹と組んで数多くの映画を送り出しました。日本電波映画でもテレビ時代劇や特撮ドラマを次々と手がけています。

松本　会津小鉄の映画『炎のごとく』（81年）、あれが父の勝負作だったんですが当たらなかった。さすがにがっくりきてましたね。わたしは全然タッチしてなかった時期ですけど、菅原文太さんが主役で、倍賞美津子さん、中村玉緒さん、若山富三郎さん……めちゃくちゃ豪華キャストの時代劇でした。大志万（恭子）という父の秘書がいて、その人が日本電波のフィルムなんかはどこかへ収めたか、売ったかしたそうです。

——松本常保さんは、どのような父親でしたか。

松本　もうキチガイですね。ほんま映画バカの努力家やし……恥ずかしい話ですけど、亡くなってから尊敬しています。子供のころは顔もあんまり見たことなくて、会うのは月に2〜3回。行儀にはうるさい。ごはん食べるときなんか、ものすごく厳しかったですね。膝に乗せてもうた覚えもないけど、最後は「保子、保子」いうてくれてました。憎かったけど、いまは恋しいです。

ただ、ある日突然、妹が出てきたときはほんまにびっくりしましたけどね（笑）。それも甲斐性やと思うしかないです。もう、たくさんいるんですよ。わたしの母との子は2人。それから女優さんだったり、いろんなところに子供が……日本電波で助監督をやってた丈夫さん、その子を跡取りにしたかったですが、早くに亡くなって悔やんでました。こないだお寺で会いましたけど、照明技師になった久男さんも腹違いの兄です。

——自伝の『みなさんありがとう』にも恋多き話が少しだけ書かれていましたね。エクランとはフランス語で「宝箱」、映画雑誌『えくらん』を刊行するために会社を立ち上げた話から切った張ったまで読みごたえがありました。

松本　読んでくれてたんですか……父もよろこぶと思います。晩年は事務所で毎日チラシかなんかの裏に赤鉛筆でせっせと……その原稿を藤本義一さんが見てくださって、だいぶヤバい部分はカットしてると思うんですけど（笑）、その本が出る直前に亡くなりました。平成元年です。

おかげさんで、ここの第1ステージで阪妻さん以来のお葬式を出していただいて、阪東妻三郎さんが最初らしいです。「わしは絶対ここで葬式するんや」と遺言みたいに言うてて、だからええ逝き方でしたね。

松竹の奥山（融）社長が葬儀委員長になってくれはって、立派なお葬式をさせていただきました。もう松竹オンリーの人生です。やっぱり最後の気持ちとしては本当に「みなさんありがとう」やったと思います………（涙をぬぐう）。いろんな方に迷惑もかけましたし、それでこんなタイトルになったんかなと思うてます。ただ、入ったことは入ったんですよね……。

――〝入った〟というのは？

松本　刑務所に。やったのは別の人ですけど、うちらはそれを聞いて「えっ、犯罪者の娘や！」ってショックで（笑）。まぁ波乱万丈な人生やった……。

――マキノ雅弘監督とも親しかったそうで、まさに〝カツドウ屋一代〟ですね。

松本　「わしの人生を撮ってほしい」と言うてたことがありました。本気なのか冗談なのか。当時は「会長」って呼ばれてましたが、昔は「ヒゲ」。ちょぼヒゲが生えてて、みんな裏では「ヒゲ、ヒゲ」って（笑）。

――10年間は主婦で、その前は不良してました（笑）

松本　そういえば、藤田まことさんのお父さま（藤間林太郎）とうちの父親も親しかったそうです。『炎のごとく』にも藤田さん、出ていただきました。わたしは個人的なお付き合いはなく、お葬式とお墓参りに行かせていただいたくらいですが……ただ最後の「ブスッ！」が好きなんです。普段はおちゃらけてて、それでワルをブスッと

2016年、エクラン社解散時の集合写真。パネルの人物は故・松本常保会長

殺して闇の中に消えていく。藤田さんの殺しは、やっぱりゾクッとします。わたしが『必殺』で好きなのは、そこだけです（笑）。

――ほかに思い出深い作品はありますか？

松本　『２２６』（89年）ですね。あのときは泣きました。映像京都さんの仕事でしたが、毎日１００人連れていかなあかん。朝早くから軍人姿で琵琶湖に行って訓練して、その人数を集めるのが大変。大映通りに張り紙してね、坊主頭の人を募集しましたよ。大阪のプロダクションの子は前の日から撮影所の部屋に泊まらせて、朝一番でゲートルを巻く練習からせなあかん。

毎日わたしもついて行きましたし、いま思い出してもゾッとするくらい、つらかったです。『２２６』以外でも大作は苦労しました。それに比べると『必殺』は人が少ないから、パッと予定表を見て「え、こんなしか出てないの。ラッキー！」と楽なんですけど、それはそれでみんな困るんです。

――エクラン社はいつごろ解散されたのでしょうか？

松本　２０１６年です。やっぱり続けられなくなったんですよ。仕事がドーンとなくなって、わたしも自信を持てなくて、みんなをどうするか……それで松竹撮影所に相談して「わたしたちにはこれしか道がないので、よければ雇っていただければありがたいですし、俳優さんのお世話をさせていただきたいです」と、エクランの子たちを松竹撮影所俳優部の所属にしていただいて、わたしも俳優事務としてお世話になりました。それからボケて迷惑かける前にと、自分から退かせてもらったんです。

――松竹撮影所の作品には「演技事務」「俳優事務」と２つのクレジットが使われていますが、どのような違いがあるのでしょうか？

松本　演技事務というのはメインの役者さんのお世話をするスタッフです。これは東映さんでも松竹さんでも同じで、予定表を入れたり、事務所に連絡したりします。俳優事務というのは、その他大勢です。だから東京だとエキストラ担当に当たるんでしょうが、うちの場合は俳優部なので俳優事務です。

――ありがとうございます。しかし、37歳での業界入りは意外でした。

松本　27歳で結婚して、37歳で別れたんです。10年間は主婦で、その前は不良してました（笑）。短大を出たあと、ちょっと家出して北新地で1年間ホステスを……「泳ぎに行く」いうて、そのまま家に帰らなかったんです。大阪の友達んとこ行って「新地で働くか？」いうことになって。でも、わたしには向かないと思って、帰って謝って父に一発殴られて終わり。それから心を入れ替えましたよ。わたしの人生も波乱万丈です。

——親子二代にわたる大河ドラマですね。

松本　いまは賢うしてて、週に3回麻雀。松本家は、お正月になったら3卓くらい麻雀台を置いてたんですよ。元日はお参りするから誰も来ないんですけど、2日からスタッフがみんな集まる。それでちょこちょこ覚えて、雀荘に行くようになって、いまは雀荘と普通の家庭でやってます。趣味は麻雀と体操、ええ年やから体力維持ですね。

松本保子

［まつもと・やすこ］

1946年京都府生まれ。京都光華高等学校卒業後、37歳のとき父・松本常保が会長を務めるエクラン社に入社し、2年後に代表となる。必殺シリーズをはじめ『鬼平犯科帳』『剣客商売』『京都殺人案内』ほか京都映画の作品に所属俳優を斡旋。同社解散後は松竹撮影所の俳優事務として活動し、『必殺仕事人2015』『鬼平犯科帳スペシャル　浅草・御厩河岸』などに参加した。

プロデューサー補

武田功

『必殺』をやってるときは現場の勉強で時代劇に向き合ったのはそのあとです

松竹の新入社員として必殺シリーズに参加した武田功は、製作進行となって現場のイロハを学んだのち、『必殺仕事人Ⅲ』から『必殺剣劇人』まで一貫してプロデューサー補を務める。やがて『必殺仕事人2007』などのプロデューサーを経て、本社の執行役員や松竹撮影所の社長を歴任した武田が明かす修行時代の日々！

渡辺さんから学んだのは、ものづくりのイロハ

武田　昭和55年の入社です。マスコミ関係を志望して、放送局や新聞社、出版社ふくめて全滅。なんとか松竹さんに拾っていただいたんですね。当時は東京組と関西組で採用が分かれていて、ぼくは京都の同志社大学だったので関西支社で試験を受けました。

高校時代は映研部で、アメリカン・ニューシネマとATGの時代。洋画だと『卒業』『イージー・ライダー』『真夜中のカーボーイ』……ああいう作品が自分の感性にビビッと響きました。大学では同志社小劇場という劇団に入りまして、いちおう幹事長という肩書きで役者と演出をやってました。いわゆる小劇場ブームの時期ですが、もともと演劇志望ではなく、劇団のアトリエで稽古の雰囲気を見ていて「あ、おもしろそう」と、ただそれだけのことで入部ですね。

――そして松竹に入社し、テレビ部の関西分室に配属。

武田　いちおう希望どおりの配属で、最初は分室のデスクに座って、上司からとにかく本を読め、企画書を書けと言われましたね。室長は杉浦善啓さんで、プロデューサーが櫻井洋三さんと馬道春夫さん。ご存じ櫻井さんが朝日放送の必殺シリーズ、馬道さんは読売テレビを担当なさっていました。

それから半年くらいして、フランキー堺さんの『赤かぶ検事奮戦記』(80年)が朝日放送で始まるということで、現場につけと言われて京都映画に行きました。まず高山ロケに参加して、当時の仕事としては製作進行の助手、現場の一員です。

——最初はプロデューサーの補佐ではなく。

武田　そうです。わたしはまったく現場育ちで、とにかく「スタッフに嫌われるな、邪魔をするな。まずは現場を見とけ、なにか言われたら手伝え」というポジションでした。

——それは櫻井さんに言われたのでしょうか?

武田　いえ、製作主任の渡辺寿男さんです。もう実質的には渡辺さんが京都映画サイドのプロデューサーで、俳優との接し方、それからホンの読み方、いろんなことを渡辺さんから非常に丁寧に教えていただきました。

当時の『必殺』は脚本がギリギリ、できたら即クランクインという状況で、渡辺さんがゲストのキャスティングを全部やってましたね。東京の俳優事務所にパーンと電話して、どんどん強引にキャスティングを進めるのを脇で見ていたのが、わたしの出発点です。レギュラーの俳優の行政は櫻井さん。要するに主役の藤田まことさんのスケジュールであったり、テレビ局との折衝という全体を見るのが、櫻井さんの仕事の中心だったと思います。

渡辺さんから学んだのは、ものづくりのイロハですね。現場の力関係や俳優さんのバランスといった現場に密着した人との付き合い方……渡辺さんが各話の撮影スケジュールも組んでましたから、この日数なら役者はどうなる、この監督だったら撮りきれるかなど。櫻井さんからもすごく信頼されていて、まさに懐刀というか、渡辺さんがいなかったら空中分解してたと思います。

——撮影現場はいかがでしたか?

武田　本当に休みがなかった(笑)。正月以外は休みなし、今でいう完全なブラック企業の現場ですよ。しかも徒弟制度的な世界だから「自分は撮影所の職人になるための勉強をしているんだ」という意識でした。2~3年は渡辺さんの下で、いわゆる進行をやってましたから。まずガンガンの火を起こして、弁当を手配したり、ロケ交渉では鈴木政喜さんにくっついて、一升瓶を持って、ややこしいところにご挨拶に行ったり……。
鈴木さんは本当に昔の活動屋で、監督が「ここで撮りたい」と言ったら万難を排して許可取りにいきますからね。あの手この手で。必殺シリーズはキツい現場ですから、鈴木さんは夜食の段取りでも一工夫……「今日は予算があるから、うなぎ弁当を出してあげよう」とか。非常に男気があって、愛されるキャラクターで、だけど怖かったですよ（笑）。こっちが理に適わないことをしたら、本当に怖かった。

――進行一筋の鈴木政喜さんは京都映画の名物男であり、『どこまでドキュメント　映画を喰った男』（84年）という番組まで作られました。

武田　ですから、ぼくは現場に育てられた人間なんです。そのなかで監督と話をしたり、脚本のことを少しずつ覚えたり、渡辺さんとスケジュールを立てたり……プロとしてクリエイティブのことを徐々に把握していきました。
櫻井さんに教わった「俳優を大切にしろ」ということ

――必殺シリーズの監督で印象的だった方は？

武田　工藤栄一さんですね。工藤さんの演出は型破りというか、台本の「……」というト書きをこんなふうに表現するのかという驚きがありました。いつも現場は大変で、時間もかかるし、ホンもセットもすぐ直す……たぶんスタッフのみなさん言っていることでしょうが、工藤組がおもしろいのはラッシュなんですよ。監督ラッシュがものすごくおもしろくて、それはテレビの枠を超えているから。そこから番組のコードと尺にハメていくと「あれっ」という感じがよくありました（笑）。

――ほかの監督はいかがでしたか？

武田　原田雄一さんかな。ぼくは『必殺仕事人』（79～81年）の途中から参加したんですが、原田さんは出演者のキャラクターを掴むのがすごく上手くて、テンポよく撮られてましたね。「あ、この監督なら安心してホンを任せられるな」という感じを受けました。

――松野宏軌監督、田中徳三監督も当時のレギュラーです。

武田　田中さんは大映の大御所の監督というイメージですが、まだ田中さんのすごさが実感できてなかった。未熟でしたから。松野さんに関しては本当に職人だと思います。スタッフや俳優さんから「松っちゃん、松っちゃん」

と本当に愛されてる監督で、ちょっと立ち振る舞いが不器用だったので、助監督の水野（純一郎）さんがチーフとして監督の意図をスタッフに伝えていました。

松野組は水野さんがいなかったらスムーズに回らなかったんじゃないかな。それでも作品が出来上がると「あ、ちゃんとしてる、おもしろい」。とくに音楽や効果の入れ方がテレビ局のプロデューサーから評価されてましたね、松野さんは。

——櫻井洋三プロデューサーは、どのような方でしたか？

武田　非常にシャイな方でした。押し出しが強い雰囲気で、一見そういうふうに見えますが、じつはシャイで神経質な方ですね。とにかく俳優さんを大切になさるプロデューサーでした。わたしがいちばん櫻井さんから教わったのは「俳優を大切にしろ」ということです。プロデューサーやスタッフは交代がきくが、俳優はきかない。だから俳優さんがなにを考え、なにを気にしているのか……そこに目配せをしろと。すごく繊細な方でした。まぁ、しゃべり方はね、キツいんですけど（笑）。

——必殺シリーズの俳優といえば、まずは藤田まことさん。

武田　藤田さんは非常にスタッフに対して気を遣う、温かい役者さんでしたね。ぼくはプロデューサーになってからもずっと『京都殺人案内』（79〜10年）や『剣客商売』（98〜10年）をご一緒して「藤田さんあってこそ、この仕事ができてた」というくらい感謝の気持ちがあります。『剣客商売』をお願いしたときの、あのよろこびよう。「あぁ、この役を持ってきてくれてありがとう」という藤田さんの表情がとってもうれしかったですね。

——『新必殺仕事人』（81〜82年）からは三田村邦彦さんと中条きよしさん、秀と勇次のコンビが人気を博します。

武田　三田村さんはクールなイメージがありましたね。『仕事人』のころは若々しく前向きでハングリーな俳優さん。シリーズ後半は秀という役を、ご本人のなかでちょっとやりすぎている感があったように思います。いままでも印象に残っているのは、スペシャルの『仕事人大集合』（82年）。緒形拳さんと共演されたんですよね。そのとき三田村さんが緒形さんの足の運びであったり、接近戦で殺しにいくときの動作をふくめて、非常に注意深くご覧になって、研究なさっていた記憶があります。

中条さんはね、やっぱり〝大人〟ですよ。演技論や芝居の話をするタイプではなく、自分がどのようにして映るか……ビジュアル的なところに大変神経を配ってやってらっしゃる方でしたね。泥くさかった『必殺』の世界を華やかにして、それが新しいシリーズのスタイルになっていった気がします。

いちばん脚本家で印象深いのは吉田剛さん

――石原興さんと中島利男さん、撮影と照明のコンビネーションはいかがでしたか？

武田　おふたりとも本当にハングリーで、いいものを撮るためには苦労を厭わない人たちでした。あんまり外には出しませんが、本当に勉強なさっていたように思います。中島さんに言われてずっと覚えてるのは、当時はみんな同じロケバスに乗ってて……で、連日の撮影で疲れてて寝ますよね。そうしたら中島さんに怒られた。進行をやっているんなら、周りの風景を見るいいチャンスやないかと。「寝てたら死んでるのと一緒や」って、そう言われました。これは本当に「あぁ、なるほど」と思いましたね。

――ほかのパートのスタッフで印象深い方は？

武田　やっぱり園井弘一さんですね。オンエアに穴を開けずに必殺シリーズが続けられたのは、編集の園井さんの力だと思います。プロデューサー補の仕事をやるようになってからは、あまり現場に出なくなるんで、いちばん身近にいたのは園井さんでした。とてもクレバーな方でしたから「これならテレビ局のオーダーに合う、これは合わない」ということをよくご存じで、監督以上にそのあたりの行政的な部分を把握されてました。たとえば「こういうカットを入れたらプロデューサーがよろこぶ」とか、それはもう以心伝心ですね。

当時は1週間に1本撮って、フィルムを納品するのがオンエアの2〜3日前でしたから、もう綱渡りです。オールラッシュが終わって、ダビングして、すぐ現像所へ……東洋現像所（現・ＩＭＡＧＩＣＡ）が花園にあった時代で、プリントが上がったらすぐ取りにいくんですよ。で、撮影所に戻って白波瀬（直治）さんという映写技師と園井さんとぼく、その3人で夜の10時、11時あたりにチェックして、ＯＫだったらそのままタクシーで大阪の朝日放送まで納品に向かう。

本来、完成品は普通プロデューサーが確認するんですけど、櫻井さんも忙しいので、お前と園井さんが見れば大丈夫だと。で、当時はわたしと同年代の森山浩一さんというオンエア担当の方が局で待っててくれて、それから深夜のオンエアチェック。毎週その繰り返しでしたね。森山さんは『必殺仕事人2007』からプロデューサーを担当された方です。

——朝日放送の山内久司プロデューサーは、どのような方でしたか？

武田　山内さんは本当に、現場が好きでした。あんな忙しい方なのに毎週大阪から京都映画までラッシュを見にこられて、自分のアイデアがドラマに反映されてるかをチェックする……そこが必殺シリーズが長く続いた重要なポイントだったような気がします。園井さんに「弘ちゃん、こういう画ない？」「こっちのシーンとこっちのシーンを入れ替えたらどうなる？」と、そういう指摘をされることがよくありました。いわゆる局プロ的な立ち位置ではなく〝一緒に作っている〟という感じでした。

逆に『必殺仕舞人』（81年）は、仲川利久さんが前に出てやられてましたね。非常におしゃれでスマートな方という印象があります。仲川さんの後任の辰野悦央さんは、山内さんの意向を現場に橋渡しする役割でしたね。

——なるほど。

武田　櫻井さんは山内さんの「こういうものを作りたい」という意向を受けて、それをどう現場に浸透させるか……逆に言ったら、そこがすごい剛腕でした。「なんでそれが撮れへんのや？」と、理詰めでくるわけですよ。こうやったら撮れるだろう、じゃあそうやったらいいじゃんというのを強引に（笑）。

——脚本家で、とくに思い出に残っている方は？

武田　吉田剛さんですね。ぼくが入ったころは野上（龍雄）さんや安倍（徹郎）さん、国弘（威雄）さんという巨匠は、ほとんど書かれてなかったので、当時は剛さんがホン打ち合わせで山内さんの意図を咀嚼して、うまく構成していたと思います。そして監督でいえば原田雄一さんとのコンビネーションが非常に合っていた気がしますね。シンプルな展開の恨みつらみや悲しみなんか、吉田さんと原田さんの組み合わせがお手本のように安心して見ることができました。『京都殺人案内』をふくめて保利（吉紀）さんとも長くやらせてもらってますけど、必殺シリーズで印象深いのは吉田剛さん……それだけ本数が多かったんでしょうし、〆切もきちっと守ってくれましたから。それもあったかもしれない（笑）。

――〆切を守らない脚本家は？

武田　それはもう野上さん。ぼくが最初のころプロデューサーをやらせてもらったのが『必殺』のスペシャルで、異人屋敷のやつ。

――『大暴れ仕事人！　横浜異人屋敷の決闘』（90年）ですね。

武田　あれ、最初は野上さんだったんですよ。当時はもう櫻井さんはあまりタッチしなかったのかな。野上さんとずっとホン打ち合わせして、でも書いてこない……そのうち野上さんが「安倍ちゃんに頼んどいたから」と、いつの間にか脚本家同士で勝手に担当者を替えてきたという（笑）、そんな逸話があります。

――なんと、そんな理由で安倍徹郎さんに！

武田　ぼくは新米のプロデューサーとして、ひさしぶりに野上さんに書いてほしかったんですね。それで骨太のシナリオを期待したら……もちろん安倍さんもすばらしい脚本家ですけど。野上さんはほかの会社の脚本を書いてました（笑）。ほかに印象に残っているのは、篠崎好さんですね。吉田剛さんの紹介だったと思うんですが、非常に吉田さんに近いタッチという記憶があります。やっぱり情の話が得意で。

――新シリーズを立ち上げる際の企画会議には、武田さんも参加していたのでしょうか？

武田　『必殺仕事人Ⅴ　風雲竜虎編』（87年）くらいからかな。でも打ち合わせは山内さんの独擅場でしたから。もう山内さんのアイデアに異を挟むことは、なかなか難しい雰囲気がありました。「余分なこと言わんといてよ」という感じですから（笑）。知識がすごい方なので、それが打ち合わせであふれ出て、あちこちに話が飛ぶんですけど、山内さんの意図を上手にまとめ上げるのが、吉田剛さんであり、保利さんだった気がします。

野上さんでさえ「山ちゃんが言ってるのなら、しょうがないよな」っていう感じでしたから。あまりにも変化球が多すぎて、ついていけなくなる脚本家もいたでしょう。野上さんや安倍さんは「もう自分が書く出番じゃないな」と思ったのかもしれませんね。

――たしかにライター陣の入れ替わりがありました。

武田　藤田さんのスケジュールがなかなか取れないので別のシリーズを挟んだりしてましたが、やっぱり中村主水シリーズが視聴率的には安定してました。舞台の公演もありますし、もう藤田さんのスケジュールの取り合いで、櫻井さんがいちばん大変だったのもそこだと思います。藤田さんは「自分の求めているものと、いまの『必殺』は違う」という話を現場でときどき仰っていましたね。それから東映さんの『はぐれ刑事純情派』（88～09年）も始まりますし、もうあっちにエネルギーが向いてた気がします。

園井さんと2人でエジプト・ギリシャへ旅行に

――少し話を戻しますと、『必殺仕事人V』（85年）から京本政樹さんと村上弘明さんが新レギュラーとなります。

武田　あのシリーズは、つなぎ役・加代の鮎川（いずみ）さんの役割が増して、大きく芝居するようになりましたよね。鮎川さんは非常にフレンドリーで、バイタリティあふれる女優さんでした。南座で『必殺まつり』の舞台をやったときでも、舞台を成功させるためにチケットを各後援者の方々に一生懸命売ったり、まるで役柄の加代のように行動力のある方でしたね。

村上さんは一見ワイルドな容貌ですが、非常に神経細やかで、京本さんが出番前に鏡をじっと見るのは「まぁ、当然かな」と思いますけど、村上さんも映り方を非常に気になさる方だった記憶があります。見た目とは逆で、京本さんのほうが男っぽい性格だったかもしれません。村上さんはテレビ東京の『大忠臣蔵』（89年）をきっかけに時代劇の主役になられて、『闇の狩人』（94年）みたいな影のある役もよかったですね。

『大忠臣蔵』は本当にすばらしい大作で、そのころからわたしも役者さんのアテンドができるようになった気がします。歌舞伎の俳優さんが多かったので、映画の俳優さんよりさらに気を遣いましたね。どちらを先に呼びにいくか、セットにどういうかたちで入れるかなど、そのあたりも渡辺さんに教えていただいたと思います。

――『必殺仕事人V　激闘編』（85～86年）はいかがでしたか？

武田　柴俊夫さんが壱ですよね。あの作品は梅沢富美男さんのスケジュールが大変で……もう絶頂期でしたから、舞台が終わったあと夜中に撮影所に来てもらうような状況でした。梅沢さんのスケジュールを切ってらっしゃった方と相当やり合いましたね。（笑福亭）鶴瓶さんも忙しかったけれども、梅沢さんは半端じゃなかった。だから柴さんにしわ寄せがいって、不機嫌になったり。

そういう俳優さんのスケジュールの問題で、もう少し余裕があれば脚本もいろんな要素を加味できたのに、書いてすぐ現場へ下ろすスタイルが続いてて……それに対する現場の不満をものすごく感じた作品でしたね。けっきょく、不満はぼくにぶつけられますから（笑）。

――役者サイドと現場サイドの板挟みに。

武田　そういうことです。でも、作品ができてしまう。まぁ園井さんでも「こんなスケジュールでやっちゃいけないんだ」と言ってたんですけど、これが連続ドラマの作り方だと思い込んでいた。たとえばお隣の映像京都さんなんかしっかり腰を据えた映画的な作り方だし、テレビでも美術を重視する……そういうところへの憧れは、当時すごくありました。

――にっかつロマンポルノの小原宏裕監督と藤井克彦監督が『激闘編』に参加して個性を発揮しています。

武田　脚本家の方からの推薦だったのか、あるいは櫻井さんか……。朝日放送さんではなかったと思います。小原さんも藤井さんもロマンポルノのなかでも凝った映像を撮られる監督でしたよね。京都は初めてだったので、ぼくがお世話させていただいた記憶があります。ロマンポルノが下火になってた時期ですから、テレビに進出したんでしょうかね。たしかに京都の時代劇を撮っている監督とは、ちょっと違う仕上がりだったかもしれません。

――さかのぼると、１９８７年の『必殺剣劇人』で15年にわたるレギュラー枠がいったん終了します。

武田　わたしはね、正直に言えばホッとした部分もありました。ようやく休暇がとれて園井さんと2人でエジプト・ギリシャへ旅行に出かけましたから。もう毎日放送に追われなくて済む、じゃあ遊びにいこうよということで、休みがとれなかった園井さんと一緒にエジプトに行きました。10日間くらいですかね。

『必殺』で子供を育てたようなスタッフもたくさんいましたし、連続シリーズの現場がなくなるのは撮影所としても大変ですよね。でも、そのすぐあとにテレビ東京とフジテレビのレギュラー枠を確保した……それは櫻井さんの剛腕です。あの営業力は、さすがでした。フジで『鬼平犯科帳』（89～16年）が新しく始まって、ぼくも途中から引き継いで担当させていただきました。

――『剣客商売』のプロデューサーも手がけています。

武田　池波正太郎先生の『鬼平』や『剣客』は、やっぱり原作主義ですよね。そこで初めて時代劇の王道を勉強しました。つまり『必殺』をやってるときは現場の勉強で、時代劇に向き合ったのはそのあとです。池波先生の信頼も厚い『鬼平』のベテランプロデューサー、市川久夫さんからは「テレビドラマは演出は2割、8割はホン」と教わりましたが、まさに脚本家を大切にされていて、そのぶん厳しくもありましたね。

シナリオがドラマの原点というのは、火曜サスペンスをずっと一緒にやってた日本テレビの嶋村正敏さんもそうでしたね。企画書とシナリオについてはすごく細かくて、プロデューサーの仕事は決定稿を作るところでおしまいという考えでした。あとは現場に任せる。市川さんもそういう発想ですが、シナリオをいじったら怒るんですよ。勝手に現場で変えたらシナリオライターを傷つけることになる。一字一句、血と汗と涙の結晶が原稿用紙のマス目の中にあるわけで、それを勝手に現場でいじるなんてあり得ないというお考えでした。

――やはり『鬼平』と『必殺』は対照的ですね。

武田　『必殺』の場合は臨機応変に対応しないと撮りきれない部分もあって、そういうアドリブが映像に跳ね返ったから視聴者が楽しめたのかもしれません。肩の凝らないところが『必殺』の魅力かな。初期の『仕掛人』や『仕置人』、そっち側のギリギリした重たいシリーズも人気ですが、あればっかり見てたら疲れますよね。そのあたりは山内さんのテレビプロデューサーとしての〝時代を読む〟才覚だと思います。ブラウン管の向こうのお客さんを見すえた作り方でしたから。

――『必殺仕事人　激突！』（91〜92年）には京都映画のプロデューサーとして参加していますが、当時の武田さんの役職は？

武田　たしか京都映画に出向して製作部長でした。櫻井さんが重役として東京に転勤になって、櫻井さんの意図を伝える人間がいないから「お前、現場やれ」ということで。ぼくが製作部長、水野さんが製作課長の時代が2〜3年くらいあったと思います。『激突！』についてはプロデューサーというより「藤田さんがいるから、お前ついとけ」みたいなものですね。

プロデューサー冥利に尽きる瞬間でしたね

――出演者を大切にすること以外に、櫻井洋三プロデューサーから学んだことはありますか？

武田　クリエイティブと気配り、この2つでしょうね。クリエイティブな部分については個々の才能もありますが、その企画に対してどこまでアプローチしていくのか、それがうまく成立したときの快感。で、気配りというのは監督や俳優、スタッフふくめて現場を円滑に回して、それから発注元……テレビの場合だったらテレビ局が、なにを求めているかを察知する能力です。

そこは石原さんも同じで、ああ見えて気配りがすごい。現場で役者さんの状態をしっかり見て「ちょっと藤田さんの機嫌が悪いよ」とか、いろんな判断をして、それが円滑の秘訣というか必殺シリーズが長く続いた大きな理由なんじゃないかと思います。ほかの技師さんもふくめて、そうやって現場でのことを察してくれて、火事が起きる前に収めることができたんです。

キャメラマンとしての技術、監督しての技術だけでなく、松竹京都の撮影所の一員としての石原さんの存在がものすごく心強かったですね。ぼくにとっての親父なのか、兄貴なのか、どちらも失礼な例かもしれませんが、それほど石原さんはありがたい存在でした。あの人がいなければ、ぼくはプロデューサーという仕事を途中でやめていたかもしれませんから。

――『必殺仕事人2007』からの新シリーズも武田さんがプロデューサーを務めています。

武田　これはもう絶対に成立させたい企画だったので、藤田さんにトメに回っていただいたんですが、そのときも藤田さんが「またできるの？　主水が」と、うれしそうな顔をしていただいて感無量でしたね。

それから監督は石原さん、美術は西岡善信さんにお願いしました。西岡さんは大映でずっと映画をやってこられた大ベテランで、石原組はやってなかったはずなんですよ。その組み合わせが実現できたのがすごくうれしくて……撮影所の第6ステージに南町奉行所のセットを組んだんですが、あれは『踊る大捜査線』の湾岸警察署をイメージしたもので、とにかく広く作ったんです。

そのセットに藤田さんの主水が入ってきてセットの隅から隅まで歩いて、東山（紀之）さんの渡辺小五郎と出会うシーン。石原さんがレールとクレーンを使って長いカットを撮りました。それまで『必殺』の奉行所といえば、狭い第5セットだったんですが、まったく広い場所にして大がかりな撮影をやった……もう石原さんと西岡さんの組み合わせが大成功で、プロデューサー冥利に尽きる瞬間でしたね。その現場に立ち会ったとき「あぁ、これで新しい『必殺』は成功するな」と思いました。

——さらに『必殺仕事人2009』で連続ドラマ版が復活します。

武田　ありがたかったのは朝日放送さんとテレビ朝日さんの共同ということで、それまでのシリーズより予算があったんです。それから監督もね、石原さんをメインに原田徹さん、酒井信行くん、山下智彦くん、井上昌典くんと、京都の監督で固めさせていただきました。

撮影所で『必殺』の助監督をやってきた人たちが撮れる……そういういい雰囲気で仕事ができましたし、オンエアにもそこまで追われてなかったので、1本1本を楽しみながら2クールやれたような思い出があります。その後も年に一度のスペシャルとして『必殺』が続いたのは、松竹としても撮影所としてもありがたいことでした。

武田功

［たけだ・いさお］

1955年愛知県生まれ。同志社大学卒業後、80年に松竹入社。テレビ部の関西分室に所属し、必殺シリーズのプロデューサー補を務める。京都映画への出向後、本社テレビ部で『京都殺人案内』『剣客商売』『鬼平犯科帳』や火曜サスペンス劇場の『鬼畜』『事件』などを手がける。2006年にはテレビ部部長に就任し、『必殺仕事人2007』以降の新シリーズを担当。映像企画部担当の執行役員などを経て、2018年から5年間にわたり松竹撮影所の社長を務めた。

オンエア担当

森山浩一

ぼくは撮影の現場が大好きで そこは山内と共通していた部分ですね

朝日放送の制作部でフィルムの受領業務からスタートした森山浩一は、『㊙必殺現代版』の中継ディレクターを経て、『必殺仕事人2007』からおよそ10年にわたりプロデューサーを務めてきた。必殺シリーズの生みの親・山内久司の薫陶を受けた〝教え子〟が明かす逸話、そして最後の砦ともいうべきオンエア担当の仕事ぶり！

〝エンドロールおたく〟みたいなところがあって（笑）

森山　もともと野球少年だったんですよ。ところが中学3年生のときが1969年で、いわゆる学園紛争の時代……野球なんかしてる場合じゃないという気持ちになって、でもいざやめてみると放課後することがない。そこから映画にハマって、ゆくゆくは映画監督になりたいと思ったんですが、映画を撮るには機材が必要で「だったらお芝居やろう」と、高校～大学と学生演劇をやってました。あとから知ったんですが、松竹の武田（功）さんも大学で芝居やってたんですよね。だから同時期に京都ですれ違ってるはずなんです。

もう演劇どっぷりで「1年ぐらい留年してもいいだろう」と、親の機嫌がよさそうなときに聞いてみたら、まぁ関西風に言うと、ションベンちびるほど怒られまして（笑）。次は映画監督になろうと思って、太秦にあった大映の撮影所の前をウロウロしてたんですけど、もう赤旗がバサバサバサバサなびいてて、労働争議のピークですよ。おっちゃんが正門の上から「にいちゃん、なにしてんのや？」「いや、撮影所に入りたいと思って」「お前な、この状態で入れると思うか」「そうですよね……」、それであきらめました。

――そして1978年に朝日放送に入社します。

森山　テレビを見てると『必殺』の最後に「朝日放送　松竹」って出てるやないですか。「これだ！」って思って、朝日放送に入って『必殺』をやりたいと思ったんです。だからあのときテレビつけてなかったら、また別の人生だったかもしれませんね。

――もともと必殺シリーズはご覧になっていた？

森山　高校時代から見てました。『必殺仕掛人』（72〜73年）が始まったとき「うわっ、すげえもんが始まったな」と思いましたから。そのころから〝エンドロールおたく〟みたいなところがあって（笑）、山内久司であるとか仲川利久、石原興、中島利男という名前は覚えてたんですよ。で、いろんなところを受けたんですが、たまたま本命の朝日放送だけ残ったという。

――引きが強いですね。

森山　そこで全部使い果たしたんですけどね（笑）。入社したら最初は経理に回されて絶望の日々を送りながら、制作志望であることは伝えてて……で、ある日エレベーターで山内と2人きりになったんですよ。そうしたら「もうちっと辛抱してソロバンやっときい。引っぱったるから」って言ってくれて、2年目から制作部に移れたんです。そこでオンエア担当として『必殺』に関わるようになりました。

「あんちゃん、なんでテレビは黒が黒にならんのや」

――オンエア担当の仕事内容は？

森山　それこそ武田さんが完成原版のフィルムを持ってきてくださったやつをスタインベックにかけて一緒に見て、キューシートを書いて納品するんです。1人でやれる仕事なので、基本的には受け取って、ぼくが見るんですけど、武田さんもいちばん下っ端の同学年やから「タケちゃん、お待たせ。飲みにいこうか」、毎週そんな日々を送っていました。まさか『必殺仕事人２００７』で一緒にプロデューサーをやるとは思いませんでしたけどね。

キューシートというのは番組のフォーマット表です。46分ほどの実尺に対して、ここでCMが何分入って、ここから提供のスーパーが入るとか、そういうフォーマットをまとめた紙ですね。アタマのオープニングの尺やロールごとに入るCMの回数は決まってますが、そこへのタイミングなんかは、各監督によってバラバラだったと思います。

――フィルムのチェックは、スタインベックの編集機を使うのですね。

森山　あれ、かけ方が難しいんですよ。間違うとフィルムに縦傷が入っちゃうんで。いっぺん傷が入って、すごい怒られたことあります。当時は映像と音声が1本ではないので、音用のシネテープをかけなきゃならんのですけど、これがちょっと緩んでるとパラパラパラッて落ちるんです。あのときの感覚は、いまだに覚えてて……パラパラパラッと落ちていくのに10数秒かかる。その間なすすべがない（笑）。呆然と悲劇が続くんです。しかし、世の中で10何人目かに『必殺』を見ているという役割は、とてもうれしかったですね。

――いつも納品がギリギリだったそうですが。

森山　そこは武田さんが詳しいと思います。金曜日のオンエアで、最低でも水曜の納品だったんですが、「ごめん、今週木曜になる！」って電話がある。で、木曜の夜に待ってると「ごめん、金曜になる！」と。もう当日ですから、けっこう怖かったですよ。

のちに石原さんが「いや、当時はそんなんやってられへんからな」と仰ってましたが、要するにフィルムをオーバーラップさせるのも現像所に頼む時間がないので、撮ったやつをもういっぺんフィルムに巻き込んで、それを流しながら撮影する……いわゆる〝生ダブラシ〟ですね。それをやっていたと聞いて、ゾクッとしました。

――ほかに当時の思い出はありますか？

森山　京都映画の撮影部の助手さんから電話がかかってきたことがあって、「あんちゃん、なんでテレビは黒が黒にならんのや」と言われたことがありました。やっぱり映像が暗いから全部持ち上げちゃうんです。要するにテレシネして、フィルムをビデオに変換するとき照度がないと当時はオートで上がっちゃうんですよ。テレビは明るくないといけないという考えが、技術者の間にあるんでしょうね。その助手さんから「俺たちがどんだけがんばって黒を作ってると思うてんねん」って言われました。いまだと明るい部分、輝いてるところがちょっとあったら、それで大丈夫なんですけど、当時はオートでしたから。

――オンエア担当の期間は？

森山　4～5年はやったと思いますね。ぼくが担当してたのは『必殺仕事人』（79～81年）からで、フィルムを持ち運んでくる人が3回代わってますから。初代が鬼塚（真）さんで、次が武田さん、岡本さとるくんという作家になられた方が最後かな。岡本くんは、もともと歌舞伎がやりたい人で『必殺仕事人2009』のシナリオも何本か書いてますね。当時はオンエア担当と兼任でドラマやバラエティのAD（アシスタントディレクター）もやってました。もう局制作のドラマは『部長刑事』しかなかった時代です。

なにより山内久司という男はテレビマンだった

森山　ぼくが山内から聞いたのは「『必殺』というのはTBSのホームドラマに対するアンチテーゼである」と。要するに『仕掛人』の山村聰さんはよきパパで、緒形拳さんはよき夫、林与一さんの役も竹脇無我さんが予定されていて、みんなホームドラマの善良な市民役、それを殺し屋にする。当時のTBSは民放の雄ですし、ちょうど石井ふく子さんが『ありがとう』を成功させた直後なんですね。『ありがとう』は56％だったかな、民放ドラマの最高視聴率を記録した番組で、いまだにこの数字は抜かれていない化け物です。

当時の朝日放送はTBSの系列でしたから、山内にもプレッシャーがあって、けっきょく『必殺』はそれまでのテレビの禁じ手ばかりやってるんですね。殺し屋が主役だし、エログロだし、それとTBSの方法論は基本的にスタジオドラマなんですよ。だから山内はスタジオを捨てて外の撮影所に行った。自由なカメラアングルを手に入れて、しかもテレビのディレクターではなく映画監督を起用した。すべて石井ふく子さんへのアンチテーゼだと思うんです。

――山内久司プロデューサーは、どのような方でしたか？

森山　「こんなに頭のいい人間が世の中にいるのか」って思いましたね。記憶力がまともじゃないです。で、ぼくはなにより山内久司という男はテレビマンだったと思うんですよ。撮影所で映画監督と仕事をしながら、でも根幹で『必殺』はテレビ番組やということを意識していて、その枠でキワキワなことをやっていた。「ええから飲みにいくぞ！」って、よく新地のスナック連れていってくれて……まぁ酔っ払ってるから盛ってはあると思うんですけど、当時の話をしてくれました。
『必殺』は最後に中村家のホームコントがあるじゃないですか。あれをめぐって深作欣二監督と揉めたんです。深作さんは「いらないんじゃないか」って……要するに巨悪をいとも簡単に葬り去って、背中で闇に消えていく、これでいいじゃないかと。ところが山内は「いや、それではあかんのです。テレビは日常のもんやから、最後やっぱり日常に戻してやらないかん。『昭和残侠伝』の高倉健がどれだけかっこよくても、映画館に明かりがついて観客は席を立って表に出ていく。そこで日常に戻るんだけど、テレビはそれがない」と。
その議論は平行線のままで……深作さんも頑固で恐ろしい体力の持ち主ですから、もう夜が明けそうになってきた。そのとき山内が「いや、この『必殺』という番組は深作さんのものであって深作さんのものではないんです」という言い方をしたんですね。どういうことだって気色ばんだんですけど、「だって深作さんが見たことも聞いたこともない6分の映像が入るわけですよ、CMという。それはどうなんですか?」と。番組の中身とコマーシャルが同居せねばならぬという理屈なんです。

ぼくはその話を聞きながら、深作さんの言ってることのほうが筋は通ってるなって思ったんですけど(笑)、でもテレビマンとしての山内を表すエピソードです。まぁ、これも辻褄がおかしなところはあって、中村主水が出てくる『必殺仕置人』(73年)は深作さん、監督してませんよね。よくよく考えると盛られてる部分が絶対ありますけど、そういう議論があったのは事実でしょう。テレビと映画の境目を上手いこと縫い合わせていったんです。

――とても象徴的なエピソードですね。ちょうど『仕事人』あたりから必殺シリーズは意図的なパターン化が図られて、現代社会のパロディが露骨になります。

森山　それから朝日放送はテレビ朝日の系列になりますが、あるとき山内が言ったんです。「森山くん、決めたで。ぼくは『必殺』を大いなるマンネリにしようと思う」って。ぼくは「えっ、敗北宣言か」と思ったんですけど、金曜10時の『必殺』を時計代わりにする……時計代わりって表現者としては寂しいことのような気がしたんですが、山内は完全に『必殺』をブランドにして、テレビ番組として確立させた。で、藤田まことさんがよく怒ってましたけど、「主水、ワープロをうつ」とか「加代エリマキトカゲを目撃する」とか、そういう作品が出てくるわけです。『水戸黄門』のようなマンネリで、いうたら藤田さんのシリーズにするということなんでしょうね。
ぼく個人は初期の『必殺』のほうが好きでしたけど、でも「なるほど、テレビとはそういうものか」って、ようやく退職してから思うようになりました。『必殺仕事人2007』を始めたときも、ずいぶん青くさいことを言うてたと思います。山内というのは、ぼくにとって先生でしたね。

――なるほど。

森山　藤田さんが亡くなられる直前に、『必殺を斬る』（10年）という松竹のミニ番組があったんです。そこで山内がインタビューを受けてるんですが、「山内さんにとって藤田まことさんはどのような俳優さんでしたか？　食べ物に例えると」という質問があって、そのとき山内が「うっ」となって、ごめん、2分考えさせてくれ……それで「できた！」。あの人はアイデアを思いつくと「できた！」って言うんです。トイレでも「できた！」って（笑）。で、「藤田さんは白ごはんです」と答えた。ステーキや寿司や鰻ではなく、なんにでも合う白ごはん……やっぱりよう見てるなって思いました。

――朝日放送のプロデューサー各氏には〝山内イズム〟が引き継がれていると、よく言われています。

森山　ぼくは撮影の現場が大好きで、そこは山内と共通していた部分ですね。『必殺』の場合、なにより京都映画という撮影所の存在が大きい。オンエア担当をやってたころは、時間ができると電話して「武田さん、今日『必殺』やってる？」「『必殺』はいつでもやってるよ」と、そうやって見学に行きました。『必殺』を作る人たちのポテンシャルを見ていたかった。
石原興さんでも『2007』になってからですよ、ぼくの名前を呼んでくれるようになったのは。あのころ撮影所でボーッと見てたら「おーい、そこのABC、邪魔や！」って言われてましたから（笑）。あるときは工藤栄一監督の撮影で、工藤さんはいっつも松明持ってはった。とにかく水を撒いて、それから松明。なんで水撒くんやろうと思ってましたが、こうやると葉っぱが輝くのかと、ようやく『2007』で理解しました。
だから当時は撮影所に行っても、もっぱら編集の園井（弘一）さんとしか話をしていなかったですね。ここのC

Mが30秒だったのを45秒にしてくださいとか、そういうやり取りです。「ちょっと見ていくか」って編集機をガラガラ回しながら端切れのフィルムを見せてくれて、それをスプライサーでくっつけて「あぁ、かっこええなぁ」って。園井さんは優しかったですね。

――仲川利久プロデューサーは、どのような方でしたか？

森山　あの人もろくでもないサラリーマンで、わりと若い子イジるのが好きなんですよ。朝日放送の向かいにホテルプラザいうのがあったんですけど、そこに呼び出されて「なにを怒られるのかな。こないだ新地で勝手に仲川さんのボトル飲んじゃったからかな……」とか思ってたら、「今度、大阪の役者で舞台をやるから」とぼくらを巻き込んで。最終的に手柄は全部自分で持っていくんですけど（笑）、そのときに一緒にやらせてもらったのが國村隼ちゃんや升毅さんです。あとは、いまの朝ドラに出てる妹尾和夫さんも。

仲川は日芸（日本大学芸術学部）ですよね。ぼくは27歳で結婚したんですけど、そのとき「森山、なにかほしいものはあるか？」と言ってくださって、表札をお願いしたんです。中村主水の家の「中村」って書いてあるやつ、あれと同じ表札がほしいんですって。そしたら頼んでくれて、いま二代目になってますけど、ずっと使っています。

――山内さん、仲川さん、そして松竹の櫻井洋三さんという3人のコンビネーションで必殺シリーズは続いてきました。

森山　お互いに個性が強いですし、山内と仲川の折り合いは、そこまでよくなかったです。仲川が本を出して、あの人も盛っちゃうタイプなんで（笑）。みなさんもお話になってると思いますが、撮影所の人たちは山内しか見てなかったですから。山内は将棋を打ちながら撮影所で石原さんやスタッフの方たちと話をする。仲川には、そういう記憶があんまりないんですよ。照明の中島利男さんが亡くなられたとき、ぼくは嵐電で行ったんですけど、そのとき一緒になったのが山内で、ほかに局の人間は来てなかった。それほど山内は親密でした。

切らへんほうがテレビやと思ってたんです

――オンエア担当に続いて、石原興監督の『㊙必殺現代版　主水の子孫が京都に現れた』（82年）には中継ディレクターとして参加しています。

森山　ちょうどあのときオープンセットに奉行所ができたんです。そこでスタッフ・キャストの忘年会のシーンを収録しました。藤田さんが「プロデューサーおりまへんな、局の人もおりまへんな」と言って始めるという（笑）。ぼくは局内でも『必殺』『必殺』ばっかり言ってましたし、簡単な中継ですから、ほな森山にやらせたろかみたいなことだったんじゃないですか。あの『現代版』のアタマは殺しのシーンから始まりますが、勇次の殺し、秀の殺し、主水の殺しを「それぞれワンカットで撮ってください」と石原さんにお願いしたんです。現場が始まると中島さんが「石やん、なんでこんな撮り方すんのや」って言って、「知らんがな。ABCのボンがそう言うてんのやから、やったれや」と（笑）。

――ボン……まだ名前は覚えてもらってない。

森山　名前はまだない（笑）。

――なぜワンカットで撮ろうと思ったのですか？

森山　やっぱり切らへんほうがテレビやと思ってたんです。あそこもビデオのパートですから。石原さんがたまりかねて、秀がかんざしくわえる格子越しのカットと、もうワンカットだけ入れさせてくれっていうのはあったんですけど。ぼくは当時〝どうやったらテレビが映画に負けないか〟ということばっかり考えていて、ヒッチコックの『ロープ』（48年）……あれはワンカット風だけど、10分ごとにフィルムチェンジしなきゃいけない。でもビデオならできるぞと思って、石原さんに無理を承知でお願いしたんです。学生演劇をやってましたから、『部長刑事』も長いワンカットで撮ったりしましたね。

――『現代版』の忘年会パートは、生中継っぽく見せていますが収録ですよね。

森山　もうみんな「早よやろうや」って感じで（笑）。とくになにをしたということはなかったですけど、撮影所のみなさんって藤田さんのことを「おとうさん」って呼びますよね。さっきの「プロデューサーおりまへんな、局の人もおりまへんな」というのは、必殺シリーズは朝日放送でオンエアされて、松竹が受注してるけど、基本的には撮影所のもんやって感覚がすごくあったんじゃないかと思います。まさに京都映画の〝おとうさん〟でしたし、打ち上げでも局の人間は呼ばずにスタッフだけでやる方でしたから。

――『新装㊙必殺現代版』（85年）では、鮎川いずみさんと

京本政樹さんによる京都パートの中継ディレクターを担当しています。

森山　京本さんはね、にこやかにフレンドリー。鮎川さんは気まぐれ（笑）。まぁ歌の中継だけだったので、ええかと思ってたんですけど。じつはね、朝日放送の〝必殺デー〟みたいな企画で鮎川さんが『部長刑事』にゲストで出てくれはったことがあって、朝までかかって怒られたことがあるんです。段取りが悪いというのもありましたけど、最後に涙を流すシーンで背中から正面に戻そうと思ったら、「表から撮って。わたし泣けるから」って。

——おおっ、大物感がありますね。

森山　もちろん見事に泣かはったですけど、だから鮎川さんとは、あんまり目も合わせられなくて……。『部長刑事』はカメラ3台で、Bスタジオに刑事部屋とかアパート、スナックと6杯くらいセットを組んで、それでカメラが交差しないようにグルグル回るわけです。ずっとディレクターでいたかったんですが、そうもいかず東京支社で土曜ワイド（劇場）などのプロデューサーを担当することになりました。

入社して29年目の『必殺』でした

——そして東山紀之さん演じる渡辺小五郎を主役にした『必殺仕事人2007』からは、プロデューサーを担当しています。

森山　ようやくです。入社して29年目の『必殺』でした。本当に寝耳に水だったんですけど、ジャニーズ事務所さんとテレビ朝日さんのほうで『仕事人』をやりたいという話になって、お話をいただいたんです。テレ朝は東映さんと縁が深いですから、もしそっちになったらどうしようという心配もありましたが、杞憂でした。その前に松岡（昌宏）さんの主役で『信長の棺』（06年）というスペシャルドラマを松竹で撮って、その現場でテレ朝の内山聖子プロデューサーとお会いしました。脚本の寺田敏雄さんも内山さんから紹介していただいて、遅筆ですがセリフが上手でしたね。

藤田さんも体力的に不安があった時期ですが、そのとき仰ってくれたのは「そうか、やるのか、そうか、ええなぁ。ただ主水は俺やで」と。あれは忘れられません。かつら合わせで撮影所に来た松岡さんが、生原稿のコピーを読んで「あ、俺は中条さんじゃないんだ」って言ったのもよく覚えています。それで涼次がバンカラなキャラに変わった。東山さんはもう超然と構えておられましたね。

――かつてのインタビューで小五郎を「究極の無党派層」と定義していました。

森山　主水のときは『いちご白書をもう一度』、髪を切ってもう若くないみたいな設定ですよね。当時に置き換えると学園紛争で挫折感を味わって、サラリーマンになった。小五郎の場合はそうではなくて、上の世代が自分の意図とは沿わないかたちで世界を作り上げてしまって、そこに自分がいる感覚で誰に対しても「うん」とは言われたくない設定にしたらどうですかねっていうのを言ったんですけど。抽象的すぎて誰も理解してくれなかった（笑）。

正義のヒーローになりがちな部分は押し止めて、世の中の政治的、社会的な不要物を処理する役目……だからお金を取っていいんだという理屈を忘れないように意識しました。逆に殺しのシーンはファンタジーだから、そこはリアルにしすぎてはいけないとは思ってましたね。『２００７』はセットも豪華でしたし、数字もよくて連続シリーズにつながりました。あらためて石原さんに対しては「この監督とやってよかった」と思いましたし、石原さんもやっぱり映画ではなくテレビをやってるんですね。

――従来のシリーズとの大きな違いとして『２００７』では、フィルムからハイビジョンにフォーマットが変更されました。

森山　フィルムで撮るという案は最初からなかったですね。もう『水戸黄門』もビデオになってましたし。いちばん苦労なさったのは照明の林（利夫）さんじゃないですかね。どうしてもハイビジョンはいろいろ拾っちゃうんで、（光の）漏れを消すのが大変やって言っていた記憶があります。けっこうワイドで撮らないかんという方針でしたし。とくにこちらから映像のトーンを指定した記憶はないです。撮影所のみなさんがお撮りになるものですから。

石原さんが言ってましたが、昔は京都映画でも松竹本体のスタッフが照明をどんどん持っていくから『必殺』は全部当てられへんのやって。いや絶対に嘘やと思うんですけど（笑）、まぁ持ちネタ、鉄板ネタですよね。

――おそらく。たしかに15分の昼帯ドラマをやっていたころは、松竹のスタッフのほうが優位で、そういう格差があったそうです。いろいろ端折られて、わかりやすいネタに着地

している気がします。

森山　でも、主役の顔に影が差すライティングこそ『必殺』ですもんね。ああいう暗部に対して視聴者の想像力が最大化されて、そこで主水なり小五郎なりの〝あの形相〟が効いてくるわけです。

――なるほど。

森山　ぼくは撮影所が好きで好きでしょうがないところがある。テレビのスタジオはコンクリートで、ずっとあそこにいると土の上に立ちたいという気になるんです。だから会社のホワイトボードに「ずっと京都」って書いてしまうんですね（笑）。『２００７』が始まるにあたって、いちおうはチーフプロデューサーなんですが、まずスタッフの名前を全部覚えようと思いました。

照明部のサードの方になると本名がわからへんけど、林さんが「シンちゃん!」って呼んでるから、シンちゃんでええかとか。そうすると向こうも覚えてくれて、若手が飲みにいくときも「森山さん、来えへん?」と言ってくれたり、いちばんホッとする瞬間でしたね。局Pは現場に行かなくていいという不文律もあるし、いるとお邪魔になったりもするんですが、ぼくは現場で得たものを次の作品に生かしたいと思うようになりました。そういうことを教えてくれたのも、あの撮影所の口さがない人たちなんです。

――口さがない人たち!

森山　土曜ワイドの『京都殺人案内30』（07年）でひさしぶりに藤田さんとお仕事させていただいたんですが、韓国ロケから戻って嬉野温泉に宿泊したら、ぼくは広い部屋に1人だけなんです。夕食のとき「俺だけやと寂しいから、誰か来てえな」って言ったら林さんが「行くわ〜!」って。布団ズルズルって持ってきてくれて、あの人はしゃべるの好きでしょう。で、次の朝会うたら「森山さん、あんたひどい人や」と。「なんでですか?」って聞いたら「俺が一生懸命しゃべってんのに途中で寝たやろ」って（笑）。

そっからですわ、林さんがぼくのことかわいがってくれたんは。撮影所の前の三条通りに「スマート」という喫茶店があるんですが、林さんも石原さんも録音の中路（豊隆）さんも撮影前、そこのカウンターで飲みはるんですよね。で、あそこに座れるようになれば認められるかもと思って通ってたら、あるときマスターが「こっち座りいな」って言ってくれて、うれしかったですね。

「遊びをせんとや生まれけむ」

――連続ドラマとして18年ぶりに復活した『必殺仕事人2009』はいかがでしたか?

森山　武田さんから相談されて、ぼくが紹介したのが森下直さんです。関西の作家で『部長刑事』もやっていましたから。自分が担当したシリーズでとくに好きなのは『2009』の最初の2時間スペシャル、沢村一樹さんが出られた回ですね。後期高齢者の話ですけど、石原さんが「斬り捨てて飛んだ血を沢村さんが汚いものをぬぐうようにする……これがテーマや」と仰っていて、そのシーン88が長いんですよ。ページ数で10ページくらいある。もうで、最初は晴天で撮りはじめて、次が雨なんですよ。もう天気がぐちゃぐちゃで、それでもなんとか最後まで撮りきりました。竜雷太さんの駕籠がセットの中にあるとか、わからんことありましたけど、あの回の出来はすごかったなぁ。

――なにか現場の思い出はありますか?

森山　渡邊(竜)くんという松竹の若いプロデューサーが各所の調整に四苦八苦してました。あの時期は撮影所が忙しくて、いろんな作品が入ってたんです。ひさしぶりに石原さんが怒鳴っている姿を見ましたよ。「いやいや、どけや言われても、お前、この撮影所は『必殺』でここまで来たんちゃうんかい!」って、珍しく怒ってましたね。

セットを明け渡せというやり取りだと思うんですが、製作部のところで夜中に議論してました。『2009』だと井上(昌典)さんが初めて撮った回もおもしろかったですね。森下さんが書かれた薬屋の話で、オープンの屋根に橋を架けて、あの回もよかったなぁ。

――第16話「食品偽装」ですね。シナリオも巧みで、随所に創意工夫が詰め込まれたエピソードでした。

森山　監督によって現場の雰囲気も違って、おもしろかったですよ。石原さんは異様にぐるぐる動いてて、じっとすることがない。(原田)徹さんも動くほうかな。酒井(信行)さんは照明ができるまで静かに待っている。山下(智彦)さんはギュッと手ぬぐいを巻いてて……山下組は見なくてもわかるんですよ。かけ声が違う。「よぉ〜〜〜〜〜い、アイッ!!!」ですから。そこからのスペシャルは石原さんがずっと監督されていますが、石原さん自身は次に誰が撮ってくれてもかまへんと思っているでしょうね。

――まさに本人もそう仰っていました。

森山　撮影所にいろんな人が来るじゃないですか。石原さんは挨拶されても「いやいや、ぼくは遊ばしてもうてるだけやから」って、いつも言わはるんです。シャイな人ですから。で、あるとき「石原さん、遊ばしてもろうてますって、いつも一生懸命やってはるやないですか？」と聞いたら「ちゃうねん。森山くん、一生懸命やったらあかんねん。仕事はな、させられるもんやろ。させられるもんは一生懸命する気にならへん。遊びやからこそ一生懸命できるのや」って。だからね、いま大学で教えてるんですが、1年間の授業の最後に「遊びをせんとや生まれけむ」という、石原さんの気持ちを汲んだ古典の言葉を生徒たちに送ってるんですよ。

森山浩一

［もりやま・こういち］

1955年京都府生まれ。京都大学卒業後、78年に朝日放送に入社。制作部に所属して『ラブアタック！』や『部長刑事』のディレクターを手がけたのち、プロデューサーとなって土曜ワイド劇場や連続ドラマを担当。『必殺仕事人2007』から必殺シリーズのプロデューサーを務め、2018年のスペシャル版までを送り出す。そのほか『安楽椅子探偵』『京都殺人案内』『刑事殺し』などを担当。大阪芸術大学放送学科で後進の育成にあたっている。

COLUMN

『新必殺仕事人』の香盤表に見る撮影の実情

必殺シリーズの撮影は、どのような順番で行われたのだろうか。P426〜427に掲載された『新必殺仕事人』第37話「主水娘と同居する」(脚本：吉田剛／監督：田中徳三) の香盤表をもとに検証していこう。香盤表とは各話ごとの全体スケジュールを記したものであり、まずシーン順のものが作成され、その後キャストやロケ地、セットの諸条件を勘案して撮影順のものが組まれる。さらに香盤表をもとに1日ごとの詳細を記した予定表が日々配布された。

「主水娘と同居する」の場合、クランクインが1981年2月2日、クランクアップが2月8日であり、撮影に7日間が費やされている。そこから編集、ダビング(音の仕上げ作業)を経て完成したフィルムを納品し、2月19日に放映、かなりギリギリの日程であることがわかる。当時のシリーズは1話につき6〜7日前後で撮影されていた。

香盤表にある「S・L・O」は撮影場所を指しており「S＝セット」「L＝ロケーション」「OP＝オープンセット」、その隣に「D＝デイ」「N＝ナイター」とシーンごとの時間帯も振り分けられている。たとえば「L／D」はロケのデイシーンを指す。

セットとオープンセットは太秦の京都映画撮影所内にあり、水野邸の屋内と奉行所の同心部屋・仮牢は第4ステージ、中村家と荒れ寺は第5ステージにセットが組まれている。中村家だけでなく第4ステージの水野邸も毎回のように使われている常設セットであり、武家屋敷や商家、旅籠などシナリオに合わせて模様替えされた。

外部のロケーションに目を向けると縁日の団子屋は大覚寺、深川百万坪の小屋は広沢池、水野邸の表門や番町あたりの道は相国寺大光明寺、赤坂山王境内は上御霊神社で撮影が行われている。またシナリオに二度出てくる大川端の場面は、シーン28が大覚寺の放生池、シーン37が広沢池とロケ地が分けられた。

キャストの下にあるマークを見ると、俳優ごとにある程度まとめてスケジュールが組まれており、「主水娘と同居する」の場合、藤田まことは全7日のうち6日、おきぬ役のゲスト・棚橋久美は5日、中条きよしは3日、三田村邦彦は2日となっている。

主水の殺しのシーンは2日4日、秀と勇次とおりくは2月7日に撮影されているが、シナリオの設定によっては全員が別日のこともある。仕事人が集合するアジトのシーンは最終日の2月8日、続いて「A・R＝アフレコ (アフターレコーディング)」が予定されており、ロケ先で同時録音できなかったセリフなどを収録する作業だ。

なお、香盤表はシナリオに合わせてシーン45の中村家までだが、本編にはシーン46が追加されており、町をゆく主水が亡きおきぬを振り返るラストが生み出された。決定稿の監督欄には工藤栄一の名前が印刷されているが、スケジュールの都合だろうか田中徳三に交代。シナリオのまま撮ることに定評のある田中だが、「主水娘と同居する」についてはラストシーンだけでなく、多くの現場改訂が施されており、同じような例はいくつもある。

香盤

京都映画株式会社

田中 組　37 話

題名　1/31 ②

月/日	シーン No.	場面	S.L.O	タイム	主水 藤田	せん 菅井	りつ 白木	勇次 中条	秀 三田村	加代 鮎川	おりく 山田	田中 山内	おきぬ 棚橋	紋太 遠藤	水野	里江 仙北谷	金兵衛 杉本	お寅 箕浦	梅吉	熊	子供のスリたち			備考
2/6	721	廃屋の中	O/D			(入)			(入)	↑			✓	✓										
(土)	707	中村家・台所	S/N	No5	✓	✓	✓																	
	709	〃・〃	〃	〃	✓	✓	✓						✓											
	717	〃・居間	〃	〃	✓	✓	✓																	
	718	〃・茶の間	〃	〃	✓	✓	✓						✓											
	723	〃・表	〃	〃	✓	✓	✓																	
	724	〃・居間	〃	〃	✓	✓	✓						✓											
	735	〃・茶の間	S/D	〃	✓	✓	✓																	
	744	〃・表	S/N	〃	✓																			
	745	〃・居間	〃	〃	✓	✓	✓																	
	720	〃・裏庭の井戸端	S/D	〃	↑ 日帰	✓	✓		↑				✓	✓										
	708	〃・風呂	S/N	〃	↓				↓	↓			✓	✓										
2/7	743	荒れ寺・本堂	S/N	No5	〃	(帰)		✓	✓	↑	✓						✓	✓	✓	✓			(殺)	
(日)	726	赤坂山王境内	L/D	上衛星	✓	↑					✓		✓			✓								
	740部	道	O/N		ワイド	↓			✓	↓														
2/8	715	加代の家・表	O/D		✓	↑			✓	✓	✓													
(月)	716	〃・中	S/D		✓				✓	✓	✓					13:00								
	739	アジト	S/		✓		✓	✓	✓	✓	✓													
					ワイド																			
	・A.R				/								/											
						↓										↓								
2/9																								
(火)																								
						↓			(帰)															

ぬ

NC

A.R

霊

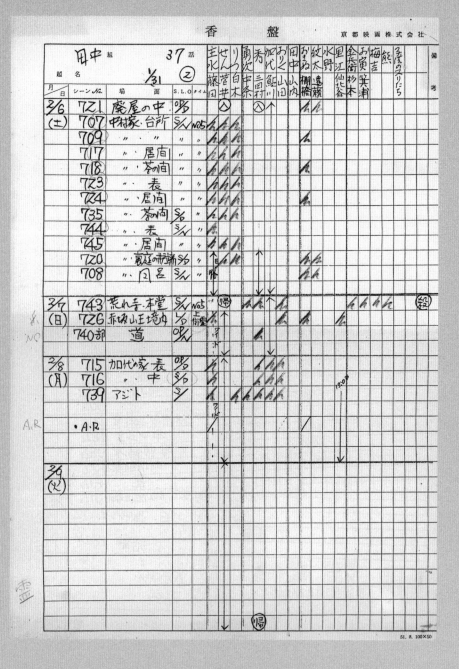

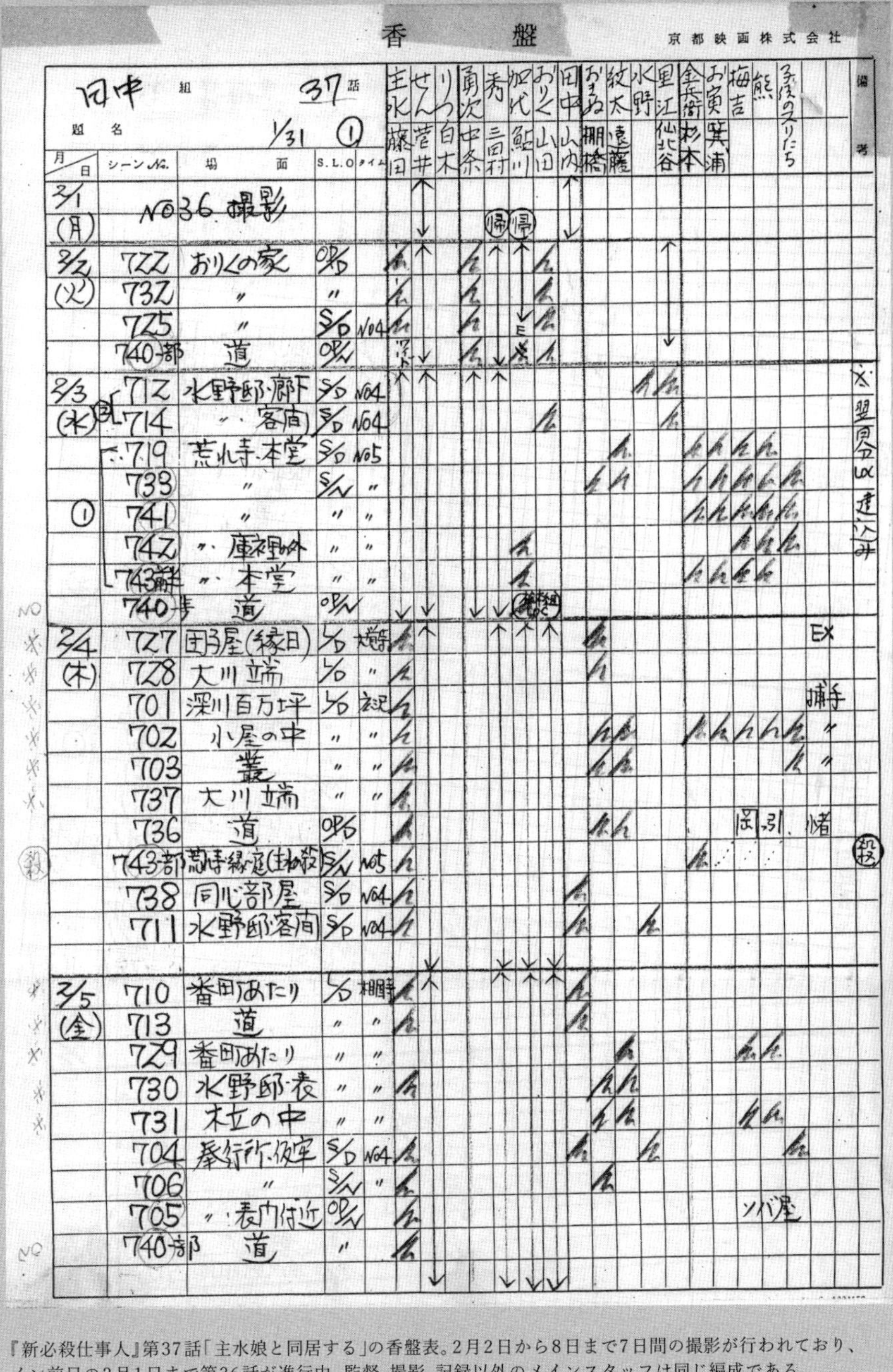

香盤 京都映画株式会社

田中 組 37 話

題名 1/31 ①

配役: 主水（藤田）、せん（菅井）、りつ（白木）、勇次（中条）、秀（三田村）、加代（鮎川）、おりく（山田）、田中（山内）、おまち（棚橋）、紋太（遠藤）、水野、里江（仙北谷）、金兵衛（杉本）、お寅（笑浦）、梅吉、熊、子供のスリたち

月日	シーンNo.	場面	S.L.O	タイム	備考
2/1 (月)	NO36 撮影				
2/2 (火)	722	おりくの家	O/D		
	732	〃	〃		
	725	〃	S/D	NO4	
	740-部	道	O/N		
2/3 (水)	712	水野邸・廊下	S/D	NO4	※翌日分LX建込み
	714	〃・客間	S/D	NO4	
	719	荒れ寺・本堂	S/D	NO5	
	733	〃	S/N	〃	
	741	〃	〃	〃	
	742	〃・庫裡外	〃	〃	
	743前	〃・本堂	〃	〃	
	740-部	道	O/N		
2/4 (木)	727	団子屋(縁日)	O/D	大覚寺	EX
	728	大川端	O/D	〃	
	701	深川百万坪	O/D	広沢	捕手
	702	小屋の中	〃	〃	〃
	703	叢	〃	〃	〃
	737	大川端	〃	〃	
	736	道	O/D		岡っ引 1
	743-部	荒寺縁・庭(主水殺)	S/N	NO5	殺
	738	同心部屋	S/D	NO4	
	711	水野邸・客間	S/D	NO4	
2/5 (金)	710	番町あたり	O/D	相国寺	
	713	道	〃	〃	
	729	番町あたり	〃	〃	
	730	水野邸・表	〃	〃	
	731	木立の中	〃	〃	
	704	奉行所・役宅	S/D	NO4	
	706	〃	S/N	〃	
	705	〃・表門付近	O/N		ソバ屋
	740-部	道	〃		

『新必殺仕事人』第37話「主水娘と同居する」の香盤表。2月2日から8日まで7日間の撮影が行われており、イン前日の2月1日まで第36話が進行中。監督、撮影、記録以外のメインスタッフは同じ編成である

京都映画座談会3

平井靖（俳優）＋東悦次（俳優）

現場に出たって気ぃ遣う人がいないから好き放題じゃ（笑）

京都映画を支えた大部屋俳優として、ともに『必殺シリーズ秘史』に登場した平井靖と東悦次。京都映画専属を経て現在も松竹撮影所俳優部の最古参として活動する平井、エクラン社を代表する殺陣の名手にして俳優業から離れて久しい東——25年ぶりという両者の再会は、すぐさま丁々発止の必殺トークへと発展した。

いつも一緒やったな

東　去年な、白内障の手術したんや。

平井　見えなくなったん？

東　左目に傷みたいのが入っててな。

平井　俺はだんだん右目がピンボケ、『女人武蔵』（71年）のころゴルフやってて怪我したんや。だからあれは全然出てへん。

東　松山善三さんに頼まれて、殺陣師やったやつな。しかし最近の手術はすごいわ。最初は怖かったけど、レーザーで目を開けたまま「ピー」って、寝てるだけでものすごいようなった。

平井　右目は見えるんやろ？　俺は右目があかん。セットでちょうどええわ（笑）。

——おふたりは『必殺シリーズ秘史』をきっかけに交流が再会したそうですが、こうやって実際に会うのは何年ぶりですか？

平井　あんたがエクラン辞めて会うてへんから、もうだいぶなるな。

東　会うたやないか、西友で。

平井　会うたかなぁ。

東　お前、西友にチャリンコで来てて……ほいで扇田（喜久一）の病院、見舞いに行ったとこやって。

平井　あぁ、それは忘れてたわ。

東　お前に聞いて俺も見舞いに行ったやんか。いつごろや？

平井　あれは平成10年の8月の末。なんで覚えてるかいうと、おふくろが死んだ年やから。

——では、およそ25年ぶりの再会ですね。当時は平井さんが京都映画、東さんがエクラン社の所属で、両社の専属俳優が『必殺』を支えていました。

平井　いつも一緒やったな。

東　一緒や。今日の、この感じと変わらへん。

平井　「おい」「お前」ですよ。東は殺陣ができるから、殺陣師さんにつけられた手がやりにくいときなんか相談して「こうしたらええやろ」って、それで手を変えてもらったことがありますわ。で、いつも海水浴にエクラン社と京都映画の俳優部チームが合同で行ってたんです。

東　海水浴と、あとは餅つきな。

平井　7月31日から8月1日にかけて1泊2日で、もう毎年行きましたね。仕事があっても製作部に頼んで、われわれ全員休みにしてくれって。で、人が要るときは東映から呼んでくれいうて。

東　これの金集めがたいへんやねん。レギュラーの人に全部「金出せ」って（笑）。藤田まことさん、草笛光子さん、近藤正臣さん……それだけで海水浴に行けた。

平井　いちおうガソリン代ということで、みんなから２０００円ずつ集めて、夜の宴会のとき全額まかなえそうやからと、１０００円ずつ戻してもらったことがある。そしたらみんな大拍手や（笑）。ごっつい舟盛りが２つもあるし、おもしろかったな。

東　会費を集めて、みんなにお返しや。

平井　もう最近そういうのないんですけど、やっぱりコミュニケーションが取れるでしょう。昔は同じ現場で「おかしいぞ、お前。もうちょっとまっすぐ歩け」とか言ったけど、そんなん全然ないからね。

東　俺な、金集めは上手かってん（笑）。ただ、その金を扱うのは下手やから加藤正記って後輩にすべて任せたんですよ。

平井　加藤は律儀やしな。

東　その助手が大迫（英喜）や。あいつらにお金のことは任せて、一切いじらなかった。ごまかしてへんで（笑）。
平井　加藤も突然亡くなってしもうて……。大迫ちゃんは元気ですわ。
東　あいつら仲良かったな。金魚のフンみたいに、いつもツルんでたから。俳優部で野球もようやったな。
平井　ビールを賭けてね。試合が終わったら勝っても負けてもみんな一緒に飲む（笑）。
東　美鷹（健児）は野球が上手かった。
平井　あとは殺陣師の真ちゃん（布目真爾）。
東　そういえば平井はな……撮影所にエクランの部屋があって、みんなその前に集まってんのに、こいつだけ違う。京都映画の俳優の部屋が二階にあって、そこでカラオケやってんねん（笑）。1人でカラオケや。
——会社でヒトカラ！
平井　なぜかトイレの上に部屋があって、匂いはするけど人が来いひんから、カラオケの機械を買ってきて、1人で歌ってました。
東　山内の八っちゃん（山内八郎）とか扇田とか、みんな製作部の前とかエクランの前でワイワイやってるんや。で、こいつだけ来いひんねん、カラオケで。
平井　八っちゃんは、ぼくら「おとう」って呼んでました。京都映画の古株で、92歳まで現役を貫かはった。
東　夜回りがよかったな。「火の用心さっしゃりましょう」って、拍子木を持って。
平井　あの人は嵐寛寿郎とか市川右太衛門といった御大と仕事をしてきて、それが自慢でしたね。わしは一流の俳優さんと仕事してきたんやって。最後は足がよろけてても火の用心、渡辺謙さんが出してくれはった。おとうは最後まで現役で、かくありたいなと思いますけど、わたしは無理かもしれない（笑）。

火の中、水の中や

——今回の本は『必殺仕事人』（79〜81年）以降がモチーフなのですが、『仕事人』の現場で思い出すことはありますか？
平井　みーちゃん（三田村邦彦）が最後の殺しの前に走りますやん、ピャーッと。で、監督や殺陣師さんが「オープンのどんつきからキャメラまで来い！」って、地面に〝いも粉〟をバーッと撒いて、ライトを点ける。それで全力で走るのを何回もやって、へたばってはりました。テストのときなんか、ちょっと〝盗んで〟走ればいいのに、みーちゃんは本気で。
東　大覚寺に堀があるねん。あそこをよう走らされたなぁ。みーちゃんと冬の寒い寒い水の中で立ち回りやって（笑）。
平井　みーちゃんが飛び降りて、かんざし回して、ブスッって。そのまま水やからね。やられてバッチャーン！　冷たい、けど死んどかなあかん（笑）。
東　水の中はな、前に倒れるんはまだマシなんやけど、後ろに倒れたら背中に水がドオーッ……あれはたまらんかった。
平井　倒れたら、水が流れ込むやろ。ザーッと下まで全部入ってくる。
——前のほうが、まだ楽なんですね。
東　そうなんよ。冬の大覚寺の橋の下でライト待ちをしている間、みーちゃんと2人で水に浸かったまま、震えながらお互いに鼻水出して（笑）。

京都映画とエクラン社の専属俳優による夏の海水浴

――伊吹吾郎さんはいかがでしたか？

東　ゴロやん、なんかあったかな。

平井　あんた、『殺陣田村』をやったやないか。大阪のフェスティバルホールで吾郎ちゃんの記念公演、フラメンコギターの前に『殺陣田村』やってくれへんかって、それで木刀やら槍を持って、東が殺陣をつけてくれた。

東　あったな。あと、ゴロやんとは第3セットか、もう燃えたところ。あそこの前にツルハシ立てて、キャメラは上から……地面からツルハシの尖ったところが出てるわけや。そこでゴロやんと立ち回りして、斬られた俺がツルハシに突き刺さる。

平井　そんなん東の出番やな。

東　キャメラ俯瞰やから、ごまかされへん。なんせ難しいカラミをやらされた。石っさん（石原興）がなんか思いつくと、必ず「東を呼べ」って。俺が麻雀してるときに、スタッフが呼びにくる（笑）。

平井　ボキボキはやられんかった？

東　それはないな。

平井　吾郎ちゃんに背骨折られて、バキー。足がバーンって、タイミングが難しいんや。

東　雁さん（芦屋雁之助）に、魚籠を被せられたことはあったな。顔が砕けて、途中からアニメーションになる（笑）。

――『必殺からくり人　富嶽百景殺し旅』（78年）ですね。

平井　山田五十鈴先生のやつや。河原に小屋立ててね、ほんまに火が燃えさかっているところに、わたしらは入っていかなあかん。そんなシーンもありました。

東　火の中、水の中や。

平井　わたしら大部屋の俳優には、山田先生がいちばん優しかった。先生の舞台のとき楽屋の前でご挨拶すると、帰りにお小遣いをくれはるのや。そんな気持ちで行ってへんのに「みんな、これでお茶飲んで帰って」って。

　山田先生が亡くなられたときに、どこかの新聞社が取材にきて、その話をしたことがありますよ。わたしらにまで親切でしたって。

「くどくどくど言うなぁー！」

――『仕事人』の1・2話は、松野宏軌監督が担当しています。

平井　松野先生といえば夜間ロケや。侍の役で「待てー！」って追いかけるシーン、もう寒かったから手袋したまま出て、本番やりました（笑）。ほんでOKになったあと「あっ、手袋！」……だから先生に意地悪されたなぁ。
東　あれ相国寺やんな。先生、カチンときたんやろ。現場移動になったら、次は嵐山で川の中を走らされた。
平井　優しい人やから直接は怒らへんけど、気合い入れたろいうのかな。
東　松尾（勝人）なんかタバコ吸うとったことあるからな（笑）。それで「お前、さっきの本番やで！」って。
平井　それと松野先生はね、わたしが瓦版屋をやるでしょう。そうすると、すぐセリフを変えるんです。おもしろいけど、でも直前で「こうして、こうやって」となったら、なかなかセリフが出てきいへん。ようありました。
――田中徳三監督はいかがでしたか？
平井　田中先生はねぇ……言葉は悪いけど、せっかく役で出ててね、いい芝居してるのにないんです。オンエアを見たら。
東　カットされてんの？
平井　まぁ、いちばん切ってもええのが、わたしらやから。主役やゲストのからみは切れないですから。もし監督が生きてはったら「そんなんしてへんわ！」って怒られるでしょうけど（笑）。東は喧嘩してへんか？
東　現場で喧嘩した。俺、怒鳴ったなぁ。「くどくどくどくど言うなぁー！」っちゅうて。ねちっこくするやん。もう、アタマにきて。
平井　なんかボソボソ言うんやな、田中先生って。はっきり「こうやってくれへんか」じゃなくて、ボソボソボソボソ小さい声で。もう聞こえへん。ほんで東が帰るわけや。
東　工藤（栄一）さんにはよう怒られた。でも愛情があるんや。貞永方久さんか、あの人には怒り返したことがある。
平井　貞永さんは、ようわたしを使ってくれた。「ちょっとちょっと」やねん。ええ監督や。
東　みーちゃんを吊るして桶の中に浸けるシーンがあって、俺と滝譲二がワルの役、セットの外で待ってたんや。いろんな仕掛けとかで時間かかるから。そしたら「お前ら、なにしてんのや！」って貞永さん、ボロカスに文句いうてきてな。
なにしてんやって俺らここで待ってただけや、サボってるわけじゃない……だから「やってられるかぁー！」って（笑）。それで滝と一緒に「アッタマくるな、あの野郎！」って大きい声で聞こえるように言って、現場が終わったら製作部の前で「おつかれさん」って向こうから（笑）。
――原田雄一監督はいかがでしたか？
平井　原田さんは、なんでもOKやったね。よう出してもらいましたよ。伊豆のロケで原田さんを忘れたことがあった（笑）。朝、ホテルから出発で監督が「ちょっとトイレに行ってくるから」いうてるのに、誰も聞いとらへんかった。そしたらロケバス出てもうて、下田の駅で降りて、準備して「さぁ本番いきましょう！」となったら、監督おらへんねん。そしたら原田さんが駆けつけて「俺を忘れるなよ！」（笑）。
東　あの人、背がちっちゃいからな。
――『京都殺人案内　撮影所の女をさぐれ！』（86年）のエピソードですね。
平井　家喜（俊彦）さんにも、よう使うてもらいました。おもしろい人でね、『斬り捨て御免！』（80〜82年）で「平井ちゃん、いっぺん女形やってみるか」って言われて、雪之丞みたいな格好して、ほんで長門（勇）さんにからんでね。あんなん好きやから。

東　俺は家喜さんとはあんまりないなぁ。（都築）一興さんが初めて監督したとき、仁和寺のロケで大名行列に向かって「待て！待てー！」って、あれはよう覚えてる。気持ちよかったから（笑）。

平井　あるとき映画で大船撮影所に2週間ほど行って、そのときの監督が広瀬（襄）さん。演出がどうのこうのってみんながワイワイやってるのに監督だけ外に出て、ひとりでタバコ吸ってて……だから石原さんが半分監督みたいなもん。そんなこともありました。

――『必殺！　ブラウン館の怪物たち』（85年）ですね。

平井　わたしは大船撮影所は初めてで、京都映画から3・5トンのトラックで照明の機材を運んで、また戻って。だから製作部と兼任ですね（笑）。撮影が休みのときはモノレールで江ノ島に行ったりして、楽しかった。

「どんな芸名がええか」っちゅう話に

――ほかに当時の俳優仲間の思い出はありますか？

東　俺はね、伊波一夫さん。よそでお芝居してた人なんですけど、エクランに来はって、そのころ俺はブイブイいわしてたやんか（笑）。伊波さんはものすごい気ぃ遣ってくれて、俺は俺であっちが年上やし……それでお互い気ぃ遣ってたんやけど、『仕事人』で木曽にロケーションに行ったんですよ。

そのとき夕食が松尾や伊波さんと一緒で、丸尾（好広）さんがサッとビールだけ持って、どっか行ってもうた（笑）。そのとき話してたら「東ちゃんってこういう人やったんやな。これからは気兼ねのうやろうや」で、こっちも「よろしくお願いします」。そんな先輩でしたね、伊波さんは。

平井　もともと旅芝居の人やから、芝居がくさい。藤田さんも認めるくささや。その代わり、そういう役をやったら抜群にええですよ。劇中劇の村芝居なんか、ぴったしや。

東　松尾も上手かったよな。あいつは意外と

平井靖

殺陣もできたし。

平井　ゲンちゃん（扇田喜久一）は、年上やけど後輩なんです。乗馬も一緒に練習したし、どこに行くのも一緒やった。ただ水が怖かって、水のシーンがダメ。まったく泳げんカナヅチやしなぁ。

東　水だけとちゃうわ。あいつ、撮影で生卵を頭にかけられて、落ちてくるだけで「グッ！」って（笑）。

平井　顔にかかるもんがあかんねん。すぐに息が詰まるから。水の中に入ると、なぜか鼻から吸うクセがある。ゲンちゃんと嵐山に泳ぎに行って教えたんやけど、浅いところに潜ったら「ブワーッ！」、人間魚雷や（笑）。

——なぜ「ゲンちゃん」と呼ばれていたのですか？

平井　みんなで「どんな芸名がええか」っちゅう話になって、わたしが源三郎で、次の後輩が源四郎、で、扇田は「じゃあ五郎にしとけ」ということで扇田源五郎……せやけど採用してもらえなくて、その名残りで「ゲンちゃん」です。わたしがつけたんや（笑）。

彼はね、お百姓さんの出で若いときから農業をやってるから、江戸時代の人糞を運ぶ役、あれがぴったし。『浪人街』（90年）やったかな。夏のね、だるい昼下がりの情景で、彼が肥たごを担いで進んでいく。これは評価されました。肥たごを担ぐ腰の入れ方がほんまもんやから、人糞を運んでるみたいで。

——殺陣の思い出はありますか？

東　土佐鶴やったかなぁ、四国のお酒のコマーシャル。「本身で居合抜きをやってくれ」いうて、キャメラがすぐそば、ほんまもんの日本刀をスッと抜いて、また鞘に納める……そんなんやりましたね。

20歳のころ本身で怪我したんですよ。切っ先がちょっとズレただけでものすごい血が出た。その傷口を刀の柄頭で押し込んで、ずーっと血が止まるまで待った。居合はね、内田良平さんに感心されたこともある。

平井　早いんや。だいたい首斬り役なんか、東やったもんな。

東　松尾と加藤と横堀（秀勝）とかと、いちばん居合が早いのは誰かって賭けてな。

平井　広田（和彦）もおった。5〜6人や。円になってやって、横堀なんか「俺がいちばん早い」いうてたのに4番目とかや（笑）。

東　自分では上手いと思ってるんや。俺は左利きやんか。それはもう人一倍練習したわけよ。「これだけは絶対に負けたくない」と。

平井　左利きやのに右でようやれるなぁ。俺は左できへんで。松方弘樹さんと一緒や。松方さんも右利きに直されて、で、立ち回りが終わって食事になったら左手でお箸を持ってる（笑）。

東　松方さんの殺陣はすごかった。あれは忘れられへん。俺も日本一のカラミやと思ってたけど。

平井　近藤正臣さんの『斬り抜ける』（74〜75年）のとき、雪が降ってるのに亀岡の堤防まで行ったな。途中から猛吹雪で中止かと思ったら「これで回そう！」。斬られて土手からドーッと転げて落ちた。ゴロゴロゴロゴロって、あんな画もう絶対に撮れへんわ。

照明部で口が悪いのがおったな

——『新必殺仕事人』（81〜82年）からは中条きよしさんがレギュラー入りします。

左から松尾勝人、伊波一夫、東悦次

平井　直接からむシーンは少ないんですが、撮影が夜まで待ちになったりするでしょう。そうすると例の二階のカラオケで「折れたタバコの吸いがらで〜」と、「うそ」の歌い方を教えてもらいました。あそこは息継いだらあかんとか、素人が上手に聞かせるにはちょっと早めに歌えとかね。

東　ひかる一平は、へったくそやったなぁ。面と向かって言ったことがある。そしたら「おいちゃん、おいちゃん」って懐いてきて、なにがおいちゃんじゃ、バカモーン（笑）。

平井　ほんまに彼は少年やったから。

東　京本（政樹）には殺陣のことを頼まれて、新歌舞伎座の舞台をやったね。なにも残らなかったけど、殺陣だけ残った。

平井　『ブラウン館』の撮影で京本さんが怪我して車椅子になって、京都から大船まで一緒に行きましたね。でも京本さんや村上（弘明）さんとは、そんなに交流はなかった。

東　村上って、ほんまに……ないなぁ。

平井　やっぱり思い出すのは、藤田さんばっかりやね。「そばを食べると長生きするから」と店に連れていってくれたり、金沢の近江町市場で手羽先を勧められたり。地方ロケが早う終わったとき、藤田さんが「平井ちゃん、今日はおつかれにしてくれや」。ほかのドライバーは運転が荒いからと、藤田さんの自宅まで送ったこともありました。わたしの運転は、よう寝られたそうです。

——鮎川いずみさんはいかがでしたか?

平井　お芝居でからむくらいかなぁ。わたしらとは、あんまり付き合いはなかったですね。

東　俺はよう怒った。

平井　あぁ、なんでかいうたら鮎川さんはワンカットごとに化粧するんや。しかも長いねん、それが。だから「早よせえよ!」って石原さんもよく怒ってた。「おい、ねえちゃん、早よう!」って。

東　広沢池で、鮎川待ちやったんや。なのにトロトロトロトロ歩いてくるから、それで俺が「走れーッ!」いうて（笑）。

平井　その間、ずっと待ってなあかんし。

東　寒いときに、（中村）吉右衛門さんの『斬り捨て御免!』やったかな。山の上で立ち回りするんやけど、本人は下でガンガン（石油缶を使った暖房器具）にあたってて。こっちは上で殺陣師さんと段取りして若いもんらと待ってるんやけど、なかなか来いひん。それでアタマにきて、「キチエモンー!」。でも、みんなええ人やったよ。怒鳴ることは怒鳴るけど(笑)。

平井 そういう人もおらなあかんのや。撮影でも「はい、いこかー!」「なに待ってんねん、日が暮れるぞ!」って。そうやって現場を進行させる人が最近はいないんですよ。昔はおったやろ?

東 まぁちゃんとかな。

――進行係の鈴木政喜さんですね。

平井 段取りよかったですわ、まぁちゃんは。みんなのこと考えてくれて。地方ロケでも先乗りして、本隊が来るまで自分の好きな風呂入ってね、毎晩(笑)。でも現場はスムーズにいけるようになっている。

ある作品で、まぁちゃんが全部段取りしてたんです。そうしたらプロデューサー補の若い子が……せっかくホテルのタイアップを取っていたのに「テレビで宣伝するからプラスで現金30万くれ」って言ったの。それで向こうが怒って、本隊が到着した日にバツになった。今夜どこに泊まろうって慌てて、研修用みたいな施設の会議室に1週間や。まぁちゃんはカンカンに怒って、京都に帰った。それで製作主任の黒田(満重)さんが困って「手伝うてくれんか~」って、わたしは出番をやりながら進行もやりました。

――ほかのスタッフで思い出す方は?

平井 照明部で口が悪いのがおったな。南所登とか中山利夫、あのへんは口が悪かった。

東 アクが強いといえば〝若〟や。

平井 録音の広瀬(浩一)さん。あの3人はちょっと暴れるほうやから、いっぺん製作部のガラスをバットで全部ぶち割ったことがある。バーン、バーンって。中山は「男は嫌いやから、女しか当てん」いうて、ほんまに俺のとこだけ薄暗いねん。そんなんようあったわ。

東 まぁちゃんも昔はやんちゃやったから。

平井 松竹の俳優さんで、もともとテキ屋やったかな。キャメラのサブちゃん(藤原三郎)もテキ屋のバイトあがりやし、そんなん多いわ。「やくざになってたかもしれへん」という照明部さんもおった。

東悦次

東　若も喧嘩っ早うてなぁ……いっぺん東京に出て、（萬屋）錦之介さんの中村プロで録音やってて、なんやかんやで揉めたんや。それでこっちに帰ってきた。「やってられるかー！」って。けど、みんな仲良かったよな。

平井　そうや。南所登とはカラオケも一緒にやったしね。

――よく歌ったんですか？

平井　いや、カラオケビデオのほう（笑）。仕事がないとき「平井ちゃん、俺の照明手伝うか？」って、シネキンを3つとバッテリー積んだハイエースを運転して、朝早うから道頓堀で撮影するんや。ええギャラもろうたよ。照明ってこんな金になるのかって、わたしらのギャラの3本分くらいありました。

東　そんなにええんか。

平井　製作部には木辻（竜三）さんという方もいて、南座の頭取から京都映画の進行になった。あの人も気を遣うてくれて、上手やからねぇ。「今日は寒いから紅茶を用意するわな」って、その紅茶にウイスキーが入ってんの（笑）。夜間に飲んだら温《ぬく》うなる。

東　まぁちゃんも木辻さんも、その筋に強かった。祇園のロケで若い衆がイチャモンつけてきても「俺が話つけてくる」って。

平井　木辻さんに進行をいろいろ教わったのが、砥川（元宏）や。だから砥川みたいのが現場におらなあかんの。現場がおもしろいと作品もおもしろい。わたしはそう思うんです。つらい現場で、みんなが嫌がるような組はね……。まぁ、あのころは元気やったな。

東　うん、現場に出たって気ぃ遣う人がいないから。好き放題じゃ（笑）。

平井　もちろん仕事はちゃんとしてますけどね。ひさしぶりに東と会えて、楽しかったわ。まだ時間あるか？　ちょっとお茶でも行こうや。

平井靖［ひらい・やすし］

1942年岐阜県生まれ。高校卒業後、東映京都の大部屋俳優に。大映京都、東伸テレビ映画を経て、66年に京都映画の専属となる。必殺シリーズや歌舞伎座テレビの時代劇をはじめ『京都殺人案内』『鬼平犯科帳』『剣客商売』などに出演。現在も松竹撮影所俳優部に所属し、後進の指導に当たっている。

東悦次［あずま・えつじ］

1943年和歌山県生まれ。溶接工を経て、63年に大部屋俳優として日本電波映画に参加。同社倒産後はフリーを経てエクラン社に所属、必殺シリーズをはじめ京都映画の作品に多数出演する。殺陣師として『女人武蔵』『信濃天露伝記』『必殺スペシャル』などを担当。その後は舞台や映像の殺陣を手がけた。

必殺シリーズ美術資料集

松竹京都出身の美術デザイナー・倉橋利韶は、『必殺仕置人』から『必殺！　主水死す』まで23年にわたり多くのシリーズを手がけてきた。残念ながら倉橋氏は２０２２年に逝去されたが、自宅に保管されていた貴重な美術資料を御遺族の協力のもと、ここに掲載させていただく。なお、既刊の『必殺シリーズ秘史』『必殺シリーズ異聞』には中村家や奉行所などのセット図面が収録されている。

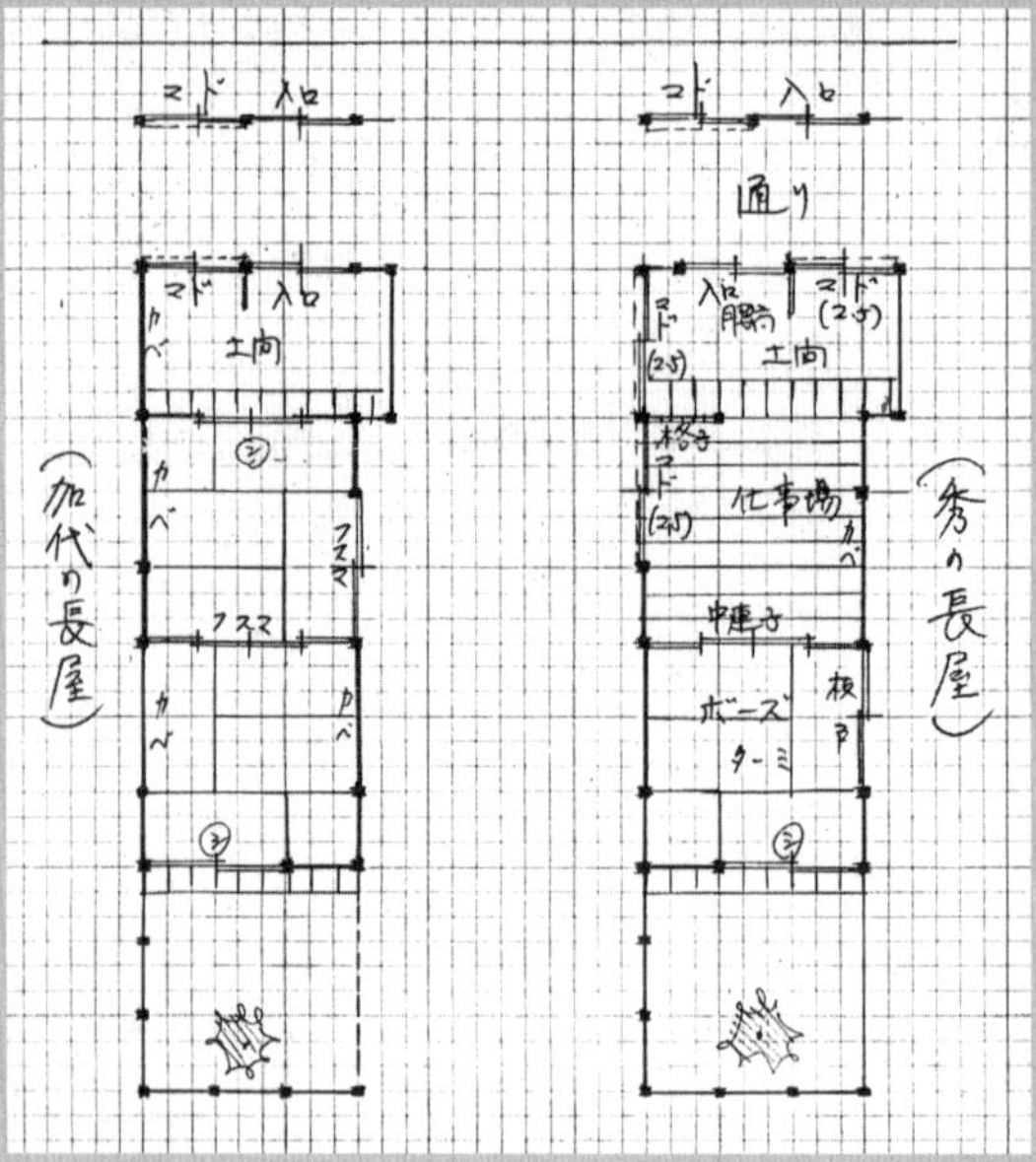

加代と秀が暮らす長屋のセット図面

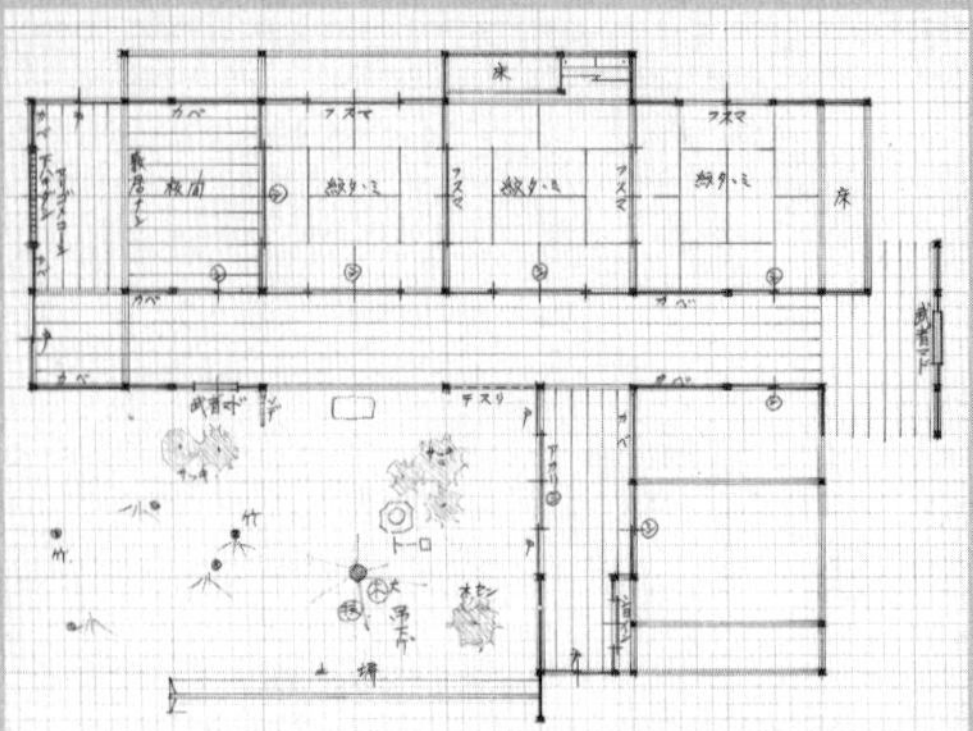

第4ステージの常設セット。庭と廊下、複数の部屋があり、シナリオに合わせて商家や料亭、百姓家、武家屋敷などに模様替えが行われた

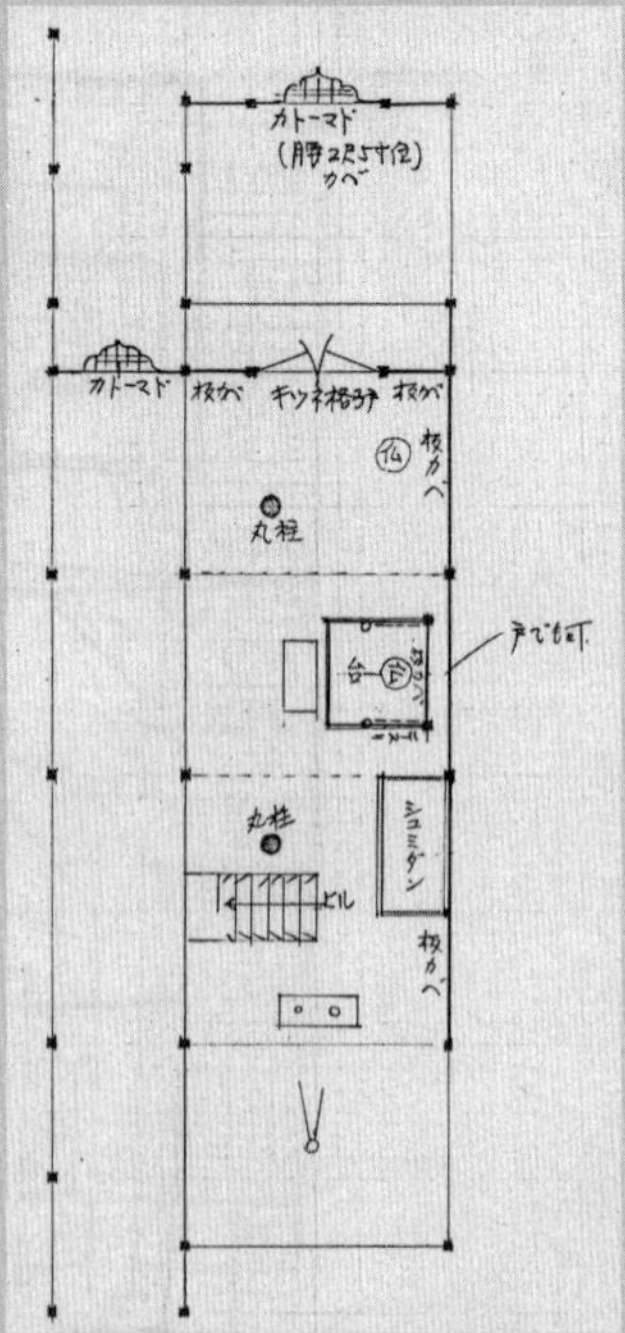

仕事人が集まるアジト。仏像や須弥壇を用意して、奥行きある設計が施された

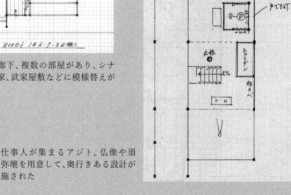

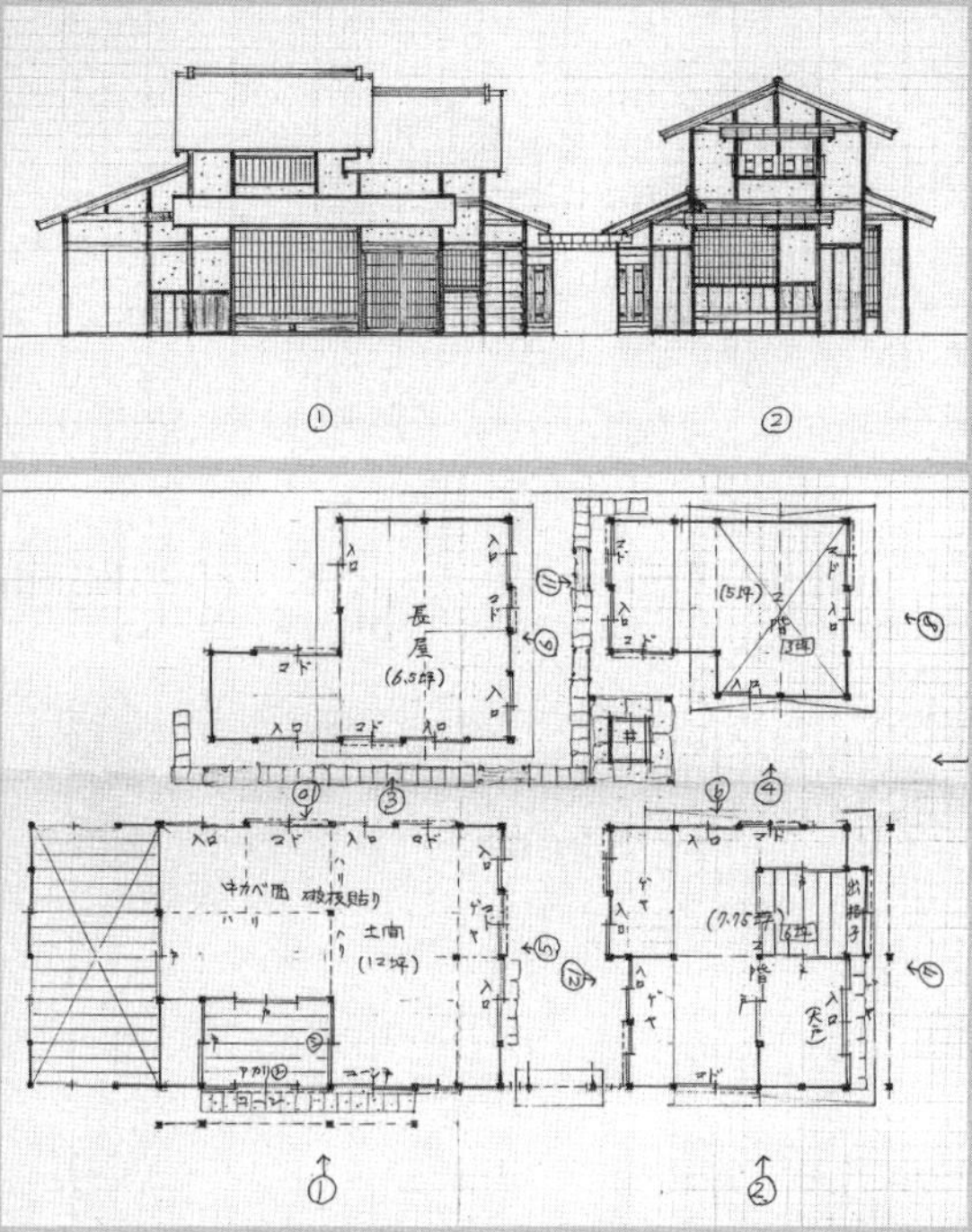

オープンセットの一角、商家と長屋で構成されている

在りし日の倉橋利韶。トレードマークはベレー帽

隠れ家のセットイメージ画

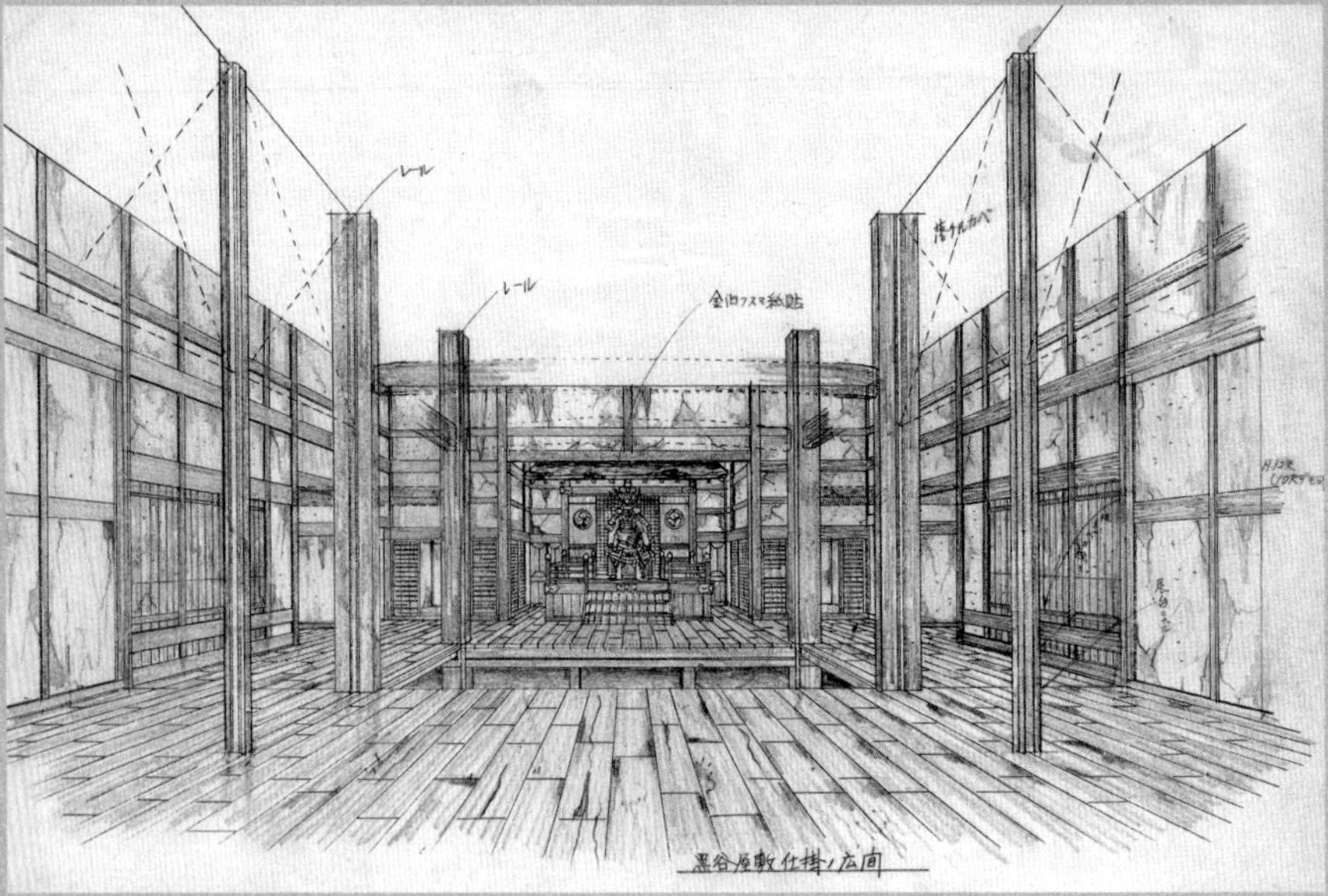

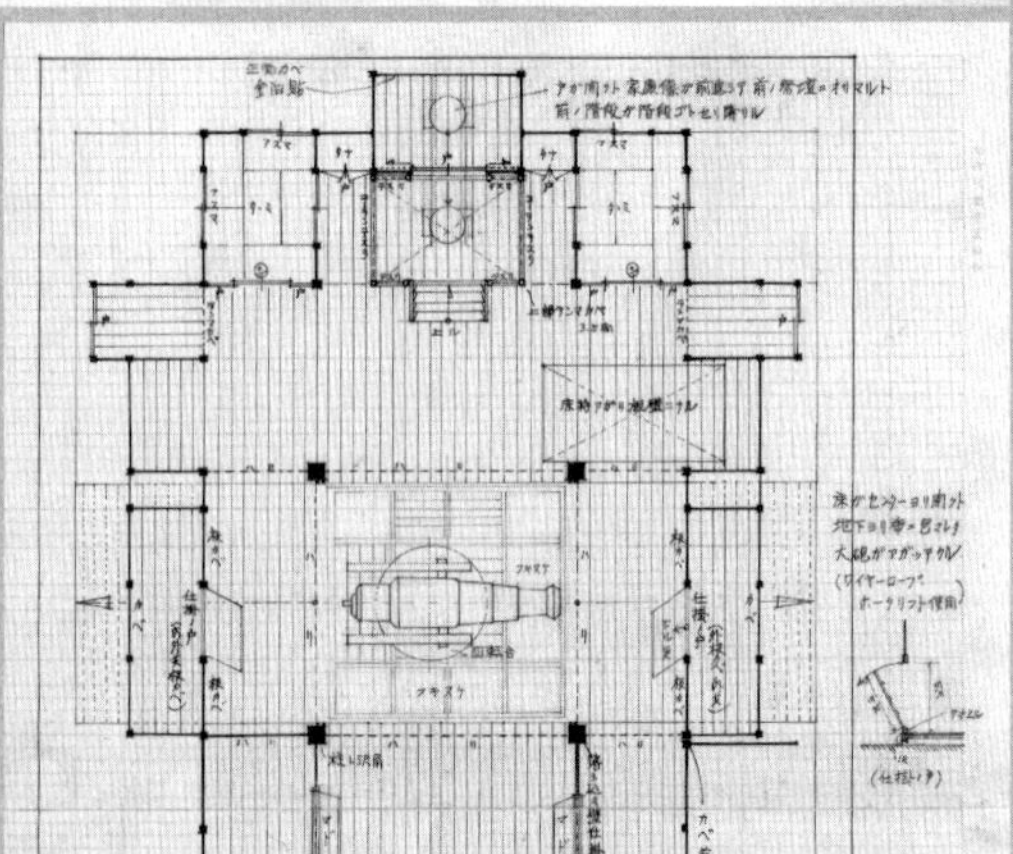

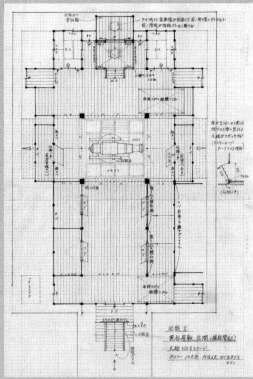

映画『必殺！ ブラウン館の怪物たち』の黒谷屋敷。京都映画ではなく松竹大船撮影所に大がかりなセットが組まれた

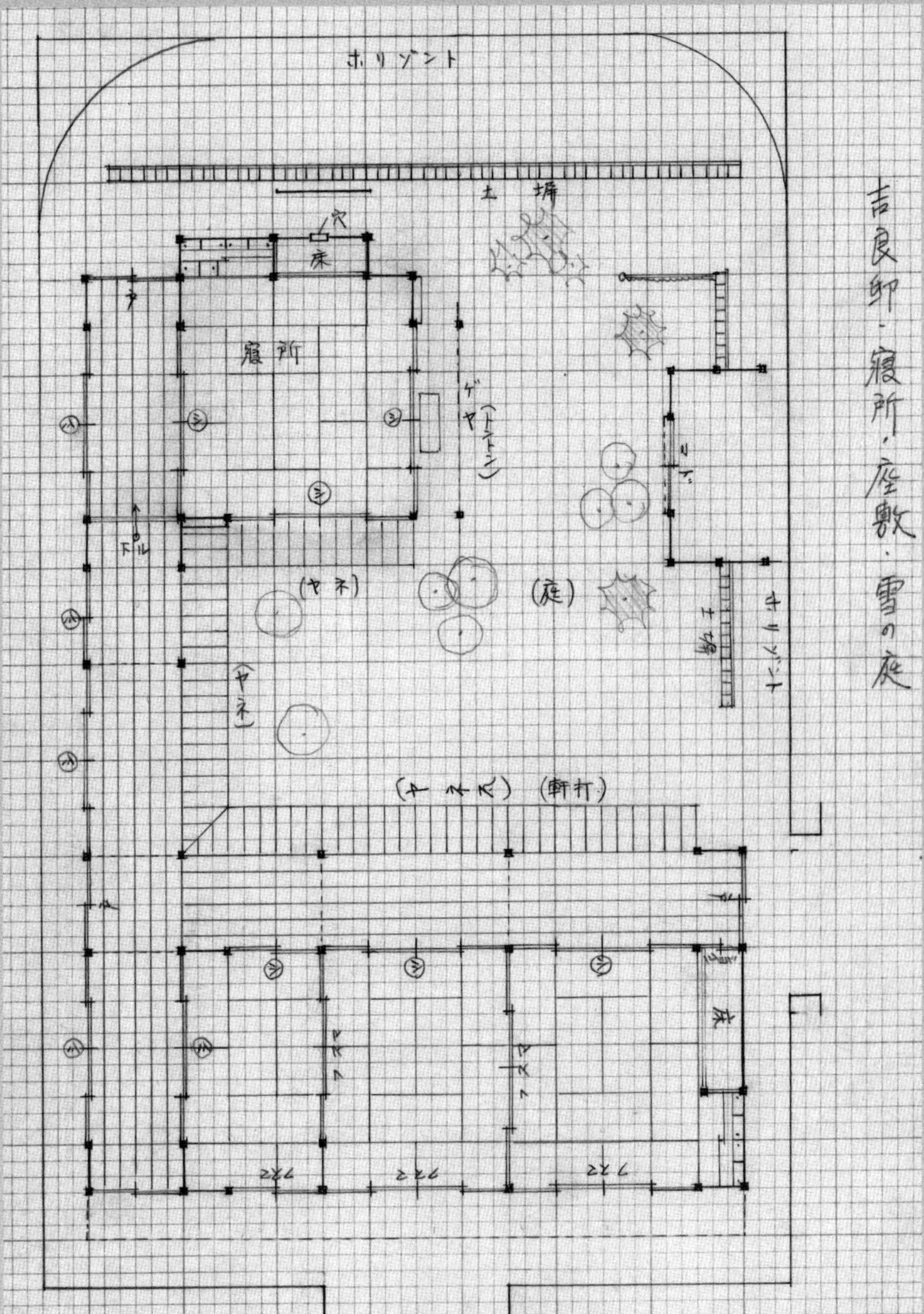

『必殺忠臣蔵』の吉良邸セット図面。討ち入りシーンが撮影された

資料提供：山田三千代（倉橋利韶長女）

京都映画座談会4

安田雅彦（撮影）
＋
はのひろし（照明）

俺たちだったらこう撮るとか
お互い技師を目指して話し合ってましたね

80年代の京都映画において撮影助手、照明助手を務めてきた安田雅彦、はのひろし。必殺シリーズの光と影の映像を作りあげた石原興と中島利男にそれぞれ師事した両名は、やがて技師として彼らのテクニックを継承し、現在も松竹撮影所の中核スタッフとして活躍している。助手の立場から見た必殺シリーズの現場とは——。

まぁ独特なドラマ作りでした

安田　毎日もう徹夜みたいな現場でした。殺しがあると、だいたい12時越えるから、12時までに終わるとラッキーって。

はの　本当にそうやったね。「今日は早よ終わった〜！」って。

安田　2クールだと、半年間くらいやるじゃないですか。それでキャメラマンは替わるんですが、ほとんど助手は替わらない。いちおう1週間に1回休みがあるけど、『必殺』はナイターが多いから……。

はの　明け方、太陽が出るまでに撮り終わらなくちゃいけない。普通は陽が沈むまでなのに（笑）。

――当時の京都映画の撮影部と照明部の体制を教えてください。

安田　キャメラマンを入れて基本は3人、助手はチーフとセカンド、見習いでサードがついたりもします。セカンドがピントで、チーフが計測……メーターで画面の露出を計る。

はの　照明部は助手が3人なんですよ。東映の場合は4人だから、3人はキツかった。そうそう、ぼくが『必殺』に行ったとき、もう安っさんは計測してたと思うんやけど、違ったかな？

安田　たまたまチーフがキャメラマンになった時期やったから、トコロテン式で上げてくれはった。都築（雅人）さんと喜多野（彰）さんが技師になって、そのあと秋田（秀継）さんも一本立ちしたから、チーフになったのは早かったかもしれない。ぼくがセカンドのころは秋田さんがチーフ。しっかり理詰めで「こやから、こうで」って説明してくれる真面目な方でしたね。

はの　照明部もチーフがいて、技師の意向を下の助手に伝える役目なんですけど、初めて必殺チームに行ったときは、ぼく以外の人はぼくが生まれたころからやってるようなベテランばっかりで（笑）、だからほとんど伝えてもらえたこともない。もう放ったらかしで、相手にしてもらえなかった。

――照明技師の中島利男さんと同年輩くらいの方々が助手を。

はの　そうですね。だから技師さんから直で仕事をもらわないと、もう小物の片づけとかばっかしやってました。いちばん下っ端の助手の仕事は、セットや次のロケ現場に早めに行って電源コードを回して、必要であろうライトを近くに集めておく作業でしたね。

安田　ぼくは大映や東映でも仕事をしましたが、個性的なライティングとキャメラワークはちょっと違いましたね。石原（興）さんの作りあげた『必殺』のスタイルは、ほかでやったら成立しないもの、それがいちばんの印象です。まぁ独特なドラマ作りでした。

はの　照明もそうですね。たまたま東映に応援に行ったとき、東映はちゃんとチーフが仕事を伝えてくれるんで「あそこをこうやってきて」って指示されて、ライトを当てるじゃないですか。そしたら、やっぱり『必殺』で育ってるから、けっこう部分的な当て方をする……それで「違う！」ってすごくチーフに怒られたことがありますね。『水戸黄門』やったんで（笑）。

安田　お互い正反対や。ぼくも助手のころ『水戸黄門』やってるんですよ。やっぱりキャメラワークが制限されるというか。

はの　見やすさが第一ですよね。

安田　だから照明のトーンも違う。いまの東映は、ぜんぜん自由にできるんですよ。以前はそういう制約があったけど、もう若い世代に……プロデューサーも監督もみんな代替わりしてきたんで、自由な空気はあります。ぼくも何度か行ってますが、すごくがんばってますよ、向こうも。

『必殺』はリアリズムじゃない

――おふたりが京都映画に入るまでのキャリアを教えてください。

安田　大阪写真専門学校に行って、高林陽一さんという先生がATGで監督した『西陣心中』（77年）に参加しました。で、それをきっかけに大映で撮影助手をやってたんですけど、組合が管理してた撮影所の製作部門が完全に閉鎖になったんですよ。

それで東映に行ったり、勝プロのつながりで東京に行ったり、大阪でコマーシャルをやったりして、京都映画にもときどき応援で来てたんですけど、フランキー堺さんの『赤かぶ検事奮戦記』（80年）のとき本格的に入りました。瀬川（昌治）組でしたね。ぼくはフリーの作品契約ですけど、撮影部には社員もいました。

はの　ぼくも安っさんと同じ写真学校の後輩です。2年生のときから、アルバイトで宝塚映画に行って、なぜか照明をやらされてたんですよ。それで先生から「京都映画が照明部を2人求めてるみたいなんやけど、お前うちも近いから行ってみるか？」って、ほんまに近所やったから。

それでね、本当はぼく、撮影部希望だったんですよ。ちょうど同級生が撮影部にいて、その彼があと1ヶ月でもう田舎に帰って家を継ぐのが決まってて、会社いわく「もうすぐ撮影部に移ってもらう」……それから42年間待ってるんですけど（笑）。

安田　撮影部の人数が空くのを（笑）。

はの　それで最初は歌舞伎座テレビのチームに入って、中村吉右衛門さんの『斬り捨て御免！』（80〜82年）についてたんですけど、そのうち『仕事人』の中条きよしさんが出られてたシリーズで、先輩が技師になるから助手が足りひんと引っぱられて、それからずっと『必殺』です。

安田　この2チームがあって、ぼくは歌舞伎座はほとんどやってないな。けっこう分かれてたから。

はの　現場も歌舞伎座のほうは監督ありきで進んで、『必殺』は殺しのシーンとかになると石原さんが引っぱっていかはるから最初は「あれ？」って、ぜんぜんちゃいましたね。それこそライティングにしても、行灯の光源を無視したライティングがあったりとか。

――行灯の光に近いほうの顔が暗くて、逆側が明るいような。

はの　そうそう。「このほうがコントラストついて、かっこええやろ」という感じ。リアリズムじゃないんです。

安田　極端なことを言うとリアリティ必要ないのが京都映画で、ある意味で自由。大映はリアリティを追求していくタイプですね。それと大映は監督を筆頭にした伝統的な映画のスタイルで、こっちはみんなが意見を言っていく。

京都映画はスタッフも若くて、着ている服も派手。大映にいたころ、ぼくら絶対白とか着れなかったですから。反射が出ると照明部に怒られるから、モスグリーンのジャンパーみたいなものしか着れなかった。

はの　石原さんでも赤い服を着てたり、ノリが若いんですよ。

安田　ぼくらと同年代のスタッフがけっこういて、撮影部もみんな若かった。東映なんて先輩ばっかりで、一緒に飲みにいったりもできなかったし。ここは家族的なところがあったんで、やっぱり居心地よかったですよ。

〝トシオ〟しか技師になれへんのか

――石原興さんから学んだことはありますか？

安田　あの人のキャメラワークって独自なんで、なかなか真似しようと思っても真似できない。あとは現場の雰囲気を作るのが上手いんですよ。黙って作業して、すばらしい画を撮りはるキャメラマンもいるんですけど、現場を盛り上げて、引っぱっていく技術はすごかったですね。

助手として大変だったのは、もうコロコロ変わるから……自由な方なんで、キャメラを好きに動かすし、テストと本番でまったく違うサイズやし。「芝居を見たら変わるだろう」というスタイルだったんで、セカンドのときなんか油断してるとね、さっき引いててピント送らんでもええかな思ってたら、いきなりズームで寄っていきますから。「おい、おい、おい」って（笑）。

はの　もう即興やからね。

安田　フィルムは現像しないとわからない緊張感があるし、テストと本番で俳優さんの芝居も変わるから、どのタイミングでピントを送るか……運動神経みたいなもんですよ。照明部さんも芝居が変わると、ライトも変えなあかんから大変。みんな手で持って、こうやって。

はの　そうそうそうそう。本当に最後は「このタイミングで、この角度」って役者さんの動きに合わせて、手で動かしてましたから。

安田　大映のキャメラマンは単レンズで、アングルを決めたら、照明でも美術でも内側にみんな集中する。石原さんは全体の雰囲気を優先するし、照明の中島さんも臨機応変、絶えず探ってはる感じでした。

はの　中島さんも気分屋いうたら言葉は悪いんですけど、「あれ？」って思うことはよくありました。それで中島さんが好きやったのは〝格子の影〟ですよね。後半はもう、やたらと出してた。

安田　「また格子や〜」って。

はの　くっきり明と暗が出ますから。『斬り捨て御免！』のときも、南所登さんという技師さんが「そのへんから格子窓もらってきて」って、その影だけやとおもしろないんで、あちこちスリッパを引っかけたりね（笑）。

――ちょうど今回の本の表紙が、まさに中島ライティングの格子の影を活用したシーンのスチールなんです。

はの　おおっ、まさにこれこれ！

安田　光線の角度が上手いねんな。

はの　それと女性をきれいに撮る。東映の安藤清人さんや亡くなられた大映の中岡源権さんも褒めておられました。「お前とこの親分は女を撮るのが上手い。かなわんわ」って。

――女優を美しく撮るライティングと殺しのシーンの光と影のライティングは、どちらに時

間がかかりますか？

安田　殺しのほうがかかりますね。

はの　人物に当てるだけじゃなくて、全体の雰囲気づくりがあるから。

安田　『必殺』というのはやっぱり闇の世界なので、その闇をどう表現するか……。

はの　こだわらずに流せば、早くできるんだけど、そうはしない。

――石原さんと中島さんのコンビは、どのような雰囲気でしたか？

安田　お互いのことを認めて、許容範囲を持ってコミュニケーション取ってはるので、石原さんが「これはダメや」と言うときは言うし、中島さんが「なんでや」と言い返すこともありましたけど、ツーカーでしたね。

はの　さっき安っさんが言ってた、石原さんがテストするたびにズームピンの位置が変わる話……そんなときでも中島さんは予測してたんか、ちゃんとライトが遠かったりして画に入らない。逆に「ここ！」いうときはもうフレームに出てるんやないかと思うほど、近くから当てるときもありました。

安田　石原さんは「どうだ。見てみろ！」という映像だけど、ほかのキャメラマンも個性がありました。藤原三郎さんは人情に厚い人やったし、都築さんも優しくて後輩の面倒をいろいろ見てくれた。

　石原さんのシャープさに対して、三郎さんはノスタルジック。ちょっと柔らかくて、レンズもワイドが多い。で、都築さんはきれいな画を撮る。ほんまに1枚の絵の引いた画がね、ほんまの絵画みたいな印象がありました。みなさん、それぞれ違うんです。

――必殺シリーズの照明技師は中島利男、林利夫、中山利夫と3人の〝トシオ〟が活躍していました。

はの　〝トシオ〟じゃないと技師になれへんのか思ってましたね（笑）。中山さんは若いし、中島さんに対する反抗心というのか「新しいことをやりたい」という意欲がすごくある方でした。だからライティングも攻めててワクワクしたのを覚えてます。林さんは、おふたりの中間かな。そこまでヘンなことも言わはらへんし、すごくきれいで見やすい照明でしたね。最近の『必殺』もそうですけど。

スタッフの熱が強かったですよ

――印象に残っている監督は？

安田　ぼくは工藤（栄一）さんかな。いちばん緊張感があった。フレームの外まで演出されて、その中でキャメラマンに画を切ってくださいというタイプでした。それとやっぱり深作（欣二）さんね。

はの　深作さんは四六時中ずっと台本のこと、芝居のことを考えたはる。会話をしたとき絶対にホンの話になるんです。工藤さんはなんかすごい遠いとこからで「いや、そういうことじゃないねんけどなぁ……」と思いながら話をしてると、どんどん核心に入っていく。いろんなパターンがありました。

安田　あとは松野（宏軌）さんですね。もうあの人は必殺専属というくらい撮られて、そら演出家としては大変やったと思います。いろんなキャメラマンや照明部さんの話を聞きながら現場を進めてはりましたから。

はの　八木（美津雄）さんは、ご病気されて胃を切られたのに、現場に行くと、やっぱりパワーがあって、それはよく覚えてますね。

――スタッフの思い出はありますか?

安田　殺陣師の楠本（栄一）さんなんかベテランで、監督と石原さんの両者を取り持ちながら殺し方を提案していくのは、現場で見てて「いいなぁ」と思ってました。ほんま殺しの道具考えるだけで大変でしたから。

はの　ぼくが印象深いのは、録音技師の広瀬（浩一）さん。『必殺』に入ってすぐ、ライトを運んで当てるじゃないですか。で、次の仕事をもらおうとキャメラのところに帰る。

その途中の録音ベースに広瀬さんがいはって「おい、ボン。このライトはどういう意味があるのか知ってるか?」って、本当にいろいろ教えてくれました。それこそ亡くなられる数日前まで、いっぱいお話を聞いて、いろんな意見をいただきました。酒ぐせが、ちょっと悪いんですけどね。

安田　よくホンを読み込んではりましたね。ちょっと言いすぎなくらい、各パートが監督に意見を出して「こうしよう」って。

はの　でも、おかげで固定観念に縛られることが少なくなった。あと、急に変わるから瞬発力、自分のなかでの整理の仕方も身についた気がします。いろいろ失敗もしたけど。

安田　それはいっぱいある。機材忘れたり、壊したりとか。ひとつだけって言ったら、助手が全員寝坊したことかな（笑）。キャメラマンだけ現場に行って、機材もなにもない。三郎さんでしたけど「どうなってんのや?」って、そういうことがありました。

――出演者の思い出はありますか?

安田　藤田（まこと）さんを筆頭にしたチームワークで、みなさんそれぞれのポジションで切磋琢磨しながらやってた現場でしたよ。三田村（邦彦）さんなんて体投げ打って仕事しはるから、アクションにしても芝居にしても、やっぱりブレなかったんでしょうね。

はの　目が悪いんですよね、三田村さん。いっぺんね、屋根の上でスタンバイしてるときに、ぼくが頭の後ろから逆光という輪郭を出すためのバッテリーライトを持って一緒にいたんです。

そこで「三田村さん、こんなとこから降りるの怖ないですか?」って聞いたら「いや、目が悪くて、ぼやけて見えるから大丈夫」って（笑）。それこそ着地するときの距離感が

安田雅彦

わからないから、危ないんちゃうかなと思うてたんですが。

安田　三田村さんにしても（中条）きよしさんにしても、周りのスタッフが彼らを立たせるようにフォローしてた雰囲気が、この撮影所はあった気がしますね。育てていかないと『必殺』が成り立たない。石原さんなんか、そういう責任感もあったでしょうね。

はの　村上（弘明）さんだって、時代劇は初めてやったし。

安田　スタッフの熱が強かったですよ。なんとかして、かっこよく見せようという熱を助手として目の当たりにしてました。

――藤田まことさんの思い出は？

安田　俺らからしたら、ぜんぜん上の人ですから。でも、よう鍋の世話してくれてるおじさんやったな（笑）。現場では芝居だけでなく人間的な魅力で、だからあの歳まで主役として俳優を続けられたんだと思います。

はの　石原さんとか中島さんが「おとうさん」と呼んで慕ってるじゃないですか。信頼関係ですよね。ぼくが技師になってからも現場が終わって製作部にいると、藤田さんが入ってきて「はのちゃん、なにしてんのや。メシ行こか？」ってよう誘うてもろうたんです。だからやっぱりごはんをよく食べさせてくれたおじさんというか（笑）。

安田　でもキャメラマンとして藤田さんを撮ったときは緊張したな。毎回が勝負みたいなもんで、反省もしましたし。

はの　テストと本番で顔がゴロッと変わる……あれはゾクゾクとしました。あぁ、藤田さんと仕事ができてるって。

――殺しのシーンだと中条きよしさん演じる三味線屋勇次は、とくにライティングが凝っている気がします。

はの　勇さんはシケが2本出てて、半面だけ当てるとその影がイヤなんですよね。だからよく撮ってたのは正面から目だけに当てる方法。で、京本（政樹）さんは前髪が垂れてるんで、垂れてない方向から当てるとか。

安田　やっぱり影は気にしますね。京本さんの竜は、わりとフラットに当てて、あんまりコントラストがキツいのはなかったんちゃうかなという印象があるんですけど。

勇さんの殺しになると、ライトがようけいるんですよ。相手を吊るしてるフルショットだと「糸」「顔」「衣裳」「逆光」と……なんでこんなようけライトいるんやろうって、1人撮るだけやのに7台も8台も使う。で、数年前にパチンコの演出画面の撮影で、ご本人じゃないんですけど、そのライティングを担当しまして、やってみると、やっぱりライトが多うなりますね。なるほど、こういうことかって（笑）。

「親の意見と冷酒は後で効く」

――それぞれチーフの助手として必殺シリーズを支えていきます。

安田　やっぱりフィルムをどう焼き付けるかによって印象も変わるし、その責任がありました。キャメラマンの意図してる映像と照明部のライティング、これを適正に再現できるかがメーターの仕事なんですけど、キャメラマンと照明技師、そこに自分の志向も入ってくるんです。

　この明るさでいいのか、もっと暗いほうが

広沢池のロケ風景。デイシーンでも大きなライトで逆光を当てている

いいのか……チーフの感覚が入ってくる。もちろん補正もできますが、現場の絞りでそのまま現像されるのがいちばんですよね。

はの　ぼくが照明部のチーフになったころは、助手が4人になってて、下に仕事を伝えていく流れを作れるように意識しました。あとは技師の悩みの相談だったり、技師の代わりにロケハンに行く。

たとえば浜松の中田島砂丘でアークライトを使いたいという指示があったんですが、風が強くて「これは助手みんな胃をやられるなぁ」と思うて（笑）。で、帰りの新幹線から電話したんですよ。「ちょっとアークはしんどいんで、がんばりますからＨＭＩにしてください」と。機材が増えるので、みんなで運ぶのがんばりますからと、こっち側から逆にお願いするのもチーフの役目。

――砂丘ということは『必殺！5　黄金の血』（91年）のエピソードですね。風が強い場合、どういう部分がしんどいのでしょうか？

はの　アークライトって溶接と一緒で、炭素棒をプラスとマイナスで燃やして光らせるんです。この距離が一定でないと安定した火が起こらないのと、炎なので火がゆれるとフリッカーが起きてるように見えるんです。

いっぺん藤田さんが本番中に芝居を止めはって「中やん、フリッカー起きてるで！」って言わはったこともあって。アークライトは、中岡源権さんが買われたやつを2台お借りして使ってたんです。

安田　やっぱりチーフは技師になる一歩手前なので、切磋琢磨するのがいちばん大きかったな。はのちゃんと俺が助手のころも「ああしよう、こうしよう」って、チーフ同士が俺たちだったらこう撮るとか、お互い技師を目指して話し合ってましたね。

はの　ホンを読んで自分の考えたことを技師さんとお話できるのも楽しかった。やっぱり、より内容に携われますから。

安田　あとはキャメラマンになるための予行演習として、技師よりも先に現場に入ってキャメラを置いてセッティングして……はのちゃんのほうもね。

はの　ライティングして、もうポジションも決めちゃう。

安田　監督や美術さんが早う来てたら、先回りして楽しんでました。そういう意味では石原さんも三郎さんも現場に入るのが遅かったんですよ。監督が来られてるのに、まだいない（笑）。
はの　ギリギリ以上に遅かったから。
安田　よう言われました。「お前らチーフになったんやから、もう次はキャメラマンやろう。だから俺が来る前にアングル決めとけ」って、石原さん。でも、これはセカンドのころから言われてました。
　セットの隅にキャメラ置いてたんですよ。それで石原さんを待ってたら「安田、なにしてんねん？」って、そのときに言われました。ほかの撮影所やったらそんな勝手に置くなんてね……キャメラを置くということは、そこで各パートの準備が始まるんです。
はの　照明から美術から全部が。
安田　失敗したら二度手間になる。でも石原さんはそういうことをバーンと投げかけてくれる人でした。
はの　中島さんもそう。だから照明やって「どうや！」とか思いながら待ってると、スタジオ入った途端に「全部消せ！」って（笑）。
安田　キャメラも「もっとこっちや！」（笑）。それは変わる。絶対同じとこには置かない。ちょっとズラしはる。
はの　中島さんも上手いこと育てる人やなと思いました。飲みに連れていってくれても、深作さんみたいに直球じゃなくて、いろんなことを例に挙げて話をしていただいて……もう直球で「お前、イヤやったら、とっととやめろ！」みたいなこともありましたが（笑）。当時は若かったのもあって、反抗的に聞いてたんですけど、本当に「親の意見と冷酒は後で効く」という、ありがたい言葉でしたね。

「必殺調はやめてくれ」

――必殺シリーズで思い出深い作品は？
安田　『必殺剣劇人』（87年）は新鮮でした。ガマガエルが出てきたり、ここまで〝翔んで〟やれるのかという発想で、みんなやりたい放題で。
はの　工藤夕貴さんやったね、賢い子やなぁ

はのひろし

と思った。でも『剣劇人』で連続シリーズがいったん最後になって。

安田　「もう終わるかなぁ」という予感は、ちょっとはあった。ただ別にそれで仕事やめるわけじゃないんで、そういう寂しさとか、そんなんはぜんぜん感じてなかったですよ。

はの　『剣劇人』に入る前、中島さんが肺炎で入院しちゃって、あれのアタマだけ、ぼくが代理で技師やってるんですよ。夜のオープンで石原さんが屋根瓦を全部映して、向こうから吹き替えの主役が飛んできて、手前で本人が出る……まぁオープン全部の広い画やから時間かけてライティングしたら、ワンカット撮って「今日はここまで」って。「石原さん、まだポジションありますよ?」「ある！　でも今日はここまで」。それで「え～!?」となったのをよう覚えてます（笑）。

――1989年からはフジテレビの『鬼平犯科帳』が始まります。

安田　『鬼平』もアタマからついてます。メインのキャメラマンが東京の方々で、照明は中島さん……まぁ当時は周りで騒いでましたよ。「必殺調はやめてくれ」って、それは絶対そうでしょう。でも同じことやったらダメだとこっちも思ってたので、「すごい失礼なことを言う人たちだな」ってぼくは思いました。もがきながら違うことを作ろうとしてるのに。

はの　ましてやドラマが違うからね。『鬼平』は日常があるじゃないですか。『必殺』は主水さんの家とかそのへんしかないけど、『鬼平』にはきっちりとした日常があるから、そんなことにはならないはずなんですよ。

安田　池波正太郎さんの原作やから、気にされたんでしょうけど。

はの　でもやっぱり『必殺』の蓄積があって、最後の悪のアジトとか、ああいうところはすごい雰囲気ええもんね、画づくりもカラーも。

安田　中島さんのライティングと伊佐山（巌）さんのキャメラとお互いに上手いこと融合したんでしょうね。伊佐山さんは望遠も使ったけど、内海（正治）さんはワイドレンズが多かった。だから石原さんと藤原さんみたいな好対照ですね。どうしたってキャメラマンの個性は出るので。

はの　それまでなら真っ暗にしてた〝ロー〟の部分も『鬼平』では当てる。噂を跳ね返してやろうと中島さんも模索してたと思います。で、スペシャルの『山吹屋お勝』（05年）を受け継がしてもらったとき、石原組やったんで「ここ、こうや！」って必殺調を指示されて、「えっ、このシーンでそんなことを」と戸惑った記憶もありますね。

彦根城、どんだけライティングしたか

――おふたりの技師としてのデビュー作は？

安田　ぼくは子供番組ちゃうかったかな。テレビ東京の『参上！天空剣士』（90年）だと思います。ノウハウもないので失敗ばっかりでしたが、1本につき3日か4日であげなくちゃいけない。夜間もあるので大変でした。

はの　ワンカット5分で撮らな、12時までに終わらんとかね（笑）。

安田　だから消化することが、最低限の条件。スケジュールをはみ出てまでやるつもりはないんで、なんか1つでも楽しめるポイントがあればと思ってやってましたけどね。

はの　『天空剣士』のナイトオープンで長屋

のロングショットがあったんですけど、柵とか吊り下がってる看板とか……どうしても『必殺』で育ったせいか、それぞれにコントラストをつけて撮りたいなと思ったんです。

ほいで、細かく逆光を当てて、キャメラがある引きんとこに戻ってくると、真っ黒けなんですよ（笑）。いっぱいライトは立ててるのに、なんにも見えない。まぁ本当に難しいもんやなと思いました。

安田　簡単にやってるようでなぁ。

はの　引きと寄りの世界観は、自分の考えを切り替えないとあかんっていうのをまず学びましたね。

安田　はのちゃん、最初はなに？

はの　京都映画に入って3年目くらいで、朝日放送のドキュメンタリー番組の照明をやりました。藤田さんの付き人の藤原ひろみさんがレポーターで出てて、いろんな人のもとを訪ねるようなやつ。

ほいで、中島さんが買ったばっかりのHMI、500Wの新型ライトを「お前、全部持っていっていいから」って、貸してもらったんはええけど、使い方がわからない（笑）。そんな右も左もわからへん状態でしたね。ドラマは『天空剣士』のあと『月影兵庫あばれ旅』（90年／第2シリーズ）をやってますね。

——安田さんは『必殺仕事人　激突！』第6話「徳川家康のキセル」（91年）の撮影を担当しています。石原興監督回ですが、先日たまたま再放送を見た石原さんが「トシやんを泣かした彦根城のライティングの回を見たで」と照明の林さんに電話をしたそうです。

安田　『必殺』を撮ったのは、あれが初めてです。もう必死でしたけどね。キャメラマンが演出するということは、画づくりを決めてから芝居をつけるので、どれだけフォローできるかに徹してました。しかも石原組だから時間もかけられるわけですよ。ほかの組でこんな撮影できません（笑）。ほんまに彦根城、どんだけライティングしたか。堀から城から、全部やってますから。

はの　もう映画並みのスケールで。

安田　横イチの引き画なんて、あれぞ〝石原スタイル〟ですよね。市川崑さんにしても、どんな監督にしてもスタイルがある。ほかの監督とやるのは緊張しますけど、石原さんの場合は楽しめる……そっちのほうが強かったですね。

——石原回だけの登板でしたが、やはり安田さんを育てるために？

安田　育ててくれたんですけど、もう言うことを聞かざるを得ない（笑）。ただ石原さんは尊重してくれるんで、画づくりでも「あぁ、こういうことするのか」と、なにも言わなかったり……たまには尊重してくれてはるのかなと思います。たまにですけど（笑）。

——『雲霧仁左衛門』第1話「おかしら」（95年）は工藤栄一監督によるスペシャル版ですが、石原さんと安田さんが連名で撮影を手がけています。

安田　最初は石原さんがやってて、櫻井（洋三）さんの仕事で抜けたんですよ。だから途中からぼくが引き継ぎでやりました。

はの　この第1話ですけど、たまたま宿泊ロケがあって、スタッフのみんなとテレビで見てたんですよ。それで「さすがは石原さん、緊張感のある画やなぁ」「いや、ここ安っさんですよ」って（笑）。

安田　ほんまに緊張してたから（笑）。

デジタル時代の『必殺』

——『必殺仕事人２００７』以降のシリーズも安田さんがメインで撮影を担当しています。

安田　フィルムからデジタルに変わったじゃないですか。やっぱりテレビ局はデジタルのいいところを出せと言うわけですよ。ハイビジョンを生かして撮影してほしいと。で、撮影所の人間はフィルムに愛着があるから、どうしてもフィルムに寄せようとする。そのせめぎ合いはありましたね。

美術にしても衣裳にしても石原さんが華麗な方向にして、『２００７』あたりは技術的にも過渡期だから、キャメラマンとしては「どう『必殺』が新しく見てもらえるか」という意識で、なんとか変わっていけばいいなという思いでやってました。初めてCGも使ったし、デジタルならではの『必殺』に合うようにしなくちゃいけなくて、そういう部分は楽しみましたけどね。

——近年の『必殺仕事人』のスペシャル版は、画のトーンも『２００７』に比べるとフィルムに寄せていて、硬め暗めになっています。

安田　でも昔の『必殺』に比べたら、ぜんぜんですよ。同じデジタルでもキャメラが変わってきてるんで、それぞれの特性を生かして

……石原さんも「次はこういうトーンにしよう」と、作品ごとにベースの色が変わってるはずです。ウエスタン調とか銀残しとか、手探りでやってますね。

——はのさんも『必殺仕事人２００９』の各話で照明を担当しています。

はの　ぼくの回のキャメラは、江原ちゃん（江原祥二）がいちばん多かったかな。あとはナンちゃん（南野保彦）とか。やっぱり難しさは感じました。

『壬生義士伝』（02年）が、たぶん松竹が初めてやったデジタルの時代劇ですけど、そのときは3ヶ月で10何キロ痩せたんですよ。やっぱりフィルム調のルックを頭に描く……でもモニターを見ると、ぜんぜん成立してなくて何回もやり直しになって。

安田　考え方が、まずそこなんよ。はのちゃんはそう思ってるけど、キャメラマンとして、もうそこは捨てなあかんと思ってるところもあって、フィルムを望んでもしょうがない。新しい方向を求めなければ。

——撮影現場にモニターがあるやりにくさはありますか？

安田　そう思うたのは最初のころやね。何本かやって、もう自分から楽しむようにしました。林さんなんか気ぃ遣ってくれて……はたから見たらやりにくそうに見えるかもしれません。石原組の場合は「なんでも言うてください。あかんかったら修正しましょう」と、対応していかざるを得ないポジションなので。でもね、本人はぜんぜん気にしてない。

——はのさんは10年ほど前からクレジットを本名の「土野宏志」ではなく「はのひろし」と、ひらがな表記にしています。その理由は？

はの　ちゃんと読んでもらえないから（笑）。役者さんからもずっと「つちの」だと思われてたり、「はの」と「つちの」と2人の照明部が現場にいるものだと勘違いされていた方もいて、それで名前を変えたんです。

——なるほど、謎が解けました。最後に、おふたりがこれまで担当された作品で、とくに思い出深いものを教えてください。

安田　難しいなぁ。それぞれ思い入れもある

し、けっこう忘れてるから。

はの　ぼくはね、石原さんが監督で藤原さんがキャメラマンだった『獄に咲く花』（10年）という映画です。牢屋が舞台の暗いし、しんどい話なんですけど、自分の仕事としてはあれが大好きです。

普通にライト当てるんじゃなくて、レフを中心にライティングしてるんです。それで牢格子がうまいこと光って、フィルター入れたりして。それから北牢と南牢との色合いを変えてみたり、大きなライトをあんまり使わず150Wや300Wのアイランプを使って牢内をライティングしたのを覚えています。

安田　ぼくは『必殺』やったら『2007』がいちばん印象深かったかな。それまでのシリーズからスケールアップして「あぁ、ここまでできるんだ」というのが、セットにしてもロケにしてもありました。これまで狭いとこで撮ってたのを広げて、ワイドの世界になった。だから遠慮せずにクレーンとかレールを使ってキャメラも動かしていって。

はの　セット広かったもんなぁ。撮り方も映画的で。

安田　石原さんも「もっと引け！　こんだけ広いんや！」って。いや、仰るとおり（笑）。もうセットの隅から隅まで移動車引いて、照明部は大変やったと思いますけどね。

はの　でも苦しいことは楽しいことだと思うんですよ。打ち合わせで、こういう雰囲気にならへんかとか、ちょっと条件が厳しいとか、そうやって苦しめられるときのほうがやっぱり楽しいなって思うんです。ライトが1個ずつ点いて、だんだんかたちになって「どうですか」よりも、その前の悩んでるときがいちばん楽しい。

安田　たしかにな。石原さんとやってても難しいことばっかりで、最初は意図すらわからなくて悩んだもん。

はの　自分の中に慣れを作らない。『鬼平』の日常的なシーンでも、何本もやってるとだんだん段取りっぽく、調子に乗るときがあるんですよ。だから、なるべく同じシーンでも毎回やり方を変えようかなというのはありますね。やっぱり今後もおもしろい作品をやっていきたいと思ってますから。

安田雅彦［やすだ・まさひこ］

1957年兵庫県生まれ。大阪写真専門学校卒業後、京都映画で必殺シリーズなどの撮影助手を務める。90年に『参上！天空剣士』でデビューし、『喧嘩屋右近』『鬼平犯科帳』『剣客商売』『壬生義士伝』などを担当。『必殺仕事人2007』以降の新シリーズも手がけている。映画に『居眠り磐音』ほか。

はのひろし

1959年京都府生まれ。本名・玉野宏志。大阪写真専門学校卒業後、京都映画で必殺シリーズなどの照明助手を務め、技師デビュー後は『参上！天空剣士』『喧嘩屋右近』『鬼平犯科帳』『剣客商売』『壬生義士伝』『必殺仕事人2009』などを担当。映画に『鴨川ホルモー』『居眠り磐音』ほか。

R-4

いよいよ「最後の大仕事」たるロール4。
現場のボスであり、京都のドンと呼ばれた男が
ふたたび語り明かす、果てなき必殺プロデューサー稼業！

プロデューサー　櫻井洋三

プロデューサー

櫻井洋三

プロデューサーとしての心得はイニシアチブを取ることですな 作る側の人間として、それを譲ったらあきまへん

〝京都のドン〟と呼ばれた男、櫻井洋三。松竹のプロデューサーとして必殺シリーズに一貫して携わってきた櫻井は、朝日放送の山内久司との名コンビを続けてきた。２０２１年の冬から幾度か行われたインタビュー、雑誌『映画秘宝』の連載以降の未収録部分もふくめて、大いなる仕事人ブームの〝始末〟を振り返る。

打ち切られるなんてことを考えたら終わりでっせ

——原点回帰で中村主水が復活したシリーズ第15弾『必殺仕事人』（79〜81年）は高視聴率を記録して、80年代の仕事人ブームのきっかけとなります。

櫻井　あれはノリましたな。やってる人間がノッてるか、ノッてないか、企画の原点から「これはイケる！」という感覚……それがあるとテレビの視聴率、映画の興行は成功しますわ。前の番組（『翔べ！必殺うらごろし』）が失敗して、山内久司さんも忸怩たるもんがあったから、今度は『仕事人』というオーソドックスな企画になったんです。ほんで音楽も平尾（昌晃）さんに戻ってもろうた。ちょっと喧嘩してたけど、仲直りや。

——主水、左門、秀という仕事人三人組、完全に藤田まことさんがセンターに位置します。

櫻井　これまでのシリーズと違うて、藤田さんと同じランクの役者がおらん。中村主水を長いことやってきて、ここで初めてバランスが変わった。本人としても「俺が座長だ」という意識でしょうな。いや、ぼくは『仕事人』で最後、打ち切られるなんて思ってなかった。そんなことを考えたらプロデューサーは終わりでっせ。山内さんが局内で言いまくってましたから。「この時間（金曜22時）は、どんなことがあっても『必殺』や。松竹外したらあきまへんで。東映に渡しても、ありきたりなもんしか作りまへんで」って。ずーっと『必殺』は続ける気でいましたし、土曜ワイド劇場の『京都殺人案内』（79〜10年）も軌道に乗って、まこっちゃんの時代劇と現代劇が京都映画の二本柱でしたな。

——三田村邦彦さん演じる飾り職人の秀が人気を集めます。

櫻井　映画に出とったんですな、三田村は。『限りなく透明に近いブルー』（79年）、あれを見て「この役者はすごい」と思ったんです。それでパッと本人に電話したら、もう劇団からもらうカネが少のうて苦労してて、「ギャラも高めに出すから」と言ったら「やります！」。その代わり「汽車賃もなんにもないんですよ……」。それで汽車賃を送って、来てもらって、山内さんに会わしたら「ええなぁ！」とノッてくれた。あの人はズラ渡しても似合いまへんねん。地毛のほうがええと思いましたよ。

三田村は非常に最近の若者らしいというのかな、要領のええ子なんです。八方美人で今日性があって、スタッフとも仲良くやっとった。村上（弘明）のほうが昔の役者タイプですな。人気のバロメーターは撮影所の前に集まる女の子の数。その多い少ない、そら三田村のときはすごかったでっせ。ずら〜っと並んどった。

——伊吹吾郎さん演じる畷左門の殺し技は、刀から怪力による人体二つ折りに変更されます。

櫻井　テコ入れで、ああいうのは山内さんが好きなんですわ。なんやわけのわからん殺し技を考えてくれる。骨折りとか屋根から落としたりね。また、そういう撮り方は石原（興）が上手いんですよ。伊吹吾郎は、ぼくが森プロの社長と親しかったんです。骨格も顔もええし、時代劇向きの顔でしょう。そしたら『水戸黄門』からオファーがあった。森さんに相談されて「よろし、よろし、なんぼでも稼ぎなはれ！」、両方とも合ってますわな。

――元締の鹿蔵役は中村鴈治郎さん。

櫻井　鴈治郎さんはね、うちの親父（櫻井新太郎）と友達なんです。親父経由で「そら、おもしろうおますな」とノッてくれました。ただ、あの人は舞台で忙しいから、すぐに「わしゃもう体がもたん……」、また山田五十鈴さんが戻ってきた（笑）。鴈治郎さんは短冊に自分の思いをさらさらっと書いて、「櫻井ちゃん、見といてね」……なんともユニークで、それでいて常識家で偏ったところがないです。歌舞伎役者としては珍しい。だいだい歌舞伎の人は、いい意味で偏ったところがある。（中村）吉右衛門なんて最たるもんですわ。

「松野宏軌100点中の100点ですわ！」

――『仕事人』の1・2話は脚本が野上龍雄さん、これまでのシリーズを支えてきた松野宏軌監督が初のパイロット版を手がけています。

櫻井　たしか野上さんの指定ですわ。「ホンどおりに撮ってくれ」いうことで、ぼくがいちばん信頼しているライターは野上さんですから、その意向に従いました。山内さんも「松野宏軌は最高にテレビ的な監督でっせ。押すところは押して、どうでもええところはスッと流す。あの人ほどわかりやすくドラマを撮ってくれる人はおりまへん。松野宏軌100点中の100点ですわ！」と絶賛しとった。松野さんは太秦の撮影所でもちょっと頼りないというか、冷や飯食わされとったんです。ところが『必殺』の監督が足らんかったから頼んでみたら、山内さんなんか〝松野詣で〟や。やっぱり、人間いっぺん不遇にならんとあきまへんで。おごったらあかん。

たとえば工藤さん……工藤栄一という監督は途中で切ったりパンパンパンっといくから、ハマればすごいけど、わかりづらい。松野宏軌はカットの積み重ねが丁寧で、辛気くさいところもあるけども、そこは「松っちゃん、これは要らんで」とラッシュで切らせますから、週刊誌みたいな文法で、ええテンポの作品になるんです。殺しもケレンがあるし、あの人はテレビを勉強してましたね。撮影所あがりのナベさん（渡辺寿男／製作主任）なんか、松野宏軌が助監督のペーペーだった時分から知ってまんがな。「櫻井さん、あんなにたくさん撮らせてよろしいんか?」と逆に心配しとったくらいや。ぼくも松野さんがあんなに『必殺』撮るとは思わんかった（笑）。

――新しい脚本家の参加も目立ちますが、『仕事人』の初期では尾中洋一さんが意欲的なシナリオを執筆していました。

櫻井　早い。早く上げてくれるんです、尾中洋一という人は。ほかのライターが半月、1ヶ月かかるのを1週間で上がってきまんのやから助かりますがな。それでもって100点満点の70点くらいはあるんです。あの人も忙しくて、スケジュールが合えば、もっと書いてほしかったですな。

――第13話「矢で狙う標的は仕事人か?」で、秀が少女の殺し屋を始末するシーンを現場が改変したことをきっかけに降板したことを、のちに本人が語っていました。

櫻井　わりあいに頑固な人で、「それならやめとけや!」と喧嘩したんですな。石森史郎はチャンチャカチャンチャカスッチャンチャンみたいなね、そういう感じの人。そう、早いですな、早いことは早い。石森さんはシナリオ作家協会の幹部になったんや。あんまり悪いこと言えしまへん。

――松竹大船の助監督出身の吉田剛さんは『必殺からくり人　富嶽百景殺し旅』（78年）から参加し、仕事人シリーズのメイン脚本家として活躍します。

櫻井　あいつも上手い。剛ちゃんはね、うちの兄貴（櫻井秀雄）の助監督やっとった。兄貴の推薦があったかもしれませんな。しかし強情な人で、現場がホンを直したら怒るし、「こういうふうに撮れ」と撮影の方法にまで口出しまんのや。そら現場あがりやからうるさい。「あんた、ちょっと黙っとけ！」って、だいぶ注意したこともありますよ。吉田剛が監督したい言うてきたこともあって「あかん！」って断りましたがな。でも、細かいところまで気がつくような人で、ええホン書きまっせ。子供を出したりね……だいたい大船のシナリオライターというのは子供の話が上手いんです。

お願いしたかったけど、実現せんかったのが『おしん』（83〜84年）の橋田壽賀子さん。あの人も大船の出身なんです。熱海におられて遊びに行ったこともありますけど、頼もうかと思ったら「アホ、やめとけ」と、うちの兄貴に断られた（笑）。若いライターは野上さんの推薦もありましたな。野上さんが若手のホンを読んで、しっかり面倒見て、あんまり出来が悪いのはボツにしたりしてましたから。いうなれば、ホンにしても設定にしても『必殺』の70％くらいは野上さんの功績が大きいんです。保利（吉紀）さんもやりやすかったし、女性のライターだと篠崎好が上手かった。なかなかでした。ほかにも誰やったか「この人は安倍（徹郎）さんの弟子だから上手だと思います」「〝思います〟じゃ困るがな」とか、いろんな人がおりましたな。

——『仕事人』の中盤からはシナリオのパターン化が進んでいきます。

櫻井　意図的にそうした部分はありますな。時代の流れですわ。あんまり複雑で暗い話は、もう視聴者が受け付けんようになってきた。薄くしていきましたよ。ぼくは、ことさらに薄くしようとは思いませんでしたが、演出もドギツいのから華麗になっていった。深作欣二ならバーッと血を出すところを松野宏軌がふんわり間接的に見せたりね。監督によっても違いますけど、撮ってるときは自由に撮ってもらって、あとの編集で判断ですわ。

——必殺シリーズの打ち切り危機すら報じられていた『仕事人』は全84話まで延長されますが、プロデューサーとしては名誉でしょうか？

櫻井　でも、しんどかったでっせ。ロングになって、やっぱり問題は役者のスケジュール。「それはできまへん」

というプロダクションもあれば、歓迎してくれるプロダクションもあるし。また朝日放送が、にわかに言ってきまんねん。「これロングしてえな」と。まぁ気楽な局やけどね、山内さんが気楽な人やから。急な仕事なんかで役者の交渉はね、なんやマネージャーがゴネたら「じゃあ、けっこうです」といっぺん引きまんねん、パッと。そしたら向こうから連絡してきまんがな。

あのころの松竹の両輪は『男はつらいよ』と『必殺』です

——『新必殺仕事人』（81〜82年）から中条きよしさん演じる三味線屋の勇次が登場、秀と勇次のコンビでブームが加速して映画や舞台に発展します。

櫻井　中条きよしは山内さんのキャスティング。ぼくじゃないんです。山内さんと中条のマネージャーが仲良かったもんですから、そっちから。なかなか色気がありますわ。ゲストで出て評判よかったから、レギュラーになったんです。ただ、あの人のクセとして「俺も一人前だ！」みたいな顔をしますから、それが合わん共演者もいましたな。ある日ね、中条が「主役をやりたい」と、ぼくに言うてきたことがあったんです。そら話数が少ないならええけど、トップが中条きよし、トメが藤田まこと……そういうわけにはいきまへん。いっぺん断って、そのあとにできたんが『必殺仕切人』（84年）。自分が選んだ役者じゃないし、こっちから「主役やってくれ」とは言いまへん。腹の底では「櫻井め！」と思ってたでしょうな。

——なるほど。

櫻井　ぼくはね、高橋悦史さんの芝居がものすごく好きやったんですよ。あの人は文学座、どっかでキャスティングしたいなと思ってて『必殺』にも出てもろうたし、あれはなんて作品やったかな？

――『必殺仕舞人』（81年）ですね。京マチ子さんが主役のシリーズです。『仕事人』と『仕舞人』の橋渡し的に作られた『特別編必殺仕事人　恐怖の大仕事』（81年）からスペシャル版もコンスタントに放映されます。

櫻井　忙しかったですな。『必殺』もスペシャルで予算は増えましたよ。というのは、ぼくがいっぺん断ったから。山内さんに予算の交渉をして「まさか1時間の予算で、そのまま2時間やりまへんやろな」「じつはそう考えてたけど、あかんわな」（笑）。あの人も駆け引きの上手い人やから「ほな、ぎょうさん出しまひょう。その代わり、ええもん作ってや!」。あの人とは、そういう話もできました。土曜ワイドの話も次々あって、もうたまらんかった。しかし、ええ仕事をしてたら営業せんでも舞い込んでくるんです。

――前田陽一、水川淳三、八木美津雄、広瀬襄、山根成之と『新仕事人』以降は松竹大船の監督が多く参加しています。

櫻井　端的に言えばね、「大船の監督を使ってくれ」と本社の重役の梅津（寛益）さんから頼まれた。あの人は関西のテレビ室にぼくを引っぱってくれた恩人ですよ。当時は松竹に60何人の監督がおるのに専属契約なくなって、大船だけでは面倒見れまへんがな。いちばんよかったのは水川淳三。そう、水川さんは強情なところもあるけど、妥協するところは「ハイ、わかりました!」という監督ですわ。広瀬襄は、誰か大物の推薦やったな……あっ、山田洋次! たしか山田学校なんです、あの人は。そっちの関係者から頼まれた覚えがある。いろんなカラミがありますのや。

――意外なつながりですね。

櫻井　山田さんは『必殺』嫌いやねん。「あんなのは性に合わない」と言われたことがありますよ。そら、そうやろな。でも、あのころの松竹の両輪は『男はつらいよ』と『必殺』です。ぼくが本社の製作本部長になって映画のほうもやるようになって、真っ先に挨拶きたんが山田さんや。「櫻井さん、これから頼みます。いろいろ相談させてください」と、そこで山田洋次がうまいこと言いよった。「ぼくね、あんたの兄さんと友達なんです」。泣きどころをよう知っとる（笑）。ノーとは言えへん。だから本社に山田洋次専用の部屋を作ってあげてね、応接机まで入れた立派な部屋ですよ。「あんたは松竹の宝やから」、そう言うたらよろこんでました。

——『必殺仕事人III』（82〜83年）から受験生の西順之助役として、ひかる一平さんがレギュラー入りします。

櫻井　いよいよ『必殺』のドギツい部分をマイルドにせんといかんかった。それでなにかないかなと思って、ジャニーズ事務所に「誰かええ人いませんか？」と聞いたら、ひかる一平を推薦された。そのころ松竹はジャニーズとお付き合いがなかったんです。あそこは東宝と一緒に映画やっとった。ほんで一平を借りたことから縁ができて、そのあとSMAPで『シュート！』（94年）いう映画をやりました。ぼくが自慢してもええ、いちばんの手柄かもしれませんな。そこから大阪の松竹座でジャニーズの舞台をやってくれはって、あれは大きかったですよ。

——『仕事人III』あたりから現代パロディの時事ネタが全面に押し出されます。

櫻井　そらもう山内さんの意向ですよ。なんか新しいことがあったら「これ出して！」と、いろんなことをやりました。あの人が鋭いのはドラマの企画と時代を見抜く目、ほんでキャスティングなんかの実務はこっちですわな。ぼくの意見が90％は通るから、プロデューサーとしてこれほどうれしいことはない。もうね、山内さんがぼくを離さしまへんねん。「洋ちゃん、こういう企画はどうやろ？　あの脚本家はどうやろ？」と、電話でも喫茶店でも離してくれない。あとの局プロは何人か代わって、ぼくが代えさした人もおりますが、いちばんよかったんは奥田（哲雄）さん。あの人はドラマをわかってました。

——殺しのシーンなど、光と影の映像美もどんどん華麗に進化していきました。

櫻井　とくに中島（利男）ですよ。照明の力がなかったら撮れまへん。キャメラマンがアングルを決めて、照明はそこに奥深い陰影をつける。明るい暗いで人間の心理を画に出す……それをマスターしよったんですな。中島いうのは、ものを言わしたらへちゃくれやけど、ええ腕でした。照明に関しては一流中の一流。早うに亡くなってもうてなぁ。どんどんアイデア出して「こう撮ろう」と監督をアシストするときの石原はいいんですよ。ところが自分で演出してしまうと、「それは違う！」という部分もある。押しが足りまへんねん。

――「時代劇は『必殺』です！」と宣言されるように、仕事人ブームが広がります。

櫻井　みんな売れっ子になって、しんどいのはスケジュールですな。「今日どうしても東京に行かんとあきまへんねん」「ほな、何時の最終の新幹線に乗ってください」、そのへんのスケジュールは全部ナベさんが仕切って、時間の逆算をして、進行の子に手配しとったな。ナベさんがおらんと『必殺』はできてませんよ。ぼくはホン作りで「かんのんホテル」に詰めっぱなし、ナベさんもよっぽどのことがない限り連絡してこんかったけど、俳優と監督のトラブルがありそうなときだけ「どうも険悪な状況や」と電話がくる。「○○と××の様子がおかしい」ってなると、ぼくがバッと撮影所に戻りますんや。お互い大人ですから、そうそう現場で揉めたりはしませんが、あとでこっちにやってきますがな、俳優さんからのクレームが（笑）。

映画やったらみんな出てきよんねん

――1981年には京都の南座で『納涼必殺まつり』が始まり、夏の定番興行になります。

櫻井　南座の舞台は、わたしが主導ですな。松竹の主催で、後援が朝日放送。最初は1週間、それから15日間、20日間……どんどん延びていった。8月で、だいたい8月っちゅうのは舞台あきまへんねん。それが超満員ですがな。祇園の芸妓さんがドーッと押し寄せた。京都中央信用金庫いう銀行があって、そこの理事長がぼくのファンになってくれて団体動員を頼んだんですわ。役者に会わせて飲みにいったり、そしたら中信が自分とこのお客さんを招待して、どんどん来よった。南座の裏に大きなお寺があるんですが、公演中はそこでテレビのロケーションをやってね。そうせんことにはオンエアに間に合わん。撮影所に戻ってやるような時間あらしまへん。えらい芸当してまんねんや（笑）。

——第二部のショーは櫻井さんが「作・演出」を手がけたものもあります。

櫻井　朝日放送に出入りしてた音楽家がいて、山内さんの推薦でその人を起用したんですが、なんや名前出せへんから「ほんなら櫻井洋三にしといて」って頼まれたんです。ぼくも椅子に座って「あかん」くらいは言うてましたけど、実際の演出家は別ですわ。

——『必殺まつり』は松竹の演劇部からの依頼ですか？

櫻井　いや、南座です。ぼくが入社当時セールスマンしとったときの先輩が支配人でしたんや。その鈴鹿隆男さんという人と親しかったんですよ。また、鈴鹿さんの奥さんがええとこのお嬢さんで、ぼくと同志社の同級生や。あとで知ったんでっせ。奥さん紹介してもろたら「えーっ、あんた鈴鹿さんの奥さんになってまんのか！」って（笑）。その鈴鹿さんが支配人の間、どんどん『必殺』の舞台をやったんです。

——さらに1984年の『必殺！　THE HISSATSU』から劇場版のシリーズも始まります。

櫻井　テレビ部で映画をやるなんて当時は異例ですよ。自分からやらせてくれと言ったわけではなく、梅津重役の提案ですな。それで本部長の杉崎重美さんと一緒に担当して、大ヒットしたから「もう1本、もう1本」と続きました。いちばんの思い出は、歌舞伎役者が出てくれたこと。あれで華やかになりましたな。片岡仁左衛門さんが現場入りして、テレビからの役者みんなピンとしましたがな。ほんで仁左衛門さんが上手い。貞永（方久）にも「大船みたいに好きなことばっかりすなよ。野上さんがきっちりホンを書いてくれたのだから、そのとおりに撮れ！」と言ったら、上手いこと撮ってくれた。あと難しかったんは……佐田啓二さんの娘が出たでしょう。ほら、なんちゅう名前やったかな。

――中井貴恵さんですね。

櫻井　その人！　あれは映画部のほうから佐田さんの関係でお願いがあったんです。そういうややこしいキャスティング。映画やったらみんな出てきよんねん。松坂慶子なんか最たるもんですな。

――『必殺！Ⅲ　裏か表か』（86年）ですね。工藤栄一監督による原点回帰のハードな作風でした。

櫻井　丹後の宮津のほうに行って、海岸べりに船を作らせて、燃やしましたがな。工藤さんだけはもう、映画でも何千万の赤字が出ましたよ（笑）。その赤字を消すのにあんた、テレビのほうで松野宏軌、田中徳三、水川淳三……そういう監督が全部始末してくれましたがな。尺もえらいオーバーして編集で苦労しました。ちょっとね、ギクシャクしてるでしょう。いろんなところを切ってるから映像の力はあるけど、流れが悪い。工藤さんとは年がら年中喧嘩してましたが、あの映画はとくに大変でしたな。往生しました。

テレビの場合もまずストーリーから始まりますから、カットがええとか悪いとか、そこは視聴者からすれば二の次ですよ。だから工藤流のテクニックは「あんまりやりすぎんといて」と本人にもお願いしましたし、石原にも言いました。「あんま撮りすぎるなよ。フィルム回しすぎるなよ」と、それは画の中身で言うたらあきまへんねん。中身じゃなくて物量で言わないと、みんなそれぞれプライド持ってますやんか。だからフィルムの尺、そっから攻めていかんといかん。そんなもん、ほっといたらどんだけＮＧ出して、フィルムじゃんじゃん使いよる。工藤さんも深作さんも東映が許さへん欲求不満を松竹で、『必殺』ではらしよんねん。やってくれますなぁ。

――ちょうどお名前が出ましたが、『必殺４　恨みはらします』（87年）では『必殺仕掛人』から15年ぶりに深作欣二監督が復帰します。

櫻井　赤字は出たけど、真田広之が出た『必殺４』、あれは最高でしたな。なんでか言うたらね、映画館で見てたら女性のお客さんがものすごく多かった。ほんで、みんな「よかったわぁ」って満足して帰っていった。あれは男女問わず感心する映画になってて、わたしも満足や（笑）。

――『必殺！5　黄金の血』（91年）は、初登板の舛田利雄監督です。

櫻井　あのときの赤字は200万か300万くらいですよ。ほとんど予算どおり。マッさんは工藤さんの紹介なんです。「マッさんはええよ」と工藤さんが推薦してくれました。もう早撮りで、ピタッと条件に合わせてくれる。あのころかなぁ、工藤さんでもう1本、映画の企画があったけどね、東映の監督に頼んだら絶対にオーバーしますがな。ほんでもう『必殺』は撮らさんかった。三隅研次さんなんか現場は粘りますけど、きっちり予算どおりに撮ってくれましたから。あの人は大映で苦労してるもん。

二度とするもんやおまへんで、ほんまに

――テレビの話に戻しますと、『必殺仕事人V』（85年）からは京本政樹さんの竜と村上弘明さんの政というコンビが新たな人気を獲得します。

櫻井　やっぱり村上弘明ですな。古風なところがあって、ええ男ですよ。ぼくと親しかったマネージャーの売り込みで、まず写真を見て「これはいいな」と思いました。彼は東北の岩手出身で、もう純情な田舎のニーチャンでしたんや。ホテルで食事するときも「どういう順番で取ったらいいんですか？」と聞くような。

村上は最初ゲストで呼んで三田村といっぺんチャンバラさしたんですよ。運動神経はあるし、顔はええし、三田村に勝るとも劣らんような俳優でしたね。ほんで京都映画のステージで光源を当てて、ダーッとカメラテストをしたら、ものすごく迫力があった。それで「村上やぁ！」ってぼくがパッと言ったら、三田村がムッとして出ていきよった。そんな一幕もありました。

――1987年の『必殺剣劇人』で15年にわたる連続枠のシリーズが終わりを迎えますが、櫻井さんは本社のテレビ部長、そして取締役として映画・テレビ両部門の責任者となります。

櫻井　『必殺』も終盤のやつは、あんまり関わってないんです。下の人間に任せとった。当時の大きな仕事といえば、やっぱりテレビ東京の『大忠臣蔵』（89年）ですな。松竹初の12時間ドラマ、もうテレビ、映画、歌舞伎と全部門の総力戦で、あれほどの大作を仕切ったんは忘れられん思い出です。

――1989年にはテレビ東京で村上弘明さんの『月影兵庫あばれ旅』、フジテレビで中村吉右衛門さんの『鬼平犯科帳』が始まり、松竹のテレビ時代劇は新たなステージを迎えます。

櫻井　そらもう本社の役員やっとるときもいろいろありました。『鬼平』はフジテレビとTBSが同時にやりたいと言ってきて、往生しましたで。三角関係や。しかし吉右衛門さんも芝居が上手い。とてもじゃないけどそこらへんの役者とは格が違う、硬軟合わせた奥深い芝居をしまっせ。対抗できるんは藤田まことだけですわ。藤田さんも舞台やっとったから、ふたりともジャンルは違えど板の上で鍛えられています。

――最後にプロデューサーとしての心得を教えてください。

櫻井　イニシアチブを取ることですな。作る側の人間として主導権はこっちにある。それを譲ったらあきまへん。山内久司さんみたいな大人だけやない、もう無茶ばっかり言ってくる局プロもおりまんがな。しかしまぁ、二度とするもんやおまへんで、ほんまに。「ホンを間に合わさんといかん」「視聴率を上げんといかん」「興行収入を上げんといかん」、この3つがモットーになってバーンとのしかかってきますやろ。胃が痛うなりまっせ！

初出：『映画秘宝』2022年5月号

櫻井洋三

［さくらい・ようぞう］

1932年京都府生まれ。同志社大学卒業後、55年に松竹入社。営業部などを経て関西テレビ分室のプロデューサーに。『必殺仕掛人』から始まる必殺シリーズを一貫して手がけ、2時間スペシャルや劇場版も担当する。そのほか『京都殺人案内』『大忠臣蔵』『鬼平犯科帳』『忠臣蔵外伝　四谷怪談』などをプロデュース。松竹の取締役としてテレビ・映画の両部門を統括し、退任後は松竹京都映画（現・松竹撮影所）の取締役を務めた。

おわりに

高鳥都

「二度あることは三度ある——そんな保証はありませんが」と、しめくくりに記した前作『必殺シリーズ異聞』から9ヶ月、『必殺仕置人大全』という編著を出したり、特集上映に携わりながら必殺三昧の日々を送っていました。立東舎の山口一光編集長と京都映画演出部出身の都築一興監督——ふたりの「イッコーさん」と三たび作りあげた本がようやく完成です。インタビュー集もパート3となると各方面から「この人にも話を聞いたらどうや?」と、うれしい打診がありました。これまでの384ページに対して初手から416ページを確保しつつ448ページ→480ページとどんどん増えていって、まったく始末が悪い著者だこと。

気がつけば40名の関係者が登場。さすがに『仕置人大全』のようにあとがきを書く時間すらない危機は脱しましたが、やはりギリギリの激進となりました。2018年に逝去された脚本家・吉田剛氏のインタビューは春日太一氏が大学院時代に行ったものであり、前作に続いて初公開の貴重な内容をご提供いただきました。美術デザイナーの倉橋利韶氏の御遺族からは大型ファイル2冊分の資料をお預かりし、今回もまた活用させていただきました。

そのほか多くの方々の協力のもと完成した、まさに大仕事です。しかし、原点回帰であとがきは『必殺シリーズ秘史』と同じく1ページに戻します。どうしても、しめくくりに使いたいスチールを見つけてしまったから。ゆえに関係各位への感謝も満足に書けませんが、どうぞご容赦ください。すでに「三部作」という収まりのよさを打ち破りたい気持ちに駆られており、四度渡った泪橋——もはやことわざですらなく、笹沢左保オマージュしか思いつきませんが、汗と涙と血がまた騒ぐ取材の日々を願いながら「おわりに」の最後とします。

List

必殺シリーズ一覧

原則として当時の表記に準じる。キャストはクレジット順、脚本・監督は登板順

第1弾
必殺仕掛人
（1972年9月2日〜1973年4月14日／全33話）
キャスト■林与一（西村左内）、緒形拳（藤枝梅安）、津坂匡章（千蔵）、太田博之（万吉）、野川由美子（おぎん）、中村玉緒（おくら）、山村聡（音羽屋半右衛門）
スタッフ■制作：山内久司、仲川利久（第13話より）、桜井洋三／原作：池波正太郎／脚本：池上金男、国弘威雄、安倍徹郎、山田隆之、石堂淑朗、早坂暁、松田司、山崎かず子、本田英郎、池田雄一、鈴木安、津田幸夫／監督：深作欣二、三隅研次、大熊邦也、松本明、松野宏軌、長谷和夫

池波正太郎の小説を原作にしたシリーズ第1弾。音羽屋半右衛門を元締に、浪人の西村左内、鍼医者の藤枝梅安が金をもらって、はらせぬ恨みをはらす。光と影のダイナミックな映像に平尾昌晃の音楽がマッチして人気番組となった。

第2弾
必殺仕置人
（1973年4月21日〜1973年10月13日／全26話）
キャスト■山崎努（念仏の鉄）、沖雅也（棺桶の錠）、野川由美子（鉄砲玉のおきん）、白木万理（中村りつ）、津坂匡章（おひろめの半次）、高松英郎（天神の小六）、菅井きん（中村せん）、藤田まこと（中村主水）
スタッフ■制作：山内久司、仲川利久、桜井洋三／脚本：野上龍雄、国弘威雄、貞永方久、安倍徹郎、山田隆之、猪又憲吾、浅間虹児、松田司、三芳加也、桜井康裕、勝目貴久、鈴木安、鴨井達比古、松川誠、梅林貴久生／監督：貞永方久、松本明、三隅研次、大熊邦也、松野宏軌、工藤栄一、国原俊明、蔵原惟繕、田中徳三、長谷和夫

シリーズ第2弾にして中村主水が初登場。原作を持たないオリジナル企画であり、元締は存在せず、念仏の鉄や棺桶の錠といった無頼漢が合議制によって虐げられし者の恨みをはらしていく。鉄による骨外しのレントゲンも話題に。

第3弾
助け人走る
（1973年年10月20日〜1974年6月22日／全36話）
キャスト■田村高廣（中山文十郎）、中谷一郎（辻平内）、野川由美子（お吉）、佐野厚子（中山しの）、宮内洋（龍）、津坂匡章（油紙の利吉）、住吉正博（為吉）、山村聡（清兵衛）
スタッフ■制作：山内久司、仲川利久、桜井洋三／脚本：野上龍雄、国弘威雄、安倍徹郎、ジェームス三木、猪又憲吾、村尾昭、押川国秋、石川孝人、松原佳成、松田司／監督：蔵原惟繕、松野宏軌、三隅研次、工藤栄一、松本明、田中徳三

『仕置人』の放映中に起こった殺人事件の影響でタイトルから〝必殺〟の二文字が外れ、人助けをモチーフにした明るい作風に。第24話でシリーズ初となる仲間の惨死が描かれ、以降は裏稼業を強調したハードボイルドタッチとなった。

第4弾
暗闇仕留人
（1974年6月29日〜1974年12月28日／全27話）
キャスト■石坂浩二（糸井貢）、近藤洋介（大吉）、野川由美子（おきん）、津坂匡章（半次）、白木万理（中村りつ）、菅井きん（中村せん）、藤田まこと（中村主水）
スタッフ■制作：山内久司、仲川利久、桜井洋三／脚本：国弘威雄、村尾昭、安倍徹郎、猪又憲吾、下飯坂菊馬、石川孝人、播磨幸治、野上龍雄、松原佳成、久礼秀夫、松田司／監督：工藤栄一、蔵原惟繕、松本明、田中徳三、松野宏軌、高橋繁男、渡邊祐介、三隅研次、倉田準二

藤田まことの中村主水が再登場。オイルショックの世情不安を反映し、黒船来航の幕末が舞台となった。『仕掛人』から連続出演の津坂匡章（現・秋野太作）と野川由美子は本作で降板。西崎みどりの主題歌「旅愁」が大ヒットを記録した。

第5弾
必殺必中仕事屋稼業
（1975年1月4日〜1975年6月27日／全26話）
キャスト■緒形拳（半兵衛）、林隆三（政吉）、中尾ミエ（お春）、岡本信人（利助）、大塚吾郎（源五郎）、芹明香（おまき）、草笛光子（せい）
スタッフ■制作：山内久司、仲川利久、桜井洋三／脚本：野上龍雄、村尾昭、下飯坂菊馬、国弘威雄、松原佳成、播磨幸治、石川孝人、素一路、猪又憲吾、大工原正泰、安倍徹郎、横光晃、田上雄、中村勝行／監督：三隅研次、工藤栄一、松本明、松野宏軌、大熊邦也、蔵原惟繕

ギャンブルをテーマに緒形拳が復帰、初の女性元締役に草笛光子が配された。関東は20％、関西は30％超えの高視聴率を記録していたが、第14話より朝日放送がTBSからNET（現・テレビ朝日）の系列となり、土曜22時から金曜22時の放映に。

第6弾
必殺仕置屋稼業
（1975年7月4日〜1976年1月9日／全28話）
キャスト■沖雅也（市松）、新克利（印玄）、渡辺篤史（捨三）、小松政夫（亀吉）、中村玉緒（おこう）、白木万理（りつ）、菅井きん（せん）、藤田まこと（中村主水）
スタッフ■制作：山内久司、仲川利久、桜井洋三／脚本：安倍徹郎、田上雄、村尾昭、中村勝行、国弘威雄、素一路、保利吉紀、野上龍雄、横光晃、猪又憲吾／監督：蔵原惟繕、松本明、松野宏軌、大熊邦也、三隅研次、工藤栄一、渡邊祐介、田中徳三

『仕事屋稼業』放映中に腸捻転解消（ネットチェンジ）が行われた影響で、視聴率は半分以下にまで下落。人気の高かった中村主水が再々登板、沖雅也がクールで美しき殺し屋・市松を演じ、全体に華やかな雰囲気のシリーズとなった。

第7弾
必殺仕業人
（1976年1月16日〜1976年7月23日／全28話）
キャスト■中村敦夫（赤井剣之介）、大出俊（やいとや又右衛門）、中尾ミエ（お歌）、渡辺篤史（捨三）、菅井きん（せん）、白木万理（りつ）、藤田まこと（中村主水）
スタッフ■制作：山内久司、仲川利久、桜井洋三／脚本：安倍徹郎、田上雄、野上龍雄、中村勝行、保利吉紀、国弘威雄、猪又憲吾、村尾昭、松田司、横光晃、南谷ヒロミ／監督：工藤栄一、松本明、蔵原惟繕、大熊邦也、松野宏軌、渡邊祐介、高坂光幸

『仕置屋稼業』に続いて、藤田まことが連続出演。降格処分を受けた中村主水は、小伝馬町の牢屋見廻り同心に。貧しい暮らしのなか、無宿のワケあり男女やドライな仲間と組んで、毎週これでもかと殺伐としたストーリーが繰り広げられる。

第8弾
必殺からくり人
（1976年7月30日〜1976年10月22日／全13話）
キャスト■緒形拳（夢屋時次郎）、森田健作（仕掛の天平）、ジュディ・オング（花乃屋とんぼ）、芦屋雁之助（八尺の藤兵ヱ）、間寛平（八寸のへろ松）、山田五十鈴（花乃屋仇吉）
スタッフ■制作：山内久司、仲川利久、桜井洋三／脚本：早坂暁、中村勝行、保利吉紀／監督：蔵原惟繕、工藤栄一、大熊邦也、松野宏軌

山田五十鈴がレギュラー入りを果たして元締に。「わたしたちは涙としか手を組まない」として依頼人から金を受け取らず、現代パートからドラマをスタートさせて江戸時代の史実と関連づけるなど、初のワンクール企画に実験を織り込んだ。

第9弾
必殺からくり人　血風編
（1976年10月29日〜1977年1月14日／全11話）
キャスト■山崎努（土左ヱ門）、浜畑賢吉（直次郎）、ピーター（新之介）、吉田日出子（おいね）、熊谷隊長（桑山正一）、草笛光子（おりく）
スタッフ■制作：山内久司、仲川利久、桜井洋三／脚本：村尾昭、安倍徹郎、神代辰巳、保利吉紀、中村勝行、大和屋竺、播磨幸治、貞永方久、水原明人、工藤栄一／監督：蔵原惟繕、工藤栄一、貞永方久、渡邊祐介、松野宏軌

幕末の動乱を舞台にした全11話の異色作。『仕置人』で念仏の鉄を演じた山﨑努が土左ヱ門なる正体不明の密偵として銃をぶっ放す。必殺シリーズの撮影を手がけてきた石原興が不参加という唯一の連続枠である。

第10弾
新必殺仕置人
（1977年1月21日〜1977年11月4日／全41話）
キャスト■藤田まこと（中村主水）、中村嘉葎雄（巳代松）、火野正平（正八）、中尾ミエ（おてい）、河原崎建三（死神）、藤村富美男（元締虎）、菅井きん（せん）、白木万理（りつ）、山崎努（念仏の鉄）、
スタッフ■制作：山内久司、仲川利久、桜井洋三／脚本：野上龍雄、村尾昭、安倍徹郎、中村勝行、大和屋竺、保利吉紀、松原佳成、松田司、嵯峨忍、和久田正明、岡本克己、古市東洋司、疋田哲夫、志村正浩／監督：工藤栄一、松野宏軌、大熊邦也、高坂光幸、渡邊祐介、原田雄一

中村主水としてシリーズを支えてきた藤田まことがクレジットのトップに。山﨑努演じる念仏の鉄が復活し、闇の殺し屋組織「寅の会」が登場する。主水、鉄、巳代松、正八、おていという五人組のチームワークも抜群の自由気ままな人気作。

第11弾
新必殺からくり人
（1977年11月18日〜1978年2月10日／全13話）
キャスト■近藤正臣（蘭兵衛／高野長英）、古今亭志ん朝（噺し家塩八）、ジュディ・オング（小駒）、緒形拳（安藤広重）、芦屋雁之助（ブラ平）、山田五十鈴（泣き節お艶）
スタッフ■制作：山内久司、仲川利久、桜井洋三／脚本：早坂暁、野上龍雄、安倍徹郎、村尾昭、保利吉紀、中村勝行／監督：工藤栄一、蔵原惟繕、南野梅雄、松野宏軌、森崎東

安藤広重の浮世絵「東海道五十三次」を使って毎週トリッキーな殺しの依頼を絵に仕込み、シリーズ初の〝旅もの〟として基礎を作りあげた。泣き節お艶一座に実在の人物である高野長英が殺し屋として加入するという奇想も見どころ。

第12弾
江戸プロフェッショナル
必殺商売人
（1978年2月17日〜1978年8月18日／全26話）
キャスト■藤田まこと（中村主水）、梅宮辰夫（新次）、火野正平（正八）、鮎川いづみ（秀英尼）、菅井きん（せん）、白木万理（りつ）、草笛光子（おせい）
スタッフ■制作：山内久司、仲川利久、桜井洋三／脚本：野上龍雄、安倍徹郎、中村勝行、岡本克己、長田紀生、保利吉紀、国弘威雄、原田雄一、松原佳成、南谷ヒロミ、辻良／監督：工藤栄一、渡邊祐介、松野宏軌、原田雄一、高坂光幸、石原興、南野梅雄

『新仕置人』の続編。ふたつのチームが反目しながら殺しのプロフェッショナルとして悪を裁く。りつの懐妊による主水の葛藤が見もの。カラオケなど世相のパロディ化を強め、音楽が平尾昌晃から森田公一に交代して雰囲気も一変。

第13弾
必殺からくり人　富嶽百景殺し旅
（1978年8月25日〜1978年11月24日／全14話）
キャスト■沖雅也（唐十郎）、芦屋雁之助（宇蔵）、高橋洋子（うさぎ／第4話まで）、真行寺君枝（うさぎ／第5話より）、江戸屋小猫（鈴平）、吉田日出子（おえい）、小沢栄太郎（葛飾北斎）、山田五十鈴（出雲のお艶）
スタッフ■制作：山内久司、仲川利久、桜井洋三／脚本：早坂暁、神波史男、国弘威雄、吉田剛、保利吉紀、山浦弘靖、松原佳成、武末勝、荒馬間／監督：黒木和雄、松野宏軌、工藤栄一、石原興、高坂光幸、原田雄一

葛飾北斎が描いた浮世絵「富嶽百景」（正しくは「富嶽三十六景」）をモチーフにした旅もの。『新からくり人』の延長線上にあるフォーマットであり、山田五十鈴や芦屋雁之助が続投。沖雅也が仕込み釣り竿を駆使する唐十郎を演じた。

第14弾
翔べ！必殺うらごろし
（1978年12月8日〜1979年5月11日／全23話）
キャスト■中村敦夫（先生）、和田アキ子（若）、火野正平（正十）、鮎川いづみ（おねむ）、市原悦子（おばさん）
スタッフ■制作：山内久司、仲川利久、桜井洋三／脚本：野上龍雄、石川孝人、吉田剛、保利吉紀、猪又憲吾、山浦弘靖、荒馬間、白石裕巳／監督：森崎東、松野宏軌、工藤栄一、原田雄一、高坂光幸

当時のオカルトブームを反映した作風であり、アウトサイダーぞろいの異色作。各話ごとに怪奇現象が登場し、その謎を解きながら恨みをはらす旅が続く。第1話のタイトル「仏像の眼

から血の涙が出た」でおわかりいただけるだろうか。

第15弾
必殺仕事人

（1979年5月18日～1981年1月30日／全84話）

キャスト■藤田まこと（中村主水）、伊吹吾郎（綴左門）、三田村邦彦（秀）、山田隆夫（半吉）、鮎川いづみ（加代）、三島ゆり子（おしま）、菅井きん（せん）、白木万理（りつ）、中村鴈治郎（鹿蔵）、山田五十鈴（おとわ）、木村功（六蔵）

スタッフ■制作：山内久司、仲川利久、桜井洋三／脚本：野上龍雄、尾中洋一、石森史郎、山浦弘靖、貞永方久、高坂光幸、吉田剛、松田司、石川孝人、国弘威雄、和久田正明、武末勝、南谷ヒロミ、松原佳成、筒井ともみ、東乃秋晶、大津一郎、林企太子、長瀬未代子／監督：松野宏軌、貞永方久、原田雄一、工藤栄一、山下耕作、高坂光幸、田中徳三、都築一興、石井輝男、岡本静夫、長谷川安人、井上梅次、家喜俊彦

『うらごろし』の視聴率低迷から原点回帰を目指して中村主水が復活し、全84話の大ヒット作に。飾り職人の秀を演じた三田村邦彦の人気が高まり、ドラマのパターン化が促進。音楽の平尾昌晃も復帰し現在まで続く仕事人シリーズの礎となった。

第16弾
必殺仕舞人

（1981年2月6日～1981年5月1日／全13話）

キャスト■京マチ子（坂東京山）、本田博太郎（直次郎）、西崎みどり（おはな）、小柳圭子（おまつ）、原泉（善行尼）、高橋悦史（晋松）

スタッフ■プロデューサー：山内久司（第5話より「制作」）、仲川利久、桜井洋三／脚本：野上龍雄、吉田剛、保利吉紀、筒井ともみ、長瀬未代子、石森史郎、林企太子／監督：工藤栄一、松野宏軌、原田雄一、都築一興、黒田義之、井上梅次

京マチ子が初主演。各地をめぐる民謡手踊りの一座が、駆け込み寺に託された女の恨みをはらしていく。本作のスタート前に放送されたシリーズ初のスペシャルドラマ『特別編必殺仕事人恐怖の大仕事』にも主人公の坂東京山が登場した。

第17弾
新必殺仕事人

（1981年5月8日～1982年6月25日／全55話）

キャスト■藤田まこと（中村主水）、三田村邦彦（秀）、中条きよし（勇次）、鮎川いずみ（加代）、菅井きん（せん）、白木万理（りつ）、山田五十鈴（おりく）

スタッフ■制作：山内久司／プロデューサー：仲川利久、桜井洋三／脚本：野上龍雄、保利吉紀、石森史郎、工藤栄一、長瀬未代子、林企太子、南谷ヒロミ、高山由紀子、吉田剛、望木俔東子、高橋稔、篠崎好、福岡恵子、田上雄、松原佳成、藤城洋子、仁多雪郎、正中恵、加田藤穂／監督：貞永方久、松野宏軌、田中徳三、前田陽一、井上梅次、工藤栄一、水川淳三、松本明、黒田義之、松尾昭典、山本邦彦、水野純一郎

『仕事人』に続いて秀役の三田村邦彦が出演。新キャラクターとして、中条きよしがクールな三味線屋の勇次を演じた。主水・秀・勇次の3人は必殺シリーズを象徴するキャラクターとなり、ラストの中村家コントも定着した。

第18弾
新必殺仕舞人

（1982年7月2日～1982年9月24日／全13話）

キャスト■京マチ子（坂東京山）、本田博太郎（直次郎）、西崎みどり（おはな）、花紀京（権太）、原泉（善行尼）、高橋悦史（晋松）

スタッフ■制作：山内久司／プロデューサー：仲川利久、桜井洋三／脚本：吉田剛、石森史郎、南谷ヒロミ、篠崎好、松原佳成、加田藤穂／監督：前田陽一、井上梅次、水川淳三、津島勝、田中徳三、松野宏軌

『仕舞人』の続編。坂東京山がふたたび殺しの旅路に。仕事の依頼方法は変更されたが、基本的なコンセプトは同じ、安心安定の旅ものシリーズとなった。高橋悦次演じる晋松の殺し技は頸動脈切断から拍子木での絞殺に変更された。

第19弾
必殺仕事人III

（1982年10月8日～1983年7月1日／全38話）

キャスト■藤田まこと（中村主水）、三田村邦彦（秀）、鮎川いずみ（加代）、ひかる一平（西順之助）、白木万理（りつ）、菅井きん（せん）、中条きよし（勇次）、山田五十鈴（おりく）

スタッフ■制作：山内久司／プロデューサー：仲川利久（第12話まで）、辰野悦央（第9話より）、桜井洋三／脚本：吉田剛、篠崎好、加田藤穂、石森史郎、仁多雪郎、三田純市、保利吉紀、中原朗、鶉野昭彦、林千代、萩田寛子／監督：田中徳三、松野宏軌、八木美津雄、黒田義之、貞永方久、家喜俊彦、水野純一郎、関本郁夫、広瀬襄、都築一興

必殺シリーズの人気絶頂を象徴する作品であり、第21話は歴代最高視聴率の37・1％を記録。ひかる一平演じる受験生の西順之助が仲間入りして賛否両論、何でも屋の加代役の鮎川いずみによる主題歌「冬の花」もヒット作となった。

第20弾
必殺渡し人

（1983年7月8日～1983年10月14日／全13話）

キャスト■中村雅俊（惣太）、渡辺篤史（大吉）、藤山直美（お直）、西崎みどり（お沢）、高峰三枝子（鳴滝忍）

スタッフ■制作：山内久司／プロデューサー：辰野悦央、桜井洋三／脚本：吉田剛、篠崎好、中原朗、鶉野昭彦、三田純市、津島勝、萩田寛子／監督：田中徳三、原田雄一、松野宏軌、八木美津雄、津島勝、山根成之

シリーズ初参加の中村雅俊が主演、高峰三枝子が元締役に。ワンクール枠の旅ものシリーズから一転して舞台は江戸、主人公たちの長屋を中心にドラマが展開する。色ごとをめぐる事件が多く、ほかのシリーズに比べてエロティックな描写が連発された。

第21弾
必殺仕事人IV

（1983年10月21日～1984年8月24日／全43話）

キャスト■藤田まこと（中村主水）、三田村邦彦（秀）、鮎川いずみ（加代）、ひかる一平（西順之助）、白木万理（りつ）、菅井きん（せん）、中条きよし（勇次）、山田五十鈴（おりく）

スタッフ■制作：山内久司／プロデューサー：辰野悦央、桜井洋三／脚本：吉田剛、鶉野昭彦、篠崎好、林千代、中原朗、保利吉紀、野上龍雄、三田純市／監督：田中徳三、原田雄一、広瀬襄、家喜俊彦、松野宏軌、黒田義之、八木美津雄

『仕事人III』の続編。必殺シリーズの人気の勢いはテレビに留まらず、劇場用映画『必殺！ THE HISSATSU』（84年）が公開されてヒットを記録、これまたシリーズとなった。ドラマ本編にはUFOらしきものやエリマキトカゲが登場した。

第22弾
必殺仕切人

（1984年8月31日～1984年12月28日／全18話）

キャスト■京マチ子（お国）、小野寺昭（新吉）、西崎みどり（お清）、芦屋雁之助（勘平）、高橋悦史（龍之助）、中条

きよし（勇次）
スタッフ■制作：山内久司／プロデューサー：辰野悦央、桜井洋三／脚本：吉田剛、保利吉紀、中原朗、林千代、篠崎好、鶉野昭彦、三田純市／監督：松野宏軌、家喜俊彦、広瀬襄、八木美津雄、田中徳三

前作『仕事人Ⅳ』に続いて、中条きよし演じる三味線屋の勇次が登場。女性の元締というフォーマットは崩されず、京マチ子が三度目の出演を果たした。「もしもお江戸にピラミッドがあったら」など世相のパロディはどんどん加速する。

第23弾
必殺仕事人Ⅴ

（1985年1月11日〜1985年7月26日／全26話）
キャスト■藤田まこと（中村主水）、鮎川いずみ（何でも屋の加代）、京本政樹（組紐屋の竜）、ひかる一平（西順之助）、白木万理（りつ）、村上弘明（花屋の政）、菅井きん（せん）、山田五十鈴（おりく）
スタッフ■制作：山内久司／プロデューサー：辰野悦央、桜井洋三／脚本：吉田剛、篠崎好、保利吉紀、中原朗、林千代、鶉野昭彦、三田純市／監督：広瀬襄、八木美津雄、田中徳三、松野宏軌、黒田義之、津島勝、家喜俊彦

組紐屋の竜を演じる京本政樹と花屋の政を演じる村上弘明がレギュラー入り、秀と勇次のコンビに続いてアイドル的人気を得た。山田五十鈴演じるおりくの最終作。藤田まことの娘・藤田絵美が主題歌「さよならさざんか」を歌った。

第24弾
必殺橋掛人

（1985年8月2日〜1985年11月8日／全13話）
キャスト■津川雅彦（柳次）、宅麻伸（新吉）、斉藤清六（松）、西崎みどり（お光）、萬田久子（おくら）
スタッフ■制作：山内久司／プロデューサー：辰野悦央、桜井洋三／脚本：吉田剛、野上龍雄、保利吉紀、篠崎好、中原朗、林千代、石森史郎／監督：工藤栄一、松野宏軌、津島勝、黒田義之

『新必殺からくり人』のように、ある手がかりをもとに事件が明らかにされるフォーマット。初期シリーズでインパクトあふれる悪役を何度も演じてきた津川雅彦を主人公に、シリアスな展開と凝った殺し技で全13話をまっとうした。

第25弾
必殺仕事人Ⅴ　激闘編

（1985年11月15日〜1986年7月25日／全33話）
キャスト■藤田まこと（中村主水）、鮎川いずみ（何でも屋の加代）、京本政樹（組紐屋の竜）、村上弘明（鍛冶屋の政）、白木万理（りつ）、菅井きん（せん）、笑福亭鶴瓶（参）、梅沢富美男（弐）、柴俊夫（壱）
スタッフ■制作：山内久司／プロデューサー：辰野悦央、桜井洋三／脚本：吉田剛、保利吉紀、石川孝人、篠崎好、宮崎晃、中原朗、林千代、鶉野昭彦、足達りつこ、田上雄／監督：工藤栄一、松野宏軌、田中徳三、小原宏裕、津島勝、原田雄一、藤井克彦、水川淳三、都築一興

ハードボイルドな作風への原点回帰を目指し、マンネリ化に抵抗。はぐれ仕事人の壱、弐、参も加わり、ハード路線で始まったが、途中からは従来のパターンへと修正された。メンバーが多いので、殺しのシーンが長いのも特色のひとつ。

第26弾
必殺まっしぐら！

（1986年8月8日〜1986年10月31日／全12話）
キャスト■三田村邦彦（秀）、秋野暢子（桂馬のお銀）、大沢樹生（さぶ）、菅原昌子（若紫）、笑福亭鶴瓶（高天原綾麻呂）、西郷輝彦（香車の東吉）
スタッフ■制作：山内久司／プロデューサー：辰野悦央、桜井洋三／脚本：篠崎好、中原朗、石川孝人、保利吉紀、田上雄、江科利夫／監督：工藤栄一、原田雄一、松野宏軌、津島勝、水川淳三

三田村邦彦演じる飾り職人の秀を主役にした旅もの。当時、大ヒットしていたファミコンソフト『スーパーマリオブラザーズ』をモチーフに、秀がマリオ、恋人の若紫をピーチ姫として、各話ごとにミステリ仕立てのドラマが構築された。

第27弾
必殺仕事人Ⅴ　旋風編

（1986年11月7日〜1987年3月6日／全14話）
キャスト■藤田まこと（中村主水）、村上弘明（鍛冶屋の政）、出門英（夜鶴の銀平）、かとうかずこ（便利屋お玉）、ひかる一平（西順之助）、白木万理（りつ）、菅井きん（せん）
スタッフ■制作：山内久司／プロデューサー：奥田哲雄、辰野悦央、桜井洋三／脚本：田上雄、保利吉紀、中原朗、林千代、篠崎好、安倍徹郎、吉田剛／監督：工藤栄一、水川淳三、田中徳三、松野宏軌、原田雄一、石原興

何でも屋の加代に代わって便利屋お玉が登場。中村主水は百軒長屋の番人に。後期の必殺シリーズらしい世相のパロディを盛り込み、当初は全26話を予定していたが視聴率は低迷、主水ものとしては異例の全14話で打ち切りとなった。

第28弾
必殺仕事人Ⅴ　風雲竜虎編

（1987年3月13日〜1987年7月31日／全19話）
キャスト■藤田まこと（中村主水）、村上弘明（鍛冶屋の政）、かとうかずこ（お玉）、桂朝丸（絵馬坊主の蝶丸）、白木万理（りつ）、菅井きん（せん）、三浦友和（かげろうの影太郎）
スタッフ■制作：山内久司／プロデューサー：奥田哲雄、辰野悦央、桜井洋三／脚本：吉田剛、保利吉紀、篠崎好、鶉野昭彦、中原朗／監督：工藤栄一、原田雄一、松野宏軌、水川淳三、山根成之

『旋風編』の打ち切りによって制作。三浦友和が南京玉すだれを駆使する仕事人に。視聴率はやや持ち直したが、次作『必殺剣劇人』をもって『必殺仕掛人』以来15年続いた必殺シリーズのレギュラー放送は終了することが決定した。

第29弾
必殺剣劇人

（1987年8月8日〜1987年9月25日／全8話）
キャスト■近藤正臣（カルタの綾太郎）、田中健（早縄の清次）、工藤夕貴（お七）、二宮さよ子（お歌）、あおい輝彦（すたすたの松坊主）
スタッフ■制作：山内久司／プロデューサー：奥田哲雄、辰野悦央、桜井洋三／脚本：吉田剛、篠崎好、田上雄、保利吉紀／監督：石原興、津島勝、水川淳三、山根成之

連続ドラマ枠の必殺シリーズいったんの最終作。モノクロ・サイレントのチャンバラ映画を彷彿させる作風で、これまでの作品と異なりケレン味あふれる大立ち回りが繰り広げられた。最終回「あばよ！」には中村主水が登場し、殺しのシーンでは過去作を露骨にオマージュ、必殺シリーズこれにてお仕舞いを強調した。

第30弾
必殺仕事人　激突！
（1991年10月8日〜1992年3月24日／全21話）
キャスト■出演：藤田まこと（中村主水）、中村橋之助（夢次）、菅井きん（せん）、白木万理（りつ）、光本幸子（お歌）、滝田栄（山田朝右衛門）、酒井和歌子（初瀬）、三田村邦彦（秀）
スタッフ■制作：山内久司、櫻井洋三／プロデューサー：福永喜夫、高橋信仁、武田功／脚本：吉田剛、中村勝行、篠崎好、高山由紀子、保利吉紀、田上雄、いずみ玲、鴨井達比古、中原朗、佐藤五月／監督：原田雄一、石原興、松野宏軌、吉田啓一郎、津島勝

4年ぶりに連続枠で復活したシリーズ第30弾、放送時間は火曜21時に変更された。仕事人狩りのために組織された「覆面組」との死闘から始まり、その後は従来のパターンに。フィルム撮影ながらビデオ仕上げで画のトーンも変化した。

第31弾
必殺仕事人２００９
（２００９年1月9日〜２００９年6月26日／全22話）
キャスト■東山紀之（渡辺小五郎）、松岡昌宏（経師屋の涼次）、大倉忠義（からくり屋の源太）、田中聖（仕立て屋の匳）、谷村美月（如月）、野際陽子（こう）、中越典子（ふく）、菅井きん（せん）、白木万理（りつ）、和久井映見（花御殿のお菊）、藤田まこと（中村主水）
スタッフ■企画：山本晋也、亀山慶二／チーフプロデューサー：森山浩一／プロデューサー：内山聖子、柴田聡、山川秀樹、武田功、三好英明／脚本：寺田敏雄、岡本さとる、前川洋一、森下直、後藤法子、瀧本智行／監督：石原興、原田徹、酒井信行、山下智彦、井上昌典

東山紀之演じる渡辺小五郎を主役にした大型ドラマ『必殺仕事人２００７』でシリーズ復活。朝日放送・松竹にテレビ朝日が加わり、その2年後に17年ぶりの連ドラ版が作られた。撮影はフィルムからデジタルに、藤田まこと演じる中村主水最後の大仕事となった。そして２０２３年現在までスペシャル版が続いている。

放映時間
毎週土曜日22:00〜
『必殺仕掛人』〜『必殺必中仕事屋稼業』第13話
毎週金曜日22:00〜
『必殺必中仕事屋稼業』第14話〜『必殺剣劇人』
毎週火曜日21:00〜
『必殺仕事人　激突！』
毎週金曜日21:00〜
『必殺仕事人2009』

制作：朝日放送、松竹
制作協力（製作協力）：京都映画　『必殺仕掛人』〜『必殺仕事人　激突！』
制作：朝日放送、テレビ朝日、松竹
製作協力：松竹京都撮影所『必殺仕事人2009』

テレビスペシャル

特別編必殺仕事人 恐怖の大仕事 水戸・尾張・紀伊
（1981年1月2日）
脚本：野上龍雄、大津一郎、筒井ともみ／監督：工藤栄一／主演：藤田まこと

必殺シリーズ10周年記念スペシャル 仕事人大集合
（1982年10月1日）
脚本：野上龍雄、高山由紀子／監督：工藤栄一／主演：藤田まこと

㊙必殺現代版 主水の子孫が京都に現われた 仕事人vs暴走族
（1982年12月31日）
脚本：吉田剛／監督：石原興／主演：藤田まこと

年忘れ必殺スペシャル 仕事人アヘン戦争へ行く 翔べ！熱気球よ香港へ
（1983年12月30日）
脚本：吉田剛／監督：松野宏軌／主演：藤田まこと

必殺仕事人意外伝 主水、第七騎兵隊と闘う 大利根ウエスタン月夜
（1985年1月4日）
脚本：吉田剛／監督：石原興／主演：藤田まこと

新装㊙必殺現代版 東京六本木・京都円山公園・大阪梅田 3元仕事人ナマ中継
（1985年10月4日）
脚本：吉田剛／監督：石原興／主演：藤田まこと

当たるトラ年！今年も大躍進 必殺&タイガース
（1986年1月3日）
構成：保利吉紀、本田順一／ディレクター：森本茂樹、山口信哉／主演：藤田まこと

新春仕事人スペシャル 必殺忠臣蔵
（1987年1月2日）
脚本：田上雄／監督：工藤栄一／主演：藤田まこと

必殺仕事人ワイド 大老殺し 下田港の殺し技珍プレー好プレー
（1987年10月2日）
脚本：吉田剛／監督：松野宏軌／主演：藤田まこと

必殺ワイド・新春 久しぶり！主水、夢の初仕事 悪人チェック!!
（1988年1月8日）
脚本：田上雄／監督：山根成之／主演：藤田まこと

お待たせ必殺ワイド 仕事人vs秘拳三日殺し軍団 主水、競馬で大穴を狙う!?
（1988年9月30日）
脚本：吉田剛／監督：原田雄一／主演：藤田まこと

必殺スペシャル・新春 決定版！大奥、春日野局の秘密 主水、露天風呂で初仕事
（1989年1月3日）
脚本：吉田剛／監督：石原興／主演：藤田まこと

必殺スペシャル・春一番 仕事人、京都へ行く 闇討人の謎の首領！
（1989年3月30日）
脚本：田上雄／監督：石原興／主演：藤田まこと

必殺スペシャル・秋 仕事人vs仕事人 徳川内閣大ゆれ！主水にマドンナ
（1989年10月6日）
脚本：保利吉紀／監督：松野宏軌／主演：藤田まこと

必殺スペシャル・新春 大暴れ仕事人！横浜異人屋敷の決闘
（1990年1月3日）
脚本：安倍徹郎／監督：松野宏軌／主演：藤田まこと

必殺スペシャル・春 勢ぞろい仕事人！春雨じゃ、悪人退治
（1990年4月6日）
脚本：保利吉紀／監督：石原興／主演：藤田まこと

必殺スペシャル・秋！仕事人vsオール江戸警察
（1990年10月5日）
脚本：保利吉紀／監督：原田雄一／主演：藤田まこと

必殺スペシャル・春 世にも不思議な大仕事 主水と秀 香港・マカオで大あばれ
（1991年4月5日）
脚本：吉田剛、中村勝行／監督：原田雄一／主演：藤田まこと

必殺スペシャル・新春 せんりつ誘拐される、主水どうする？江戸政界の黒幕と対決！純金のカラクリ座敷
（1992年1月2日）
脚本：保利吉紀／監督：松野宏軌／主演：藤田まこと

必殺仕事人2007
（2007年7月7日）
脚本：寺田敏雄／監督：石原興／主演：東山紀之

必殺仕事人2009 新春スペシャル
（2009年1月4日）
脚本：寺田敏雄／監督：石原興／主演：東山紀之

必殺仕事人2010
（2010年7月10日）
脚本：森下直／監督：石原興／主演：東山紀之

必殺仕事人2012
（2012年2月19日）
脚本：寺田敏雄／監督：石原興／主演：東山紀之

必殺仕事人2013
（2013年2月17日）
脚本：寺田敏雄／監督：石原興／主演：東山紀之

必殺仕事人2014
（2014年7月27日）
脚本：寺田敏雄／監督：石原興／主演：東山紀之

必殺仕事人2015
（2015年11月29日）
脚本：寺田敏雄／監督：石原興／主演：東山紀之

必殺仕事人2016
（2016年9月25日）
脚本：寺田敏雄／監督：石原興／主演：東山紀之

必殺仕事人
（2018年1月7日）
脚本：寺田敏雄／監督：石原興／主演：東山紀之

必殺仕事人2019
（2019年3月10日）
脚本：寺田敏雄／監督：石原興／主演：東山紀之

必殺仕事人2020
（2020年6月28日）
脚本：西田征史／監督：石原興／主演：東山紀之

必殺仕事人
（2022年1月9日）
脚本：西田征史／監督：石原興／主演：東山紀之

必殺仕事人
（2023年1月8日）
脚本：西田征史／監督：石原興／主演：東山紀之

必殺仕事人
（2023年12月29日）
脚本：西田征史／監督：石原興／主演：東山紀之

劇場用映画

必殺仕掛人
（1973年6月9日公開／松竹）
原作：池波正太郎／脚本：安倍徹郎、渡邊祐介／監督：渡邊祐介／主演：田宮二郎

必殺仕掛人 梅安蟻地獄
（1973年9月29日公開／松竹）
原作：池波正太郎／脚本：宮川一郎、渡邊祐介／監督：渡邊祐介／主演：緒形拳

必殺仕掛人 春雪仕掛針
（1974年2月16日公開／松竹）
原作：池波正太郎／脚本：安倍徹郎／監督：貞永方久／主演：緒形拳

必殺！THE HISSATSU
（1984年6月16日公開／松竹・朝日放送）
脚本：野上龍雄、吉田剛／監督：貞永方久／主演：藤田まこと

必殺！ブラウン館の怪物たち
（1985年6月29日公開／松竹・朝日放送）
脚本：吉田剛／監督：広瀬襄／主演：藤田まこと

必殺！III 裏か表か
（1986年5月24日公開／松竹・朝日放送・京都映画）
脚本：野上龍雄、保利吉紀、中村勝行／監督：工藤栄一／主演：藤田まこと

必殺4 恨みはらします
（1987年6月6日公開／松竹・朝日放送・京都映画）
脚本：野上龍雄、深作欣二、中原朗／監督：深作欣二／主演：藤田まこと

必殺！5 黄金の血
（1991年12月23日公開／松竹・朝日放送・京都映画）
脚本：吉田剛／監督：舛田利雄／主演：藤田まこと

必殺！主水死す
（1996年5月25日公開／松竹・松竹京都映画）
脚本：吉田剛／監督：貞永方久／主演：藤田まこと

必殺始末人
（1997年3月1日公開／衛生劇場）
脚本：鈴木生朗／監督：石原興／主演：田原俊彦

必殺！三味線屋・勇次
（1999年2月11日公開／松竹京都映画・グランプリ・ミュージアム）
脚本：野上龍雄／監督：石原興／主演：中条きよし

※映画『仕掛人』三部作は松竹大船による製作で京都映画のスタッフは関わっていない

オリジナルビデオシネマ

必殺始末人II 乱れ咲く女役者の夢舞台
（1998年1月25日リリース／衛生劇場）
脚本：大津一瑯／監督：石原興／主演：田原俊彦

必殺始末人III 地獄に散った花びら二枚
（1998年2月25日リリース／衛生劇場）
脚本：綾部伴子／監督：松島哲也／主演：田原俊彦

※そのほかの必殺シリーズとして舞台や劇画などがある。

協力　朝日放送テレビ株式会社
株式会社ABCフロンティア
松竹株式会社
株式会社松竹撮影所
合同会社オフィス秘宝
コウダテ株式会社
ラピュタ阿佐ヶ谷
星光一

企画協力　都築一興

写真協力　牧野譲

写真提供　ABCテレビ・松竹
（P021, P037, P057, P063, P085, P119, P129, P171,
P187, P216上, P225, P234, P239, P379, P471, カバー）

デザイン／DTP　木村由紀（MdN Design）
石原崇子

担当編集　山口一光

必殺シリーズ始末　最後の大仕事

2024年 1月19日　第1版1刷発行
2024年 3月16日　第1版2刷発行

著者　高鳥都

編集・発行人　松本大輔

発行　立東舎
発売　株式会社リットーミュージック
〒101-0051
東京都千代田区神田神保町
一丁目105番地

印刷・製本　株式会社シナノ

【本書の内容に関するお問い合わせ先】
info@rittor-music.co.jp
本書の内容に関するご質問は、Eメールのみでお受けしております。お送りいただくメールの件名に「必殺シリーズ始末　最後の大仕事」と記載してお送りください。ご質問の内容によりましては、しばらく時間をいただくことがございます。なお、電話やFAX、郵便でのご質問、本書記載内容の範囲を超えるご質問につきましてはお答えできませんので、あらかじめご了承ください。

【乱丁・落丁などのお問い合わせ】
service@rittor-music.co.jp

Printed in Japan　ISBN978-4-8456-3979-3
定価3,080円（本体2,800円+税10%）